4

语文教育卷

于漪全集

上海教育出版社

在《岁月如歌》首发式上发言

草地休息,仍然离不开讨论语文

《往事依依》选入苏教版语文教材,应邀赴连云港听课,课后与学生交流

2018年7月,在上海教育出版社开《于漪全集》印前会

出版说明

《于漪全集》是基础教育领域首部特级教师的全集，也是上海教育出版社为特级教师出版的第一部全集。它的出版，对于传承、弘扬和建设新时代社会主义文化，对于以教育自信创建自信的教育具有重要意义。

《于漪全集》收录了于漪在不同时期发表于全国各类期刊和出版于多种图书的论文、讲话、序跋等作品。难免挂一漏万，故对写作时间和文章出处不一一注明，留待日后修订逐步完善。同时，对原发期刊编辑部、图书出版单位一并致谢。

全集由上海市教师学研究会组织有关教师、专家编辑。于漪的教育思想植根于教学实践，是理论与实践的有机融合和生动阐述。有时一材多用，是为了从不同角度阐释相关问题，为读者呈现丰富的不同历史阶段的思考成果。

全集以"一辈子学做教师"为线索，根据文章内容，共分8卷21册，从基础教育、语文教育、课堂教学、阅读教学、写作教学、教师成长、序言书信、教育人生八个方面多维度展现于漪来自教育第一线的理论研究成果，力求树立当代教育家的典型形象。

目录

培养语文素质的沃土	1
语文教育观念的突破性进展	
——漫谈《普通高中语文课程标准》	6
站在文化的平台上	11
语文教学与素质教育	13
聚焦在文化认同上	20
历史经验与现代生活的融合	
——从《美国语文》教材引发的思考	32
平等对话与"不作为"	40
对母语,应该有血肉亲情	
——我的伤感与希望	44
课堂教学三个维度的落实与交融	49
母语,民族文化的根	58
语文课要教出语文的个性	73
立足于促进学生的发展	79
深究底里　准确把握	82
以情激情　体验感悟	93
克服浮泛　精心探究	105
汉语,魅力无穷	111
阅读推广要在落实上下功夫	113
语言文字是民族文化的根	116
学法研究:语文教学推进素质教育的主要突破口	122

教学中开发创造潜能举隅	125
看母语教学地位的升沉	130
本色，激情	133
在学生心中撒播一片阳光	135
走向广阔天地：我的大语文观	145
语文三十年岁月不寻常	151
语文教学不能实行机械化	167
求学不读书，是蹉跎岁月	171
我的语文梦	173
关于语文教学的几个问题	175
除弊布新　大步向前	181
对于语文教学的再思考	183
贵在一颗火热的心	190
语文教育要致力于拥有自己的话语权	192
语文课程与人的发展	197
语文教改必须扎根于现实的土壤	
——20年语文教学的回顾与反思	200
语文教师的文本解读	212
深入底里　开阔视野	
——评《母语教材研究》	217
民族精神教育与语文教学	221
领受语文的魔力与快乐	236
汉字，是家乡的象征	237
不尊重母语是莫大悲哀	
——从中小学"双语教学"存在之问题说起	240
语文教师必须有教学自信力	244

"标准化试题"把语文教学引入了"死胡同" 252
立足于学生的发展
——对《九年义务教育全日制初级中学语文教学大纲(试用修订版)》的粗浅理解 257
喜看初中语文教材突破性的进展 267
本色与包装 274
港湾要通向大海 278
走进语文 280
我看新课程标准 283

语文教学谈艺录

1 语文学科是一门实用而多彩的人文学科 289
  1·1 语文是最重要的交际工具 289
  1·2 语文是最重要的文化载体 290
  1·3 纵向继承,横向借鉴,从生活中汲取 292
  1·4 工具性与人文性有机结合,实用而多彩 296
2 语文学科是一门多功能的育人学科 298
  2·1 以语文智育为核心 298
  2·2 渗透德育和美育 301
  2·3 培养素质与发展智力 305
  2·4 讲求综合效应 307
3 为课堂教学创设师生交融的佳境 311
  3·1 树立"体"的观念 311
  3·2 学生是学习语文的主人 320
  3·3 教师为"学"而"教" 323
  3·4 每名学生应成为学习的"发光体" 325
  3·5 教与学和谐互动,美寓其中 329

3·6	在语言交流、思想碰撞中获得求知的欢乐	337

4 教学目标是驾驭课堂的主宰   341

4·1	多目标导致无目标	341
4·2	重要的在于把握文章的个性	344
4·3	研究学生的实际	351
4·4	减头绪,削枝强干	357

5 兴趣是学习语文的先导   362

5·1	珍贵的内驱力	362
5·2	不能千课一面	369
5·3	教出趣味,使学生迷恋	374
5·4	传之以情,以情激情	382

6 诱导学生善于发现   388

6·1	步入艺术之宫,风光无限	388
6·2	训练对语言的敏感	392
6·3	于默读静观中驰骋想象	399

7 组织语言训练和思维训练   405

7·1	开启思维的门扉	405
7·2	创设辨疑、析疑的条件与气氛	409
7·3	鼓励创造精神	413
7·4	注意加温,重点突破	417

8 精心安排教学节奏   420

8·1	课堂教学流程的有效把握	420
8·2	起始阶段的吸引力	425
8·3	有起有伏,有疏有密	430
8·4	高潮的掀起	433
8·5	课已尽而意无穷	437

9 荡漾起琅琅书声   442

9·1	把无声的文字变成有声的语言	442

9・2　因文而异,因人而异　　449
　　9・3　发挥现代化教学手段的作用　　455
10　熟读名诗佳作　　458
　　10・1　积累是良好素质的基石　　458
　　10・2　发展记忆,提高效率　　462
　　10・3　多角度进行训练　　467
11　语言思想双锤炼　　472
　　11・1　扫除习作心理障碍　　472
　　11・2　锻炼认识生活的能力　　479
　　11・3　取法乎上,以读促写　　484
　　11・4　锤炼语言,增强文章表现力　　491
　　11・5　发挥习作讲评的作用　　500
12　教海无涯学为舟　　517
　　12・1　清醒地认识自己　　517
　　12・2　锤炼教学语言　　520
　　12・3　源头有活水流淌　　527
　　12・4　激情似火,开拓创新　　534

培养语文素质的沃土

语文教材应是培养学生语文素质的沃土。十年语文教材建设显著的特点是纵向继承,横向借鉴,吸取了语文教学改革的成果,从全国或本地区范围的实际出发,力求符合语文学习的规律,有效地提高学生语文能力。且不说各自的特色,单视其共性之处,就可见一斑。

如:突出了语文能力的训练。各套教材,无论是综合本,还是阅读、写作分编本,无论是读、写、听、说有机结合本,还是读、写、听、说能力自成体系齐头并进本,都十分重视语文能力的训练。语文能力训练在整套教材结构中是支柱,是核心。这样编排的指导思想是对60年代以来语文教材指导思想的继承与发展。1963年以来的语文教学大纲都明确规定中学语文教学的目的是教学生正确理解和运用祖国的语言文字,使他们具有现代语文的阅读能力和写作能力,具有初步阅读文言文的能力。1986年教学大纲增添了听说能力。总之,阅读、写作、听话、说话能力的培养,特别是前两种能力的培养,在语文教材中一以贯之。后两种能力过去有所忽视,时代的需要,外语教材的借鉴,使这两种能力的培养在教材中占有相当的分量。语文能力的培养尽管依据教学大纲在教材中尽力体现,但放在如此重要的地位,是前所未有的。这是由于经过大量的语文教学实践,对语文的工具性质,对语文学科教学目的有了更为深刻的认识。

如:强调了语文的实用性。人教社版第一阶段的编排方式这一点尤为突出。语文是交际的工具,是用来反映生活和服务于生活的,语文的运用,无论是读写,还是听说,都同生活有密不可分的联系。这套教材的编写,使学生一进初中学习,就懂得语文的学习和运用与生活的联系。既通过读和听,理解别人对生活的反映,又通过写和说,表达自己对生活的认识。增强理解和认识生活的能力,重视语文能力训练,学生有正确态度,就能学得好,有所发展。强调语文的实用性,克服了过去语文教材脱离生活、脱离实际的弊病,与过去教材比,是明显的进步。基于这样的认识,各套教材的编排均注意反映生活,联系生活进行训练,特别在语文基础知识介绍方面,不作堆砌、纠缠,而是贯彻精要、好懂、有用的原则,使学生学有所用。

如:重视语文自学能力的培养。各套语文教材不仅编有部分的自读课文,供学生从必读课文或精读课文中学到的语文知识和技能,迁移其中,进行自学训练。就是必读课文、必学课文,也十分注意启发性的提示和恰如其分的评点,《语文自学辅导教学实验课本》这方面尤为突出。有的教材除课堂用书外,还配有自读课本,以巩固和扩大课内所得,锻炼自学能力。

如:注意发挥语文教材多方面的培养功能。各套教材基本上忠实于教学大纲的要求,以语文智育为主干,渗透德育与美育。表现在课文的选择上,大部分课文文质兼美,对学生语文能力的训练、思想情操的陶冶、审美情趣的培养起多方面的塑造作用。表现在提示、练习、作文指导和听说指导等方面,均注意到语文智育、思想道德教育和审美教育功能的发挥。与此同时,注意视野的拓宽,观察力、思维力、想象力、记忆力等的开发。与过去语文教材比,内容丰满得多。这是由于除纵向继承外,更横向借鉴,提炼了教学实践中的精华,使教材呈立体状态,使语文教材的教文育人踏上了新台阶。

如:考虑从学生实际出发,适应不同层次学生语文训练的需要。

读、写、听、说训练的编排分不同层次,有的偏重理解,有的偏重运用,有的偏重联想或记忆。学生完成练习的情况不一刀切。视各地学生的语文实际水平,可完全采用,可部分采用。这种富有弹性的编排与过去语文教材比,富有新意。还可以举出一些,这儿不再赘述。总之,十年来语文教材的编写从认识到实践均有长足的进步,促进了语文教育事业的发展。现在,我们已经听到21世纪的叩门声,展望未来,语文教材如何在已经取得成绩的基础上进一步提高,成为培养学生语文素质的沃土,还有待于继续探索。

第一,对语言文字性质的认识须进一步深化。梁衡同志说得好:"一个国家和民族能够在世界上自立,是因为它由许多自身个体的东西组合、凝聚成一个牢固的整体。如民族文化、民族习俗、民族经济,还有一个更重要的就是民族语言。这些都已成了民族生命的一部分。语言文字在这个组合中,对外是屏障,对内是血液,是黏合剂。"又说:"语言文字是工具,但这工具在为民族政治、经济、文化服务的过程中已渗进了民族的个性,成了民族的财富、民族的标志。"显然,我们的语文确实不是一般的工具,而是具有人文性的交际工具,饱含了民族文化。

语文教材要培养学生具有良好的语文素质,除了语文基础知识、语文能力训练编排得科学、合理外,须大大加强民族文化的分量。语文不仅是交际工具,而且是文化载体。不饱含民族文化的语义教材必然缺乏民族个性,散发不出民族的灵气。语文教材,尤其是高中语文教材,应有浓厚的文化气息。传统民族文化的精华,当代民族文化的精粹,皆应有所容纳。没有民族文化的根底,语言文字只在浅层次上飘浮,语文水平难以真正提高。语文教材一拿到手,就能立刻闻到中华文化的芳香,学生学了语文课本,不仅训练了较强的语文能力,而且有良好的文化气质。也就是说,语文教材是有中国特色的,而不是拼盘、大杂烩。一个民族在世界上所处的地位除了经济实力外,还要比文化、比精神文明。我们对中学生进行的教育是素质教育,语文素质是民族文化素质的根。文化浅薄,语文素质不可能良好。

第二,编排要简明,内容要丰厚。了不起的学者、专家能把最复杂深奥的道理说得简明通俗,伟大的科学家爱因斯坦就是榜样。教材编写要减头绪,强主干,千万不能负重前进,不能挑货郎担。任何事物都有主要矛盾和矛盾的主要方面,语文教材也是如此。根据教学大纲的要求,真正抓住主要矛盾,就可线索清晰,枝叶分明。任何一本教科书不可能把这个学科的所有问题都说清楚,"都说清楚"有时就变成模糊一片,不清楚。要留有余地,要相信教师的教和学生的学,不必把所有的话似乎都说尽。内容要丰厚,这既指文章的质,也指文章的量。好文章就要厚实,对学生的教育作用、示范作用不仅管一时,而且有可能管一辈子。因此,要选精品,选思想深邃、文化气息浓郁、语言富有魅力的精品,能启人智慧、开人心窍的精品,并不在于一定是名家名篇。任何"家"、任何"篇"都要受时代检验,要看对当代学生语文素质的培养能起怎样的作用。编教材从来要取法乎上,可读可不读的文章放在教材里除了降低教材的价值,浪费学生的时间外,似乎没有多少好处。教材要精,以一当十;自读的、课外阅读的要广,增长知识和见识,只要有一两个突出优点就行。

内容丰厚要转化为学生的功底与能力,就得重视积累,要择其精华多读多写多背诵。学语文停留在课堂上耍嘴皮子,是不可能具备实实在在的语文能力的。

第三,重视个性教育,加大教材弹性。开展个性教育是教育改革不断深化的必然趋势,为构建21世纪以素质教育为特征的中学教育新模式,学校教育必须从单一的选拔性教育转变为发展性教育,也就是加强基础,发展个性,除了为学生打下学会生活、学会学习、学会做人的基础外,要开发学生的智慧潜能,为培养现实所需要的各类人才做好铺垫。

教材编写要适应这种发展的形势,除面向全体学生的要求要把准外,还应考虑到学生的兴趣、爱好、特长与发展的潜力。一是在课程结构上能有所体现,二是教材的编选能有所侧重,三是提示与训练可设置坡度,加大弹性。总而言之,教材的要求不能一刀切,要努力体现出差异教育。

第四,编写语言要规范、简明、生动,堪为学生学习语言的模范。编写语言不可小视,它直接影响教材的质量与层次,影响学生学习语言的效果。教材面目要清秀,语言要一清如水,给人以愉悦感。

最后一点是,教材中的训练不能落入应试的窠臼。考试是对教与学质量的检验,应该是教什么考什么,如果是考什么教什么,书就变成了投考指南。当然,说到底,语文教材要能切实做到体现语文教学大纲的要求,特别在语文学科的性质、任务方面,不可有丝毫含糊。语文教材真能成为培养学生语文素质的沃土,不仅学生深深受益,就是语文教师也会得到切实的提高。

语文教育观念的突破性进展[①]
——漫谈《普通高中语文课程标准》

1995年7月,我参加了国家教委基础教育司组织的关于《普通高中语文课程标准》(以下简称《标准》)的研讨会。会议的讨论稿于9月送交上级审查,通过后,即依照《标准》去编教材,进行试点教学,到2000年,全国所有的普通高中将使用这套新教材。

过去语文、数学等学科的教学准则都叫"教学大纲",是沿袭苏联的说法。现在我们改用自己提出的理论术语,叫"课程标准"。在研讨会上,大家各抒己见,谈了许多看法。下面,我谈谈个人的一些感想。

第一,关于语文学科的性质,《标准》做了明确说明,回顾1949年以来语文教育的历史,走过的是一条曲曲折折的道路。50年代有了一套教材,文学、汉语分家,这是中共中央政治局讨论决定的。这套教材对中学语文教育起了很大的作用,但是没隔多久,它就被否定掉了。60年代初期,全国展开"文道之争",语文教改十分活跃。"十年动乱"期间,语文同别的学科一样大遭其殃,甚至与政治课合并,叫"政文课"。90年

[①] 1995年7月,当时的国家教委基础教育司组织《普通高中语文课程标准》的研制与讨论,是我国中小学语文教育史上的一件大事。在语文学科定性上,较以前的"教学大纲"与"课程计划""课程标准"有重大的改进与调整,这就是在强调知识、工具性的同时,对于思想性内涵作了修正、补充和扬弃,逐渐走向"人文性"的认定与表述。本文阐述了这一修改与完善的现实意义。

代初,《九年义务教育全日制初级中学语文教学大纲(试用)》规定,语文"是学习和工作的基础工具",同时又在"教学目的"中提出必须开发智力,"培养健康高尚的审美情趣,培养社会主义思想品质和爱国主义精神",从不同的角度肯定了语文的工具性和思想性。可在具体的阐释与实施过程中,语文教育却发生了偏差,出现了重工具性、轻思想性的失衡现象。特别是近年来,高考标准(一些标准题,让人联想到古代科举考试中的帖括,抹掉了学生的灵气和才华)的冲击,使语文教育又陷入困境。语文质量不尽如人意,已是无可讳言的。

问题出在哪里呢? 教学行为是受教育观念支配的,语文教育观是个体系,有性质观、目的观、任务观、承传观、教材观、教法观等,但起核心作用的是性质观,它统帅语文教育的全局,回答语文教学是什么,决定语文教学干什么。所以,这次《标准》开头第一句话,就用"最重要的交际工具、最重要的文化载体"来界定语文的性质,我认为它非常准确,标志着语文教育观念有了突破性的进展。

"交际工具、文化载体",表明语文既有自然代码的性质,又有文化代码的性质;既有工具属性,又有人文属性。这两种性质和属性相互依存,不可割裂,语文是语言训练与人文教育的综合。关于这一点,我在《弘扬人文 改革弊端——关于语文教育性质观的反思》(见《语文学习》1995年第6期)一文中已有论述,现在再结合著名物理学家杨振宁先生的事例,加以补充说明。有一次我到香港开会,借了杨先生的学术报告阅读,感到他的文化功底深厚,不同于一般的自然科学家。追寻原因,得知杨振宁先生在上初中时即初露数学才华,他的父亲开始为他请家庭教师,但请的不是数学教师,而是语文教师,教了两个暑假的语文,教的是《孟子》。杨振宁先生至今可全文背诵《孟子》,他非常感谢父亲这一独特的教育方式,说:如果是现在,发现某个孩子数学有才能,家长多半会请数学教师为之补课,这样便可能出现"拔苗助长"的情况。杨先生称他熟读了《孟子》之后,懂得了中国历史,懂得了中国文化,懂得了怎样做人,一辈子受益。这件事使我很受启发,我想,如果只把语文当作形式和自然代码,那就不可能有杨振宁先生那样深厚的文化功底了;语文教育的人文性,的确是一个古老而年轻的课题。

柳斌同志听了关于《标准》的汇报后,说:语文学科教改的动作力度很大,以知识为中心转向以语言实践训练能力为中心,有很大变化,原先教学效率不高,同对学科的性质、任务研究不透有很大关系。这可谓一语破的,道出了问题的关键所在。现在《标准》明确了语文的性质,希望能以此为契机,带动语文教育走出困境。

第二,关于"语文学科的功能",《标准》也做了拓展。过去大纲只提要使学生提高读、写、听、说的能力,提高思想道德、科学文化素质,为学好其他学科提供便利。而现在,《标准》把语文的功能拓展到社会,即:语文对于弘扬中华民族的优秀文化和吸收全人类的优秀文化,促进国家现代化建设,都具有重要意义。

我认为这一点也很重要。吕叔湘先生早在1978年就曾尖锐地批评过我们的语文教学。尽管母语教学是世界性的难题,但我们的语文教学在中学诸学科中课时最多,费力很大,为什么成效却不理想?原因之一就在于语文学科的封闭性。邓小平同志讲教育要实行"三个面向",而我们的语文教学却是封闭的,在很大程度上脱离应用,脱离社会实际,在题海中打转转,有些练习和试题纯是狭隘的文字游戏。即以高考的卷子来说,教师考不过学生,请哪个作家或文化人来考恐怕也考不好。这样,语文就只能徘徊在"孤芳自赏"的狭小境地,发挥不了社会功能。语文应该是无处不在的,它担负着弘扬民族优秀传统文化的重任,同时还要吸收外国的优秀文化,以为己用。因此,语文教学一定要树立"大语文观",要开放,不能封闭。

第三,《标准》对"语文的课程结构",也做了调整与改进。义务教育阶段都是必修课,到高中阶段便稍有差异,有必修课,有选修课。选修课中有限定选修课、任意选修课。我国的基础教育用最少的经费支撑着最庞大的教育事业,其成绩在世界上是属上乘的。但是也有弊病,那就是在课程结构上整齐划一,遏制了学生的兴趣特长。五六十年代,中学生中出了作家刘绍棠,而用今天的课程结构和考试方法,要想在中学生中出作家是很难的。文科人才的早期培养难度很大。我看到有些学生很有才华,但各门功课齐头并进,到最后文科出不了成绩。针对这种情况,《标准》强调要重视学生的个性发展,培养有特长的学生。

第四,关于教学内容,《标准》的有些提法也更趋完善。比如对文选形式的课文的认识,即提出选文不仅是例子,是训练的凭借,也是使学生增长知识、陶冶情操的依据,也发挥教育功能。文天祥《过零丁洋》中的"人生自古谁无死,留取丹心照汗青",哺育了一代又一代的志士仁人,没办法用数字来衡量它的价值;范仲淹的《岳阳楼记》之所以在同类文章中独领风骚,重在它提炼出"不以物喜,不以己悲""先天下之忧而忧,后天下之乐而乐"的哲理,具有宝贵的教育价值和认识意义。阅读中外名作,学生经常跟高尚的人对话,对陶冶情操十分有益。熟读诗书,有文化积累的价值,而文化是改造人的灵魂的。语文教学应包含加深文化积累,传播精神文明的内容。

第五,关于"教学原则"。过去大纲没有涉及"原则",分量不重,现在《标准》提出了五个原则,在讨论中肯定了四个,第五个需要在文字上整饬加工,还拟增加一个原则。这几项原则是:(一)语文训练和思想品德教育统一。(二)语文知识教学同语文能力训练密切结合。语文教育已转变为以能力训练为主,但能力训练不能离开知识。张志公先生把语文知识教学概括为六个字:精要、好懂、有用。我体会,所谓"精要"即是知识的核,永不会老化;"好懂"即是深入浅出;"有用"就是淘汰老化的知识,例如《十三经注疏》就没必要让中学生学。关于能力训练,也有六个字：务实——花里胡哨的东西靠不住，要活而实；得法——很久以前我就撰文提倡《要练在点子上》，不要浪费学生的青春；有效——要练真本领。（三）语言训练和思维训练相辅相成。（四）阅读能力、写作能力和口语交际能力训练协调进行。母语教育与外语教育是有区别的，语文教育应对二者进行系统的比较研究，并吸收国内外语言学、教育学、人类学、社会学等相关学科的学术成果。（五）教师的主导性与学生的主体性相结合。这条原则也适用于其他学科，第六条补充的原则是：课外扩展语文教学的空间。

另外，在"测试观""教学设备"等方面，《标准》也作了明确规定。尤其是教学设备，过去语文只凭一张嘴、两支粉笔、一本书，而今世界飞速发展，高科技日新月异，老一套简陋的办法落伍了。《标准》规定语文教学要有图书资料，采用教育现代技术手段（录音、录像、多媒体），这对于推动语文教学——尤其是贫困落后地区语文教学的进展，是大有裨益的。《标准》集思广益，总结了十几年来语文教改的经验，在诸多方面都有突破性的进展。许多立志"当教育家，不当教书匠"的语文教师，相信语文教育必定能走向繁荣昌盛。

站在文化的平台上[①]

教语文,须站在文化的平台上。

忽略了这一点,语文教学就会在有意无意之间降格为技能技巧的操作,就会有悖于实施素质教育的宗旨。

世界上各民族的语言都是其本民族的文化地质层,它们记载着这个民族的物质和精神的历史。讲语言,必然与文化血肉相连。汉语言文字记载着中华数千年的古老文化,它不是无生命的僵硬的符号,而是蕴含着中华民族独特性格的精灵。汉字是象形表意的文字,常诉诸视觉形象,能给人以丰富的感性认识,与西方拼音文字迥然有别。西方文字着力于听觉与抽象概念。只要稍加比较,就清楚明白。

在对内容均无所知晓的情况下,如果翻开用拼音符号写成的一本书,那就像见到了一堵墙,冷漠的,没有表情的,不会给你任何感性刺激;如果打开用汉字写的一本书,那就好像进入了一个画廊,一幅幅画争先恐后地向你的感官申诉它的喜怒哀乐。"山",在你眼前耸立着;"水",在你耳畔哗哗流;"鸣",鸟张开口向你引吭高歌……在你的思维器官还未运作之前,你的感官、你的想象已进入兴奋状态。有人说,汉字有形象,有色彩,有气味,确实如此,它极富感性魅力,人文的味道极浓,在世界语言文字之林中独树一帜。

[①] 本文发表于《中国小学语文教学论坛》2001年第5期。

语言文字是表情达意、相互交际的工具,是文化的载体,它本身就是文化。传说仓颉造字,弄得鬼神不安,竟至于"天雨粟,鬼夜哭",文字的魔力可谓大矣。有了文字,人类社会的文明就大大跨前了一步。它传达思想、情感、意志,传久行远。用文字写成的书是人独有的财富,读书是人特有的神圣权利。读古人的书能承受古圣先贤的精神遗产,读现代的书能与同时代的人作精神上的沟通交流。自古至今,文化随着文字的记载、文字的运用而传承,而发展。

文化是语言文字的命脉。教语文,站在文化的平台上,语言文字的表现力、生命力才会闪耀光彩;语言文字才是生动的、鲜活的,给学生以强烈的感染,使学生受到人类优秀文化的哺育。

语文教学与素质教育[①]

实施素质教育的根本宗旨是提高国民素质,重点是培养学生的创新精神和实践能力,培养目标是造就有理想、有道德、有文化、有纪律的德智体美等全面发展的社会主义事业建设者和接班人。学校各学科教学当然都须研究如何从本学科的实际出发,对学生进行高质量的素质教育,语文学科教学更是责无旁贷。

语文教学对学生思想道德素质、科学文化素质的提高有其得天独厚的优越条件。语文教育是母语教育,是汉民族统一规范的祖国语言文字的教育。语言文字伴随着人类社会的形成而产生,又伴随着社会生活的变化而发展。语言文字在人类社会形成和发展的长河中,经历了千万年,它发生了,成型了,丰富了,洗练了,发展了,它是一个民族中任何阶级任何集团都可以使用的一种交际工具。这种交际工具不是独立于人而存在的,是人类,也只有人类自身才拥有的。北京大学一位著名哲学家贺麟曾这样说:人与禽兽的区别,虽有种种的说法,但根据科学的研究,却只有两点:一、人能制造并利用工具,而禽兽不能。二、人有文字,而禽兽没有文字。其实文字亦是一种工具:传达思想、情感、意志,人与人精神上内在交通、传久行远的工具。说粗浅一点,人是能读书著书的动物。显然,语言文字和其装载的文化不可分割。也

[①] 本文为作者在2001年华东师大召开的"中国语文与人文素质教育"国际研讨会上的报告。

就是说,语言不能凭空存在。我们常说"语言是思维的外壳",这"外壳"与"内核"其实是一个不可分离的整体。因为语言文字是人类文化的主要载体,直接地、全息地记载和传递着人类有史以来的思想和活动,只要进入语言和文字的"时间隧道",就能穿越几千年历史的积淀层,认识历史,认识社会,感悟人生。20世纪人文学科最大的突破之一是语言学的突破。思想、情感、语言是同时发生的。语言文字不仅仅表达思想,不仅仅是载体,而且是意识、思维、心灵、人格的组成部分。

语文与语文教学本是两个不同的概念,但是又有着紧密的联系。只有对语言文字的属性有了切实而准确的了解,才能谈语文教学。就像数学离开了数字,离开了1、2、3,谈数学就失去意义一样,离开了语言文字,谈语文学科或语文教学也就无从说起。中学语文学科是一门基础学科,打文化的基础,是非常实用而且内容丰富多彩的一门学科,人文性很强。民族的文化是民族的根,语言文字本身装载着文化,语言文字是文化的根。它记载着本民族的物质文明和精神文明,是本民族文化的地质层,母语教学必须与民族文化紧密相连。语言文字和文化在母语教学中不是两个东西,而是一个整体。说语文学科具有人文性,绝对不是排斥它的科学精神;说语文学科具有工具性,也绝对不是削弱它的人文精神。不存在限制这一个、张扬另一个的问题。二者不能割裂,而应沟通交融,互渗互促。

语文教学要有更高的起点、更新的观念、更宽的视野。对母语的认识应建立两个基本概念:一个概念是民族的智慧积淀在民族的语言文字中。母语教学不能如同外语教学中的"商业对话"训练,不是"英语900句",不能老在词句上兜圈子。教母语,同时也是在教民族的思想与感情。"先天下之忧而忧,后天下之乐而乐",寥寥数语,人生观包蕴其中;"两情若是久长时,又岂在朝朝暮暮",短短两句,爱情观渗透在内。语言文字多奇妙,它是春风化雨,润物无声的。教学中千万不能把语言文字看成僵死的符号,它是装载着丰富的情和意的,是活泼泼的,有灵性的,有表现力的,有迷人的魅力的。比如"春风又绿江南岸",一个"绿"字用得多么传神。满眼的绿,生机勃发的绿,那种喜悦,那种对生命的礼赞与讴歌,如果就词论词,就句作机械的讲释,学生不会感悟,不会生发,又叫什么学语文呢?学习民族语言文字,就是要继承和发扬民族优秀文化。与此同时,须广泛阅读世界名著佳作,开阔视野,吸收人类的进步文化。还有一个概念,随着信息网络化,世界变小了,地理区域性特征不再鲜明了,母语仍是维系民族团结的纽带。对内它是黏合剂,对外它是有力的屏障。说文化是综合国力的一部分,是因为文化这一资产是长期积累的,维护它,珍爱它,一个民族就不会垮。母语学习,从来就是一个民族对其后代的精神哺育。

语文教学要对学生有效地进行素质教育,须在认识和做法上解决"重术轻人"的问题。语文教学目的在于培养与提高学生正确理解和运用祖国语言文字的能力,具体地说,即培养学生阅读现代文和浅易文言文的能力、写作能力、口语交际能力和初步的文学鉴赏能力,教会学生掌握学习语文的基本方法,养成自学语文的良好习惯,培养发现、探究、解决问题的能力,为继续学习和终身发展打好基础。而在教学过程中,要培养学生社会主义思想道德、爱国主义精神和高尚的审美情趣,发展健康个性,形成健全人格。十分明确,中学语文教学目的是教文育人。培养的学生要具备适应现代社会实际需要的语文能力,又要具备现代社会需要的学会学习、学会探究的本领,还要具备良好的思想道德、爱国主义精神和高尚的审美情趣,要发展潜能,发展个性,形成健全人格。语文教学当然要培养学生的语文能力,但与人的培养是紧密结合在一起的。"重术轻人"恰恰是只重视语言技能技巧的训练,而忽视或淡化了人的培养。语文对人有教化与陶冶的功能,由于"重术",只重视某些词句、段落中的技能技巧,把一篇篇寓意精辟深邃的佳作,一篇篇声情并茂的美文,肢解得鸡零狗碎,震撼心灵的智慧不见了,感人肺腑的感情消失了,语言文字的生命力荡然无存,原本诗意的、审美的,即以形象思维为内核的语文教学向标准化、机械化转向。语文课人文精神和审美情趣缺失,语言文字表情达意的光彩暗淡了乃至消失,学生学起来味同嚼蜡。也正由于如此,催发了语文教学的匠化和应试训练的泛滥。加上出版业的利益驱动,《一课一练》之类的本本充斥市场,推波助澜,对语文教学产生了负面影响。

语文教学"重术轻人"的最大弊病是学生学语文的主动性、积极性、创造性受到抑制,不能成为学习的主人。阅读教学程式化、作文教学模式化、能力训练机械化框住了学生,学生常常成为操练的机器,兴趣、爱好、特长、个性的发挥,不能说没有,但确实已凤毛麟角,十分罕见。语文学科是一门最开放的学科,语文与生活同在,应用性极强。把最开放的学科禁锢在考试的小圈子里,把最广阔的天地压缩为一个狭窄的角落,对其"敲门砖"的功能放大再放大,学生怎敢越雷池一步?这种被动学习的状况、形成的后果与现代社会素质教育要求培养的目标距离甚远。现代社会,即将步入知识经济时代,在知识经济时代,知识是最重要的生产力,资本和财富的优势将变得次要。英国哲学家培根提出的"知识就是力量"的名言,再一次得到形象而深刻的诠释,而大量的知识都是以信息的形式出现的。现代社会的人,如果没有独立的、比较强的阅读能力,没有理解分析、判断推理的能力,怎么能适应时代社会的需要?就表达来说,现代社会虽不要求倚马可待,但也确实要求人们思维敏捷,反应快速。表达绝不仅仅指学生在学校写几篇文章应考,更重要的是培养他们具备观察生活、认识生活、运用语言文字表情达意的能力。

看问题视野要开阔,不能只看到课堂、考卷和考场。有些情况拿来参照,看一看,想一想,能活跃思路。20世纪90年代初,美国劳工部21

世纪就业技能调查委员会对20世纪近20年来美国教育的现状和21世纪美国社会对人才素质的需求,进行了全面的调查和深入的研究,提出了21世纪全体美国就业人员应具备的五大能力和三大基础。三大基础是能力基础、思维基础、素质基础。能力基础指有较高的读、写、算、听、说的能力;思维基础指能进行创造思维,有决策能力和解决问题的能力,有想象能力、学习能力和推理能力;素质基础指有责任心和自尊心,善交际,能自律,为人诚实正派。显然,这里所说的基础要言不烦,着眼于对人的品德、意志、才能等方面的较全面的要求,以适应现代社会的发展。"他山之石,可以攻玉。"语文教学对学生进行素质教育,一定要把"人"放在首位,让学生真正成为学习的主人。

教育观念要更新。任何一所学校、任何一名教师,不可能在学校、在课堂把人一辈子需要掌握的知识与能力都教会学生,即使在科学技术迅猛发展的今天,要做到这一点也是不可思议的。但是,教他们学会学习,学会做人,学会发展,学会创造,是一丝一毫也不能马虎、松懈的。学生学会了这些,就能心灵丰富,潜能发挥,有真才实学,一辈子受用不尽。语文教学中教学生学会学习,学会做人,意义尤为重要。语文是实践性很强的一门学科,单靠课堂、单靠教师讲授是解决不了问题的。教师的"教"要为学生的"学"服务,启发、诱导、点拨、开窍,引导与鼓励学生自己读、自己写,思考、比较、辨别、感悟,提高阅读与表达的能力。读写是语文的两翼,读得少,对语文能力的培养来说,无疑是独木难支;写得少,鲜活的思想、美妙的语言文字怎可能流溢笔端?哪来较好的表达能力?要让学生有充分自主学习语文的天地,引导学生做学习语文的有心人,广泛开展语文读写活动,练就掌握语言文字的真本领。

当前语文教学对学生进行素质教育有两点尤为重要。

一是让学生重视积累,学会积累。文化的积淀靠的是积累,语言文字能力的提高也同样需要积累,不能考过试以后,学生学的就还给老师了。较长时间以来,我们的语文教学重分析,轻积累,有的文章甚至被分析得支离破碎,这不能不说是一种严重的失误。所谓"厚积而薄发",学生腹中佳词美句、佳作美文储存极少,"积"得很少,又"发"什么呢?我们这样的泱泱大国,需要千千万万素质良好的劳动者。我们培养的学生,不管他将来从事什么职业,我们总希望他身上具有一些文化的气质,有点文化底蕴,成为现代社会的文明人。这不是一朝一夕所能解决的问题,因为素质不是一种技巧,可以轻松掌握。素质是一种心灵的塑造,在塑造人的心灵过程中,中华优秀文化确实能起到以一当十的作用。如果没有积累,语文能力的提高就是空中楼阁,语言表达上的贫乏也就不足为奇了,良好素质的培养也随之受到影响。

二是创新意识、创新精神的培养。语文教学最能给学生创造的空间。只要教学中教师不囿于某一模式、某一标准答案,不画地为牢,叫学生就范,学生就能积极思维,开展想象,有独特的感受与体验。教材中的每一篇作品都包含着作者独有的人生经历、思想方式、情感体验,尤其是文学作品更是各有各的风格,各有各的个性,各有各的语言特色,可说是异彩纷呈。学生解读,可根据自己的年龄特点、知识素养、生活经验,作出多种多样的理解,得出各自不同的感受。《孟子·万章上》:"故说诗者,不以文害辞,不以辞害志。以意逆志,是为得之。"也就是说,在解说诗文时,用自己的认识体会去揣摩作者思想感情。学生阅读、咀嚼、品味、体验、感受,激起求知的欲望,引发对人生的思考,这本身就是一种再创造。在教学中,不能满足于使学生获得知识,更重要的是指导他们掌握学习方法,培养探究精神,探究知识形成的过程,开拓他们的想象力。学生在课堂上主动学习,自主学习,教与学双边多向活动,学生就能闪现智慧的火花。课堂上要善于营造积极思维,大胆想象,知无不言、言无不尽的生动活泼的气氛,让学生思想舒展,精神愉快,学有所得,学有趣味。教师在引导和组织学生阅读欣赏、通畅表达时,还须注意非智力因素的培养,注意学生兴趣的激发、情感的陶冶、意志的锻炼。创新教育是素质教育的灵魂,创新能力是一种智力特征、人格特征,是一种精神状态、综合素质。学生通过学习语文,与人类的智者对话,与高尚的情操交流,受人文美、语言美的熏陶,感知、情感、想象和理解等各种心理机制都处于活跃的状态下,他们的创造力就会爆发出来,常常在阅读、表达中出现"神来之笔",超水平发挥。

素质教育作为一种教育指向,它具有方向性、导向性,但不可能有一个统一的模式。素质教育本身就是开放的、多元取向的,语文教学中只要认清和牢记培养目标,明确实施素质教育的重点,从本学科的性质、特点出发,解放思想,深化改革,大胆创造,必能积累更多的成功经验,不断提高语文教学质量,培养和造就适应现代社会需要的一代新人。

聚焦在文化认同上[①]

《教育新观察》2005年3月在《谁动了我们的"母语权"》一文前有这样一段话：

汉语的丰厚悠久和诉诸直觉的灵性，几乎令世界上其他文字无与伦比。然而，中国人从来没有像今天这样几乎疯狂地学习英语。蓦然之间，我们发现汉语似乎已经不再重要，人们的求学和晋升必须依靠一门本不属于我们的语言。汉语沦为二流语言了吗？我们没有说母语的权利了吗？谁动了十三亿中国人的"母语权"？

话说得很重，到了触目惊心的程度。然而，它反映的又是不争的事实。幼儿园的孩子要熟练地用英语背唐诗；双语班外文和中文的学习比例小学为8∶2，中学为6∶4；英语证书是求职的敲门砖；英语是评定职称的门槛；大学生求学花在外语上的功夫大大多于专业课程攻读的时间，凡此种种，不胜枚举。形成这种局面，原因复杂多样，非我辈能左右。但我们语文教师必须直面这种情况，认真思考，寻觅良策，提升语文的价值与功能。

[①] 本文发表于《中学语文教学参考》2005年第8—9期。

站在文化的平台上

教语文,必须站在文化的平台上。

忽略了这一点,语文教学就会在有意无意之间降格为技能技巧的操作,就会有悖于实施素质教育的宗旨。

汉语是联合国的六种工作语言之一,也是世界上使用人数最多的语言,我们理应为之骄傲与自豪,无须感到自卑。然而,由于外语的过分炽热,汉语被冷落,我们不那么重视母语了。由于母语和外语的本末倒置,有些研究生组织不好一篇像样的论文,锦绣文章更是罕见,汉语运用中的粗糙化、低俗化比比皆是,屡见不鲜。汉语的正确、纯洁以及其蕴含的极其深厚的中华文化面临着严峻的挑战。

世界上各民族的语言都是其本民族的文化地质层,它们记载着这个民族的物质和精神的历史。讲语言,必然与文化血肉相连。语言本身是一种工具,但同时,它又是一种文化,一种语言是一种文化的承载体,对于培育民族精神,孕育民族情结,发扬民族文化有极强的凝聚作用。汉语言文字记载着中华数千年的古老文化,这个"形体"不是无生命的僵硬的符号,而是蕴含着中华民族独特性格的精灵,它本身就是文化。汉字是象形表意的文字,常诉诸视觉形象,能给人以丰富的感性认识,与西方拼音文字迥然有别。西方文字着力于听觉与抽象概念。只要稍加比较,就清楚明白。自古至今,文化随着文字的记载、文字的运用而传承,而发展,文化是语言文字的命脉。

有人说:"母语是父母给的,母语是家给的。家给的语言,是一种有形无形、有声无息的存在,是历史流注的民族精神,是万方辐辏的智慧融合。她宽厚地孕育涵养着每一个子民,全息地体现着民族流动不息、丰富多彩的生活。"确实如此,母语教育绝不是识多少字,背多少词,做多少练习,写几篇文章,而是使学生在理解祖国语言文字的同时,受到民族文化的教育、民族精神的熏陶和民族情结的感染。余光中先生说得好:"中文乃一切中国人心灵之所托,只要中文长在,必然汉魂不朽。"

就拿字来说,传说仓颉造字,弄得鬼神不安,竟至于"天雨粟,鬼夜哭"。文字的魔力可谓大矣!其实,教学生识字,辨别字形、字音、字义时,就是在传承先民造字的文化。字的造型是了不起的文化,有了文字,人类社会的文明就大大跨前了一步,它传达思想、情感、意志,传久行远。如"山"是象形字,甲骨文字形正如山峦起伏的样子:"⛰",像隆起的三座山峰;到小篆,"山"成了""形,是地面上隆起的地貌,有一定的高度。"嶽"(现写为"岳"),形从"山",声从"狱",形声字,表示高大的山脉。"嵩",由"山""高"二字组合而成,表示山大而高,是会意字。"岔"是会意字,由"分""山"二字组合而成,表示山被分开歧出,为"山岔",引申指河流、道路的分歧。"峡",由"山""夹"二字组合而成,表示两山夹着水,河道在两山之间,也用来表示两山之间狭深的地方。可以看出,无论是象形字、会意字还是形声字等,都反映了先民认识事物、思考问题的文化。站在文化的平台上来看,一个个字都是鲜活的、有生命的,可以从那一幅幅画、一个个故事中受到多种多样的启发。学生掌握了字形,理解了字义,读准了字音,就不会求助于无数次的机械操练,而是通过辨别、思考,在理解的基础上记忆。

有时一首小诗看来通俗易懂,稀松平常,但诗中涉及的时间、地点、人物的背后往往会有令人深思乃至令人震撼的故事。杜牧的《清明》诗,儿童都能背得滚瓜烂熟。"清明时节雨纷纷,路上行人欲断魂。借问酒家何处有,牧童遥指杏花村。"清明时节,行路人路上遇雨,盼望能找个酒店,避雨、歇脚。"清明节",都说是祭扫祖先的日子,它是怎么来的呢?有文化内涵。两千多年前的春秋时期,晋国公子重耳逃亡国外避祸,流亡时饿极,其随从介子推不得不从自己腿上割下一块肉让他充饥。十九年后,重耳做了晋国的国君,即晋文公。他即位后,介子推带着母亲去绵山隐居,拒受封赏。介子推孝顺母亲,晋文公认为放火烧山,会把介子推逼出山来,哪料介子推母子均被大火烧死。后人更传说介子推死前写下遗诗一首:"割肉奉君尽丹心,但愿主公常清明。柳下作鬼终不见,强似伴君做谏臣。倘若主公心有我,忆我之时常自省。臣在九泉心无愧,愿政清明复清明。"此后,晋文公下令,把介子推烧死那天定为"寒食节",严禁烟火,只吃冷食,并规定祭奠介子推;有说以"清明节"来纪念介子推。至于以后如何演变到人人祭拜各家祖先,就无可查考了。然而,根据史料记载,或根据传说,就可领悟到人的思想、道德、愿望、追求,人的行为、语言,人与人之间的关系,如主从关系、母子关系、君臣关系等,这些都在人文范畴之内,都洋溢着浓郁的文化气息。

一首小诗中提到一个民俗,就可让人知晓其中的感人故事,其他如端午节、中秋节等无不如此。中华文化深厚,源远流长。从这个层面上认识我们的语言文字,理解要学习的诗词文章,不仅能准确地把握文学的"形体",而且能洞悉"形体"内蕴藏的"神韵",形神俱备,教学就会打动学生的心灵。

我们常带领学生诵读、背诵山水诗。凡有名胜之处,几乎都有古迹,中华文化平铺在祖国九百六十多万平方千米的土地上。如杜甫的《登岳阳楼》,诗的意境十分广阔宏伟。杜甫晚年游洞庭湖名胜,登上岳阳楼古建筑,亲眼看到这一片湖光山色的美景。诗的首联是:"昔闻洞庭水,今上岳阳楼。"究竟是怎样的美景呢?诗的颔联这样描绘:"吴楚东南坼,乾坤日夜浮。"洞庭湖水广阔无边,划分开吴国和楚国的疆界,日月星辰都像漂浮在湖水中一般。仅仅十个字,就把洞庭湖水势浩瀚的形象、豪迈的气势给描绘出来了。杜甫晚年漂泊西南,居无定所,故接着一联写:"亲朋无一字,老病有孤舟。"泛着一叶扁舟,到处漂流。尽管政治生活坎坷,壮志难酬,但杜甫毕竟是杜甫,尾联仍然表现忧国忧民的广阔胸襟:"戎马关山北,凭轩涕泗流。"眼望着万里关山,想到天下到处兵荒马乱,诗人倚凭阑干,北望长安,禁不住涕泗滂沱,声泪俱下。

游览与抒怀、喜悦与伤悲交织,自然界的宏奇伟丽与社会上百姓的颠沛流离相映,诗人的多难遭遇与"致君尧舜上,再使风俗淳"的抱负的强烈反差,构成了诗的意境、诗的灵性、诗的精神。看似写山水,借景抒怀,实则有深厚的文字底蕴。吴、楚历史是铺垫,一个"东南坼",活画出洞庭湖水的气势。前人写诗,日月在湖中、在海中的物象,信手拈来,就炼成"乾坤日夜浮"的佳句。有名胜,就有古迹。洞庭湖水浩浩荡荡无边无际之势,均为登上古迹岳阳楼所见,滕子京重修岳阳楼是后事。"戎马关山"是现实,写山川含历史,讲现实含文化,也就成了历久不衰的名篇。历代许多名家写山川古迹的作品,意味隽永,是语言文字的宝库,也是思想文化的宝库。

随文渗透,不露痕迹

改革开放的深化,为我们创造了一个更为开放的环境。多元经济并存,多元文化碰撞,有利于学生开阔眼界,增强对世界文明成果的了解。尽管我们的学生对实现中华民族伟大复兴的事业充满热情与期待,但多元经济、多元文化承载的不同的意识形态、价值观念和生活方式,也潜移默化地影响着学生的思想观念。一些学生不同程度地存在国家意识淡漠,民族自信心和自豪感减退,对民族优秀文化传统漠视,对中华民族的归属意识不强等现象;在行为表现上,诚信、社会责任感、勤俭自强精神、和谐相处能力等也有相当薄弱之处。面对新情况下出现的新问题,我们要研究教育的针对性,寻觅和创造行之有效的对策,真正做到以促进学生的发展为本,让学生身心均获得健康的发展。学科教学是培育学生成长、成人的主渠道,学生在学校的大量时间在课堂里度过,接受怎样的教育,直接影响知识、能力的增长,情感态度与价值观的形成,我们千万不能掉以轻心。语文教育从事的是母语教育,有传承和弘扬中华优秀文化的天然优势,当然应该义不容辞地担当起民族精神教育的责任,尤其在文化认同教育方面应有所作为。

首先,要十分重视民族语言文字的教育,切实落实课程标准中"应培育学生热爱祖国语文的思想感情"的要求。教学中要引导学生了解语言文字是民族意识、文化传统和道德观念的载体,关系到国家的统一、民族的团结、社会的进步和国际的交往。学生在学习、使用祖国的语言文字时,要感受语言文字丰富的文化内涵和审美价值,提升自己的文化品位,深化热爱祖国语言文字的感情。这种教育可进行专题讲座,可开展课外活动,但大量的应在课堂内进行,随文渗透,相机而行。比如带领学生学习都德的《最后一课》,学生往往被这篇短篇小说的悲剧美所感动,从小弗朗士和韩麦尔先生的身上,清晰地看到了亡国使法兰西人民宁静、自由的生活遭破坏,取而代之的是占领者施加的无比沉重的痛苦。更使学生感动的是文中有关语言的阐述。"法国语言是世界上最美的语言——最明白,最精确""我们必须把它记在心里,永远别忘了它,亡了国当了奴隶的人民,只要牢牢记住他们的语言,就好像拿着一把打开监狱大门的钥匙"。紧扣这两段话,可从两个方面渗透民族语言教育。一是移情,移到对祖国语言的赞美。用学生中的问题激起波澜。有学生读到前一句话时突然发问:"韩麦尔先生说法国语言是世界上最美的语言,是这样吗?那我们中国的语言呢?"教室里沸腾起来,大家七嘴八舌,教师相机行事,肯定学生的认识,举一两个典型例了,让学生沉浸在民族自豪的感情之中,盛赞祖国语言的优美。带领学生推敲第2段话蕴含的深意时,可辅之一些名言助学生深入思考,如梁启超说:"欲新一国之国民,必新国民之精神,欲新国民之精神,必新国民之语言。"法国总统戴高乐说:"语言是一个民族最宝贵的财富。"苏联作家帕乌斯托夫说:"根据每个人对待本国语言的态度,不仅可以非常准确地断定他的文化程度,而且还可以断定他的公民价值""没有对本国语言的爱,对自己国家的真正的爱就是不可思议的。"引导学生理解语言是一个国家、一个民族存在与发展的标志,如果某种语言消失,就意味着这个国家、这个民族的彻底灭亡。因而,韩麦尔先生的那段话十分深刻,说到了语言的本质,说到了民族语言和国家、民族的血肉联系。

至于教本国的诗歌、文章,语言文字的美可说是无处不在。比如写字,汉字具有诱人的形态美。同样是方块字,写起来却可千姿百态。一个字犹如一幅画,有粗,有细,有直,有曲;结构的方式多种多样,有上下的,有左右的,有内外的,各部分之间讲究比例,讲究间架,讲究匀称,讲究整体美。那种一节课下来,黑板上一个字都没有,只会打电脑,只用多媒体的课堂,汉字教学无形中被弱化,就语文教学而言,是不可取的。又如词语的辨别,让学生体会到汉语同义词的丰富和近义词之间极其细微的差别。就拿"看"这个最普通的字来说吧,与它意义相近的词可列出近百个,有常用的口语"瞅""瞟""瞧",有书面用语"睥睨""谛视""骋目""凝眸",有看的角度不同——"觑""俯视""仰望",有看的程度差异——"瞪""瞥""扫""盯",有看的范围大小——"顾盼""环视""纵观",等等,不一而足。在怎样的语言环境里选用怎样的词语,须深入理解,辨微析毫。只要认真咀嚼推敲,不仅能选准表意中的"那一个"名词、动词、形容词,而且进入词汇宝库觅宝,其乐无穷。随文辨析词语,能让学生从具体、生动的例子中体悟到祖国语言文字反映了数千年中华民族深厚的文化,增强对母语热爱的感情。

其次,要随文进行民族历史教育、革命传统教育和人文传统教育,以中华民族在文明创造过程中展现的执着追求的精神风貌陶冶学生情操,使他们明确自身肩负的历史使命;充分利用语文学科中包含的中国哲学、历史、文学、艺术、教育、民俗等多方面资源,对学生进行优秀人文传统的教育和熏陶,引导他们热爱民族文化遗产,传承中华民族的传统美德,继承中华民族的人文传统。

例如,孟子的《鱼我所欲也》这篇文章,选自《孟子·告子上》,孟子的性善学说主要表现在此篇。文章重点论述了"舍生取义"是人的本性。人生有各种机遇，也存在各种抉择，何舍何取要合乎做人的准则。孟子在文中阐明：为了"义"，生命也可放弃，在任何时候，都不能迷失人的"本性"——"非独贤者有是心也，人皆有之，贤者能勿丧耳"。文章先以比喻说理，提出"舍生取义"的观点，然后进行逻辑推理，得出结论，当二者不可兼得时，人们会舍生而取义；论述了人人皆有的本性不能迷失。再用事实证明观点，正反论证，再次证明"舍生取义"是人的本性的中心论点。什么是"义"，如何对待"义"，古圣先贤在不同时代不同情况下作了诸多精辟论述，许多志士仁人为国为民身体力行，实践着舍生取义的壮举，留给后世无尽的思考和永恒的怀念。孟子站在人性的高度，用层层对比的方法生动形象地阐明"义"比生命更重要，批判、抨击见利忘义的种种行为。数千年来对生命的价值与意义的探讨、寻求，形成了中华文化优秀传统中的宝贵财富，时至今日，不仅有历史意义，而且有现实的教育意义。

带领学生学习这样的课文，在疏通文句、重点把握几个文言词语和句式的同时，至少在以下几个方面可引导学生：1. 借语言的形象、生动，推理的精密，例证的褒贬，让学生反复诵读，读出文章的精魂，让"义"，生命的价值与意义，让"非独贤者有是心也，人皆有之"在学生脑中留下深刻印象。2. 紧扣有关语句，化概念为具体，增添感性认识，帮助理性思考。如"所欲有甚于生者，故不为苟得也""所恶有甚于死者，故患有所不辟也"，让学生明白哪些"欲""甚于生"，哪些"恶""甚于死"，褒扬高尚的思想、高尚的情操，斥责卑鄙、枉法、贪赃等黑暗心理、卑劣行径，使学生在熏陶感染中提升辨别能力，追求美好。3. 让学生在诵读、理解的基础上，联系实际，评价文中观点的意义。探讨在社会转型期，青少年究竟应该树立怎样的价值观？哪些人仍然把"义"作为自己的主心骨，甚至舍生取义？

不管从哪个角度切入，都要尊重课文本身，挖掘其丰富的内涵，培养学生赏析、判断的能力，绝不是穿靴戴帽，外加什么东西。深入阐发内涵，不泛化，不面面俱到，突出重点就行。至于是感情的激荡，理性的思辨，还是二者结合，须视教材特点、学生对象而定，没有固定程式。

　　语文教材中许多诗文都从某一个侧面反映了中华传统美德。在金钱至上、见利忘义的社会，人情必然薄如纸，一碰就破，乃至不碰就碎。传统美德中人与人之间十分重情义，父母情、兄弟情、亲朋情、师生情、故乡情、山水情等，举不胜举。有时一篇短文写家常琐事，因为浸透真情，故而非常感人。如归有光的《项脊轩志》，文字平淡，但其中蕴含着极为真挚的人情。今昔盛衰的悲凉，物在人亡，睹物思人之惆怅、悲凉渗透纸背。老祖母的垂问、关爱，"吾儿，久不见若影，何竟日默默在此，大类女郎也""比去，以手阖门"的细节令祖孙情跃然纸上；母亲时刻关心儿女饮食起居，一听到哭声就叩门扉，"儿寒乎？欲食乎？"慈母情刻骨铭心；"庭有枇杷树，吾妻死之年所手植也，今已亭亭如盖矣"，睹物伤情，夫妻恩情尽在不言中。长辈和妻子对自己情深意切，因而，忆往事如在昨日，"泣""长号不自禁"，悲从中来，泪如阑干；对妻子的感情更是深沉含蓄，以至"室坏不修"。把文中语言、动作、情态蕴含的真情挖掘出来，以情激情，滋润学生的心田，就会培养出对长辈的感恩之情，对同辈对他人的深厚情谊。一个人如果对长辈对家里人都缺情少意，怎可能有心怀天下的胸怀，爱祖国爱事业呢？在熙熙攘攘追求个人利禄的时尚风气下，把爱撒播到学生心中，犹如甘霖洒到禾苗上，让他们茁壮成长。

　　思想内容和语言文字应力求随文渗透，不露痕迹。实际上这二者水乳交融，浑然一体。语言文字的表现力、生命力得到准确的阐发，文章的思想就闪出光芒；文章蕴含的思想、情感得到准确的阐发，语言文字的魅力也就充分显现。问题在我们有时把"二而一，一而二"的东西人为地割裂开来,其结果不是这里缺失,就是那里缺失,价值与功能都被弱化。比如有些教材教育功能十分显露,只要方法得当,学生就能受到熏陶。革命传统教育教材《清贫》即如此。方志敏身居"高官",经手的款项有数百万元之巨,自己却一贫如洗,"确实是一个铜板也没有"。这种舍己为公的共产党员的美德是通过"一桩趣事"来揭示的,因而事情的来龙去脉,具体场景,人物对话、表情、动作等,要让学生通过朗读去体会、感受,特别是方志敏的语言,要读出浩然正气,读出从容、坦然。在朗读、理解的基础上,思考这些语言的分量,思考为什么要用诙谐的口气说明自家的"传世宝"。一个人的言行是思想道德的反映,受思想道德的支配,为什么方志敏能一向过着清贫、洁白朴素的生活?今日他的价值与意义何在?组织学生展开讨论,各抒己见。学生能懂得什么是共产党员美德,什么是优良传统,懂得丢弃优良传统是背叛的开始,心灵由此受到洗礼,"矜持不苟,舍己为公""清贫,洁白朴素的生活"等观念就会印在脑子里。

课教得清楚明白已十分不易,要教到学生心灵深处就更难了,靠的是"随风潜入夜,润物细无声",点点滴滴入心头。

变无意为有意

只要是佳文美作,其中包蕴的文化含量、人文精神必然可圈可点,因为这是文章的客观存在,并非什么人任意外加。然而,为什么有些充满激情、充满智慧、充满深刻内涵的佳作,学生学起来并不振奋、味淡趣寡呢?关键在文章的精神没教出来,人为地使文章"失魂落魄",站立不起来。对学生进行语言文字的教育,培育学生阅读、表达的能力,这是天经地义的,丝毫不能放松。然而,文章的精魂出不来,又怎能充分发挥它的育人功能呢?当然,也包括语言文字使用的准确、精当、深刻、含蓄、鲜活的表现力与生命力。倒不是执教者故意如此,而是这方面缺少强烈的意识,无意探究底里罢了。

要使所教的文章如其原样站立起来,学生从课文的学习中受文化认同之益,教师就要变无意为有意。钻研教材时从语言文字到思想内容的探究,从思想内容到语言文字的咀嚼、体味,都要反复推敲,文章的精、气、神就会显露无遗。我们常说,学生浅阅读对长知识、长见识、长能力、长思想帮助甚微,如蜻蜓点水,总难领略水的温存、水的多变、水的活力。学课文也是一样,如果只是浏览,粗知大意,或只在文字上作些表层的推敲,就会像浅阅读一般,一篇篇文章如流水般流走,留不下痕迹,更不用说镌刻在心了。

变无意为有意,首先要树立一个高度。任何一个学科教学都是为培养人这个大目标服务的,语文学科也不例外。把带领学生学习语文、学习一篇篇课文看作育人必不可少的有机部分,眼睛就会明亮起来,就会发现文字背后的宝藏,就会聆听到文字向你诉说的深意。因此,站在育人的高度钻研教材,就能慧眼识别文章的真谛,向学生输送育人的琼浆。其次是要弄明白什么是文化认同,它有哪些内容,所教课文蕴含的是哪些,学生在相应的问题上鲜活的思想动态是什么,应设计怎样的教学过程以实现中华文化的认同感、归属感。弄清楚这些问题,就能把握住所教课文的个性特征,确定重点,因势导引,而不会乱联系、乱发挥,乃至无中生有,把语文课弄得四不像。

例如,《向中国人脱帽致敬》是一篇弘扬民族精神、坚持文化认同的显性教材,要让学生懂得文章记述的这堂对话课绝非一般的师生对话,而是斗语言艺术的课,斗智慧的课,斗民族志气、民族自尊的课。即使这样显性教育的教材,同样不能空讲大道理。教材的特色是语言艺术,而这语言艺术又是通过环环相扣、步步紧逼的材料组合来实现的,故而须牢牢抓住这个特点。"刁难""我"的教授问了一系列问题,这些问题分为几组,由问工作入手,进而问来自哪里,再进而问中国富强的标准;

每一组又有若干小问题，特别是关于台湾问题揪住不放。这些问题怎么问，又怎么答，如不深思熟虑，成竹在胸，就不可能问得"刁钻古怪"，答得义正词严。这就不能用一般朗读的方法来处理，而是要创设对话场景、氛围，用说话的口气来表现。起始的问答比较平和；发展进程中犹如"拉锯战"，几度纠缠，气氛开始紧张；触及国家尊严是问题的实质，紧张气氛加剧；最后气氛急转，由紧张而缓和而轻松。一方步步紧逼，一方寸步不让，说话的意图、气势、分寸、分量，生动形象而又准确无误地表现出双方各自的思想、气质、敏锐、深沉，语言锋芒旗鼓相当，而答方的睿智、不屈、自尊自傲更胜一筹。表面看来，一攻一守，其实，答方守中有攻，节节取胜。比如，"先生，我没有听清楚您的问题"，表现了欲擒故纵；"只有一个中国，教授先生，这是常识"，这是反击，严肃中有几分调侃，几分奚落；最起码的一条是："任何一个离开国门的我的同胞，再也不会受到像我今日承受的这类刁难"，更是字字铿锵；再伴以"我""竟恨得牙根儿发痒，狠狠用眼戳着这个刁钻古怪的教授"，捍卫国家尊严、大义凛然的形象如在眼前。捍卫国家尊严的人必然受到尊重，这位教授大声宣布"向中国人脱帽致敬"，不是向一个学生，而是中国人，不仅"致敬"，而且"脱帽"以表示真诚。显然，抓住文章的个性特点，挖掘语言的内涵，文章的精髓就会闪光，给学生以熏陶感染，乃至形成对心灵的冲击力。

讲究文化认同，绝不是排外。中华民族历来有吸收外来文化的优良传统，择优秀者兼收并蓄，在"化"上下功夫。今日改革开放的新时代，善于借鉴，善于吸收，更是非常必要。然而，在借鉴、吸收的同时，必须"以我为主"，有中华文化的主心骨。如果学习外国而丢失了自己，那必然事与愿违，结局可悲。作为语文教师，确实要清醒地认识这一点。

历史经验与现代生活的融合[①]
——从《美国语文》教材引发的思考

平时看到报刊上介绍西方教育教材的短文,总要读一读,以开阔视野。但由于材料零零星星,枝枝节节,难以形成明晰的印象。此次读同心出版社刚出版的《美国语文》,情况不一样。阅读、思考、比较、分析后,有骨鲠在喉之感,不吐不快。

这套《美国语文》是美国中学教材,是12~18岁学生学习的文学读本。据编译者介绍,这是一套较权威的《文学》读本。一般地说,美国多数中学在语文教育方面会选择三部教程。一部《英语》,主要讲解语法知识;一部《拼写》,注重单词的拼写训练;还有一部《文学》,介绍各种题材的美国文学读本。现出版的这本文学读本原书的内容庞大,几乎涵盖了文学的所有形式,编译时删去了原书中的诗歌与剧本部分,但课文编排顺序沿袭了原版教材。现在见到的书名是:《美国语文——美国著名中学课文精选》,共三册。这是一套怎样的教材呢?

[①] 本文发表于《语文学习》2005年第1期。20世纪末,中小学语文教材建设呈现多样性苗头,主要表现为:一是地方性独立编写与使用的教材扩大到省市范围,如江苏省、上海市等;二是国外语文教材的引进和参照更趋多元。本文在评价《美国语文》的同时,一针见血地反思了我们自身在语文教材建设上的问题和症结。特别是关于"培养目标""传统文化"的认识,对于我们开展"一纲多本"的教材研究具有现实指导意义。

特点一览无余

翻开目录,第一印象是:这似乎是美国历史资料教学书。从"纲"看,全书六个部分的标题依次是"文明的交会""国家的诞生""国家的发展""分裂、和解和扩展""不满、觉醒与反抗""繁荣与保护"。"目"也是如此。举一例来说,"国家的诞生"由《富兰克林自传》《独立宣言》《在弗吉尼亚州大会上的演讲》《穷里查德的年鉴》《从新白宫里写给女儿的信》组成。似乎都在谈国家,谈政权,谈宣言,谈总统。原来该书按"编年体"形式编排,先简要介绍美国各阶段历史,突出了特定时期社会的核心问题。稍加推敲,就可发现:

1. 聚焦文化认同,张扬民族个性

《文学》读本的编撰者用心于根据美国历史的演进在教材中进行美国文明的传承,让美国中学生对美国的文明、美国的文化有强烈的认同感。就课文选择而言,把美国200余年不长的历程分为六个不同的主题时代,然后相对应地选择同时代的具有广泛社会影响及文学代表意义的文章。从选择美洲航海日志开始,延及神话、小说、散文、游记、诗歌、戏剧,反映社会方方面面的发展过程,让学生认识这块原本由移民建立的殖民地是怎样建立国家、创建文明的,让学生感受到创建者都是普通人,而正是这些普通人推进了美国文明与文化的进程。

就编辑指导思想和整体布局而言,引导学生认同美国文化,张扬民族个性的特点同样非常明显。每个主题时代先开宗明义讲述时代故事,介绍这个时代发生的大事以及这个时代文学的变迁与发展的特征。例如,讲述美国文学传统的开端时说:"最初的移民们被当地的土著居民迷住了,但他们起初并没意识到这些更早的美洲人像欧洲人一样拥有自己的文化价值和文学传统。因为北美洲的部族还没有发展自己的文学,所以他们的文学全都是口头文学。多样的口头文学和殖民者的早期作品就形成了美国文学传统的开端。"这样的表述,既尊重了殖民

的客观事实,更透露了美洲人的自尊——"像欧洲人一样拥有自己的文化价值和文学传统",真是要言不烦,画龙点睛。又如,讲述美国文学时代到来时,说:"1800年以前,美国作家作品并没有很多人重视——甚至在美国也没有,然而那种情况很快就开始改变了。这个时期的作家们将要标榜美国的声音——个人化、特殊、大胆,以及它的基本主题:个人对于标榜自己的渴求。"关键词是"标榜美国的声音"。此时此刻,美国已脱离于欧洲各国,开始张扬民族个性。讲述20世纪美国文学时说:"进入20世纪的美国是一个在世界范围内占据了优势的国家……美国文学的一个新纪元到来了。20世纪早期的剧变预示了一个充满艺术实验和不朽文学成就的时代。"显然,这不仅是自信,而且传递出傲视世界的信息。

每篇课文都有作者的生平介绍、知识背景介绍和文学要点聚焦。课文前的阅读指导十分具体,与历史演进、文明传承、社会发展紧密结合。前前后后联系起来思考,就能猛然领悟到这套教材是要把美国中学生培养成为地地道道的美国人,让他们有民族自信心、自豪感,傲视世界。

2. 与现代生活紧密结合,拓展思维空间,着力于应用能力的培养

时代故事、背景知识等栏目里着眼于传统的阐述,课文后的问题指南、作品累积则着力于紧贴现代生活,拓展学生思维空间,培养和提升学生面对现代化的实际生活所须具备的各种应变应用能力。

问题的设置极富启发性,不局限于理解课文所要表达的主旨,而是侧重于引导学生置身于时代事件和作者身处的环境中,多角度全方位地思考,激发探讨的兴趣,把文学和生活拉到零距离,让学生充分发挥想象力,有自己独特的体验。例如,华盛顿·鄂文的《魔鬼和汤姆·沃克》,写的是获得不义之财的人的下场,让学生阅读理解、思考评价就设计了十多个问题。有让学生推断的,有需要证据支持的,有需要解释的,有需要得出结论的,有需要评价的("汤姆·沃克为了金钱出卖了自己的灵魂,你认为如果他是为了知识而出卖自己的灵魂,那么他会不会成为一个比较令人同情的人物?"),还有需要拓展的。拓展的题目是:"鄂文暗示说贷款给别人的人是贪婪的,一个银行家将会对这种暗示作出什么回答?今天的什么因素将会使汤姆·沃克无法在贷款的生意上取得成功?"这是拓展到现代生活中的职业,进行职业连线。在"作品累积"的"点子库"中还设计了多种多样的"连线",如媒体连线、音乐连线、表演艺术连线、社会研究连线等,引导学生置身于现实生活之中,体验、感悟,锻炼分析问题、解决问题的能力。

课文后面的"微型写作课"的设计充满创新意识,启发学生运用多样化的写作方式来表达自己的意愿。如引导学生"更新一个故事":"鄂文故事中的信息与今天的世界仍然有联系。为这个故事创作一个更新的版本,设计新的故事情节和人物细节,把它们放在今天的世界背景中,通过一种吸引现代读者的方式来传递这个故事的信息。"这种学习紧贴现实生活,充满趣味性,注重培养创新思维和创新能力。

整套书的编著自始至终以学生的发展为本,把美国文化的传承、民族特性的张扬落实到中学生现实的读写之中,旨在培养当代有独特个性、有创新精神、有应变能力的美国人。

中学语文学什么?怎么学?编选什么课文?练习怎样设计?这套教材作了毫不含糊的回答,难怪它在美国获得"较权威"的评价。

启 迪 与 反 思

他山之石,可以攻玉。尽管西方教育与东方教育有众多区别和差异,但不少地方可以借鉴,包括正面的与负面的,从中获得启迪,反思我们从理念到做法上的正误得失。当前仍存在的问题是:

1. 对培养目标的木然与偏离

教育说到底是培养人,当今中国的教育当然应是培养有一颗中国心的现代文明人。教育方针十分明确,要培养学生德智体全面发展,成为社会主义的劳动者、建设者。但是,由于社会价值观的影响,急功近利思想的浸染,学校教育相当程度上从"育人"变形为"育分",把考试把分数看得至高无上,分,分,分,成了学生的命根。于是,学科教学重"术"轻人,重知识技能的传授与训练,聚焦解题答题应考的能力,轻视人的全面培养与发展,片面的教育质量观偏离了育人的大目标。这种状况已是见怪不怪,习以为常。口头上、书面上对人的全面培养可以讲得一套一套,很漂亮,但深入实际考察,往往大相径庭,说过、写过就算做过,能应付就行,博得肯定与赞赏当然求之不得。

教育是老老实实的事业,来不得半点虚假,大话、空话、假话只能有损教育的本质,贻误学生的健康成长。《美国语文》反映出来的培养目标是那么清晰,那么突出,那么具体到位,民族精神的标榜、傲视世界的气势,令人触目惊心。我们的语文教学一讲到人的培养,有人就讨厌,认为不是语文。其实,谁也没有否定语文学科必须教语言文字,必须培养学生语言文字应用的能力,只是应结合语言文字的学习与训练,适时地、有机地渗透情感、道德、价值观以及做人的道理,把二者融为一体,提升语文素养,提升精神素质。学科教学总要为育人的大目标服务,怎能游离于育人目标之外?我们处于一个改革开放的环境,多元经济并存,多元文化碰撞,这有利于学生开阔眼界,增强对世界文明成果的了解,与此同时,其承载的西方意识形态、价值观念和生活方式也潜移默化地影响着学生。一些学生不同程度地存在国家意识淡薄,理想、信念淡薄的情况,今日为"分"奋斗,目的在实现明日的"白领""大款"目标,这是令人忧心的。今日的课程、教材、教学就是明日的民族素质,什么样的教育就培养出什么样的人。老一辈永志不忘的民族屈辱,其中有一条就是日本军国主义掠夺中国的殖民思想在日本小学教科书里就有意识地灌输了。外国的样子在那里,比照,深思,对培养目标我们必须有清醒的认识和执着的追求,千万不能采取木然的态度。

2. 对中华优秀文明的传承、弘扬与发展缺乏责任心和紧迫感

语文学科具有传承与弘扬中华优秀文明天然的优势。我们民族的语言文字不仅承载着中华文化,它本身就极具个性,是世界上独一无二的中华文化的体现。

中学生是十分宝贵的潜在人才资源,是民族的希望。在激烈的国际竞争中要立于不败之地,要实现中华民族的伟大复兴,对人类做出贡献,就要培育他们的民族精神,增强他们的民族自尊心、自信心和自豪感。在培育民族精神时,十分重要的是要培养他们对中华文明的认同。教学中要着力发掘民族语言文字丰富的文化内涵和审美功能,引导学生认识祖国的悠久文化和优秀传统,培养他们对中华民族共同历史、共同文化、共同生活方式的认同感、归属感。中华文化的灿烂辉煌,只要稍微懂得点中国历史、中华文明的都没有疑义,但对缺乏生活经验、文化底蕴的中学生来说,他们知之甚少甚微,即使有所了解,也往往停留在知识与概念的表层,缺少真切的体验与感悟。面对西方文化无孔不入的渗透和浸染,他们往往良莠不辨,美丑混淆,照单全收,缺少正确的文化判断力。中华民族文化中的琼浆、醍醐对成长中的青少年学生而言,是精神世界立"根"树"魂"的根本,要立民族精神之根,树爱我中华之魂。这不仅是今日学生学文化学科学学做人的内在动力,更是他们一辈子长足发展奉献社会的基石。这种认同感、归属感的培养,不是作几次报告就能奏效的,靠的是发挥学科的特色与优势,与知识、能力融为一体,点点滴滴融入学生心头。这是个过程,是育人心灵的过程,是全面提高语文素养的过程,须坚持不懈,高度负责。

社会上包括教育领域在内,有些思想对学生认同中华优秀文明很有干扰。简言之,那就是一切都是外国的好,对中华文化不屑一顾。外国确实有好的、很好的,包括物质文明和精神文明,但糟的、腐烂的也比比皆是。照搬照抄,只能失掉自己。放眼看世界,必须是站直了腰,甚至要更上一层楼,站在高处,千万不能跪着,跪着一定丧失民族自信力。成年人如丧失自信力,必然影响孩子,那下一代又会成为怎样的人?

传承和弘扬中华优秀文明,绝不是故步自封,更不是排外。中华民族历来是有容乃大,凡是外来优秀的,在今日更是要学习,要消化,要融合,以获得新发展。我们的传承和弘扬绝不是"老子天下第一",而是要自立于世界民族之林,艰苦奋斗,对人类做出更大的贡献,以求有一个八音齐奏、终和且平的世界。

历史经验珍贵,中华文明灿烂,语文学科有责任紧扣语言文字的教学,把优秀文化、民族精神撒播到学生心田,促进他们健康成长。

3. 紧扣现代实际生活的功夫还下得不深

这些年来,尤其是课程教材改革以来,语文学科教学注意联系生活实际,做了许多有益的探索,但以《美国语文》设置的练习对照,逊色之处仍有不少,他们在培养学生语文能力的时代性、实践性、丰富性、灵活性等方面很值得我们学习借鉴。

他们着力充分发挥课文的教育教学功能,在阅读练习中大力培养与发展学生的思维能力,多角度、多类型,扣紧课文内容与文字,实实在在,不空泛,不大而化之;在写作练习中,"写作技巧重点"指导、"构思"提示等均从阅读与生活中提炼而出,要求学生付诸实践。练习纵横交错,立体化,把文明的传承、思维能力与语言能力的培养和发展放在现代实际生活的场景中认识、体验、应用;以课文内容、写作技巧、写作语言与风格为原点,辐射到现实社会的方方面面,如"数学连线""艺术连线""健康连线"等,让学生体验到语文的功能无所不在。学生进行各种各样的实践尝试,内容丰富,趣味浓郁,答题完全可有创意,可富于个性色彩。

我们语文学科教学常在历史与现实、读与写、积累与应用、基础与拓展、课堂与社会之间徘徊,找不到恰当的结合点。讲基础,一抓就"死";想拓展,一放就"空"。我们的视野还不够开阔,思考还不够深入,如何让学生学得又实又活,充分发挥他们学习主体的作用,确实须花大力气研究、探索。

语文教学单独设科已百年,风风雨雨的历程给我们以深刻的教育。当今,有些人以"洋语"为荣,鄙薄母语;母语教学在学校的地位与价值往下滑,这种状况令人担忧。语文教学是母语教学,民族语言是民族的根,是民族的精神家园。教师不仅要坚守这块多情的土地,更要在新时代加以发展,把历史经验与现代生活融合起来,全面提升质量,泽被莘莘学子,让我们的学生和母语有解不开的情结,对中华民族、对祖国大业有海一般的深情。

平等对话与"不作为"

"语文教学应在师生平等对话的过程中进行",《义务教育语文课程标准(2011年版)》中的"教学建议"第一条第一句就如是说。对这句话,由于理解上的差异,做法有时就大相径庭。这个问题也是很值得探讨的。

课程改革的基本理念之一是积极倡导自主、合作、探究的学习方式。这种新的学习方式需要的是民主平等的师生关系。较长时期以来,"灌输—训练"的方式是语文教学的主要方式,教师控制着话语权,学生处于被动接受的地位。倡导新的学习方式,关键在尊重学生是学习和发展的主体,爱护他们的好奇心和求知欲,关注他们的个体差异和不同的学习需求,充分激发他们的主动意识和进取精神。不少教师在教学实践中尝试,取得了良好的效果。值得注意的是:既然是"平等对话",师生双方都应"有作为",而不是一方"有作为",一方"不作为"。

平等对话的目的是让师生充分发挥在教学中的主动性、积极性、创造性,挖掘文本中的语言资源、精神财富,感受文字魅力,体悟社会人生,培养和提高学生的语文素养。在平等对话过程中,学生要学会学语文,要学好语文,要学会用语文,因而,须在准确、正确上下功夫,须实实在在,不能浮泛,不能不着边际,更不能听之任之。

学生是学习语文的主人,教师是学习的组织者和引导者,是把学生引入语文天地的向导。学生学习语文的兴趣,自主学习的意识和习惯,不可能自然生成,也不可能一蹴而就,要靠不断激发,要靠持续培养,要靠努力唤醒,对此,教师责无旁贷,须有所作为。教学过程中的平等对话,应充满学生的发现、质疑、思考与探究,与此同时,必然伴随着教师的启发、引导与点拨,乃至必要的讲解。对话过程应该充满了师生的讨论、沟通、理解,必要时也离不开精彩、精要、精湛的指导。师生平等对话是为学生创设良好的自主学习情境,让学生充分发挥聪明才智和学习潜能。然而,倡导自主、合作、探究的学习方式,并不排斥与否定接受性学习,自主、合作、探究的学习方式与有意义的接受性学习相辅相成。

平等对话,师生双方都有话语权。由于对学生主体、自主学习理解得不到位,有些教师误认为上课自己应少讲乃至不讲,否则,就影响学生的主体地位,影响他们的自主学习。于是,就出现了种种"不作为"的情况。比如:一而再、再而三地重复某种教学方法,让学生自己"感悟"。无点拨,无指导,要求泛化。朗读是学语文的好方法,让学生整堂课朗读课文未尝不可,但每次朗读应有具体的要求,并且要求应循序渐进,读错的字、读不顺的句子要指点,不能听其溜滑过去;关键词句、重点段落,要让学生咀嚼、品味,谈自己的感受和领会。读书百遍,其义自见。当今课堂上学习不可能有那么多充裕的时间反反复复读,因而,必要的指点就不可缺少。再说,朗读的目的就是要熟悉课文,理解课文,入目,入耳,入心,与作品和作者交流思想、沟通心灵,从中吮吸语言和思想的养料。故而,口读必须心想,精要之笔要琢磨,教师的点拨同样不可缺少。感悟也好,整体感知也好,总要建立在理解的基础上。浮光掠影,囫囵吞枣,怎可能有真切的感受?这样的课,教师"不作为",学生虽读,也没有发现、质疑、探究,主体作用未发挥,形式上有作为,实质上还是无作为。

讨论是课堂教学很好的学习方法,切磋琢磨,相互启发。可全班,可小组,可学生之间讨论,可师生共同讨论。然而,有几点必须把握:一是探究什么问题,这个问题在理解文本中起怎样的作用,芝麻绿豆无关紧要的就不必大动干戈。二是讨论过程中可能生成课程资源,但不能捡到篮里就是菜,要辨别、筛选,决定去留。不能脚踏西瓜皮,滑到哪里算哪里。三是须紧扣讨论的目的和要求,不能"放羊",听之任之,名为讨论,实为闲扯,与文本不沾边。讨论追求的境界,应是学生求知欲高涨,心灵得到解放,主动性、创造性被激发,生生对话、师生对话中观点碰撞,对文本的理解、领悟往纵深发展。语言表达做到有序、有物、有理、有情,启人心智,令人信服。如果"放羊",教师"不作为",学生也就不可能有所作为,讨论流于形式,实质被掏空。

师生平等对话须坚持教学目的和要求的落实,正误判别不可马虎,尤其不能在是是非非面前和稀泥,不能都说对都说好,不能认为跟着学生转就是"平等"。学习任何一类课文,讨论任何一个问题,均必须坚持科学性,对的就是对的,错的就是错的,切不可把"不对"说成"对",那就离了教学的"谱"。对文本的内容、形式、语言运用、个性特点,可以多层面、多角度理解,答案可以多种,不是强调"标准",强调"唯一",但正误一定要分清。例如茨威格的《世间最美的坟墓》是作者于1928年俄国之行写下的著名文章。篇幅虽短,内涵却十分丰富,寓意深刻隽永,学生学习从文字到内容,从写作特点到寓意,均要动一番脑筋深思、品味,并非能一目了然,并非就能立即把握其中精髓。有的学生在阅读中体会到文章的结构很有特色,认为它虽是游记散文,但游踪并无清晰的痕迹。既有写景状物——树林中一个小小长方形的土堆,又有插叙追忆——托尔斯泰埋骨于此的缘由;既有对比烘托——反复对比,构成反差,又有深思感怀——表达崇敬之情。把这些有机组合起来的,是作者思想感情的流动,而这感情的起伏升降正是结构全文的线索。学生能认真梳理文章脉络,理清结构,找准线索,教师就要明确表态。表态时不能只说一个"对"、一个"好"就了事,要赞扬学生为什么能做到整体把握。让这名学生自己讲，其他学生帮着讲，教师点拨、补充，这样的对话，师生都有作为，学生能真正受益。有学生认为茨威格说托尔斯泰墓是"世间最美的坟墓"言过其实，一个土堆有什么美？怎么可能"强烈震撼每一个人内心深藏着的感情"？不过是作者硬做的罢了。教师说："对，这也是一种看法，各人有各人的体会。"学生有这样的看法不足为奇，敢于发表出来也值得鼓励，关键在教师要有所作为，不能没有下文。这种看法也"对"，那就全盘否定了这篇文章，在全班学生的脑子里形成了混乱。这名学生对托尔斯泰这位文化巨匠可能知之甚少甚浅，对作者茨威格于托尔斯泰诞辰100周年应苏联作家协会邀请赴俄参加纪念活动时所见所闻产生的困惑与感动不甚了了，对文中不少启人深思的语句未潜下心来仔细推敲，有这样的看法，产生这样的疑问十分自然。他过多地注意了"坟墓"的外形，为这个"物"箍住了思想，忽略了这个小小的、隆起的长方形包容着"当代最伟大的人物当中的一个"，忽略了作者描写托尔斯泰墓地逼人的朴素是为了实现托尔斯泰崇高的精神境界。名人常为自己的名所累，与拿破仑、歌德、莎士比亚比较，更显得托尔斯泰的超凡脱俗。托尔斯泰的坟墓的安排完全出于他自己的选择，他以最朴素的方式与自然融为一体，与广袤的大地母亲融为一体，和他一生义无反顾地去追寻人的本质的平凡一脉相承。作者对此有极其深刻的研究，为托尔斯泰的毕生追求和人格力量所震撼，因而字里行间充满了崇敬之情。以上种种，教师应积极引导。

对母语,应该有血肉亲情[1]
——我的伤感与希望

语文的地位被人为地降低了

看到大多数学生对语文抱着一种无所谓的态度,确实有点伤感。对一件事情无所谓,那就是说他认为这件事在他生命当中是没有价值的。学生还是在求学的过程中,应该有旺盛的求知欲,应该对所学的学科都有兴趣都有感情,这也是我们培养人的教师所期望的。现在这样的局面很可悲、很可怕。

坦率地讲,这些年来语文的地位已经从所有课程中的第一位下降到第五位,在一般的高中里排在外语、数学、物理、化学后面。在一些中学的理科班甚至只要数学和外语,语文成绩实际上是不看的。那么为什么语文这个学科会在孩子们的心中这么没有地位呢?我觉得有大环境的原因,也有学校的小环境的原因;有教师、家长的责任,当然也有孩子的一些认识上的误区。

现在整个社会上都有一种急功近利的思想,表现在学校里,就是重技能技巧,而对人的培养,对"求学为什么",没有足够的关心。在现在的学生及家长眼里,求学的目的远远不是为了懂得做人的道理,为了在社会上做一个正直的人、有用的人,而是为了做一个白领,用比较少的

---

[1] 本文发表于《中文自修》2004 年第 5 期。

劳动取得高的回报。这就说明整体的社会风气对语文的影响很大。语文这个东西是逼不出来的，就像种庄稼一样，无法急功近利。别的可以补课，可以突击，语文不可以。它就是要耳濡目染、日积月累、细水长流。语文是与功利相悖的一门学科，所以它现在不受重视。我想如果我们高考不考语文的话，大概一大半中学校长会把语文课去掉，不要了。我觉得，这是我们人为地把这个学科的位置降下来了。

对母语，应该有一种血肉亲情

但是语文这个学科实在是与做人密切相关的，它不仅仅是语言文字，而是"读书做人"。杨振宁是著名的物理学家，但是我看了一个报告，说他初中二年级的时候就在数学上表现出很高的天赋，但是他的父亲不是给他找家教补数学，而是专门找人给他补语文。一个半暑假读了一部《孟子》。他说，他受到了中国文化的深厚影响，懂得了做人的道理。现在我们忽视语文，实际上是对民族文化、对汉语言文字的不重视。汉语是中华文化的根，一个民族的语言里积淀着民族的韧性、民族的精神，乃至民族的思维方式。比如曹操讲的"日月之行，若出其中；星汉灿烂，若出其里"，就传达了一种博大的胸怀。如果从小接触这些，就会在无形中受感染。但是我们现在母语教学比原来差远了，比英国、美国，比什么都差。胡锦涛同志讲我们要重视民族精神、民族凝聚力，而母语对每个孩子都是一种民族情结的教育。对自己的母语不热爱，很难有浓烈的民族情、爱国情。

面对这样的情况，《中文自修》能够组织这样的一次讨论，我觉得很好。我们可以通过这样的媒体大声疾呼：一个中国人，特别是求学的学生，对自己的母语应该有一种血肉亲情。为了走向世界，必须学好外语；但是如果你没有母语的底子，你连根都没有了。中外历史告诉我们，侵略者侵略一个国家的时候，第一是通过武力，第二就是语言。《最后一课》讲的就是这样的事情。"你牢记住自己祖国的语言文字,你就掌握了打开牢门的钥匙。"语言就是民族的情结、民族的血缘。

实践要加强,课堂也要重视

认识到母语的重要性之后,要培养自己学语文的兴趣,要勉励自己去加强语文实践,也就是读、写、口语交际。如果你不读,你就无法体会那里头的奥妙。我们经常是在"围城"外,而没有走到城里,其实你一旦进入这里面去,就会看到无穷的东西,会有无穷的乐趣。你读书读到觉得这个字站立在纸上跟你说话了,就行了,你就可以与它心灵交融了。

平时我们就生活在母语的大环境中,这是一个"大语文",如果有兴趣的话,张开自己的感官,随时都可以看、可以听、可以说。大语文是丰富多彩、光怪陆离的,但也是泥沙俱下的,有好有差。比如网上有很多糟糕的东西,市井里有很多平庸的、不规范的东西。这就需要我们对语言文字有一种辨别能力。而语文课上主要就是学习规范的、优美的、有文化含量的东西。这对提升人的精神境界、文化品位以及陶冶人的情操都能起到很重要的作用,使人具有正确的价值观和一定的免疫力,从而当面临大语文的环境时,能够辨别美丑,取其精华,弃其糟粕。这样我们的语言才能够越来越丰富、越来越强大,人的全面素养也能够得到提高。因此,既要培养大语文的兴趣,又要培养对语文课的兴趣。

教改要触及本质,不要粉饰太平

现在因为有考试的束缚,语文课上有很多死板的、僵化的、扭曲的东西出现,把语文的灵魂去掉了,使得学生对语文课失去兴趣,所以教育非改革不可。教改说了很多年,但大都是一些形式上的东西,没有真正触及本质。这个本质是什么?就是"以人为本",千万不能再像现在这样"以分为本"了。过去三点半以后操场上全是打球的了,现在呢?除了分数,其他都是粉饰太平的。为了分数,中学生整天与作业为伴,与《一课一练》为伴,没有星期六、星期天。说是在读书,其实就是操练,学生怎么会对书有感情呢?现在的学生厌学情绪很重,因为他是不得已地学,而不是因为爱而学。

而且现在孩子的活动天地太窄了,没有空间,没有时间,所以他无法认识到语文对他终身的作用。我以前所有的学生都说,到社会上才觉得语文是中学里读过的最有用的学科。不管你从事什么职业,都需要一个好的语文功底。语文水平好的人阅读能力强,应用能力也就强,工作的适应性就很好。如果你有良好的文笔,工作上就更顺利。所以说语文是陪伴人一生的,可惜我们的孩子现在确实体会不到。

另外我觉得标准化试题的考试让语文教学进入了死胡同。本来文章有深邃的思想,有精辟的见解,有些文章是有超凡智慧的,这种语言的魅力由于不断地考考考,只剩一个躯壳。文章没有灵魂了,还学什么?学生当然没有兴趣了。

要爱惜孩子的青春

我看了学生的调查问卷,《陈情表》不喜欢,《出师表》不喜欢。我们读书的时候,谁读了《出师表》不感动得涕泪往外流就是不懂得忠,读了《陈情表》不感动就是不懂得孝。现在这种感情都没有了。教师如果反反复复只是讲一些套话,学生还听些什么呢?好文章学生不喜欢,那我们的教学就有问题。

当然光埋怨教师也是不行的。教师都被绑在考试的战车上面,他教这个课,一切都是为了学生的分数,他也没有自由。但是我觉得,老师对自己所教的语文要有满腔热情满腔爱。语文不是雕虫小技,它是通过语言文字把人类的精神文明、精神养料传送到学生的心中,对学生是一种精神的哺育。

教师还要研究怎么激发学生的学习兴趣。语文要激发学生的学习兴趣不是太难的,因为那些文质兼美的文章本身就有感染力,关键是要让这内在的感染力发挥出来。老师应该钻研文本,找到文章的灵魂,感动自己。对孩子的教育是以情见情的,要以真来教育孩子求真。

教师还应该多读书。教师要教得情趣横溢,自己就得有东西。孩子被调动起积极性以后,他们会有很多话要问,教师真要能信手拈来。教师应该积极投身到教改中来,要爱惜孩子的青春。一个孩子毕竟只有一个青春,如果致使他对这门学科漠然,这个损失以后是很难补的,可以说是根本补不起来。

课堂教学三个维度的落实与交融[①]

国家第八次课程改革,较之前七次,力度是最大的,很多观念有了深刻的变化。因此,怎样来学习和理解《普通高中语文课程标准(实验)》,把握精神实质,化为我们的教学行为,有一个艰苦的历程。现在,我就"课堂教学三个维度的落实与交融"这一问题,讲讲自己的体会。

一

长期以来,各个学科的教学思考问题的方式常是线性思维,其实,世界不完全是线性的,而是多维的立体的,我们的思维方式应是多维的。新课标明确提出三维作为课程、目标、内容、实施评价的标准,体现了一种新的哲学思考。

第一个维度是知识与能力。语文教学当然要传授语文知识,培养语文能力,这是天经地义的。知识与能力是一个非常重要的支柱,这是反映我们学科特点的,是语文学科的基本任务,但是我们对知识与能力的认识,应该是与时俱进的。长期以来,我们的语文是古今中外无所不

[①] 本文发表于《中学语文教学》2004 年第 1 期。语文内容的丰富性和教学目标的多维性,决定了语文课堂教学的维度。知识与能力、过程与方法、情感态度与价值观,是上海"二期课改"提出的各学科教学目标维度,语文学科教学自然应该充分体现。但是就具体课堂教学而言,又暴露出形形色色的不完全、不充分、不平衡的弊病。本文紧扣"落实"与"交融",陈述了体会,分享了经验。

包,文字、语音、语法修辞、逻辑、文史哲等,所有的学科似乎都可以纳入中学语文中,这样我们的语文教学就变成一个大拼盘。比如语法教学,把大学里的汉语语法压缩到中小学,成了压缩饼干,因此常常消化不良。再加上我们的语法基本上是舶来品,从《马氏文通》以来,引进得很多,而从汉语言现象本身提炼出的法则规则,那是不够的,我们语文老师经常处在困惑、为难之中。中学语文就是中学语文,不是以学科为本,不是以某科知识为本、以知识体系为本,而是以学生的发展为本,这是一个很大的变革。初高中的基础教育就是培养学生扎实的语文能力,立足于运用,并不是成为语言学家,也并不是成为文学家、作家。学生今后不管从事什么样的工作,都要有运用祖国语言文字的真本领,即正确理解和正确运用的能力,这样定位,就要淡化原来的很多知识体系,"择其要而学之"。过去语文教学大纲的审查、教材的审查,我也参加了,当时在审的时候也有很多困惑,比如知识点和能力点,这里面有很多交叉,怎么分?如果分不出来,老师在教的时候就非常困难。现在回过头来审视,对原来的一些知识,应该分一分哪些最有用,哪些可以舍弃不用。其实,张志公先生在他生命的后期就讲过"语法要讲得精要,要管用",这就不是按照原来的体系,而是中学需要什么,就从那里拿来,为我们所用。对知识和能力要用现在素质教育的观念、促进人的发展的观点去加以审视,取其精要加以整合,去掉烦琐的、基本无用的。说知识全部无用,那是误解,是不对的。《普通高中语文课程标准(实验)》就是取其精要加以整合。比如高中,把它整合为阅读与欣赏、表达与口语交际这两点,这个就是语文知识与能力。我们的义务教育,语文学科有十条总目标,十条总目标本身就是三个维度的,知识与能力是其中的一根支柱,非常重要。义务教育阶段分四个学年段,把知识与能力分解成若干个要求,这些要求是在原有的基础上,加以审视、选择与整合的。没有继承就不可能有发展。课程标准和教学大纲的制定,不可能从零开始。确立知识与能力这个维度就是对原来的加以审视、整合，使线条更清晰，用六个字来讲就是"强主干，删枝叶"。在教学上枝枝丫丫，学生们学起来十分困难，因此要"强主干，删枝叶"。

第二个维度是过程与方法。这是针对我们目前各科教学的薄弱环节而言的，并不是只指语文教学。我们东方教育比较重视结论，西方教育比较重视过程。我曾经看过美国权威专家非常推崇的一节小学数学课，把一个枕头型的面包十二等分，整个过程就是让孩子们提出各种各样的分法，而我们一定是最后等于几这个结论最重要。任何一个结论的得来都有一个思维的程序，学生运用已有知识、已有经验，把握一定的程序，他就能够自主地学习。再比如方法，我们常比较注重教法，认为老师只要讲清楚了，学生就一定能学会。其实不然，"师傅领进门，修行在个人"，你讲得再清楚，一清如水，你班级里的学生得益也不完全一样，他们还有各自的主观能动性。至于对学生的学法究竟有怎样的规律，哪些是普遍性的，哪些是特殊性的，研究得不多。而现在的社会、将来的社会是学习型社会，学会求知、学会做事、学会做人、学会发展、学会学习就非常重要，你就要掌握学习方法。因此过程与方法，对学生来说十分重要。我们应该保留与发展我们东方教育的特长，又能够吸取西方教育的优点，"他山之石，可以攻玉"。倘能这样，我们的教育就更完善了。其实，过程与方法是一种客观存在，我们只是没有意识到，现在把它挑明了就更自觉了。教师不仅要研究教的方法，更要研究学的方法，教法和学法相互沟通，就能够教在点子上。所以，深刻理解"过程与方法"这个维度的内涵，可以使得我们原来的教育更加完善。

第三个维度是情感态度与价值观。情感的问题，实际上是指学生的学习兴趣、学习热情。如果学生对我们的语文没有兴趣，那么必然是事倍功半；学生不热爱我们的语言文字，母语教育是不可能成功的。柳斌同志说过："语文最最重要的就是让我们的学生非常热爱祖国的语言文字。"我觉得这句话非常重要。如果教师和学生对祖国的语言文字不是满腔热情,那怎么可能为之倾注心血,倾注智慧?母语教育跟其他学科是不一样的,是任何学科不能替代的,并不是因为我们教语文才这么说,因为母语教育凝聚着民族文化、民族精神;母语教育是用中华民族优秀文化、用人类的优秀文化来哺育我们孩子的成长,这个学科育人的作用是任何学科不能替代的。如果我们自己对这个学科很冷漠,把它看成冷冰冰的,那当然就没办法教了。就情感态度与价值观来说,首先是要培养孩子的学习热情、学习兴趣、学习动机,与此同时,还要培养孩子丰富的情感、高尚的情操。我们年轻的时候当老师,一篇好文章教下来,包括高三的学生都会激动得流下泪。现在却有一个很奇怪的现象,让孩子激动很难啊!如果孩子也漠视人生,那是很糟糕的。一个人情感不丰富,很干瘪,很空虚,不可能成功。而丰富学生的情感又不是架空的,是通过很多同义词、近义词的细微辨析,通过语言文字的研读、品味与揣摩来实现的。

至于态度,包括学习态度、责任感,我们尤其要培养学生的社会责任感。美国在20世纪80年代至90年代就21世纪就业人员需要怎样的素质与能力做过一次教育调研,最后的报告提出了"五大能力"和"三大基础"(能力基础、思维基础、素质基础),"素质基础"里面第一条就是责任感、责任心。一个人没有责任心,将一事无成。这次课改,有一个很重要的内容,即跟社会的生活联系,跟学生的生活联系,跟教师的生活联系,因为语言文字无处不在,无时不在。要培养学生乐观的生活态度、坦荡的胸怀和宽容的人生态度。从教育的本质来看,它是理想的事业,如果连教育都没有理想的色彩,什么都是功利的话,我们还要培养人干什么?真正的教育,就是培养人,牵引人的灵魂提升到真善美的境界。"大学之道在明明德","大学之道"言求学目的是什么,"在明明德"是彰明内心的美和善,不断反省,自律自重,达到真善美的境界。所以我们在教知识与能力的时候,一定要把学生的感情世界、精神世界融合在里头。它既是一个知识链,又是一个情感链。情感往往是直觉的,经过理性思考,最后是价值观。我们无时无刻不在以自己的价值观判断客观事物。现在改革开放,非常讲究个人价值,但是个人价值一定要和社会价值统一。教育的功能有两个:一是社会功能,我们立足现代化,培养现代化的人、社会的人;二是人的自我发展、全面发展的功能。因此,在培养学生的价值判断的时候,形成的价值观一定要注意个人价值和社会价值的和谐统一。当然,也不要忘了自然的价值,如果你破坏了自然的价值,人就没有生存的空间。要让学生懂得人、社会、自然三者是和谐统一的。有这样一个正确的价值观,人的发展就更加广阔了,一个不会发展的人,他的生活空间会越来越小。

所以,三个维度的内涵是极其丰富的,它们紧密相联,三个维度、三个支撑,形成立体的三维空间,互相交融。一个人的情感能离开语言文字吗?离不开的。因为语言文字是表达情意的,只讲语言文字,不含情义、情感,没有态度、价值观,是不可能的。因此三维是互相渗透、互相交融的,我们要把握它的精神实质。

二

三个维度的落实和交融是不是外加的呢?不是,是我们语文教育本身的特点所决定的。语文综合性很强,要说它的性质,可以讲一二十个,它的实践性、综合性、工具性、思想性、情感性……语文教育观念有语文性质观、目的观、教材观、教法观等,因此语文学科是多维性质,不是单一性质,它和生活紧密联系,和人的思想情操紧密联系。正因为是多维性质,在教学当中,不需要外加什么东西,而是应该努力探求其本身个性特点如何充分发挥。抓住三个维度进行课堂教学,语文的个性可以发挥得淋漓尽致。教课,不仅是知识传授、能力培养,更是情感的感染。教学要有吸引力,就好像磁石吸铁一样,能够把学生都吸引住,要有感染力、辐射力,教学是真情流露。我们的教材一般说来是文质兼美的,教师应该全身心投入。语文教师要想充分发挥语文教育个性特点,十分重要的是把教材吃透,教材到底讲的什么,要研究清楚,而不应变成上课就是讨论,课堂就是茶馆,这就叫改革了。学生一定要学到东西,学有所得,他才有兴趣;学无所得,他怎么会有兴趣呢?花里胡哨搞些东西,怎么行?因此,要充分发挥语文教育特点,教师一定要胸中有书,教材要烂熟于心,要熟悉到如出我心、如出我口的程度。现在流行的话就是教师跟教材对话,跟作者对话,对话不能停留在浅层次。读了以后有些不了解的问题,可以深入剖析,如教材的灵魂是什么,核心是什么,它用怎样的语言表达出来,它的语言的表现力在什么地方,生命力在什么地方……离开语言文字的表现力、生命力还叫什么语文?那是在上思想品德课啊!如果我们上课变成思想品德课,那就糟了,那就不叫语文了。文章怎样遣词造句,表达了怎样深邃的思想,它的灵魂、它的核心、它的结构都要烂熟于心,这样上课就能左右逢源。不管学生讲什么,问什么,怎么讨论,你都能够驾驭,都能够解答出来。所以要把语文教育的个性特点发挥得淋漓尽致,自己首先是读者,是非常高明的读者,解读得十分精彩,有独特的体验。语文是工具,这个工具不是机器,不是拐杖,不是筷子,它是人表情达意的工具,离开了语言文字怎么交际呢?它是人类社会最重要的交际工具。古时候打仗,烽火也是交际工具,点燃烽火告诉有事情了,别的诸侯就来救了。人类社会最重要的交际工具就是语言文字,这是不错的,但是语言文字这个工具是人所独有的,因此它又具有人文性。有位哲学家说,人和动物有很多区别,最本质的区别是两个:一个是动物不会使用工具,人能够使用工具;另一个是人是能够读书著书的动物。人能不能够读书著书,读得多少、深浅,是文明和野蛮的区别。有了文字之后社会就进入文明阶段了,它就能把文明传承下来。因此,文字是人独有的,它本身就是具有人文性的。语言和思维、情感同时发生。"我做过很多傻事",讲这个句子时,不思考行不行,不行;讲这个句子时,你一定是要思考的。你讲一个贬义的、褒义的、中性的词,你一定是有情感的。我们到马路上去看看招牌,98%以上都是吉祥语,都想招徕顾客,都是情感啊。离开了情和义,语言文字只是一个符号,生命力何在?所以,语言文字的性质是多维的,工具性与人文性的统一是语文的基本特点。我们有时把简单问题复杂化,以表示术语很深,理论很高,其实是把最平常的问题都忽略了。语文是表情达意的,用语言文字来表达什么?情和意,它是一个事物的两个方面,离开了情和意,表达就没有生命了;而离开了表达,情和义是无法讲出来的,怎么和人家交流啊?你说我很感动,你感动,人家不知道啊;你说我很悲伤,你悲伤,人家不知道啊;没有语言文字,人家根本不清楚。因此情和意是一事物的两个方面,是统一的,是不可割裂开来的。我们这个三维本身是统一的,根本不是割裂开来的。教学一篇课文、一个单元都可以发挥得淋漓尽致。

  语言文字有发展功能。小学生中学生发展的线索非常明确,年级越高,越能讲到细微之处。为什么?因为思维不一样。学生开始认识事物是比较笼统、比较表面的,往后思维逐步深沉起来,有广度,有深度,不仅可以单向思维,还可以多向思维,可以是正面的、反面的,也可以是纵向的、横向的,所以学语言文字本身就在发展学生思维。我们在教学生一个词语、一个句子、一个精彩段落时,就是在发展他的思维,发展他的想象力。比如让孩子写景,开始他词语掌握不多,不能写出细微的地方,一旦掌握了,观察也就细微了,描写也就细致了。一个孩子写菊花:菊花害羞好像少女害羞一样,花瓣一半捂着脸,一半开了。他在用这个语言时,观察力也得到发展。一个孩子写作文,他说饿得要命,朝家里奔,门一开妈妈正好端出一盆刚刚炒好的青菜,他说:"啊,真好啊！热腾腾的青菜冒着气,细胞还活着呢。"多精彩啊,"细胞还活着",用写作的概念术语是教不出来的。他把生物课学到的细胞知识运用到写作中,用观察力和生活的经验,就可以写出这样带着生活露水的非常精彩的语言。所以说,学语言有发展功能,有教育功能。比如名句"先天下之忧而忧,后天下之乐而乐",学生没有不认识的字,但是要教育学生懂得"先天下之忧而忧,后天下之乐而乐""不以物喜,不以己悲"使范仲淹超越了他同时代人的境界,因此历经千古而不衰,这种精神财富是永垂不朽的。学生从小有这样的忧乐观,那么他的精神世界就高尚了。要让学生把这个句子背出来并铭刻在心,教育功能无处不在。

语言文学有认识功能。学生单靠读几本教科书是不行的。课外广泛阅读,打开人生的第二扇窗户,就可以了解很多很多的东西,和书中主人公一起乐一起悲,好像自己的命运和主人公的命运是一样的。从这里学生就受到感染和熏陶,认识社会,体悟人生。我们语文教材里古今中外、社会自然什么都有,读教材就是让学生打开认识的窗户,因此有认识功能。读先秦文学,就知道先秦社会是怎么样的;读莫泊桑的小说,就知道法国社会;要知道沙皇俄国的荒唐、残暴,我们可以读一读契诃夫的小说。

语文还有熏陶感染功能、审美功能。写祖国的大好河山,我们感受到自然美,写人的精神的高尚、不朽,感受到人文美,而这都是通过语言文字的美来实现的。语言铿锵优美,特别是古诗词,那种韵味美不胜收。语文本身就是陶冶在美的氛围之中,是以美熏陶孩子的情感态度与价值观的,所以语文是多功能的,是可以发挥到淋漓尽致的。而这些多重功能都离不开知识的传授和语文读、写、听、说能力的培养,学生阅读的准确度、思维的精密度、比较阅读的方法,全都在里面了。因此三个维度的交融不是另外加什么乱七八糟的东西,不是添油加醋,穿靴戴帽,而是讲求我们语文教育个性特点的发挥,把它发挥到淋漓尽致。它是一个完整的真善美的东西。学生在学习知识获得能力的同时,又能有效地接受人文教育。20世纪80年代我就提出这个问题,实际上我是从语文教学大纲中领悟到的,我们的语文教育就是以语文智育为核心,融合了德育、美育和体育。三尺讲台是塑造学生心灵的,是会影响人的一辈子的。课如果教在课堂上,会随着教师声波的消逝而销声匿迹;要教在学生身上,教到学生心中,成为他们素质的一个部分。为此,我们必须把握语文教学的个性特点,把它发挥得淋漓尽致,以求收到良好的效果。

母语，民族文化的根[①]

记者：于老师，非常感谢您接受我们的采访，首先还是请您谈一下教育改革存在的一些弊端。

于漪：我是一名长期从事基础教育的老师。这是长久以来我一直反复思考的问题，我们办教育办学校，归根结底是为了什么？我想来想去，有一个最朴素也是最本质的回答，就是为了今天学生的成长、明天学生的长足发展。也就是说，我们要精心培育他们成为祖国的有用之才、栋梁之才。我当了一辈子教师，总是深深感到，我一个肩膀挑着学生的现在，一个肩膀挑着祖国的未来，因为我深知今天的教育质量就是明天的国民素质，就是明天的我们中华民族的素质，这是不以任何人的意志为转移的客观规律，所以我做教师不敢有丝毫的懈怠。正因为这个事业是极具战略性的，是一件大事，关系到全社会，关系到祖国的未来，所以我们的党和国家采取了一系列的政策措施来大力地发展教育，也就是说这些年来加大了发展教育的力度，促进教育质量的提高，我想这是有目共睹的。

比如，我们的一些硬件设施、发展规模、办学条件，和二十年以前、和改革开放以前比，进步的速度确实难以描述。我记得二十几年前，我们的校舍很破烂，现在你走到每一所学校，它都是那么整洁，那么具有

[①] 2006年6月答SMG记者问。

规模。从我们办学做老师的来讲，也是非常努力的。比如我们的课程设置、教材改革、师资队伍建设、青少年的保护、信息技术的推广等等，应该说花了不少的钱，也取得了不小的成果。但是，我们在教育上的财力、物力和人力的投入和我们的教育质量比，还是有相当大的差距，也就是说并没有取得理想的效果。

我们的教育当中到底缺失了什么？我总觉得我们的教育质量当中缺失了最最重要的一块，而这最最重要的一块是起灵魂作用的。这是什么东西呢？就是人的精神。我们的物质条件大大改善，但是人的精神，特别是受教育者的应该树立的精神，这一块是缺失的，这就是我这个从教半个多世纪的老教师忧心忡忡的一点。教育的本质是什么？当然可以有很多名词术语来解释，但教育的本质就是三个字：培养人。我们中国的教育本质是什么？是培养有中国心的现代文明人，这就是我们的崇高目标。因为教育的本质就是这样的。学校是传授知识、培养能力的，而知识、能力是攀登的阶梯。什么叫教育？教育就是培养和提升人的精神世界。这一点我们从事教育的人一刻也不能忘记。教育是充满理想的事业，它要求真、求善、求美，培养我们的后代，确实应该追求真善美的境界。

记者：这很难啊，也非常累啊。

于漪：我觉得这里有认识的问题，也有具体操作的问题。我们的教育方针就非常清楚，教育方针要使得我们的受教育者——学生成为德智体美全面发展的建设者和可靠的接班人，这一宗旨是非常明确的。我们从事教育，须懂得人无志不立，人没有志向是站立不起来的。人的精神世界里，知、情、意，意是最为重要的。所谓"意"，就是意志、志向、志气，这是人的精神支柱，人之所以为人，是要有志气的。其实，大家都很清楚，人没有脊梁骨不能直立行走，人没有精神支柱、没有主心骨、没有理想、没有信念、没有志气，就站不起来。因此，人的精神、志气、理想、志向,是生命之魂。有了这样的主心骨,人才能够站起来。

其实我们中华民族的优秀传统非常注重对学生志向的教育、立志的教育。比如《论语》里有句名言,几乎大家都知道,也是教育学生立志的一种佐证。"子曰:三军可夺帅也,匹夫不可夺志也。"三军当中帅可以没有,但是一个普通的老百姓,不能夺志,不能放弃主张,不能放弃志向。可以回顾一下,我们古圣先贤在立志方面,那种磅礴的宏志,真是令我们非常敬佩的。我记得宋代理学家张载曾经讲过,要"为天地立心,为生民立命,为往圣继绝学,为万世开太平"。这种志向把自己的生命和民族的安危、和老百姓的安危紧紧地联结在一起,把民族兴旺真正放在了心中。因此,每当我读到这些文字的时候,真是心灵震撼,敬佩之情油然而生。这些对我们的学生,都是非常宝贵的精神财富。我这是说得远了,这是我们的优秀传统。我们近现代的革命史,就是志士仁人壮志凌云的奋斗史,为什么要弃小家为大家,还不是为了老百姓,他们那种救生民于水深火热之中的赤子情怀,他们那种艰苦卓绝、坚韧不拔的奋斗精神,是我们今天教育下一代的精神火种。

记者: 那么,您是不是觉得语文最善于、最容易去告诉孩子们这些东西呢?

于漪: 那当然。母语是民族文化的根,母语教学对学生的教育由它的性质决定。你学语文,要有积累,要有认识水平的提高,要有生活经验的丰富,不能够急功近利,立竿见影,因此,有些人就认为不重要了。现在最好是今天种子种下去,明天就长出庄稼来。语文学科不是这样的。语文有民族情结,我们汉语言文字是双脑文字,是非常优秀的,几乎没有什么复杂细微的思想不能用汉语言文字加以表达。汉语言文字写的文章里头有民族的情结、民族的思维方式。现在由于急功近利思潮的泛滥,我们母语教学的地位下降了。

其实,任何一个中华民族的子孙,学母语是第一位的。你打开视野看世界,凡是民族积极向上的、国家又兴旺发达的,都非常重视母语教育。你说法国,它对法语的教学就重视得不得了,因为民族语言是民族文化的地质层,是民族历史的地质层,它记载着民族的物质和精神的历史。所以在许多国家,在基础教育阶段它的母语教学的课时在整个的课程设置当中是很多的,在欧洲一些国家,它的课时是整个课程课时的20%以上,俄罗斯为27%,我国的台湾,母语教学也是百分之二十几,而我们,它的分量就只有百分之十几。

现在风行学外语,我绝对不反对学外语,我们这样的民族、我们这样的国家要走向世界,怎么能不学外语呢？但是,任何一门学科,它都应该放在合适的位置上,超越了那个位置就不妥当,乃至是错误的。中国的小孩学母语应是第一位的,母语要传递的是中华民族的民族情结,中国的语言对内是黏合剂,对外是屏障,非常重要。你打开中文历史看一看,凡是侵略者入侵别的国家和民族,第一是军事,第二就是语言。侵略者马上要摧毁的就是你这个国家这个民族的语言。因此,凡是明智的领导人,有希望的民族,都把自己的民族语言放在非常重要的位置。所以我们在对学生进行教育的时候,绝对不是一个技术问题,因为语言这个工具跟其他工具不一样,语言这个工具有生命,语言是和思想、情感、思维同时发生的,因此它具有人文,汉语就有中华民族的人文,所以语文教育就是要伴随着知识的传授撒播做人的良种。

比如,范仲淹的《岳阳楼记》,为什么能够流传后世呢？其实它非常经典的就这一句话:"先天下之忧而忧,后天下之乐而乐。"登岳阳楼的文人墨客很多,写诗作文也非常多,孟子提"与民同乐"已经很了不起了,而范仲淹提的是"先天下之忧而忧,后天下之乐而乐",更高一层,这就蕴含了闪光的民族精神。凡是流传下来的文学作品都是经过时间的淘洗、时间的检验,把最精髓的留下来给后代,这就是精神财富。因此,我在教语文的时候,就把做人的忧患观、价值观接下来,在传播知识的同时，撒播做人的良种。可惜不少人不体会这一点，教课纯技术化。所以我觉得这一块的缺失就是精神上的缺失。精神上的培养不仅学校要重视，而且要全社会和所有的家庭都来重视。

记者： 其实很多人并不认识这一点。我刚才在路上问我的实习生，他在上大学二年级，我问他中学学的语文是否对自己有用，他告诉我没有用。那您怎么去理解？我觉得他说这句话还是发自内心的。

于漪： 我就不知道他是怎么理解的，确实这也就是我们语文教师的悲哀。语文学科是陪伴人的终身的，任何一个行当、任何一个职业都是离不开语文的。语言文字是"表"和"达"，"情"和"意"是你的思想、你的人生，是要用一辈子的。我不知道他为什么会有这样的想法。

记者： 很多家长和孩子都觉得学语文仅仅是应付考试，老师也可能是这样，所以就去制造成绩。

于漪： 对，确实也就是这么一回事。其实我们刚才谈了办教育是为了育人。但是现在是怎么样呢？一种重术轻人的思想，对我们是极大的障碍。术就是技术的术；轻人，就是把技能技巧的训练提高到从来没有过的这么高的位置，而把人的培养淡化了。

我刚才讲我们的教育方针本身就是要培养学生成为德智体美全面发展的人，我们的新课改强调的核心问题是以学生为本，以促进学生的发展为本。今日的教育之争、科技之争就是明日的经济之争，21世纪之争最终是人才之争。谁有人才优势，有卓越的队伍，谁就取得成功。人才从哪儿来？任何一个人的成长绝对不是自然成长的，都要靠培养，要靠学校教育、家庭教育、社会教育，可是我们偏偏就是淡化了"人"，强化了"分"。我始终认为"分"不等于"人"。

我们在教育实施的过程中不仅是学校教育，还是家庭教育、社会教育，育人方针相当程度地异化为育"分"。"分"是不代表人的。大家都很清楚，任何一张考卷考不出，也检测不出、衡量不出这个人的整体素质,你能够衡量出他的思想道德品质、行为习惯吗？任何一张考卷,它只能衡量这个阶段这个孩子学习某些知识、培养某些能力的一种效果的反映。考试本来只是检测的手段,检测教和学,以及各个学龄段的不同的选拔的手段。现在很荒唐,是错把手段当目标,就是说我们是为考而教。不必说那些冠冕堂皇的话,你实地去考察考察,有多少人是为了培养我们的孩子德智体美素质全面提高而教,还是为了小学考中学、初中考高中、高中考大学而教？这样的一种状况,其结果会是怎么样呢？就是丢弃伴随着知识的种子撒播做人的良种,而全部技术化了。这就形成了一个很大很大的怪圈。很多老师是不愿意这样的,但是不得已而为之。教师忙着什么？忙着造分；家长呢？追分、逼分。学校做的还不行,晚上回去还要加。教师确实也没有办法,他评职称、拿奖金,都离不开分。因为凭分数领导最便当,量化最便当,你考核一个人的综合素质多难啊,最便当就是量化,人能量化吗？量不起来的,但是没有办法,很多老师讲自己是不得已而为之,是不愿意的。还有就是社会上的教辅,铺天盖地的教辅,都是赚钱的大产业,学生就在题海中浮沉,消耗青春。

记者： 对,我有一个同事,他跟我挺好的,在《都市新闻》当主持人,他说他的女儿把语文看作一种"玄学"。

于漪： 你刚才讲的确实是如此。题海战术不得了,《一课一练》《课课练》、题库、题海,就是这么来搞的,孩子真是被搞糊涂了。赚的是家长的钱,害的是学生的青春,每个孩子只有一个青春,青春是无价宝,钱买不来的,正好像现代化,钱是买不来的,要靠自力更生、发愤图强,借鉴人家。求学求学,求学是应该读书的,我们是求学不读书,只机械操练。

有一个名编审,编了一辈子全国用的语文教材,是总管全国基础教育教材的一个副总编,他曾经拿全国的语文考题去做,不及格。现代文的阅读分析是不是一定要这样来分析？一定要用标准化试题？阅读能力的培养很实在，三横一竖的"王"加一点，要么是"主"，要么是"玉"，这是非常实在的，我们却把它搞得很玄，要猜；本来是情文并茂、文质皆美的文章，学生学得是非常感动的，现在被肢解得支离破碎，为考啊，这个文章没有了，断垣残壁，碎尸万段，怎么会感动学生？

不仅是铺天盖地的教辅材料，还有各种各样的学习班、培训班。家长有种恐惧心理，隔壁的孩子在读，我家孩子怎么能不读呢？其实人家读了有用没用他也不知道。学习是这样的吗？所以我说孩子的青春就在这样求学而不读书的教育中，在大量的题海训练中度过，令人揪心。我记得我们那个时候学习，也做题目，"学而时习之"，孔老夫子讲的，学了以后要不断地练习，当然他讲的练习绝对不是我们的《一课一练》，除书面以外，还有实践。要练，可是要练得精啊。

我记得我们高中学《大代数》，老师教得非常好，老师一直跟我们强调要举一反三，"一"你一定要弄得非常清楚，这个"一"就是定理、定律、公式，无论如何要把它的来龙去脉搞清楚，然后举一反三。我们现在呢？是大量的题目，举三反一，举十反一，举百、举千反一，那个"一"还是搞不清楚，题目一变就搞不清楚了，没碰到过这个题目，就考不来了。其实对学生进行全面质量观的教育，跟分数提高是不矛盾的。怎么会矛盾呢？学生懂得我为谁学习，把自己的命运、价值和祖国紧密联系在一起，就有不懈的动力，怎么会学不好呢？素质教育就学不好了？我说这是胡说八道。学生的自主性强应该学得更好，因为他懂得为谁而学习。我们现在缺的就是这块，学生整个地在进行技能技巧的训练、浅层次的阅读，浪费了青春，我真的是非常着急。过去讲"人生识字胡涂始"，现在真是幼儿园都要去学这学那，背外语，真是急功近利、拔苗助长啊。孩子没有童年、没有少年，作为教师我真是有愧啊。

孩子应该是全面成长的，德智体美全面发展，我觉得我们在有意无意地培养残缺的人。比如，孩子的体质不好，应锻炼啊，其实不然。有的操场很漂亮，比过去不知道漂亮多少了，但是不能去，这是给人家参观、检查、做广告的。孩子的体质不行，开学集会，很多孩子一会儿就昏倒了，这不是残缺吗？孩子身体是本钱啊，影响一辈子，多重要，你刚才讲你带的学生，说学语文没有用？

记者：他可能不是不爱语文，而是他不喜欢语文，他喜欢的是流行文，觉得题目没用。

于漪：他根本就没有用啊。本来练习是加深对公式、定理的理解，但是我们就过分了，就形成了丢失精神的状态。精神，一个人的理想信念，是生命之魂。我年纪这么大了，按我的年龄的话，我不用做事情了。我一辈子带了多少乱班、乱年级，不断地改行，教这个，教那个，含辛茹苦，要问我个人的话，我是不愿意干的，但是当我想到教育是这么伟大的事业，是真善美的事业，是培养我们后代的，我就有无穷无尽的力量。因此，学科学文化与培养思想道德不矛盾，你的信念、理想、精神、志气，是左右你整个的工作方向的。

一个人一旦失魂落魄，就容易迷失方向。教育要有魂，我们不能办没有灵魂的教育，最最重要的是人，人最最重要的是精神，有了精神，只要不断努力，业务就会好起来的。意大利诗人但丁讲过：一个知识不全的人，可以用道德来弥补；一个道德不全的人是难以用知识来弥补的。这些话都是经历了多少时间总结出来的至理名言。我们要把这些火种撒播到学生的心中。我们这么大的国家，读书为什么？是为了明理，是为了明做人之理，明报效国家之理。有国才有家，没有强盛的国，哪来富裕的家？舍弃的、抛弃的应该是传统文化中的垃圾、糟粕，要汲取精华，开启智慧，用琼浆、美酒滋润学生心田。中国人有几千年的文化，那么丰富，应该把这些火种留下来。现在我为什么这么担忧，举个例子给你听。

一所比较好的小学，毕业了，学生买个本子相互赠送，这是很正常的，但是在这个本子上题的字，我知道了以后真是汗毛都竖起来，寒心啊。写的什么东西呢？"祝你成为百万富翁""祝你成为大款""祝你成为富婆""祝你成为董事长、总裁"，我不是说你不可以成为董事长、总裁，但是在12岁的小孩心里，应该装着什么？绝大部分的孩子都是写钱，这就是求学的追求吗？现在就是金钱至上、以自我为中心，很多家长都跟我诉苦，说小学生还听听，一到初中就不听了，什么感恩啊、亲情啊、友情啊，谈不上。习题自己做得出来，还要装着做不出来，不愿意告诉同学，能那么自私吗？

因此我们的教育无论如何要培养孩子美好的心灵和高尚的思想。高尚不是讲得那么悬的，我理解得很简单，什么叫高尚？你心中要有别人，凡事都要想到别人，你在家庭要想到爸爸、妈妈，对老师也是这样，最近不是经常发生打老师甚至杀老师的事情吗？

一个社会不尊师重教，那不是完了？社会怎么进步啊？社会进步要靠人，人怎么成长啊？要靠教育培养，教育最最重要的是教师。西南联大在抗日战争时期那么艰苦，培养了多少人？我们"两弹一星"的功臣、科学家，几乎都是这所学校培养的。教育不是买卖，是以人格塑造人格，以情操来感染情操的，是晓之以理、动之以情，因此，亲情、师情、友情那么淡薄，怎么行？人的情感是人所独有的，动物没有的，如果情感世界变成盐碱地，还怎么热爱社会？母语不热爱，父母不热爱，老师不热爱，朋友不热爱，还热爱国家吗？还热爱社会吗？这不是空的吗？

因此，教育不能只靠着"分"啊！人的高尚就是心中有别人、心中有祖国。什么叫心胸宽广？就是有别人，如果你心中只有你自己，那就万万不行。这个问题不是单靠学校就能解决的，它要学校、家庭、社会形成合力。现在的家庭教育对孩子的关怀真是无微不至，特别是在物质方面，几乎有求必应。生活条件改善了，孩子吃得好一点、穿得好一点，无可非议,但做人是要有规矩的,人类社会有法律约束,有道德基础。人是要有精神的,因此从小就要教育他们怎么样来做人、爱人。

我二十几岁做教师,做了五十几年了。当年家长来找我的时候,我还是二十出头。家长是老工人,他是带着非常感恩的心情来跟我说话的,他说祖祖辈辈没有人读过高中,要我严加管教他的孩子,打骂都不要紧,其实听他那番话我很受教育,我意识到家长的急切心理和我身上的责任。今天有的就不是这样的,比如有所学校,一位高三的老师摔跤骨头断了,上课的教室在五楼,但还是坚持去上课。校长有仁慈之心,就换了一间教室,把教室从五楼换到三楼,于是一个家长就来吵,说你这样换环境会影响我的孩子学习。两相比较,天壤之别。

人和人之间是要有情谊的。我记得中央电视台最早的那个《英语九百句》教育栏目,那个外国女老师走的时候说的一句话,我一直到现在还记得。她是来教英语的,她说她非常爱中国,特别爱中国,中国人和人之间的情谊很深厚。现在都讲钱,人就物化了。人物化不是今天的新名词,古时候早就讲过了,《乐记》里就讲,如果贪得无厌的话,他就物化了,当人物化以后也就丧尽天良,什么伤天害理的事情都做得出。人是驾驭物的,人物化了怎么行呢?

记者: 现在的孩子是生活在一个物质的社会里面,他们接受了很多东西,其实他们并不善于去分析这些东西的好坏,我想问一下您对于流行文化的冲击是怎么看的?

于漪: 这个问题非常重要。我觉得孩子身上的问题都是成人身上的问题,孩子是无罪的,他们没有生活经验,缺少文化底蕴,没有很强的文化判断力。现在是多元经济并存、多元文化并存,有些宣传媒体,强化了低俗文化、垃圾文化。学生成长时心中总有偶像,这个偶像应该是高尚的,应该是为国为民的,而现在学生心中的偶像,很多是不三不四的偶像、时尚的偶像。孩子缺乏文化判断力,而文化又无处不在,许多人对这个没有认识。军事行动是马上看得见的,导弹就是导弹,航母就是航母。而文化是无孔不入的,它就好像一张纸丢在水里一样的,无孔不入。没有文化判断力的孩子,就照单全收。再加上这些媒体的节目都是声、光、色精美包装起来的,因此就不知不觉地进入了孩子的心里。我不排斥所有的流行文化,流行文化里头有各种层次,孩子喜欢流行无可非议,因为他生活在现代,但是成人要加以区别。

记者: 比如像周杰伦,很多中学的孩子都非常喜欢,那您是完全反对,还是去加以引导呢?比如孩子跟您谈起周杰伦时,您会怎么样?

于漪: 我不完全反对。因为学生喜欢,一定有他的想法,问题在我们成人,从家长到老师,很多人没有走进学生的世界。学生有他的知识世界,这是我们最关心的,他还有生活世界、心灵世界,他想什么,追求什么,我们要清楚。他喜欢哪个歌星,这个无可非议,但要有度,要有清醒的头脑,教师要加以引导。比如他喜欢周杰伦,我真的去买来听,我问他为什么那么喜欢,我说韩红唱的《青藏高原》也非常好啊,有的孩子讲这太 low 了。腾格尔唱的《我的家乡》,唱得死去活来,你看多感动人啊,他说周杰伦的好,周杰伦的学不像。我听了是又说又唱、又唱又说,到底是怎么回事呢?但是孩子有孩子的想法,周杰伦的歌词是比较美的,包括《东风破》,有中华文化的底蕴,这里头你可以找到中华文化的元素。

现在的一些流行歌曲有这么一个倾向,要从源头去找,那跟过去有些流行歌曲就一句话,好像巩固常用字一样,要好得多了。周杰伦对西方的摇滚乐等又非常熟悉,他自己能作曲,能写词,还会各种各样的乐器,学生觉得他本事很大,学生这样的认识也没错,问题在于我们怎么引导他们。

一个人可以有兴趣爱好,有些流行歌曲,不管是美声的、民族的,还是通俗的,有的经过时间的检验,可以成为经典。20 世纪 30 年代流行的《教我如何不想她》，现在不就是我们的经典吗？因为时间是会过滤的，它会把一些不行的东西过滤掉。我不排斥孩子的喜爱，关键是怎么引导，引导他作为一个学生知道最最重要的是什么。他可以有兴趣爱好，他可以喜欢体育、喜欢唱歌、喜欢跳舞，这无可非议。我就觉得关键在我们的教育理念。

记者：谈到教育理念，很多人都在进行语文教材的改革。我给您的采访提纲里面也说到，现在用金庸的教材来取代鲁迅的文章，您对这个是怎么看的？

于漪：我是这样看的，教材和读本是有区别的。市面上有各种各样的读本，而教材是代表国家意志的，因此编写者要非常郑重。不仅我们中华人民共和国是这样，所有国家对它的教材，特别是对基础教育的教材，都是非常重视的。什么叫基础教育？是对人成长阶段的基本建设。如他怎么做人，他追求什么，他的良好的行为习惯，他的求知欲望、求知方法。我觉得语文教材和语文读本有区别，语文读本可以广泛地选。我看报纸上已经登了，编者说明金庸的《雪山飞狐》是作为教师教学参考里的内容的。教材不断更新，我觉得很自然。但是作为语文教材，我们的母语教材，它应该有这么三种文化：第一是汉字文化，这个要非常明确，因为中国的方块字是双脑文字，既有逻辑思维又有形象思维，你打开小学的书，你就好像是看画一样，"川"，就好像是水流下来一样，"鸣"就是鸟嘴张开来唱。第二，它必须有经典文化，中华的经典文化，这经典文化是一代一代传下来的，比如"宁静致远"，这够学一辈子的，这些都是做人的非常重要的准则。第三就是人类的先进文化，全世界的人创造的精神财富。我们中华民族从来有这个气派，拿来为我所用，来教育我们的后代。我觉得指导思想非常重要，而不在于某一个个别的篇目，但是绝对不能迎合低俗。

记者：那您对于一些网络的新名词，对于这些文字，是持一个什么样的态度？

于漪：人们在用的字词、语言是约定俗成的，因为我们现在用的语言，不讲现代的，就是原来的语言文字中，也有很多是外来语，比如"沙发"，它就是外来语。现在是信息时代，信息爆炸，不断有新的名词产生，等到约定俗成了以后，会把这些词吸收进来变成我们的东西。但是我们偌大的一个国家，十三亿人口，民族的语言非常重要，因此须有个规范。《中华人民共和国宪法》第十九条"我们要讲普通话"，就是这个道理，因为它是最重要的交流思想的工具。语文，是工具性和人文性的结合，必须要规范，有些不规范的会逐渐消亡。规范的、大家能理解的就会成为通用语。比如"一国两制"，这就是我们的创造，这个创造就一直会流传下去，成为经典。

记者：对于语文的教材，一直都有两种不同的观念：一个就是很多的年轻教师觉得语文教材太过于传统，需要不断地去更新；但是也有很多人持这样的态度，就是希望语文教材能够保持一种延续性。您对语文教材的理解是什么？

于漪：语文教材本身担负着传承和发展中华文化的重任，它既要使我们下一代能够正确理解和掌握祖国的语言文字，又要随着时代前进。如果只把它看成读读文章，那太肤浅了。比如英国莎士比亚的作品就非学不可，而且要求很高，为什么？它传承英国的优秀文化，尽管文字艰深。我们也是这样。我们为什么要学母语？你要走向世界，什么人才能走向世界啊？你忘掉自己了，还能走向世界吗？你都没有了，什么都没有了，还能走向世界吗？

记者：很多人都更喜欢学英语，他觉得学英语可以走向世界。

于漪：不能忘掉了自己的民族，只有民族挺立，才可以走向世界。学英语，说老实话，学得再好，没有中文的底子，还是不行。英语还有文化，没有文化你怎么说？仍然是低水平。一位作家和我讲：于老师，我刚刚接待的是一个高学历的野蛮人。我说你开玩笑了。他说是真的，那人没有文化。复旦大学陆谷孙教授讲得非常清楚，如果学语言只有表和达，没有情和意，搞什么东西啊？我们过去的那些学者专家，是不是小学都是双语教学？钱锺书学贯中西，他是不是双语教学出来的？所以一定要搞清楚所学东西的性质、功能，考虑什么时候学更合适。

现在的双语教学，有的是真实验，有的是挂羊头卖狗肉，是赚钱、牟利。就好像办班一样，主要为牟利，鱼目混珠，泥沙俱下，愿者上钩。学生的世界是一大块，这个面最大，再加上家长的急切心情，最好赚钱了。所以我觉得要培养人，学校、家庭、社会要给学生提供真正好的环境，我们的社会环境应该净化一点、垃圾少一点、低俗少一点，不能为了钱而忘了后代。苦果是自己吃的，这没话好说。

过去家庭教育的任务很清楚，家庭教育就是做人的教育，有的农村里一家的几个孩子，个个成为有用之才。母亲不识字，文盲，但是那种慈爱、那种善良、那种勤劳、那种对他人的关心，对孩子的教育、影响，孩子一辈子受用不尽。现在是全部乱套，学校要管社会的事情，本来学校组织学生在学校学习，德智体美全面发展，现在家庭要管学校的智育，家庭作业也多得不得了，这都是错位了。

为什么行为上错位？因为思想上模糊。一个人最重要的是他的精神，那是生命之魂。有的学生专业学得非常好的，出去马上就犯罪，一碰到钱就不行了，这还得了？见钱眼开，这就完了。一个人贪，无所顾忌，还有什么社会、什么国家呢？我们要的是全面质量观，不是片面质量观。教育的全面质量观就是德智体美全面发展，培养有理想、有信念、有追求、有文化、有科学素质的人。片面质量观就是培养"残缺"的人，身体不行，自私自利，这样的培养浪费钱财。我们的教育经费是老百姓的税收，纳税人交的钱。我们含辛茹苦，就是为了国家的未来，为了民族素质的提高，为了国家的强盛，如果达不到这样理想的目的，那精力不是付诸东流了吗?

我们做了许许多多的事情,有些没有抓到最根本的,因此,以德育为核心,国家提出的,不是权宜之计,是真正的当务之急。既要发扬我们的优秀文化传统、育人的优良传统,又要适应时代的需要、战略的要求。现在享受到改革开放的成果,我是心满意足;但是我不能心安理得,为什么?我非常着急的就是我们的下一代。只有我们的下一代心中能够有理想、有信念、装着别人、装着国家、装着民族,有本事、有知识、有能力、身心健康,我才会心安理得。

记者:谢谢您!

语文课要教出语文的个性[1]

语文课要教出语文的个性,这是众所周知、不容置疑的。然而,在教学实践中,常会出现这样那样的偏离现象。于是,有人怀疑了:"这就是语文课吗?""按照语文课程标准去上的课,就是这样教的吗?教学理念有问题!"……

改革从来就是步履维艰,每前进一步都要付出巨大的努力;参与改革的人从来都是具有热情和勇气,力求取得成效,但也从来都不可能从认识到做法尽善尽美,无可挑剔。在实践课程标准的过程中,出现这样那样的不足无可厚非,而对种种不足现象产生怀疑也是可以理解的。关键在于要正视不足,冷静思考;跨越过去,就是一番新天地。

多媒体使用与课本使用

多媒体的使用无疑是语文学习方式的新探索,为语文课堂教学改革展示了广阔的前景。教师根据教学需要选择各种媒介进行教学实践,对激发学生学习兴趣,了解课文学习的背景材料,展示有关教学内容,探索讨论途径,都能起到积极有效的作用。多媒体用得恰当,能增强学生运用现代技术手段的意识,提高教学效率。

然而,在使用多种媒体的同时,千万不能小视课本,轻待课文,乃至

---

[1] 本文发表于《中学语文教学参考》2004年第4期。

把课文撇在一边,而专注于其他问题的讲解与讨论。比如学习杜牧的《山行》,一上课教师就打出一幅山林秋色的国画,然后对着这幅画,逐步出示"远上寒山石径斜"的诗句。教师用心良苦,诗画比照,让学生置身于声、像、色的氛围之中。遗憾的是学生被色彩绚丽的画面所吸引,而诗句所构成的深远意境,对学生想象力的开发,语言的醉人情韵,都被画面框住了。白云缭绕,山路绵长,枫叶流丹,层林如染,富于无限想象余地的活动着的美景,被多媒体制作成一幅静态的画框住,无形中削减了语言的魅力以及审美的教育、智力的开发,太可惜了。又比如学习余光中的《乡愁》,画面就是滔滔的海水;学习他的《乡愁四韵》,就次第出现"长江水""海棠""雪花""腊梅"等多媒体制作的画面。诗人借助具体的物象来抒发自己的情感,学生生活经验中也有这些具体的物象,还有没有必要大张旗鼓地展示呢?要体味、咀嚼、品尝的是借助物象抒发的乡愁,一种看不见摸不着的情绪,不潜心阅读,不反复朗读,不对文字仔细咬嚼,又怎能体会其中一二?再如学习《宝玉挨打》,多媒体展示的是宁国府、荣国府复杂的人际关系的谱系,教师将课文抛在一边,除极个别自然段要求学生看一看外,从语言到内容,从情节到结构,几乎没有提及,难怪听课时有人不解而问:"这是语文课吗?"

  课文阅读在课堂教学中占有重要地位,对学生语文素养的形成和提高发挥着至为重要的作用。《普通高中语文课程标准(实验)》里明确指出:"阅读是处理信息、认识世界、发展思维、获得审美体验的重要途径。"同时又明确指出:"阅读教学是学生、教师、文本之间对话的过程。"显然,阅读教学中,学生、教师、文本应各司其职。学生是阅读的主体。阅读什么?文本,一篇篇课文。教师是课堂教学的组织者、引导者。组织什么?引导什么?组织和引导学生阅读文本,阅读课文。离开了课本,阅读教学就丢失了语文学习的特殊凭借物。众所周知,教材(文本、课本)是最重要的课程资源,是教师和学生实施课程标准的重要凭借一般地说,课本中选文较为典范,文质兼美,富有文化内涵和时代气息,难易适度,适合学生学习。语文课上教师和学生凭借它进入作品描绘的纷繁世界,进入作者丰富的感情世界、思维世界,感受语言文字的表现力,获得多方面的启发与熏陶。课本对学生的教育教学功能,其他媒体难以代替。

阅读是复杂的心智活动,首先是通过眼睛对文字符号的感知,然后把信息传入大脑,进行复杂的分析综合活动。阅读包含多种心理活动过程,如感知、记忆、思维、想象,还有兴趣、情感、意志等。认真阅读课文,可与高尚的心灵对话,汲取人类精神文明的营养;可感受语言,理解语言,发展读写能力,提高语文素养。使用多媒体的目的,绝不是为媒体而媒体,应有助于学生更形象、更准确、更深入地阅读课本,更能自主探究,提高学习效率。如果脱离课本,另行其事,就会成为赘疣。不管使用怎样先进的工具,都应从实际出发,适应实际需要。语文课要教出语文的个性,千万要重视、使用好语文教材,它是语文最重要的课程资源。

内容探讨与语言体验

语文课程丰富的人文内涵对学生精神领域的影响是深广的,要使学生从中获得启发与教益,须充分激发学生的主动意识和进取精神。为此,课堂教学中经常采用问题讨论的形式,或小组,或班级,鼓励学生积极发言,发表看法。这种形式无疑能活跃学生思维,培育合作精神,激励创新意识,提高口语交际的能力。用得恰当,有利于学生充分发挥学习的主动性,促进学生自主、合作、探究学习方式的形成。

值得注意的是设计怎样的问题,要实现怎样的目的。经常碰到的情况是:就课文内容设计几个问题,组织学生讨论,意在体会作者要表达的思想感情,增添教学的人文含量。以课文内容为切入口,组织问题讨论,是学生学习语文、与作者对话的一种学习方式,无可非议。遗憾的是这种讨论往往就内容谈内容,脱离文本凭空谈。语文课堂教学是教师、学生、作者、编者多重对话的过程。学生要从作者的写作意图中感悟到什么,体验到什么,一定要认真阅读文本,认真理解语言,认真思考,也就是要认真与作者对话。教师要指导学生有效地阅读,不但要深入地与作者对话,而且要与编者倾心交谈,弄清楚选这篇课文的意图,组合这个单元的意图。因此,无论从教的角度,还是从学的角度,都要紧扣教材,以文本为依据。如果文本的内涵还未掌握就延伸,就拓展,远离文本去过度发挥,语文课就会打水漂儿,就会浮泛,语文的个性淡化了,乃至难以找到痕迹。

　　文本内容当然要探究,但内容是借助语言来表达的,因而,在探讨内容的同时,必须咀嚼语言,推敲语言,品味语言,让学生在学习过程中有自己独特的体验。学习任何课文,不管是怎样的体裁,一般说来,师生至少有三个问题要把握:一是作者写了什么,二是作者怎样写的,三是作者为什么这样写而不那样写。从思想内容到语言形式,从语言形式到思想内容,阅读、思考、体验、感悟,真正读懂,把握真谛。必须清醒地认识到:课文的内容和课文的语言不是两块皮,而是一个不可分割的整体。文中深邃的思想、精辟的见解、丰富的感情,是借助精当、精彩、精妙的语言文字来表达的;也只有真正体会到文中语言文字的精湛,体会到它表现的魅力与魔力,感受到它站立在纸上与你交谈,你才会真正触及作者思想的深处、感情的深处,跨越时空,与他们进行心灵的交流,乃至思想的碰撞。语文教学一定要正确把握语文课程工具性与人文性统一的基本特点,展现语文教育的个性。语文课就是语文课,不是思想品德课,不是某种文化某种艺术的课。文本中人文内涵对学生的熏陶感染与学生语文能力的提高是融为一体的,相互渗透的。离开文本中语言文字的具体运用,讨论某些内容;不探究文本内容,却醉心于语言文字排列组合的技巧,割裂开来,厚此薄彼,或厚彼薄此,都会造成阅读中的残缺,影响学生良好语感的形成和语文素养的全面提高。

正因如此,设计问题时须有整体观念。指导学生讨论时,无论是以文本的内容为切入口,还是以语言文字如何运用的推敲为切入口,均要牢牢把握住内容与形式如胶似漆、互为依存的这条线,发挥语文课程的多重功能。

多种样式与个人阅读

在语文课程改革的进程中,为了贯彻新的教育理念,实现新的教育目标,探索学生自主学习的规律,许多语文教师研究语文课堂教学结构、语文课堂教学的种种模式,创造出不少生动的、新颖的、学生学有兴趣、学得轻松愉快的课型,一扫语文课烦琐分析、灌输加训练的沉闷气氛。改革给语文课堂教学注入了生命活力。

新的课型,尤其是公开课、研究课、展示课,形式多样,丰富了语文教学。如朗诵课、赏析课、课本剧课、辩论课等,以文本为蓝本,或模拟,或创造,发挥学生自主学习的积极性,学生在读、写、口语交际的语文实践活动中,提高了语文能力。然而,有两点须注意:一是要因人制宜,因文制宜。选择怎样的课堂样式,要切合学生的年龄特征,切合他们的生理心理需要。低年龄段和高年龄段的学生认知水平、心理需要、知识基础、生活视野等均有所区别,前者更喜爱感性的东西,后者开始作一些理性的思考。再说,文本本身丰富多彩,各具特色,选择怎样的语文教学样式,要与文本的特点相匹配。有的文本片段可以表演,使用多种感官,加深对文本的理解;有的文本须深入探究,方能体味表达的奥妙与思想的精髓,可采用讨论乃至辩论的方式。任何教学样式都不可能是万能的,适合各类文本的教学。即使是很好的一种教学样式,如果不分青红皂白套用乱用,就会东施效颦,效果适得其反。用得恰当,用得得体,才有助于学生提高学习质量,这是选择教学样式必须遵循的原则。

二是无论采用何种教学样式,都不能忽视学生的个人阅读。阅读是学生的个性化行为,教师的分析无法代替,集体讨论也无法代替。文本的阅读重在感受、体验。文质兼美的精妙,只有阅读主体亲身体验,才能真正理解。感知是进入体验的大门。阅读文本,通过视觉,接受文字信息,接触文字塑造的形象、场景、氛围,触摸作者的思想情感,与作者进行心灵上的交流。把自己已有的学习经验、生活经验,通过联想、想象、比较、分析,和文本中新的内容结合,把文本中的间接知识和真实的生活世界联系起来,产生一种新的体验,这种体验包括文字的、情感的、思想的。这种阅读由入目到入心,使思维得到锻炼,情感受到熏陶,思想获得启迪,语言的理解与感悟能力在阅读实践中得到切实的提高。个人阅读的质量越实在,集体讨论、小品表演、合作学习的质量就越好,不会东拉西扯,言不及义。师生对话,生生对话,有了实实在在的内容,有了个人的独特体验,交流起来必然有思想上的碰撞,互补有无,出现"神来之笔",妙语连珠。达到了这样的境界,学习资源、课程资源,大家就能实现真正共享了。

这是不是说所有的语文课均须用相当时间安排学生个人阅读呢?当然不是。怎样引领和指导学生个人阅读,须视不同的教学目的、教学内容而定。个人阅读之所以需要重视和强调,是因为个人阅读是学好语文、提高语文素养的基础,它最能自主,最能探究,也最能有自己的创意,语文实践中一切有效的做法都离不开它。再说,由于课业负担的沉重,题海训练的折磨,致使相当数量的学生缺少阅读的积极性和良好的阅读习惯。如果不重视这个问题,不仅语文学习浮在表层,获益不多,而且会在无意识中关闭了一扇扇吸收人类精神养料的窗户。

课文课程内涵极其丰富,深入理解它的基本特点,正确把握语文教育的个性,课堂教学就必然充满生命活力,达到师生共同成长。

立足于促进学生的发展[1]

《普通高中语文课程标准(实验)》如一股清新的风吹进语文教学实践园地,新的语文教育理念,教学内容和要求的调整,新的教学评估的导向,等等,使关心语文教改,致力于提高学生语文素质的教师兴奋不已。但兴奋之余,又有这样的疑问:教学中如何实现这些要求,有无牵一发而动全身的关键能把这些要求串起来,一通百通?

疑得对,也问得好。如果把要求当成一把芝麻撒出去,散在地上,那就捡不胜捡,费时费力,效果不好。应捏起来,善于综合,寻找出贯串其中的红线。抓牢这根红线,教学就有主心骨,就能有条不紊,巧作安排。这根红线就是——一切教学活动要立足于促进学生的发展。

教育,说到底就是培养人,促进学生德智体美全面发展,形成健全的人格,将来成为报效祖国的合格公民、优秀公民。语文学科在促进学生发展方面有得天独厚的条件。语文教育的重要任务是指导学生正确地理解和运用祖国的语言文字,而语言文字不仅仅是交际工具,它本身就是意识、思维、心灵、情感、人格的形成者,教学生学习语言文字,只要站在高处,教育理念正确,做有心人,就能促使学生在知识、能力、思维、情感等诸多方面获得发展。

既然要"发展",就不能短视,不能急功近利,事事求立竿见影。要

---

[1] 本文发表于《中小学教材教学》2001年第2期。

长短结合,立足于现在,着眼于未来。要让学生把握现在,一步一个脚印,养成良好的学习语文的习惯,活跃思维,学会学习,为终身学习与发展创造条件。为此,教学中要做到以下几点。

一、夯实基础

对语言理解和运用能力的习得与提高,主要靠在实践活动中锻炼、感悟,因而,教学全过程应突出学生的实践活动。教师"讲"不出学生的语文能力,单背知识条文也形不成语文能力,要放手让学生阅读、表达。读,当然要识字,认清字形,读准字音,理解字义,但不能局限于枝枝节节,要讲究整体感知课文,从内容到语言到写法,能有自己的体会,自己的心得,能读出味儿,读出探究的兴趣。厚积而薄发,"读"抓得扎实,方法指导得正确,该背诵的古诗文认认真真背,久而久之,表达就言之有物,言之有序,言之有文。积累的基础打得扎实,不仅今日学习语言的精华,受精湛语言的熏陶,而且身上有文化的含量,日后发展的后劲就足。

二、鼓励创新

语文教育最具有创造性,特别是文学教育,可仁者见仁,智者见智。即使在常规下运用语言文字,也并不都是二次逻辑,非此即彼。因而,教学生学语文,特别要重视培养学生的创造性思维。学语文,一定要开动脑筋"思",也只有爱思、善思、深思,才可能真正尝到学习语文的甘甜,真正进入学习的角色。教师在教学过程中要千方百计开启学生思维的门扉,引导他们联想、想象、分析、综合,对有创意的见解与心得予以鼓励,并适时地将这些智慧的火花在全班点燃,使大家分享学习的欢乐。

三、发展个性

课堂不是车间,不是标准化零件的流水作业,而是要了解、尊重每个学生的个性,从他们的实际出发进行教学。语文教育的质量不是整齐划一的,而是在实现教学要求的过程中,因材施教,引导每个学生在原有的基础上获得明显的提高,使他们学有信心,学有兴趣,学有追求,个性获得健康的发展。

四、完善人格

语文教育对学生语文能力培养的显性效果容易被人重视,实际上它对学生的隐性教育更为重要,更为长期。"随风潜入夜,润物细无声",伴随着语言文字的学习、推敲、运用,高尚的思想道德情操、高尚的审美情趣熏陶感染,点点滴滴渗入心田,学生在潜移默化中提高文化品位,提高思想修养,积累,感悟,熏陶,语文素养整体得到提高,人格逐步形成与完善。

把握住促进学生发展这根红线,使知识、能力、情意相通相融,语文教学就会增添灵气、秀气,出现百花争春的美景。

深究底里　准确把握[1]

《上海市中小学语文课程标准(试行稿)》中"实施意见"的第四项是"保障措施";"保障措施"的第一条是"教师素养",而后才是"教学管理""配套措施"。显然,课程标准要得以有效实施,真正提高学生的语文素养,首要的保障是教师的素养。课程改革的成败归根结底取决于教师,因为教师是理想与现实、理论与实践之间的转化者。"教师素养"的第二条内容是:"语文教师应有独立处理教材的能力。教师要在深入钻研课程标准和熟读、钻研教材的基础上,把握教材要点,并有独到的体验和发现。应根据教学的不同阶段和学生实际,确定教学目标和教学的重点、难点,写好教案或教学设计。"这和部颁的语文课程标准中的教师"要认真读书,精心钻研教科书""应创造性地理解和使用教材"的要求一致。

众所周知,教师独立处理教材能力的强弱直接影响教学质量的高低,而对教材处理能力的基础,一是对教材的把握,二是对学生的了解。如果忽略基础或基础不牢靠,教学就会浮游无根,随风飘荡。由此我联想到教学中有时会碰到这样的情况:教法上搞得花团锦簇,教材本身却不甚了了;有的远离文本,海阔天空,随意发挥;有的凭依教学参考书,亦步亦趋,照本宣科。凡此种种,表明对教材在教学中的重要作用还缺

---

[1] 本文发表于《中学语文教学参考》2005年第4期。

乏深刻的认识。语文教材是落实课程目标、提高学生语文能力、陶冶学生思想情操、增加学生文化积累的基本材料,是教师的教本,学生的学本,是教学中师生交流、生生交流的凭借、依据、媒介。其中蕴含着课程的先进理念、育人的指导思想、提高学科质量的规律,绝非浮光掠影就能正确把握。

熟读教材,钻研文本,是教师教学的必由之路,也是教师必须具备的基本功。不管是什么体裁的课文,怎样组合单元,总要明确地回答以下几个问题:这篇课文写什么?怎么写的?为什么这样写?为什么被组合成这样的单元,意图何在?问题似乎简单,既不复杂深奥,又不虚无缥缈。然而,如果沉下去听些课,就会发现有些教师对这些问题回答得欠准确,不到位。课上得不够理想,往往毛病就出在对课文一知半解、浮、偏,甚至主观臆断,南辕北辙。对青年教师来说,要提高教学质量,过好教材关至为重要。钻研教材,教师可有自己个性化的方式方法,无须强求一律,但我认为以下几个方面是共同的,均应下点功夫。

整 体 与 局 部

教学实施应有计划、有目的,切不可拿到课本就急急忙忙备第一课,以应付上课。首先应通读教材,弄清楚这册教材在初中学年段或高中学年段的定位,要实现怎样的教学目标,重点在哪儿,难点在何处;教学内容大体上是怎样组合的,课时怎样合理分配;哪些课文要重点敲打,让学生牢记不忘,哪些课文放手让学生自主实践,自主发挥。框架清楚,成竹在胸,就不会出现如俗语所说"烂泥萝卜洗一段吃一段",教到哪里算哪里的毛病。

就一个单元而言,在整册书中是局部,但它又是一个整体,它的教学目标的实现依赖于一篇篇课文,课文是它的局部,知识传授、能力培养、情感熏陶等,应妥善合理地分布,各有重点,又互补互促,形成有机的整体。

就一篇课文而言，同样要把握整体与局部。先整体，后局部，再整体。先通读，整体感悟；再一个部分一个部分细心钻研，反复推敲；然后再通读，综合起来思考。初读时主要靠直觉，有初步印象，对文章的理解往往只在表层；经过一个个局部的钻研、推敲，思想脉络理清楚了，文字的内涵、作者的匠心逐步显露出来，主干、枝叶一清二楚；再读课文，由感性认识上升到理性思考，体验文字的魅力，把握文章的真谛。

比如，季羡林先生的《幽径悲剧》是篇深沉浓烈、文字精美曲折的散文，苏教版八年级上册语文教科书中，把它和《苏州园林》《都市精灵》等文章组合成一个单元，主题为"人与环境"，目的在唤醒与培育学生热爱大自然的纯真感情，体会一松一竹真朋友，山花山鸟好弟兄，从而自觉地善待自然，保护生存环境。《苏州园林》写的是创造美，《幽径悲剧》写的是愚氓毁灭美。《幽径悲剧》文意较显露，通读一遍，就能有整体印象，写什么很明确——燕园一条幽静曲折小路中，燕园的最后一棵古藤无端被人杀害了，这是幽径的悲剧。

这场悲剧在作者笔下是怎样来展现的呢？这就要进入文章一个个局部地推敲与理解。文章先写出幽径的神奇：不仅傍湖靠山，蜿蜒曲折，有曲径通幽之趣，且四季湖山更有美景。冬天，即使是坚冰封河，山上松柏仍然显示绿色的威力，不会感到冬天的萧索。幽径的神奇是大自然的恩赐。然后，笔力聚焦在古藤萝的描写上。"神奇"给人的印象已是美不胜收，"印象最深""最留恋难忘"的一株古藤萝，当然是美上加美。

聚焦写这株古藤萝时，先宕开一笔写北京，写燕园的古藤萝，然后描述这一株的独特风姿；再宕开写"十年浩劫"中，燕园的古藤萝与其他一些古丁香树惨遭诛伐，反衬小径中这一棵简直是藤萝界的鲁殿灵光。曲曲折折，把对藤萝的情和意表达得凄婉中透露一丝快乐，一丝安慰。

然而，好景不长，这最后一株古藤萝也被砍断，因而，最后的一点安慰、一丝快乐也被剥夺，荡然无存。

最后是作者直抒胸臆。面对如此戕害自然的现实，作者不仅表述自己心灵的痛苦，而且抒写古藤萝的哭泣、委屈，群树、荷花的同情，而哭泣之声又是通过作者的听觉来展现的。交游之深、心灵感应到了何等感人的地步。文尾以永远永远把"自己的性格制造"的"十字架"背下去作结，情溢纸上，留给读者不尽的思考。认真梳理全文，就可把握住三个部分如何层层推进，神奇的美如何与灭美恶行鲜明对照，把幽径中发生的"悲"和作者心灵中永远抹不掉的"悲"交织在一起。同情、愤怒、惆怅、无奈，作者把对大自然的无限深情烙印在读者的心中。

就每个段落而言，可咀嚼之处很多。如第8段写幽径古藤的特征就十分精彩。先平淡地交代一句——"根据我个人的评价"，对花鸟草虫，各有各的情趣，各有各的眼力，说在众多藤萝中这株"最有特色"，只是自己的评价，毫无强求之意。文笔的周到由此可见。写其生长环境是"无棚""无架"，攀附在邻近的几棵大树上，尽管如此，但气度仍然非凡——直上青云。春天开花时无一般的紫藤萝瀑布那样显眼，只是一朵朵紫红色的花藏在团团绿叶中，谱写着"万绿丛中一点红"的诗意。"眼前无藤萝"，因为"从下面看""根本看不出是一株藤萝"，直到幽香闯鼻，蜂声袭耳，唤起心中的藤萝，才看到绿中点点红的美景。这种似无实有的刻画，把这株藤萝的个性特征惟妙惟肖地显现在读者眼前。在"十年浩劫"中，它能逃过劫难，是似无实有的个性特征救了它。这真是传神的铺垫。因为它"存在"，故而"顾而乐之"，与下文的失而悲、失而痛形成强烈的反差。文章是个有机体，前后照应，铺垫衬托，展开收束，对此均应理解透彻，把握得一清二楚。哪怕是一个句子，内涵深厚的就须反复琢磨。如"我是一个没有出息的人"，为什么作者这样说？作者是大学者，怎么"没有出息"呢？这儿的"没有出息"是特指，指的是"感情供过于求",为小动物小花草流泪叹气,为古藤萝的被毁痛苦万分。这哪里是"没有出息"?分明是善良之心、恻隐之情、博爱的胸怀,热爱生命,热爱美好,热爱大自然造物的奇妙。

文章的一个个局部细读深思后,再整体阅读,综合起来思考,领悟就会加深。这篇记叙古藤遭难令人悲伤的短文,是一颗悲天悯人的心在倾诉,在呼唤,在慨叹,在谴责,讨伐破坏自然的恶行,追求人和自然的和谐相处,字字句句情真意切,震撼心灵。

整体与局部互动互促。把握整体,有利于对局部的正确与深入的理解;把握了局部,又有利于对整体认识的提升。

咀嚼文字,探究内涵

当前,青年教师备课善于到网上查阅资料,下载有关材料,开阔视野,丰富认识,这无疑是一种进步。但是,它无法代替个人阅读,代替个人对语文文本的钻研。尤其是一篇篇课文中文字运用的佳妙,在特定语境中的意蕴,非潜心思考、咀嚼品味,难以领略、体会。

品味作品中富于表现力的语言文字,探究其中内涵,并非是"以文殉道",而是语文教学中指导阅读应有的责任。语言是意识、思维、心灵、情感、人格的体现,语言和思维、情感同时发生,要把语言和它的内涵硬剥离开来,这是不可能的,只不过是阅读者有意识或无意识,领悟程度的深浅不同而已。20世纪世界人文科学的一次最大的革新就是语言科学的突破,就语言不再是单纯的载体,论述得十分精辟。

有些文句平平实实,但稍加咀嚼,就会发现这些句子在文中起总领作用,有的词语是点睛之笔。如梁衡的《把栏杆拍遍》第1段:"中国历史上由行伍出身,以武起事,而最终以文为业,成为大诗词作家的只有一人,这就是辛弃疾。这也注定了他的词及他这个人在文人中的唯一性和在历史上的独特地位。"显然,"由行伍出身,以武起事,而最终以文为业",短短16字,概括准确,言简意赅,浓缩了辛弃疾数十年的生活轨迹,凸显了中国历史上大诗词作家中独一无二的特点,给读者以清晰的印象。"唯一性""独特地位"点出他的与众不同,而这种与众不同是由"出身""起事""为业"所"注定"。"注定"用得斩钉截铁,分量比"决定"重,蕴含着规律性的、预先决定的、几乎无法更改的意思。寥寥两句话总领起全文,一是线索分明,二是紧扣"唯一性"展开。唯其"唯一",必有"独特地位"。"唯一性"在文中起关键作用。辛弃疾的词不是用笔写成,而是用刀和剑刻成的;不是用墨来写,而是蘸着血和泪涂抹而成。这个在刀刃剑尖上滚过来的诗人,被迫脱离战场,空有一身力、一腔志,只能把呼喊、悲愤、无奈、遗憾化作血与泪倾注到诗词中,表白自己的忧民情、复国志,倾诉自己的忠心与痴情。通篇文章均在"唯一"上下功夫,这个词内涵极其丰富,有血有肉,跃然纸上。

又如,文中说"我常想,要是为辛弃疾造像,最贴切的题目就是'把栏杆拍遍'"。什么是"把栏杆拍遍"?为什么要用这个题目?为什么说这是"最贴切的题目"?国画中我们常见的辛弃疾是"醉里挑灯看剑"的形象,为什么作者要用"把栏杆拍遍"为题来为他造像?《水龙吟》上片写景抒情,临江水、望长安、登危楼、拍栏杆,由无情之景写到有情之景,一层层远山都"献愁供恨",何况报国无门的作者?山河破碎,收复无日,效力无由,恨之深、愁之大,难以宣泄,只能用动作来直抒胸臆,把雄心壮志无法施展的急切悲愤的心情表达得淋漓尽致。这样造像,不是某一个角度的剪影,而是一生被排挤被抛弃、受折磨受煎熬锤打成的爱和恨在胸中燃烧,化作无言的动作,昭示人间。读词犹如读人,读到吴钩这杀敌的锐利武器只能闲置身旁,满腔抑郁、满腔悲愤无处诉说,只能拍打栏杆来发泄,就好像这位沙场英雄、爱国将军站立在眼前。动作是外在的,凝聚了正与邪的搏击、愁与恨的交织,显现了一颗对国家民族比天大、比火热的赤子之心,因而它完全是内在感情的喷发。抓住这个典型动作为造像的题目，自然内涵非常丰富，确实是"最贴切"的了。

对有些课文文句的把握理解，不能只停留在一词一句的层面，要成段、成片地联系起来思考，才能在脑中理出清晰的线条，品味出语言使用的功力与独到之处。例如茨威格写的《列夫·托尔斯泰》，人教版八年级下册在文前作了这样的提示："列夫·托尔斯泰是世界文豪，他长相平平，却有一双锐利异常、能够洞察世事的眼睛。现在，就让我们跟随作者，去凝视托尔斯泰的眼睛，并由此进入他那深邃而丰富的内心世界。"阅读重点很明确，读懂了列夫·托尔斯泰的眼睛，也就初步走进了他的内心世界。

作者集中笔力用了四段文字写列夫·托尔斯泰的眼睛。用列夫·托尔斯泰自己的话来说，这只是一双"灰色小眼睛"，为什么作者要大书特书，究竟特别在何处呢？首先，写他的目光，四个极形象的比喻接二连三送到读者眼前。"黑豹似的""像一把锃亮的钢刀""像枪弹穿透了伪装的甲胄""像金钢刀切开了玻璃"，尽管以不同的物为喻，包括有生命的和无生命的，但都聚焦在尖锐、犀利、穿透力这些特点上，"稳""准""击中要害""入木三分"。显然，这种目光能穿透心灵，任何掩饰、伪装均无法抵挡。接着写这对眼睛里"有一百只眼珠"，目光丰富多变，神秘莫测。忽而"柔和"，满含"粲然笑意"；忽而"热泪涟涟"；忽而"黯然失色""顿生凄凉"；忽而"冷酷锐利"；又忽而"涌出好奇"……眼睛是心灵的窗户，眼睛有如此丰富的变化、丰富的感情，源于内心世界的丰富与多情，而这种变化又与外在环境紧密相连。段尾引用高尔基的"有一百只眼珠"作结，可留给人们不尽的想象。文中举出的目光的种种变化毕竟有限，具体描述不过是个"引子"，留出充分的空间让读者想象，用自己了解的、熟知的情况去描述、去创造。

再接着刻画这对眼睛的超人力量。"可以把人世间的物质吸进去，然后向我们这个时代放射出精确无误的频波"，这是高度概括，一个

"吸",一个"放射出",既表明了观察世事的细致入微,又描述了表达能力的非凡卓越,并由此加以铺叙,与前两段文字一样,用夸张的手法、形象的比喻、浓烈的语言,作用于读者的视网膜,造成强烈的印象。这对眼睛的超人力量,不仅对外物,使它们——"都要露出赤裸裸的真相",而且对它的主人,同样是"锋刃无情,直戳要害,正好刺中了他的心窝"。从眼睛的特殊功能、超人力量揭示了托尔斯泰的人生态度、价值取向、精神世界的追求。为了强调这对眼睛的特殊功能,本段开头先描述"此人所具有的天赋统统集中在他的眼睛里",然后风趣地说明他面部的其他"部件"都不过是用以"包装、保护"这对闪光珠宝的"甲壳",既照应了文章前半部分着力描写的托尔斯泰外表的平庸,更突出了这对集万千才气于其中的眼睛的非凡。最后一段归总,两个句子,两种判断,"可以任意支配整个世界及其知识财富",又"肯定缺少""属于自己的那一份幸福",二者是否矛盾?二者又都源于有犀利眼光,看清真相,看透事物本质。这儿的"幸福"究竟指什么?形成悬念,引人深入探究,探究托尔斯泰这个大文豪的生平,探究他晚年的充满矛盾的精神世界,探究他的经典作品。

把四个写眼睛的段落连缀起来思考,就会领悟到作者的独特匠心。作者从不同角度描绘眼睛,尽管语言的密度很高,修辞手法连续运用,但写得很有层次,刻画出了这位文坛泰斗的形象特征,也为读者探索其丰富深邃的精神世界开启了一扇神奇的门。文中许多语言看似平常,稍加深入,就可发现其内容十分丰富,包含不少动人的故事。例如"放射出精确无误的频波","精确无误"到什么程度?举一例来看,据说安娜·卡列尼娜的原型是大诗人普希金的女儿普希金娜,托尔斯泰只在一次盛大舞会上的短暂时间里与她见过一面。28岁的普希金娜刚结婚不久,有超凡出众的美丽,又有生父独特的诗人风韵与气质,那深潭般不时露出一丝忧郁神情的眼睛,使托尔斯泰"倾倒""神往"了,这肖像一直藏在他的心里，14年后，他利用这个原型创造了安娜。令人惊讶的是，在托尔斯泰的博物馆里，至今还陈列着一幅普希金娜的肖像画，画出自一位苏联名画家之手。这幅画也是作于她新婚后不久，竟和《安娜·卡列尼娜》描写的安娜的形象一模一样，衣服、外貌、神情也极其酷似。托尔斯泰生前没见过这幅画，和普希金娜也只见过一面，可见他的观察力（"吸"）是何等卓越，表现力（"放射出"）又是何等令人叹为观止。

有些课文的语言须通盘考虑，理解把握，如果只抽出三五句推敲，就难以体会其中的意味。如《安塞腰鼓》，文章基调是昂扬、激越、奔放的，一个个词，一个个短句，就好似鼓点，理解其层次，把握住旋律，语言表达情意的佳妙就凸显眼前。"发狠""忘情""没命"，来不得半点颠倒；"骤雨一样""旋风一样""乱蛙一样""火花一样""斗虎一样"五个句子是鼓与舞的交织、奔突、翻飞，读起来一泻千里，气势如虹。文章写的是安塞腰鼓，文章本身就如安塞腰鼓，词句鼓点在你耳畔炸响，词句舞姿在你眼前闪动，西北"茂腾腾后生"的火与力倾注到你的身上。以文传神，以文交友，心灵自然而然为之激荡。

作品与作者

钻研教材当然要对一篇篇课文本身阅读研究，掌握来龙去脉，与此同时，也必须了解作者，并作适当的研究。单靠课本里简单的注释，往往影响对课文的深入理解。

史铁生是优秀的散文家，他的《合欢树》《我与地坛》被多种语文教材选用。这些文章情真意深，感人肺腑。《合欢树》用平实、简约的笔调追述母亲生前和身后的几件往事，抒发对亡母缅怀与忏悔相互交织的深厚、复杂的感情。《我与地坛》写了与地坛的相交、相知，参透了生命大书的意义；母亲用苦难浇铸成爱的钥匙，开启了他封闭的心灵。文中情有多浓，爱有多深，灾难有多重，思考有多深邃，意志有多顽强，心胸有多豁达,不深入了解作者的生命历程、思想历程,对母亲的与苦难为伴就难有深刻的领悟。

　　作者双腿瘫痪,在轮椅上待了20多年,后又双肾功能衰竭,靠血液透析维持生命。这是一种何等的苦难。用他自己的话来说,"对死亡要有一种幽默的态度""困境不可能被消灭……艰难和困惑就是生命本身""自我封闭,是心理治疗的最大障碍""与人交流达到新境界""所谓新境界,一是认识了爱的重要,二是困境不可能没有,最终能够抵挡它的是人间的爱愿""新境界的另一方面就是镇静""我敬重我的病""把它看作一个强大的对手,是命运对你的锤炼,就像是个九段高手点名要跟你下一盘棋,这虽然有点无可奈何的味道,但你却能从中获益,你很可能就从中增添了智慧,比如逼着你把生命的意义看得明白""是什么使我要缓期执行(死期的延缓)呢?是亲情和友情,是爱""爱需要自己去建立""爱和友谊,要你去建立,要你亲身投入进去,在你付出的同时你得到""其实,爱、友谊、快乐,都是一种智慧",等等。了解这样的心路历程,对文中蕴含的艰难的命运、坚忍的意志和毫不张扬的爱,就会有几分具体、真切的感受,对表述文字的平实、洗练也就可领略一二。

　　报纸上曾登过一张史铁生与世界短跑冠军刘易斯合影的照片。史铁生曾说过"刘易斯的脚是我的梦",这位冠军也许动了情,来中国后要见史铁生。刘易斯读过史铁生的书;刘易斯的眼睛凝视着史铁生,眼光里不是怜悯而是尊敬。看到这张照片,读者心中会有无以言说的沉重。刘易斯是在掌声中奔跑,而史铁生是在内心进行跋涉,艰难、悲壮。散文是他的一部分生命,所以他的文字最撼人心魄。

　　当然,还可以查阅其他资料,如王蒙、周国平、余杰等作家对史铁生的评论;可阅读史铁生的其他作品,如短篇小说《我的遥远的清平湾》、散文集《病隙碎笔》等。作者的形象在自己脑海里立体起来,清晰起来,对他作品的认识、理解就可有一定的深度。

有些作品的内容在教学过程中常有不同的理解,有时望文生义,有时以讹传讹。备课时应精细,经常翻阅有关书报杂志,可提高判断力,乃至纠正自己理解的差错。如鲁迅的《从百草园到三味书屋》,多年来对"三味"的含义或理解为"读经味如稻粱,读史味如肴馔,诸子百家味如醯醢","以三种味道来形容读三种古籍"(寿洙邻语);或理解为"读经味之太羹(古代祭祀时用的肉汁),史为折俎,子为醯醢。是为书三味"等,对三味书屋的这块匾演绎出众多的味道。去年《鲁迅研究月刊》载文,作者寿宇通过自幼脑海里留下的深刻印象,说明"三味书屋"的由来与本义,指出"三味"之义是"布衣暖,菜根香,诗书滋味长",这是寿家的祖训家规,也是寿家私塾的办学方针。

任何作品中都有特定的时代背景、社会环境和作者的生存状态、立身处世的态度,把相关的情况弄清楚,探究作品的写作意图、遣词造句的特色,就比较容易准确把握。

钻研教材,各有自己的思路和方法,但读懂教材,深究底里,准确把握,应该是共同努力的目标。

以情激情　体验感悟[1]

随堂听教师的课常会发现这样的情况：部分学生恹恹欲睡，提不起精神；教师提问，少数人应答，思维积极的往往仅有几个。教师确实在认真指导学生阅读课文，有些精彩的词句也在着力推敲，可学生不承情，没能打动学生的心。这样懒散的课堂气氛，浪费教育资源，师生的精力与时间也浪费了不少。原因当然有多方面，但这类课共同缺少的是一个"情"字。平静中冷冷的，冰冰的，缺少青少年的勃勃生气，缺少学习中的热情洋溢，教学效果可想而知。

语文教学中"情"的问题，《普通高中语文课程标准（实验）》多次提到。课程的基本理念的第一条就提到"语文课程应培育学生热爱祖国语文的思想感情"，在第二条正确把握语文教育的特点中说"应该重视语文的熏陶感染作用，注意教学内容的价值取向，同时也应尊重学生在学习过程中的独特体验"。在课程目标的总目标第1条、第3条、第7条中，都提出情感的培养、情感的体验。在教学建议中又明确指出要重视情感态度与价值观的正确导向，"培养学生高尚的道德情操和健康的审美情趣，形成正确的价值观和积极的人生态度，是语文教学的重要内容，不应把它们当作外在的附加任务。应该注重熏陶感染，潜移默化，把这些内容贯穿于日常的教学过程之中"。显然，重视情感的培育是语

---

[1] 本文发表于《中学语文教学参考》2005年第7期。

文课程标准的新理念之一。语文学习的情感、态度、价值观、习惯、方法的发展目标和知识、能力一样,都是很重要的目标,不过以往在教学过程中容易忽视,而今,十分明确地提出。知识与能力、过程与方法、情感态度与价值观,构成了培养学生获得基本语文素养的三根支柱,它们融合在一起,全面提高语文学习质量。情感因素不能简单地、机械地理解,须提到一个新的层面。情感,不仅指学习兴趣、学习动机、学习热情,更指内心的体验和心灵世界的丰富。课堂里有感情的浪花,师生就会精神振奋,独特的感悟、别有情味的语言就会如泉水叮咚,汩汩流淌。怎样才能扫除课堂学习中疲沓、厌倦的阴霾,引导学生投入情感、投入精力学习语文呢?

首先感动自己

教师在课堂上能否精神饱满,激情洋溢,激发起学生浓厚的学语文的愿望、热情去读去思去说去写,在于教师自己是否情动于中,深入文质兼美的一篇篇课文之中,深受感动。只有感动自己,才能感动学生。

文章是客观事物的反映。写作者要反映大千世界中纷繁的客观事物,必然在观察、感受、思考的基础上有自己的鲜明的态度,或爱、或恨、或悲、或喜、或赞扬、或批评、或同情、或厌恶……把这些用文字真实地表达出来,就是有真情实感的文章。情真意切的文章,流传千古仍有熠熠光彩,可见"情"在文章中的重要作用。大而言之,爱国之情,小而言之,乡情、亲情、师情、友情等,都是文中弥可珍贵的宝藏。白居易说:根情,苗言,华声,实义。"根情","情"是文章的根本,作者内心有饱满的感情,由衷地倾吐,笔端就会情满青山,情满大海。

教学中要凭借课文阅读来培养和提高学生的语文能力、语文素养,教师首先就要认真阅读课文。这种阅读,不是站在课文之外对作者指手画脚,评说是非,采取旁观者的态度,而是要走进课文,如英国女作家弗吉尼亚·伍尔夫所说的那样："要尽力与作者融为一体，共同创作，共同策划。如果你不参与、不投入，而且一开始就百般挑剔，那你就无缘从书中获得最大的益处。"传统的语文教学认为阅读仅是一种接受，今日新课程标准告诉我们，阅读教学是学生、教师、文本之间的对话过程。这是一种全新的理念，教学并非教师个人独白，而应该让学生有思考权、话语权、主动性、自主性。然而，学生与文本对话要有收益有成效，教师的组织、指导不可或缺；教师与文本对话的质量直接影响指导学生学习的质量。每篇优秀作品都是经过作者心灵的酿造加工而成的，教师阅读作品时，只有通过作品与作者进行心灵的对话，才能走进作品，真切感受和理解作品的思想、情感、语言，才能提高自身的素养和教学的能力。因此，真正意义上的阅读，不仅是接受，更是一种沟通、交流，使自己的认识深化，思想升华，感情净化。

例如，上海高三年级教材中有一首殷夫的诗歌《别了，哥哥》，阅读时，走进作品，和殷夫对话，自己的心灵会情不自禁地震撼，为这位执着地追求真理和正义的年轻人的崇高的情感世界和光辉的人格而感动。这首诗是诗人心灵的直白，不隐藏、不含蓄，不留白，是写真纪实，又是政治宣言，情感的宣泄一泻千里。我禁不住问：殷夫，你在什么情况下写了这首诗？你为什么要写？既然你和哥哥在感情上诀别，又为什么要用饱蘸亲情的笔触，写下"我最亲爱的哥哥""你诚意的教导使我感激，你牺牲的培植使人钦佩"？既然还不忘"二十年来手足的爱和怜，二十年来的保护和抚养"，是什么给了你如此大的勇气与哥哥决裂，并称"再见的机会是在，当我们和你隶属着的阶级交了战火"？你知道前途"满站着危崖荆棘""黑的死""白的骨""砭人肌筋的冰雹风雪"，仍旧毅然决然地往前走，以宝贵的生命相许？你早期的诗，情调也是缠绵悱恻的，追求诗的含蓄、隽永、哲理，想做一个纯粹的诗人，怎么诗的品格会有如此的改变……我反复诵读他的诗句，翻检他的诗文和生平事迹，鲁迅为他作的《孩儿塔》序，为五烈士写的《为了忘却的记念》，细细体会，我仿佛看到一个热天穿着厚棉袍、汗流满面的刚出狱的年轻人向我诉说情感裂变的历程。"四一二"政变的前几天，16岁的殷夫受到他大哥的警告，说"时局要变"，不准再参加革命活动，无斗争经验的他内心展开斗争，他描述说："我颤战着，动摇着走回去，一路上有两个情感交战着，我们的劫难是不可免的了，退后呢？前进呢？这老实说，真是不可赦免的罪恶，我的阶级根性，完全支配了我，把我整个的思维、感觉系统，都搅得像瀑下的溪流似的紊乱，纠缠，莫衷一是。"然而，在他被关进牢狱、几被枪决的情况下，他坚强了，"机械的悲鸣""劳苦群众的呼声"坚定了他追求的信念，他义无反顾地要做给人间以光明的普罗米修斯，哪怕是受尽折磨与苦难。铿锵的语言，深沉的忧愤，炽热的感情，把爱与恨、取与舍、大义与私情，表达得淋漓尽致。视名利为粪土，割舍手足情的不易，更显现了诗人对劳苦大众深挚的爱，对国家和民族未来的强烈责任。20岁初度的青年有如此坚定的信念、博大的爱，怎不令人感动？想到他的"尽日尽夜地忧愁"，想到他的"热的心火会把冰雪溶消"，想到他两年后献身革命，以自己的实际行动实践了《别了，哥哥》诗中的宣言，我就坐不住，血就往上涌。龙华桃花是烈士鲜血染红，殷夫的诗如鲁迅所言"是对于前驱者的爱的大纛，也是对于摧残者的憎的丰碑"，自己在与作者的对话中，受到具体生动的大爱大憎的洗礼，又怎能不情动于中呢？

要感动自己，不仅要和作者心灵交流，而且要和作品中的人物交流。俄罗斯小说家邦达列夫说："一个人打开一本书，就是在仔细观察第二生活，就像在镜子深处，寻找自己的主角，寻找着自己思想的答案，不由自主地把别人的命运、别人的勇敢精神与自己个人的性格特点相比较，感到遗憾、怀疑、懊恼，他会哭、会笑、会同情和参与——这里就开始了书的影响。所有这些，按照托尔斯泰的说法，这就是'感情的传染'。"读一篇篇文质兼美的课文,又何尝不是如此呢?理性的光辉,形象的光彩,语言的魅力,娱目、悦耳、激情、励志,融入生命血脉,怎可能不出现个性化的体验?教学时怎可能不激情洋溢?

字字句句总关情

上课,激发学生学习热情,体验感悟作品中个性各异的丰富的精神世界、情感世界,绝不是靠外加什么东西,穿靴戴帽,也不是为情而情,矫揉造作,装腔作势,更不是虚情、假情、浮情。教学,就是求其真,教师真爱学生,真倾心于语文,真受到课文中优美的景物、崇高的思想、精辟的见解、精彩的语言的感染,必然精神抖擞,真情实意伴随着语言的流淌,叩击学生的心扉,在学生心灵深处弹奏,引起悦耳的共鸣。《庄子·渔父》说:"不精不诚,不能感人,故强哭者虽悲不哀,强怒者虽严不威。"虚情假意犹如剪刻的纸花,没有生命的活力。真情从何而来?除上述的真爱之外,关键在要沉到课文中,倾听作者的诉说,倾听作品中一个个人物的诉说,揣摩与体会他们的所言所行所思所想,联系自己的阅读经验、生活经验,开展联想与想象,自己和作品中的人物一样,就在那个特定的场景中。此时此刻,你会深刻感受到一个个文字跃然纸上,有血有肉有生命,字字句句总关情。

诸葛亮的《出师表》就是语重心长、贞挚感人的典范。从分析形势到进言劝谏,到出师明志,到临别寄情,全文624个字,句句恳切,字字真诚,感人至深。"亲贤臣,远小人,此先汉所以兴隆也;亲小人,远贤臣,此后汉所以倾颓也。先帝在时,每与臣论此事,未尝不叹息痛恨于桓、灵也。侍中、尚书、长史、参军,此悉贞良死节之臣,愿陛下亲之信之,则汉室之隆,可计日而待也。"作为刘备临崩托孤的老臣,对昏庸无能的幼主刘禅既说理又举例,百般启发、引导,期望之殷殷,情意之恳切,可昭日月,真是字里行间都是情。前人说,读《出师表》而不流泪的不是忠臣。今日学习，如果只拘泥于几个文言实词、虚词的掌握，挤掉"情"，丢弃"情"，文字便成了干枯的符号，文章也就站立不起来，感染力也就消失了。

有些文章看来平淡，但平淡中寓深沉，平淡中见真情，这就要仔细地从语言中去品味。如杨绛的散文《老王》，写的是一个忠厚而不幸的三轮车夫。记叙的均是日常琐事，无曲折的情节、起伏的感情，与生活在现代社会的学生有相当的距离。如何激发学生的学习兴趣，进入课文之中，与作者、与作品中的主人公对话、沟通、交流，并从中获得教益？这就要潜心研究课文，抓住文中最有情感含量、最能表现内心世界的语句，点燃学生思维的火花。文章的最后一句"几年过去了，我渐渐明白，那是一个多吃多占的人对一个不幸者的愧怍"，看似平常，但寓意极深，感情十分深沉，又十分沉重。学生进入课文，理清叙事情节，会理解老王是一个不幸者，是一个底层劳动者，是一个苦人儿。尽管生活艰难，但忠厚、本分，有一颗善良的心。且不说平时送冰等事，就是作者一家落难，众人躲避不及时，他也热情相助，出力，还为作者省钱。作者一家对这个好心人也不薄，充满了同情、怜悯之心，可为什么作者对他有愧怍之情，几年来内心一直翻腾，总觉不安，总觉得对不起老王？是什么事情使她挥之不去，而又原因莫名？为什么最后又以"愧怍"一词来表露内心深处的歉疚？

引导学生去体会老王临终前送香油和鸡蛋的场景，听老王说的，看老王做的，就会领悟到作者的叙事、描写，字字句句总关情。打门声——直僵僵地镶嵌在门框里——面色死灰——两只眼上都结着一层翳，分不清哪一只瞎，哪一只不瞎。这哪里是刻画人物形象？显然是笔下无限辛酸，"直僵僵""镶嵌"，沉重得叫人气都透不过来。这哪里是活生生的人？从面色到眼睛到肢体，"简直像棺材里倒出来"的"僵尸"，人与鬼的界限模糊了，可悲；更令人悲从中来的是"骷髅上绷着一层枯黄的干皮,打上一棍就会散成一堆白骨",生命极限的凄苦与恐怖震撼着作者的心灵。应该说作者怜悯的感情在胸中激荡,再伴以其他多种的情感,可尽情倾吐,然而竟然无从表达,只化为一句最普通的大白话——"啊呀,老王,你好些了吗?"是关切?是同情?是怜悯?是吃惊?是害怕?复杂的感情蕴含其中,而"关心"又是首要的,明明不好,还要问"你好些了吗",令人潸然泪下。

就是这样一个临近死亡的苦人儿"直着脚"给作者送香油、送鸡蛋。对一个生活艰难困苦的劳动者来说,这些东西弥足珍贵,他为什么要送?又为什么要送到作者家?送与被送的人之间没有寒暄的话语,没有热情的气氛,他就那么极其简单的两句话——"我不吃""我不要钱"。两句话里有千钧重的情谊,那是对好心的读书人的一片真情,以自己仅有的一点最珍贵的东西赠给最敬重、最信赖的朋友。然而,当时的作者"我"毫无感觉,毫无领悟,"没请他坐坐喝口茶水"。和老王最后晤面的情景一直定格在作者脑中,心中一直不安。几年下来,才深悟到自己的麻木,没有意识到这位有金子般善良的心的人对友情的企盼与渴望,对他没有以友人的真挚情意平等相待。在下意识中,自己对社会底层的劳动者采取了居高临下的态度。"愧怍",显然是心灵深处的自责,是人性的觉醒。人只有职务高低,没有贵贱之分。同情弱者、举手相助的恻隐之心是可贵的,而从心底里尊重别人,在情感领域对别人平等相待,真诚相待,更为可贵。有了这样的思想情感的高度,恻隐之心也才会落到实处。师生共同深入课文,认真体验文中的场景,感情在语言的咀嚼、品味中就会受到良好的熏陶。

情感因素的渗透不是孤立的,它往往与态度、价值观紧密相连。态度,不仅指学习态度、学习的责任,更指乐观的生活态度、求实的科学态度、宽容的人生态度。价值观,不仅强调个人的价值,更强调个人价值与社会价值的统一;不仅强调科学的价值,更强调科学价值与人文价值的统一；不仅强调人类的价值，更强调人类价值与自然价值的统一，从而使学生从内心确立起对真善美的价值追求以及人与自然和谐的可持续发展的理念。情感态度与价值观看似相对独立，实际上是一个心灵连续体，由低级向高级推进。情感上受到激发，受到感染，就会促进思考的广度与深度，对社会、人生、自然等诸多问题由表及里地进行思考，进行评价，有自己的感悟与体验。而这一些又不是凭空的、浮游无根的，而是依托具体的课文，依托语言文字的载体。知识传承、能力培养与思想情感的熏陶交融在一起，就能提高学生语文的综合素养。

语文教学中的"情"切不可东拉西扯，切不能随意拔高、挥洒。教学最可贵的是求其真，唯其"真"，才最能入目入耳入心，才最能使人感动。教师教学中的真情，对语文对学生的挚爱深情是基础，重要的还在于对作者的尊重和作品的尊重。"情"不是外在的、附加的，它蕴含于作品之中，是作者心血浇灌出来的。教师阅读作品，对作品进行解读，实际上就是倾听作者的心声，感受作者感情的委婉曲折、起伏跌宕，领悟语言的表现力、生命力，在此基础上，生成了自己的认识、自己的体会，与作者心灵相通，感情相融。此时此刻，你会感到作品如出自己之口、自己之心，指导学生阅读、交流，就有信手拈来、左右逢源的快乐。

在阅读钻研的过程中，也可能会有与作者不同的看法，情感上也会或浓或淡，或同或异，这都在常理之中。但总不要脱离文本，胡乱发挥。教学是培养学生的事情，有其严肃性，随意调侃，乃至插科打诨，或者把文章抛在一边不读不看，这就违背了阅读教学的宗旨。

方法因文而异

以教师之情激发学生学习热情，引领学生进入作品体验感受作者的写作意图、情感脉络、语言魅力，可采用多种多样的教学方法。方法的选择因文而异，但必须从学生的学习实际、生活实际出发。

首先,在课的起始阶段激发学生学习热情。清人李渔在《闲情偶寄》中说:"开手笔机飞舞,墨势淋漓,有自由自得之妙,则把握在手,破竹之势已成,不忧此后不成完璧。"写作如此,教课也相仿。课的起始,学生情感受到激发,师生均会沉入"自由自得"之中,学生自主阅读,体验感悟。如带领学生学习《最后一次讲演》,课的起始是这样安排的:

一上课,教师先在黑板上写了《红烛·序诗》中的四句:

请将你的脂膏,
不息地流向人间。
培出慰藉底花儿,
结成快乐的果子。

问:这首诗是谁写的呢?表达了怎样的思想感情?又是谁的写照?接着,出示刚出版的《闻一多传》,讲述作者生平,并将该书的封面图案——黑色大理石的花纹,正中上方一支醒目的红烛,与《红烛·序诗》对照讲解,指出该诗乃闻一多先生所作,也是他的自我写照。再指导学生读注释①,了解闻一多先生一生曲折的道路:青年时期是新月派诗人,中年时期是旧经典研究的学者,而后成为青年所爱戴的、昂头作狮子吼的民主战士。为了争取和平民主,反对发动内战,遭反动派杀害。他学识渊博,才华出众,死时仅48岁。

学生的感情被"吊"起来以后,立即介绍讲演的前前后后,闻一多如何"拍案而起"、怒对凶顽,即席讲演,使一千多到会者深为感动。课文是一篇讲演的记录稿,题目是当时整理记录的人加的。当日傍晚,闻先生在参加《民主周刊》记者招待会后,在回家的路上,遭到特务的暗杀。这篇讲演距今已数十年,然而那鲜明的立场,爱憎分明的感情,一泻千里的气势,慷慨献身的红烛精神仍然深深地叩击我们的心弦。学生被吸引,迅速进入忘我学习的境界,反复朗读,沉浸在激昂慷慨的气氛之中。

其次,抓住传递感情的重要词句,咀嚼,推敲,让其中蕴含的丰富的思想结晶和喜怒哀乐的挚爱深情绽发出耀眼的火花,使学生身历其境,感动,共鸣,震撼。如牛汉的诗《悼念一棵枫树》抒写了美好生命遭受摧残乃至毁灭的悲哀。鲁迅先生说:"悲剧是将人生有价值的东西毁灭给人看。"牛汉的这首诗是以自己饱含生命的汁液塑造了枫树雄伟、美丽的形象,悼念它的高贵的死、悲壮的死。悼念一棵横遭砍伐的枫树,实际是在悼念本来应该活下去的死者。诗人把被悼念的人物、诗的形象和自己浓烈、深沉的感情完美地结合在一起,充分发挥诗歌叩击心灵的作用,读来催人泪下,令人心碎。

诗的开头写湖边山丘上那棵最高大的枫树被伐倒了,"几个村庄/和这一片山野/都听到了,感觉到了/枫树倒下的声响""家家的门窗和屋瓦/每棵树,每根草/每一朵野花/树上的鸟/花上的蜂/湖边停泊的小船/都颤颤地哆嗦起来……/是由于悲哀吗?"诗的字里行间一下子就营造了浓重的悲剧气氛,而"听到""感觉""颤颤地哆嗦"这些词让人感到枫树的死给大地带来多么大的震颤。"几个村庄""一片山野",每棵树、每棵草、每朵花、鸟、蜂、门窗、屋瓦、小船,一棵树倒下的声响有这样巨大吗?声波所及,有生命的、无生命的无不受到影响,乃至心都颤抖起来。疑惑、不解、同情、思念、悲哀、痛心……感情容量极大,"悲哀"一词如何概括得了?复杂的感情尽在不言中,激荡着读者的心胸。

枫树巨大的身躯倒下,但"飘忽着浓郁的清香"。抓住诗人对"清香"淋漓尽致的渲染,讲解深入枫树内部品质的高洁;即使被肢解成宽阔的木板,涌出的一圈圈"凝固的泪珠""也发出芬芳"。生命中美的价值被摧残,被毁坏殆尽,怎不令人悲悯?怎不令人激愤?诗的形象也好,意境也好,都是通过遣词造句的艺术创造力展现的,因而,深入咀嚼、品味有深厚内涵的词句,体会作者流溢出来的真情,学生就会受到感染。

再次,朗读和默读交替进行,引导学生体悟情,表达情。朗读是把无声的文字变成有声的语言,作用于听觉,口耳传递,又通过听觉传递于心中。由于声音有激昂高亢,有婉转低回,有音调,有频率,有色彩,反复朗读,情和意会比较形象地流入心田,激起共鸣。如《最后一次讲演》中许多语句只有大声朗读,才能体会到讲演者心中犹如一团炽热的火焰,从肺腑中喷射出来。如课文第2段突然改换人称,厉声怒喝:"这里有没有特务?你站出来,是好汉的站出来!你出来讲!"又如:"我们的光明,就是反动派的末日!""正义是杀不完的,因为真理永远存在!"这些话既像匕首、投枪,直刺敌人的要害,揭露他们的卑劣行径,又像庄严的宣言、动员的号角。朗读,才能有气势,把感情淋漓尽致地宣泄出来。

但是,朗读不能只停留在技巧的指点上,也不能只是表演。朗读要入耳入心,就须有默读思考的基础。文章的来龙去脉、遣词造句的特点,费一番心思读、想、悟,朗读起来就能口顺心随,忠实于作者的原意,又能渗入自己的理解与感悟。朗读时表情达意的水平,实际上不仅是普通话的技能技巧,更是默读理解水平的检验。朗读默读结合得好,以情激情的收效就比较大。

第四,适当地运用多种教学手段,包括现代信息技术,增强教学的直观性、形象性,引发学生学习兴趣,激发他们的求知欲。如朗读时因课文的基调而适当地配乐,如为激发学生感情出示画面,进入课文的阅读等。但不能喧宾夺主,上成"影视"课,也不能为多媒体而多媒体。这样不仅不能开发学生的思维,增强对语言文字感悟的能力,反而削弱了语文的学习。语文就是语文,重要的是和语言文字打交道,任何教学手段只起辅助作用,不可能取代,也无法取代。

  方法多种多样,只有用得恰当,才能真正激发学生学习语文的热情,沉到特定的课文情境之中,感受体验作者在作品中蕴含的深情。

克服浮泛　精心探究[1]

听了一些课,发现了一个可喜的现象:语文课的泡沫少了,水分挤掉了不少,浓艳的令人眼花缭乱的包装也逐步卸下,教学生学习语文的本色显现。当然,个别表演性质的课不在此列。

人们认识事物总有个过程,不可能一下子就准确无误,十全十美。课程改革是实施素质教育的主要载体,它体现着国家意志,传承着民族精神,关系到未来人才素质的培养和发展。语文课程改革与其他课程改革一样,在指导思想和具体做法上与以往比,有明显的发展与变化,更加注重学生的主体作用,培育学生的主动精神、实践能力,鼓励学生的创造性思维,努力发掘青少年的兴趣和潜能,使他们能生动活泼地得到发展。语文教师的教学方式和学生学习语文的学习方式必须随着课程改革带来的一些具有本质意义的变化作出相应的积极而深刻的改变。

怎么改变?没有现成的模式,须学习、领悟、探索、创造。于是,根据各人的理解程度、各人的具体条件,迈开探索的步伐。应该说,这种为了学生学好语文,全面提高语文素养的热情与勇气是可贵的,值得赞扬的。至于出现这样那样的不足、缺点乃至错误,无须指责、嘲讽,只要提醒、重视与研究,就能使课程改革健康发展。比如,课堂上信息技术

---

[1] 本文发表于《语文学习》2007年第1期。

不是不能用,而是要考虑如何与课文内容整合,把学生难以理解、难以捉摸的内容用生动形象的方式展现,增添兴趣,拓展视野,激发学生的好奇心与求知欲。又如课堂讨论,要把文本学习引向深入,活跃学生思维,在个体独立思考的基础上集思广益,才能起到互相学习、互相促进的效果。因此,问题不在于选用何种教学形式,而是要紧扣课文的特点,从学生知识能力和身心需要的实际水平出发,当用则用;用得恰当,学生深受其益。离开了实际,追求花样翻新,那就偏离语文教学目标,成为泡沫,成为多余之物。

以上这番话意在说明语文课显现语文本色不是不要改革,走回头路,而是要在探索改革的道路上,对语文课程的性质、任务、功能深化认识,对文本在培养学生学习语文实践中的作用与价值深刻感受。扣住文本,品味语言,体悟思想内容与情感,努力把语文课上成语文课,已成为许许多多语文教师的共识。

然而,就学生学习语文的主动性、积极性而言,确实还不尽如人意。原因是多方面的,语文教学的外部因素暂且不说,教学本身也应作些反思,须改进须提高之处甚多。

学生上课常觉"没有劲",觉得"学与不学差不多",这种感觉的形成与教学目标、教学内容的浮泛关系密切。教学设计在"目标"这一项中常见到这样的文字:"圈画重点词句,品味语言,熟读成诵""体味文本的思想内涵与作者表达的感情"。除此之外,"目标"中还有一点学习课文的某种写作方法、某种修辞手法等。显然,预设的教学目标在相当程度上是"通用"的,可以用到教这篇课文,也可以用到教那篇课文,缺的就是教这个特定单元、特定课文的个性。由于目标宽泛、不实在,教学内容的组织与指导往往在文本的语言文字上滑过来滑过去,似乎课文都接触到了,但这一课在学生脑子里打了几个转,学到了什么,悟到了什么、体验到了什么,说不清,道不明。学生的求知心理未得到满足,学习的劲儿也就提不起来。

要把握文章的个性，十分重要的是要在文本的阅读上下功夫，精心探究作者的写作意图。我们常关注教什么和怎么教，而忽视作者写什么和怎么写，尤其认为写什么已解决。其实，读懂写什么是上好语文课的前提与基础。文质兼美的课文，尤其是经典之作，必有丰富的内涵，必有作者独特的过人的见解，如果浮光掠影，浅尝辄止，往往难以领悟文中的真谛。传统的教学强调文章要钻研，这是极有道理的。钻研是指对所教课文专心致志，深入探究，深入开掘。众所周知，露天煤矿毕竟少，丰富的宝藏往往掩埋在地层深处。文章也如此，一眼见底的，往往难给读者以启迪和震撼；厚实凝练，真谛蕴含其中的，经读者选准切入口，对语言文字层层开掘，精心推敲，就能闪现内在的光辉。能否把握文章的真谛，正是阅读能力强弱的表现。而往往学生力所不能及的正是把握文章的真谛，须经教师认真指导。如果教师对课文的解读与学生的理解基本上是在一个平面上移动，学生在课堂上学习就不能或不易进入兴奋状态。一般来说，学生的认识、理解比较零碎，综合能力比教师弱，但对课文的解读、阐释，教师如不能"棋高一着"，学生就算学有兴趣、学有所得，那也是"七折八扣"。

例如欧·亨利的《最后的常春藤叶》写的是小说主人公贝尔曼画最后一片常春藤叶的故事，对于高一学生来说，阅读时一眼见底，无须指导。从这件事中表现了穷苦人之间的关爱之情，而这种平凡人之间的至真至纯的关爱之情闪烁着人性的光辉，人间自有温情在。这就需要紧扣词句，琢磨字里行间作者思想感情的潜流，从文章的局部、细节到整体，不在脑里转几转，不易把握。再深一层探究：老贝尔曼对琼珊的关爱到不顾自身病残一心救助的程度，原因何在？这就让人联想到周国平在《生命本来没有名字》一文中说的"对于生命的这种珍惜和体悟乃是一切人间之爱的至深的源泉"。贝尔曼在风雨中拖着老弱病残之躯艰难地画最后一片叶子,是对琼珊年轻生命的珍惜和挚爱,也是善良人性的闪光,实际上他是在用生命抒写艺术杰作。探索到文章的真谛,文中的一个个人物就鲜活起来,语言文字似乎跃然纸上与你对话,写作的技能技巧也就一清如水。比如,"小说的意外结局"是作者短篇小说在艺术处理上最大的特点,反映了他创作时构思的巧妙。然而,巧妙的构思仅局限于结尾吗?扣紧课文的脉络与人物描写深入探究,就可知构思的巧妙贯串于文章的各个部分。先思考:"最后一片叶子与琼珊有怎样的关系?为什么最后的藤叶能挽救琼珊的生命?"进一步思考:"贝尔曼为什么愿意冒着生命危险去创作这幅画?为什么说这最后一片藤叶是他的杰作?"再深入探究:"这幅画是否一定要贝尔曼来完成?苏艾有没有完成这幅画的可能?"经过阅读、琢磨、推敲、领悟,作者为显现主题在情节处理、人物安排上的匠心就会清晰可见。作品超越了对一般友情的赞扬,而是赞颂陌不相识的穷苦人之间的关爱与帮助,乃至奉献生命的人间至真至纯的深情。经典之所以成为经典,一定有其非凡之处。小说思想的高度、情感的深度、艺术手法的张力,是其本身固有的,绝非外加,绝非拔高,更不是贴标签。关键在锻炼自己的眼力,提高对语言文字表现力、感染力的敏感程度。

  阅读是一种心智活动,对语文教师而言,阅读文本须全神贯注,思维处于高度兴奋状态,才会真正感受到一个个文字不是躺在纸上无生命的,而是站立起来和你对话,和你沟通,和你交流。它们会向你倾诉:"这儿是我最用力之处,寓意深着呢,要重点敲打,溅出耀眼的火花,照亮学生的心灵!"它们会提醒你:"我这一笔虽轻描淡写,但为全文的发展埋下伏笔,不可小视!"……钻研文本,和语言文字交朋友,和作家的作品做朋友,是学习,是吸收,是交流;尊重它们,理解它们的本义,恰当地加以阐释、生发,是一种求知的快乐,是一种精神上的享受。

  解读文本,尊重文本本意是第一条,不能自行其是,随心所欲加以发挥。但也不能把文本读死，抓住某些细小之处死扣死解，裹足不前，做冬烘先生。关键在于明确文章之要义，深入探讨。阅读又是一种创造性的心智活动，面对阅读的作品，必然倾注自己的思想、感情、生活经验、学习经验、审美经验、文化积淀、思维方法、思维习惯等，由于阅读者的情况各异，阅读的效果自然也就大相径庭。教师的阅读不仅要把握准确度，而且要有思考的高度、探究的深度、联想、想象、分析、比较，既能纵横捭阖，又能聚意点睛。其中不乏独特的见解，而这种认识与看法不人云亦云，创意蕴含其中，教学时，这往往是课堂上的亮点，学生或感惊喜，或受感染乃至震撼，或深受思想的启迪。此时此刻，学生的"学与不学一个样"的感觉就会自然消失，因为他们学到了自己不了解、没想到，或者虽想到而寻求未得的东西，心里豁然开朗，深深体味到求知的快乐。

例如高一新诗单元教学，执教教师确定的教学原则是"感性—理性—实践"，教学目标制订为：1. 感受诗之美（诗情·诗意·诗艺）；2. 认识时代精神与诗人个性对经典之作的意义。显然，第一点是编者要求的学习该单元的重点，学生读诗需理解、感受"意象"在诗歌中的意义。第二点就渗透了执教教师的创意。徐志摩的《再别康桥》、艾青的《雪落在中国的土地上》、舒婷的《双桅船》、郭沫若的《地球，我的母亲》都是新诗中的经典之作，它们具有怎样的共性，创作中蕴含着怎样的规律，解读它们的钥匙何在，怎样帮助学生提高阅读新诗的能力，经过教师思考、概括、提升，于是，出现了教学目标中的第二点。这个目标的制订不是教师主观臆断的，而是从这个单元的文本实际出发，考虑学生提高阅读新诗能力的需要，既具有基础性，又具有适切性，引导学生综合起来思考问题。

教学目标的实现靠的是教师与学生一系列有实效的教学活动，教学活动要获得实效，仍然在相当程度上依靠教师对文本来龙去脉的深入钻研和对教学内容的合理调度与取舍详略的处理。执教教师在引导学生重点赏析《双桅船》时，探求"意象"与"诗旨"的关系，理解诗作营造的广阔的艺术空间，认识时代精神与诗人个性对经典的意义。探讨意象时，既让学生懂得融入作者主观情思的物象，又深入一步，让学生懂得，有些意象饱含浓厚的文化意义已经被固定，是民族文化心理与艺术思维的物化表现，如中国古典诗词中的明月、奔马、松柏、兰菊等；而《双桅船》中的诸多意象是诗人创作时的临时建构，不一定具备普遍的意义，脱离了诗作的特殊意境，诗中的意象就可能不复存在，因而，这些意象往往具有独创性。日后能否成为固定意象，须视运用的范围，须经时间的淘洗。教师如不钻研，没有自己的看法，学生脑中对意象的理解可能就会处于模糊之中。经典之作都是时代之风鼓荡的产物，融合了诗人对诗歌艺术的自觉追求，讨论这些诗作是否有确解时，可以给学生提供诗作产生的背景资料和作者的创作追求。教学进程至此，"朦胧诗"一词的出现就不是抽象的、凌空的概念，而是具体的、充实的；追求诗歌语言的多重解释，是时代思想的复合象征，也是诗人对诗歌艺术的勇敢探索。凡此种种，无不体现了教师钻研的认真，探索的精心，视野的拓展，文化的积淀。教师阅读中的创意、阅读中的真知灼见源于对诗文的个性理解的清楚准确，深邃见底，然后才会有贴切独到的阐释。当然，这种创意、这种真知灼见植根于对语文教育事业的敬重，对学生学有所得、学有追求、扎实提高语文素养的负责精神，以及对自身专业水平不断发展的孜孜以求。

  课要上得厚实，有分量，不轻飘，功夫在课外。

汉语,魅力无穷[1]

生长在以汉语为母语的国度里,是一种幸运,一种幸福。学习、工作、生活中,与她亲密为伴,遨游在她创造的优美与智慧的海洋之中,身心愉悦,乐不可支。

汉语有她独特的美。这在世界语言体系中是罕见的。有人这么说:

一个象形字,就是一幅画;
一个会意字,就是一段故事;
一个指事字,图文并茂;
一个形声字,音象具备。

这一点都不夸张,方块汉字就是形象,看到"川",会感觉到水流不息,感受到瀑布的壮观;看到"鸣",会感觉到鸟张嘴唱歌,"两个黄鹂鸣翠柳","生生燕语明如剪,呖呖莺歌溜的圆";看到"笑"字,会感受到两道眉毛扬起来,和颜悦色,笑容可掬。汉字不仅形美,声音也美极了,抑扬顿挫,高低起伏,说起话来像唱歌一样,悦耳动听。朗诵起来,或高山流水,或委婉缠绵,或汹涌澎湃,或叮叮咚咚,叩击心弦。写在纸上,亭亭

---

[1] 本文发表于《魅力汉语》2006年第3期。

玉立,钢筋铁骨,飞龙走凤,富丽堂皇。怎么欣赏,怎么想象,都是艺术享受。真是要感谢我们的祖先,构造了立体的音、形、义三维空间的汉字,赋予我们美的熏陶,赋予我们无限宽广的联想空间。

汉语是智慧的宝库,她蕴含着民族的智慧,民族的文化,民族的思维方式,启发我们深思,留给我们无尽的遐想。举两个字来说:"人",只有两笔,一撇,一捺。从字的结构看,是相互支撑。《说文解字》释"人"是:"天地之性,最贵者也。"贵在何处?自己离不开他人的支撑,故而也应念念不忘他人的支撑。只思索取,不作奉献,就愧对"人"的称谓。

"耻",从心,从耳,会意字。《康熙字典》释为"取闻过自愧之意,凡人心惭则耳热面赤是其验也"。知廉耻的人有了过错就会脸红心跳。因而,自古以来,"知耻"是仁人志士修身的基础,今日更要发扬,如荣辱不分,以辱为荣,那就远离人的资格。

汉语遣词造句的奥妙在世界上也是首屈一指。大至宇宙、人生,小到一草一花,那种表达思想感情的表现力、生命力、冲击力、辐射力,使人叹为观止。"秋风萧瑟,洪波涌起。日月之行,若出其中;星汉灿烂,若出其里。"那种气势,那种天人和谐的韵味,令人胸怀开阔,气宇轩昂。"红杏枝头春意闹。"一个"闹"字聚意点睛,把繁花似锦、蜂鸣蝶舞的景象表现得既含蓄,又显露,妙不可言。

汉语和我们每个青少年都有不解的情结。热爱她,进入她的宝库,领略她的无限风光,你会聪明,文雅,思想敏锐,视野开阔。她陪伴你的终生,引导你受益不尽。

阅读推广要在落实上下功夫[①]

欣闻全国中语会阅读推广中心在安徽池州市成立，我这名老教师特致以衷心的祝贺。祝愿中心面向当代中学师生，研究阅读内容、阅读方法及阅读热点问题，开展扎实有效的读书活动，提升阅读质量，促进师生语文素养的全面提高。

早在20世纪，北京大学贺麟教授对学生演讲时就十分郑重地指出：读书是人类特有的神圣权利。读书是划分人与禽兽的界限，也是划分文明人和野蛮人的界限。读现代的书是和同时代的人作精神上的沟通交流，读古人的书可承受古圣先贤的精神遗产。读书可以享受或吸取学问家、思想家多年的心血的结晶。贺教授对读书做人的道理阐述得十分深刻。要想堂堂正正地做一个人，就要努力读书，切不可放弃这神圣的权利。

然而，原本求知欲最为旺盛的中学师生阅读群读书的现状很不理想。从教育内部而言，对分数顶礼膜拜的势头从未降温，强化"育分"，淡化"育人"，把谋取分数的操练手段用来占领学生大量的时间空间，语文学科在有些学校几乎已边缘化，还谈什么课外阅读？教育外部声、光、色、快餐文化、低俗文化、垃圾文化五光十色，眩人耳目，近年来网络文化的飞速发展，对青少年学生更是有巨大的诱惑力，又怎能静下心来

[①] 本文是作者2012年7月10日为全国中语会阅读推广中心所写的寄语和贺词。

读书,尤其是读名著,读经典?

提倡读优秀读物,文学的,科普的,推广阅读优秀读物,尤其是农村中学生的阅读,面对这样的环境,难度是大的。但是,再难也要做,也要奋然而前行,为了学生心灵的健康成长,为了引导和教育他们成为素质良好的现代中国人。

首先要让学生以及教育他们的教师真切地体会到阅读对于生命的成长、对于生命价值的创造有无与伦比的重要作用。人要吃饭,才能生存,这是常识。人要读书,读佳作,读精品,精神才能成长,才能真正脱离爬行动物的状态,成为有脊梁骨、有精神支柱的人,否则,灵魂卑琐,品质鄙陋,做人的底线都把握不住,还谈什么服务国家,造福人民?这也是常识,但社会上泛滥的急功近利、金钱拜物、权势喧嚣,已迷惑了许多人的眼睛,更何况无人生经历的学生?因而,求学时期学生竟然有一学期课外不读一本书的怪象,有读两三本、四五本的现象,但其中大部分是课外辅导书。教师阅读状况也令人担忧,整天忙于应考、检查、事务,与书籍结缘的不多。阅读究竟重要到何种程度?1987年诺贝尔文学奖获得者约瑟夫·布罗茨基在受奖演说中这样沉重地说:"鄙视书,不读书,是深重的罪过。由于这一罪过,一个人将终生受到惩罚;如果这一罪过是由整个民族犯下的话,这一民族就要因此受到自己历史的惩罚。"入木三分的剖析,令人震惊,催人警醒。

1972年联合国教科文组织大会上提出了"阅读社会"的概念,倡导全社会人人读书。"读书人口"在这个国家人口总量中的比例,将成为该国综合国力的重要标志。的确,阅读是一种心智锻炼,开人心窍,给人智慧,应该成为人生的伴侣。

阅读推广要在落实上下功夫。当今"说"是巨人、"行"是侏儒,说过就是做过的现象屡见不鲜。阅读推广难度很大,更要在"行"上做出既周密又可行的举措。

克林顿任美国总统时，为了提高美国中小学生阅读水平，曾启动"美国阅读特种挑战"，组织了一百万中小学教师，动用十万大学生半工半读，花费了十五亿美元。经历八九年，测试学生阅读能力，已明显提升。就此事我曾询问斯坦福大学一位博士后，她说："整体实施情况不了解，但我的孩子在硅谷小学读四年级，假期没有书面作业，就是读四十本书。"其中就有少儿版的《西游记》和《水浒传》。可见这个阅读活动落实的程度，窥一斑可见全豹。

阅读是一个人获得真正教养的途径，这条路永无止境。商务印书馆为传承发展中华优秀文化、为向公众普及文化、为促进学生的学习做了大量卓有成效的工作。此次和全国中语会共同创立阅读推广中心，发挥各自的优势，定能促进中学师生阅读的发展，开创学校阅读的新局面。

再次奉上衷心的祝贺，并向与会代表致以诚挚的问候！

语言文字是民族文化的根[①]

有教师曾这样调侃:"如果高考、中考不考语文,语文学科可真是岌岌可危了。除了刷题还稍能挤进一点学生学习的圈子,其他语文素养的要求七折八扣已是上上大吉。"语文教学的艰难处境,非一日形成。"百年中文,内忧外患",几乎是不争的事实。西方强势语言的侵入,与出国、就业、高薪等紧密挂钩,金钱至上助推它的吸引力、辐射力,因而,学前幼儿学迪士尼英语,小学初入学的孩童尚不识几个中国字的情况下,就要学英语,课堂里口语全用外语交际,已是见怪不怪,习以为常了。这种教育现象世界罕见,除了原本是殖民地国家。

多元文化大潮滚滚而来,社会急剧转型,急功近利思想泛滥,对中学语文教学的确冲击很大。学生语文能力、语文素养的提高靠阅读、写作的积累,靠思维、思想的发展与成熟,用突击的方法不可能一蹴而就。既然不能一蹴而就,当然只能靠边站站。"内忧"不仅在不识母语教学的重要与必要,还在于干扰很多,说三道四,指桑骂槐,比比皆是。只要识几个中国字都是语文教育家,都可以评头品足,至于各路专家更不必说了,有时还真是一言九鼎,左右方向与实施。

面对语文学科教育生态,语文教师更要有定力,用意志与毅力坚守

[①] 立足语文学科人文性,从教学的角度指出了"以考定教""割裂思想、剥离做法""信奉拆拼,忽视积淀"三大弊端,揭示了当代语文教学浅化窄化汉语言文字价值与功能的历史原因与现实焦点,回应了只把语言文字当工具的似是而非的语文课程价值研究的核心问题。

岗位,用智慧与本领破解一个个难题,把热爱祖国语言文字的火种撒播到学生心中,孕育、萌发、成长,点亮前进的路程。

我们的语言文字太值得热爱了。单是古人仓颉造字的传说就十分迷人。说他抬头看到月亮的圆缺,低头看到小鸟和野兽在地上留下了足迹,可以当作区别事物的标记,从而得到了启发,创造了一个个文字。在人类所创造的各种文字体系中,汉字是极富魅力的文字样式。它既非音节文字,也非字母文字,它兼有表意注音的特点。汉字的艺术性很强,汉字是平面的、二维的、方块的,非常有画意。如"川"像是水在流动,"鸣"就是一只鸟张着口,你好像听到了黄鹂的叫声。汉字是双脑文字,不仅是逻辑思维,而且有想象,对人脑的发展,特别对孩子双脑的发展非常有好处。

鲁迅先生说过,汉字"形美以感目","声美以感耳","意美以感心"。形美,汉字是平面的,同时,又是多角度的。比如,有的字笔画是平行的,有的是横竖交叉的,每个笔画有自己的特点,错综复杂的笔画组合起来又很优美。有的雍容华贵,有的非常隽秀,给人以多重美感。字有平、上、去、入四声,说话、读书,有节奏感、音乐美。汉字的结构组成与阅读者之间会产生心灵感应,这是其他文字很少有的。比如,看到"从",就想到两人相随;看到"夯",就觉得自己也在用力。

汉字不仅美,而且信息量大。汉字可以用较少的篇幅容纳较丰富的内容。据信息论研究者冯志伟教授在 12 370 个汉字的范围内测出的包含在一个汉字中的熵(信息量)和其他文字的熵,分别为——汉字:9.65(比特);英语:4.03(比特);法语:3.98(比特);德语:4.10(比特);俄语:4.35(比特)。可见汉字的信息量远胜过其他文字。在今天,信息潮涌的时代,信息熵大更有其优势。

汉字造成后,《淮南子·本经训》里曾说,"昔者仓颉作书,而天雨粟,鬼神哭",可见汉字的威力之大。有了文字,人们脱离愚昧,走向文明,因而鬼神再也不能作威作福,只好哭泣了。别的不说,单就促进中华民族统一方面就功不可没。中国历史悠久,地域广阔,朝代更迭频繁,不同阶级、阶层和政治力量斗争激烈,不同语言、方言众多,这些都给中华民族统一国家的形成和发展造成各种问题。而在维系中华民族统一的诸因素中,汉字成了超越历史和地理、超越民族和语言的统一中国的持久、深厚的力量。汉字也是世界上历史最悠久的文字之一,现存最古老的汉字是商代的甲骨文和青铜器铭文,迄今约有3 500年的历史。中华数千年文明能传承下来,汉字起不可磨灭的作用。今日,汉字已十分漂亮地融入了高科技发展,经受住了高科技冲击的考验,事实证明,汉字具有旺盛的顽强的生命力。

民族的语言文字是本民族的文化地质层,它无声地记载着这个民族的物质和精神的历史。爱自己的民族就应该热爱母语,它是民族文化的根。母语的盛衰,意味着一个民族生命力的盛衰;母语被粗暴对待,实质上是对一个民族心灵的直接挫伤。从事母语教学的语文教师,站在这样的高度认识所教学科的价值与意义,面对错综复杂的语文教学现状,才能头脑清醒,判别是非正误,知道路在何方。

在教学实践中,我们常受到的干扰很多,但最具负面作用的以下几项,不得不重视,不得不认真破解。

一是以考定教。考试原本具备的功能是检测与选拔。检测意在了解教与学的状况,并有针对性地加以改进,以提升教学质量。选拔功能更是一清二楚。检测也好,选拔也好,都是手段,语文教学的目的在培养学生的语文素养,能自如地运用祖国语言文字表情达意的能力,有一定的文化底蕴、审美素养。以考定教,有意无意地让考试指挥棒左右教学内容与教学方式,脑子里尽是知识点、考试点,就错把手段当目标了。检测性考试、选拔性考试,本身并没有错,也不能把教育走偏的责任都推在考试身上。必须具备的适时的恰当的考试是保证教育质量、选拔人的有力举措,问题在有些办学者、执教者认识走线、定位错位了。学校教育、学科教学本应着力研究教与学的规律,研究如何引导学生德智体美全面发展,如何有效地在不同层面的学生中切实培养各学科学习的核心素养。而今,把考纲当作神圣,有些课教知识点已不放心,不过瘾,全力以赴的是考点的落地、落实。这样做,实际上是把语文课堂教学阵地拱手让给了考试。不读书,少写作,机械操练,学生怎可能学到语文真本领?按照规律学语文,学得真本领,怎么可能考不好呢?押考题,走捷径,碎片化的教学难以形成真正的良好的语文素养。再加上金钱利益驱动,各种训练题泛滥,更是推波助澜。高中语文课标里每周语文仅有可怜的3节课,到了高中三年级,少则8节课,多则12节课,一名语文教师教两个班,一周多达24节语文课,押考,刷题,这种奇观反映了师生的不堪重负。破解这道难题有诸多途径与方法,其中很重要的一条是教师自身要解放思想,做语文教学专业的主人,摆脱考奴的身份与困境。

二是割裂思想,剥离做法。教语文,一定先要想清楚语文是什么,它的本质属性是什么。早在19世纪马克思和恩格斯在《德意志意识形态》中就指出:"语言是思想的直接现实""语言和意识具有同样长久的历史;语言是一种实际的,既为别人存在并仅仅因此也为我自己存在的、现实的意识。语言也和意识一样,只是由于需要,由于和他人交往的迫切需要才产生的"。显然,语言是人类最重要的交际工具,意识、思想是通过语言来表达的,故而说"语言是思想的直接现实"。语言是人类独有的,只有人类自身才拥有的工具。这一工具和装载的思想、文化不可分割。语言符号因意义而存在,离开意义,符号就不成其为符号。这就是说,语言不但有自然代码的性质,而且具有人文代码的性质;不但具有鲜明的工具属性,而且具有鲜明的人文属性。20世纪80年代世界人文科学的一次最大的革新就是语言科学的突破。语言不再是单纯的载体,语言是意识、思维、心灵、情感、人格的形成者。显然,语言文字不是单纯的符号系统,它有丰富的文化心理特征,而汉语言文字更是有深厚的文化历史积淀,既有工具性,又有人文性。二者是一个统一体的不可分割的两个侧面。没有人文,就没有语言这个工具;舍弃人文,就无法掌握语言这个工具。工具性与人文性的统一,是语文学科的本质特征,本应清楚明白,但有股力量总认为语文课就是教语言文字工具,就是实用;有的则脱离语言文字,架空讲文本内容,还美其名曰强调人文。究其原因,均在"割裂""剥离"上下了功夫。哲人黑格尔曾经以洋葱头比喻文化,他说,剥掉一层皮,就是剥掉一层肉,所有的皮剥掉,肉也就没有了。语言文字的工具性和人文性何尝不是如此?语言文字的"体"和人文的"魂"要融为一体,魂要附体,体中要有魂,硬剥离开来,语言文字成为僵死的符号,魂也无处安身。这种割裂、剥离也不是一时的异想天开,而是有历史的印迹的。1904年(光绪二十九年),清政府终于批准建立新学制,独立分设学科。学制、课程、教材,当时大都从东西方先进国家引进,但语言文字设科,须自己探索,因而,中国文学一科应运而生。《奏定学务纲要》中说"……论说文字,以资官私实用";又断言"中小学堂于中文辞,止贵明通"。就是把握文辞的训练,达到实用的目的。《国文教学》这样表达:"国文教学固然要重视精神训练,但尤其要重视技术训练,即重视了解文字和运用文字的训练""……把精神训练的一切责任都担在自己肩膀上,实在是不必要的"。在当时向西方科学顶礼膜拜的技术至上的思想对国文教学如此的影响不足为怪。时至今日,社会的发展,育人的要求有很大区别,只是"训练"与"实用"大概是远远不能适应。至于脱离语言文字,空讲内容,无限拓展、延伸,不是对人文的误解,就是故作高深。教学是老老实实的事,尊重文本、尊重学生是底线,来不得半点虚浮与甩卖。

三是信奉拆拼,忽视积淀。求学就要读书,就要积累,有些经典诗文应熟读成诵,内化为自己的文化积淀。学生读12年语文,胸中有多少语言精华、思想精华？语言的贫乏、粗糙、无味,比比皆是。原因在：一说记忆,立刻扣上死记硬背的帽子。学习,既要理解,也要记忆。腹有诗书气自华,从小读精品、佳品,有一两百篇诗文打底子,熟记在心,与腹中空空者的语言、气质就大不一样。而我们的课堂教学往往信奉拆拼,词句、段落等分析再分析,拆拼再拆拼,零件一大堆,支离破碎,不见整体,该积累什么很少考虑。教学生语文,切不可只顾近期效益——得多少分,要考虑到它的长期影响,语文积淀、语文能力、文化素养对人的一辈子都会产生影响。

干扰当然不止这一些。面对这些难题,语文教师要有勇气破解,要用智慧践行,要以毅力坚持。语言文字是民族之根基,积淀了数千年中华优秀文化的精粹,引领学生学习语文,热爱语文,吮吸中华优秀文化与人类进步文化的滋养,学生会一辈子受益不尽。

学法研究：语文教学推进素质教育的主要突破口[①]

步入新世纪,语文教学在推进素质教育方面还有哪些突破口？我认为学法研究居其要。

为什么要研究学法？首先是时代的需要。放眼世界,知识经济已见端倪。这种经济是以知识为基础的经济,它是建立在知识的生产、交换、分配、使用、消费基础上的一种新的经济类型。在这种社会里,知识是最重要的生产力,而教育是知识生产力。教育的本质,是用未来社会的发展要求我们的教师,要求我们的学生。从工业经济到知识经济,作为一场深刻的经济社会变革,必将带来教育思想、教育理论、教育观念的根本转变,也要求教师有一种全新的观念。社会的飞速进步要求教育为人的发展提供四大支柱,即学会学习、学会做事、学会共同生活和学会生存(学会发展)。青少年学生为了将来能适应社会的要求,应付各类复杂情况,取得办好事业的主动,必须在这四个方面打下扎实的基础。其次是学生自身发展的需要。高新技术的迅猛发展,要求人必须终身学习,方能担当建设的重任。学生在学校所学知识远远不够工作所需要的,再加上知识的老化,所以必须不断学习,吸收养料,更新知识结构,以求长足发展。学什么,怎么学,别人无法代替。因而,学生在求

[①] 本文发表于《语文新圃》2001年第1期。

学时代学会认知、学会学习就成为头等重要的大事。在新经济时代,信息如潮涌,一个不会学习的人不要说如何发展,就是生存,也十分不易。再次是教育改革的需要。长期以来,我们的教学总是以教师为中心,教法研究得多,研究如何教懂学生,教会学生。这种研究是必要的,无可非议。问题在对学生怎么学,怎样学才学懂、学会,考虑得少,研究得更少。这样,学生被动学习的局面很难根本改变,学生作为学习的真正主人的地位也难以确立。再说,教育要面向全体学生,要让每一个学生获得发展,就不能满足于一般要求、共同标准。要促进他们个性健康发展,潜能充分发挥,就要下功夫研究他们,了解并指导他们掌握有效的学习方法,真正自主学习,做学习的主人。

教法与学法不矛盾,其中没有不可逾越的鸿沟。研究教法的目的是教会学生,研究学法是在研究教法的基础上进一步深入学生世界,了解学生是怎么学的,哪些学科这样学,哪些学科又那样学,研究采用怎样的学法能提高学习效率,取得良好的效果。好的教学方法一定是从学生的实际出发,建立在了解学生的基础上。但这种了解,往往在知识基础、智力水平方面考虑得比较多,学习方法未放到应有的重要位置。教法中应该有对学生学习方法的指导,这就要求教师进一步做到目中有人,研究教育的对象,更有效地培养学生。

谈学习方法的研究,不是笼统地提什么口号,搞什么几步法、几步式;而是具体的,生动的,因学生而异,因学科而异。在语文学科中,由于阅读、写作、口语交际内容的不同,培养要求的差异,可采用多种多样的学习方法。如有些学生在记忆方面有一套好的学习方法,有的在理解方面有一套好的学习方法。要让他们放开手脚,独立钻研,百花竞放,发挥创造性,品尝到自主学习的甘甜。沉下去,深入一步思考;换位置,站在学生角度细细琢磨。学法中可研究也必须研究的项目很多,怎样听语文课,怎样学记笔记,怎样整体感知课文,怎样咀嚼品味语言,等等,不胜枚举;而学生努力自主学习,又必然会创造丰富多彩的学习方法,教师帮助他们总结,积累经验,寻找规律,学习质量就会跃上新台阶。

研究学生学法,精心指导学生掌握正确的学习方法,不仅在教学上能打开新局面,从而更有效地实施素质教育,还能培养学生独立钻研的精神、主人翁的意识和勇于创新的意识。学生学会认知,学会学习,对今日打下扎实基础以在明日得到长足发展起着不可估量的积极作用。

研不研究学生的学法,对教师来说,不是教学中的技能技巧问题,而是教学观念转变与否的问题。以教育学生成为现代文明人为己任的语文教师,一定要满腔热忱地投入对学法的研究中去,争取谱写出新世纪语文教学的新篇章。

教学中开发创造潜能举隅[①]

当前语文课程教材改革十分注重学生创造精神的培养和创造潜能的开发。教育部制定的《义务教育语文课程标准(2011年版)》中多次提出这个问题。如在课程总目标中提出:"在发展语言能力的同时,发展思维能力,激发想象力和创造潜能。"又如在教学建议中说道:"语文教学要注重语言的积累、感悟和运用,注重基本技能的训练,给学生打下扎实的语文基础。同时要注重开发学生的创造潜能,促进学生持续发展。"在课程标准的其他部分也屡次说到。上海的语文课程改革这方面的内容与要求相似相仿。

语文课程应该是开放而富有创新活力的,语文教师的作用在于创造性地理解和使用教材,组织学生的学习活动,引导学生学会学习。阅读教学中特别要鼓励学生进行探究,对课文的内容、文字,涉及的人、事、景、物,要大胆地发表自己的意见,评头品足,论是说非。

一、提倡采用研究性的学习方法

课程改革的重要内容之一是充分激发学生的主动意识和进取精神,倡导自主、合作、探究的学习方式。自主、合作、探究的学习方式与有意义的接受性学习相辅相成,而鼓励学生探究,有利于创造精神的

[①] 本文发表于《杨浦教师进修学院院刊》2009年第1期。

培养。

苏霍姆林斯基在谈到怎样组织青少年的脑力劳动时说了一段很有趣的话,他说:"学生不仅从我手里接过知识的砖头,不仅考虑把它们垒到哪里去,而且还仔细地端详这究竟是些什么样的砖头,它们是不是用那种构筑一座坚固的楼房所必需的材料制成的。"(苏霍姆林斯基《给教师的建议》)这段话清楚地告诉我们,学生在学习过程中绝不是承受教师讲解的容器,而是要能独立思考。教师并不能满足于把现成的结论告诉学生,而是要求学生对学习采取研究的态度。学生脑子里应该呈现构造知识的图景,对知识的理解可以有种种假说,种种解释。然后经过比较、分析,特别是借助班级同学集体的力量加以评论,就可获得正确的结论。在这种情况下,知识也好,能力也好,不是消极地掌握,而是靠脑筋积极获取的,其中不乏创造的因素。

例如学习《藤野先生》时,学生提出一系列问题进行研究。有些问题似乎并不在本次教学考虑的范围之内,学生提出了,且很有道理,教师就要灵活地调整计划,尊重学生的创造精神。

有的学生认为,文章劈头一句"东京也无非是这样","也"是关联词,前面没有句子,关联什么呢?有的学生认为,这正是绝妙的地方。作者身处大清帝国,政治腐败,官府乌烟瘴气,民不聊生,实在痛心疾首。东渡日本留学,为的是寻求救国救民的道理,没想到东京的清朝留学生也是如此腐败。有的学生认为,"也"好在前面有许多潜台词,如果把国内情景写出来,岂不累赘?学生拿了"也"这块砖头,而且知识放在哪儿,起什么作用,教师原先未考虑到。

有的学生认为,作者记住"日暮里",记住"水户"等地名,表现了作者的爱国主义精神。由此引发了一场争论。一方认为"水户"是明朝遗民朱舜水客死的地方,可以此表露爱国主义思想感情,而前者难以解释,拉扯不到爱国主义思想感情上。一方认为,"日暮"象征着国家的衰败,作者东渡日本留学,目的在寻求救国之路,可是到了东京看到清国留学生如此醉生梦死,感到前途茫茫然。旅途中一看到"日暮里"这个地名,触景生情,故而记得。因此,记得这个地名同样是表露鲁迅先生爱国主义的感情。双方争执不下时,一位学生陡地站起来说:"别争了,你们不能望文生义,鲁迅先生自己说,'不知怎地,我到现在还记得这名目。'你们比鲁迅先生还知道吗?"学生这一说法很有见地,学习要研究,不能凭臆断。教师肯定了学生畅所欲言,同时指出:考证事物应注意本证,不能牵强附会。鲁迅先生说"不知怎地"是最可靠的证明。推论要有根据,不能建筑在主观臆断的基础上。然而,"不知怎地"必有其具体内容,有兴趣的课外可查阅资料,深究一番。

二、爱护闪发出的创造性的火花

学生辨疑、析疑时,教师无论如何不能以自己思考问题的范围给学生"画地为牢",叫学生"就范"。学生思考问题通常有自己的习惯性思路,怎样由感性认识上升到理性认识,怎样根据种种事实下判断,怎样进行分析,进行归纳,等等。有时由于某些因素的触发,会突破习惯性思维的羁绊,闪发出创造性的火花。教学中教师要善于把握种种因素,培养和鼓励学生的创造精神。

学习《记念刘和珍君》时,有学生提出:"'我向来不惮以最坏的恶意来推测中国人的',前面又说,'有限的几个生命,在中国是不算什么的,至多,不过供无恶意的闲人以饭后的谈资,或者给有恶意的闲人作流言的种子',作者用了三个'恶意',似乎太多了。显然,它们的含义不一样,容易混淆,反倒不好。即便再好,'以最坏的恶意'来推测中国人也不应该,中国人不都是坏的。"学生把文中前后的语句联系起来思考,学得积极主动。

经过这位同学提问的触发,学生十分活跃,辨别、讨论,认为"有恶意""无恶意"的"恶意"是指坏心思、坏心眼,而"以最坏的恶意"的"恶意"是指最坏的设想,最坏的估计,并不是对中国人有恶意。鲁迅先生是"横眉冷对千夫指,俯首甘为孺子牛"的人,怎可能对所有的中国人有看法呢?显然,作者"推测"的"中国人"是指那些"下劣""凶残"到使他难以预料的反动派及其走狗,以此来揭露它们远比自己推测还要坏得多的嘴脸。如果改成"来推测有些中国人"就合适了。不过,文章的味道就不一样了。这是气愤到极点、悲哀到极点喷出来的话,读者能看懂,能领会。

这种阅读心得是有个性的,有自己独特的体验,教师须立即鼓励。这种闪烁的火花又引发了其他学生的思考。有学生认为,向来不惮以最坏的恶意来推测中国人,是鲁迅先生思想的真实表露。他生活在旧营垒之中,看到的丑恶现象太多,愚昧状况太多,包括妇女在内的人民群众,推测他们落后、软弱、冷漠、无知,而今,"三一八"惨案使他觉醒,"中国的女性临难竟能如是之从容",从这一点说,他有自责的意思,从另一角度,歌颂中国女子的勇毅和伟大。

学生十分可爱,教师要理解他们。他们感兴趣的不全在长知识,更在于独立开展抽象思维过程的本身,也就是喜欢长知识和长智慧相互结合的智力活动过程。学生勇于谈看法,摆见解,课堂里就常会闪耀创造性的火花。

三、满足学生"吃不饱"的要求

学生学习语文过程中常有"吃不饱"的感觉,教师对学生这一心理特征常常缺乏认识,总觉得这个水平不理想,那个差错也不少,对学生语文的总体水平和潜在能力估计不足,于是,就出现讲得偏多偏浅的情况,学生能理解的还不厌其烦地教。这样,学生思维活泼不起来,创造性思维更是受到抑制。

教课时,针对学生"吃不饱"的要求,多鼓励他们积极探求,不仅是课文本身,也可以拓展到课外。学生情绪高涨,内心喜悦,往往课堂上会出现"神来之笔"。

　　例如学习契诃夫《装在套子里的人》,学生被别里科夫这个可悲、可鄙、可恶、可憎的形象所吸引,提出:小说刻画人物先从衣、住、行、待人接物、精神状态、语言习惯、社会影响等方面作一般性描述,然后把他放到"爱情"这件事中作具体描绘的。显然,二者不并列,前一部分是概况介绍,后一部分是具体刻画,以印证前面的介绍。但仔细推敲,又觉得不对劲。别里科夫逢事必讲:"千万别闹出什么乱子。"事情大到差点儿要与柯瓦连科的姐姐华连卡结婚,倒反而没有一句这样的话,似乎不合情理。再说,柯瓦连科、华连卡那么活泼、好动,单是骑自行车就够吓死别里科夫了,他怎么不怕"闹出什么乱子"来呢?

　　学生居然能看出这一点,这是教师始料未及的。教师在肯定这个看法的同时,趁势拓开,请大家就结婚这个问题想一想别里科夫会有怎样的心理活动,怎样的语言。学生根据课文中人物的语言描写、心理描写,展开想象,有声有色地加以补充。在学生热情叙说的基础上,教师把删节的有关部分告诉学生。"别里科夫曾说过这样一段话:'不成,婚姻是终身大事,应当先估量一下马上要承担的义务和责任……免得以后出什么乱子。这件事闹得我六神不安,我现在通宵睡不着觉。'"学生煞有兴趣地记录了下来,感到了一种满足,而提问题的学生更露出几分得意。

　　鼓励学生的创造精神,学生的求知欲望倍增,语文能力、认知能力往往超水平发挥,推动教学往纵深发展。

　　以上仅是教学中开发学生创造潜能一鳞半爪的做法,如果坚持不懈,持之以恒,学生创造意识必然增强,创造精神获得有效的培养。

看母语教学地位的升沉[①]

从20世纪50年代后期改行教语文以来,我一直以自己是一名中学语文教师而深感自豪与骄傲,并立志要倾毕生之力为母语在学生身上的传承与发展做出贡献。

原因之一是母语教学有讨论、争辩、积极向上的浓厚氛围,母语教学在中学乃至社会上的地位令人瞩目。正确理解与使用汉语言文字不仅是一种技能技巧,是学习、工作、生活的必需,更是陶冶性情、积淀文化、完善人格的必由之路。"要做人,学语文"的流行语道破了语文教学的价值。

1949年以来,中学语文在学校课程设置,在学生、家长、社会的心目中有不可撼动的地位,这是由它丰富的属性,如基础性、应用性、实践性、教育性等决定的。母语是民族之根基,它装载与传承着数千年的中华优秀文化,蕴含着民族精神、民族智慧,与中华儿女有着不解的情结。语言与思想、情感同时发生,语言不仅仅翻译思想,不仅仅是载体,而且是意识、思维、心灵、人格的组成部分。洞悉语言的本质,语文的基础性就一目了然。基础打得牢靠,学生一辈子受用不尽。语文学科是一门最开放的学科,语文与生活同在,应用性极强。教学中如有生活活水流淌,就能开辟提高语文质量的诸多途径。语文的实践性很强,教师引导

[①] 本文发表于《语文建设》2009年第Z1期。

学生做学习语文的有心人,广泛开展语文读写活动,让学生在广阔的语文天地中练就使用语言文字的过硬本领。语文的教育性不言而喻。语言文字是民族文化的地质层,积淀了中华文化的精粹。教学生学习语文,也就是用人类的精神文明,用中华文化的乳汁哺育他们成长,提高他们对自然、社会、人生的认识。

几十年来,教育行政部门开展了一系列的课程教学改革,力求适应时代的发展。且不说教学大纲、课程标准的制定、修改,各具特色的语文教材的编写与实验,单是教学第一线的语文课堂教学改革就百花齐放,如火如荼。尽管改革的切入点不一样,对语文学科的认识也有很多差异,但都致力于对提高语文教学质量的探索,激发学生热爱语文,扎扎实实地提高语文能力。一线教师尽心尽力,努力实践,对中华母语的炽热情怀和改革创新的非凡勇气可圈可点。

然而,令人揪心的是这种可贵的热情与勇气常常被困惑与迷茫所消解,职业倦怠抬头。由于语文教学不能急功近利,立竿见影,不能立马显现"政绩""考绩",因而日渐"失宠",其地位与价值在中学开设的课程中实际上已下沉到"小四子""小五子",和外语已无法并驾齐驱。中学生学母语是责任,也是义务。重"外"轻"中",甚至以牺牲母语的学习为代价,不仅得不偿失,而且是数典忘祖。外语当然要学,要走向世界,必须学好。但哪个年级学、摆在什么位置,是必须深入思考的严肃问题。多元经济并存、多元文化渗入,对缺乏文化判断力的学生而言,常会错把腐朽当神奇。更为可怕的是"一切都是国外的好"的论调的传播,搅浑了学生的思想。思想上的殖民对学生学习母语形成了巨大的冲击力,语文教学面临着前所未有的严峻挑战。不少学生对语文漠然、无所谓乃至厌倦。难怪有教师情不自禁地哀叹:"如果高考、中考不考语文,语文不知道还要落到何种地步!"这种无奈绝非空穴来风,竟有校长在学校教工大会上振振有词:"语文有什么用?还想加课?加给外语、数学,高考可提高二三十分,加给语文,说不定还降低一两分。"办学校的都如此看语文,令人悲哀。

母语教育各国都重视。母语是民族文化之根,重不重视、学不学得好是一个文化认同的问题,绝对不是简单的一个学科一门课程的问题。母语教学在中学课程设置中的比例,美国为22%,英国为20%,法国为23.1%,俄罗斯为27%,我国台湾为26.7%,我们15%还不到,其重视程度一看便知。

一个文明的、有素养的民族对自己的语言文字是视若珍宝的。语言文字对外是屏障,对内是黏合剂,它蕴含着民族的思维方式。我们的语言文字形美以悦目、音美以悦耳、意美以悦心,其中有无限的宝藏,陪伴人的终生。青少年学生真正进入了这个宝库,能长知识,长能力,长智慧,吮吸中华优秀文化与人类进步文化的滋养,一辈子受益不尽。

企盼母语教学回归到她应有的重要地位,走出困境,更企盼在任何情况下,语文教师都要坚守民族共同体的精神家园,发挥聪明才智,在坚守中创造教文育人的精彩篇章。

本色,激情[1]

语文就是语文。

语言文字是民族文化的灵魂,它并非是没有感觉的工具。翻开用汉字写成的一页页书,你会惊喜地发现自己已步入画廊。在对书的内容尚无知晓的情况下,一个个汉字就好像是画廊壁上的一幅幅画,争先恐后地向你诉说它的喜怒哀乐,它的喧嚣宁静,它的幽默沉思……此时此刻,你的感官,你的想象,你的情绪,你的思维,会跟随之迅速进入状态,不由自主,心甘情愿。

这就是语言文字巨大的魅力。它蕴含着人类独有的情和意,蕴含着浓郁的民族情结。丰富、深邃、色彩斑斓。以最大的审美敏感尊重它、爱护它、亲近它、探究它,它就会真诚地向你敞开心扉,无私地向你奉献无数的珍奇宝贝。

民族的语言文字是本民族的文化地质层,它无声地记载着这个民族的物质和精神的历史,爱自己的民族就应对母语倾心热爱,它是民族文化的根。母语的盛衰,意味着一个民族生命力的盛衰;母语被粗暴对待,扭曲变形,实质上是对一个民族心灵的直接挫伤。

以清晰的思路、激荡的感情,阐释和演绎语言文字的魅力,创造语

---

[1] 本文是 2004 年作者为浙江大学举办的语文教学研讨班题写的寄语。

文课堂教学的精彩;满怀爱心引领学生在母语教学的优质环境里体会语言文字的奥妙,努力提高语文素养,享受优秀文化的熏陶,这是语文教师教学生涯中莫大的乐趣,更是义不容辞的高尚职责!

在学生心中撒播一片阳光[①]

第六届苏浙皖沪"新语文圆桌论坛"在我们学校召开,这是我们学校的光荣,我对前几届圆桌论坛的召开偶有耳闻,那种自由、开放、平等、民主的气氛,促进了语文教学的繁荣。看到那么多的特级教师、从事语文教学的校长和同行们对语文那么有感情,那么有凝聚力,我想这正是语文教学的力量所在。

我一直在教学第一线跌打滚爬,对语文教学的感情真是难以言表。首先我是中国人,中国人必须学好母语。今天来的大多是中青年同志,中青年教师是语文教学的希望所在。我在学校里担任过各种角色,我觉得最难的莫过于上课。学校里每节课上得有质量,学校教育就天下无敌。但是把每节课上好谈何容易!教师站的是三尺讲台,三尺讲台联系着学生青春,一个人只有一个青春,青春年华是无价宝。记得在初高中读书时,老师教诗词,教完了我也就背出来了。刚才康校长讲,非常怀念初中老师教的王之涣、李白的诗词,可见,语言文字撒播到学生心中,可以刻骨铭心,终身受益,所以讲三尺讲台联系着学生的青春。因为每堂课的质量影响到学生的思想道德素质和科学文化素质的形成。我觉得现在课改最难的是课。有些老师说课时可以头头是道,但一上就不一样了。因此说和教还是有很大的距离。说好课已经不容易

[①] 本文发表于《新绿》2006年第1期,是作者在第六届"新语文圆桌论坛"上的讲话。

了，要把课说好，首先要对教材有深入底里的探讨；要教学生学好、会学，难度就更大了。做了几十年的教师，我悟出学校工作最艰难的就是上课，追求的目标是每节课都是高质量的，因为课的质量高低影响学生成长、成人乃至成才。基础越牢靠，越扎实，学生的后劲就越大。特别是语文学科，它影响孩子的终生，陪伴他们一辈子，它是长效的、不衰的，正因为是这样的学科，所以引起社会广泛的注意。语文成为热点，大家都可以批评，语文教学日子不好过。但再不好过也要过，因为母语影响民族素质的提高，影响的是孩子的一辈子，再艰苦也要迎难而上，否则要语文老师干什么？语文教师就是为了传承和弘扬祖国的语言文字、传承和弘扬中华文化而努力而奋进的。这次圆桌论坛的主题是讨论诗歌。中国是诗歌的王国，好的诗歌从泥土里迸发出来以后，它的芳香有的会延续几千年，长久地弥漫大地，形成民族精神的精华。但由于社会的功利思想作祟，语言粗俗化，文化趣味降格，诗歌教学受的冲击也很大，我们也要直面。中青年教师是语文教学的希望，提三个问题，与同志们共同探讨：

一、如何坚守语文精神家园

海德格尔讲过："语言是存在的家。"人的思想情操都寄存于语言当中。语言本身是诗意的，只要思想深刻流畅，表达出来的就有诗意，母语是精神家园。世界上有6 000多种语言，现在面临消亡的大概有2 000多种。中国的语言——汉语，是非常优秀的语言，它是双脑文字，对孩子智力开发非常有益，还是联合国用语的六种工具语言之一，而且我们人口众多，汉语的历史悠久，应该说是不成问题的，但由于种种影响，语文的地位、价值日益下降。我改行教语文时语文学科在众学科中是"老大"，现在是"小四子""小五子"。语文是不能急功近利，不能搞突击的，语文本身的特点与社会急功近利思想格格不入，这也导致了语文地位的下降。最近我从报上看到，某地举行翻译大赛，一等奖空缺，二等奖是一位土生土长的新加坡人，原因在于他流畅、优美的中文表达；复旦大学历年来的母语比赛都是中国人第一名，今年结果也是外国人说华语得一等奖。现在社会天外奇谈多，我居然还看到有人用标点符号写小说，14个标点符号写成文学小说，说这是"创新"。究竟是"创新"还是猜谜语？标点符号只是汉语言的辅助工具。更有甚者，从小学、幼儿园开始，人为地把外语提得莫名其妙的高。不是不要外语，马克思讲过，学会一门外语可以认识一个世界，可以多一种思维。但外语和母语位置该怎么摆？有次开会，谈到语文教学的艰难，一位著名大学中文系副主任讲，担忧没有必要，现在外国人学汉语不是也很多吗？我是不敢苟同这个意见的。为什么？中国人学母语和外国人学汉语完全是两回事。外国人学汉语是要和中国做生意，赚中国人的钱，当然也有极少的人搞研究。中国人学母语是传承民族精神，民族文化，形成中华民族的独特的思维方式、心理结构，这二者是不能等同的。

讲这些是说明圈内圈外对语文教学的认识都有误区，那么谁才能正本清源呢？我觉得主干力量是我们中学的语文教师，我们是正本清源的中坚力量！因为教师最理解母语对孩子整个人格完善的重要性，对民族素质提高的重要性。今日的教育就是明日的民族素质，这不是要不要的问题，今天课的质量，明日的民族素质就是检验。所以我觉得这个重任就落在语文教师身上，特别是中青年教师身上，因为中青年教师要顶起语文教学的一片天，母语是我们民族文化的根。战争侵略是看得见的，而文化的侵略是在不知不觉中实施的，文化无孔不入。犹太人厉害的是文化，打不烂，他们的财富就在脑中。因此，一个民族有民族经济、民族政治、民族文化，而民族语言是民族文化的根。对一个国家的侵略第一是军事，第二就是语言。想当初，日本蹂躏我大好河山时,第一是烧杀抢掠,第二就是中小学马上学日语;香港推广普通话为什么比较困难,因为它曾是一百多年的英国的殖民地,所以这个问题不可小看。一个民族,语言没有了,它就消亡了。我们都教过都德的《最后一课》,为什么把它作为世界少年教材?因为它对语言于民族的重要性阐述得是那么深刻。法国的语言规范是总统办公室直接管的,它要弘扬坚持法国的语言文化。所以,不能只把语言看成技能技巧。有人曾说,语言就是思想的博物馆。一个人的语言丰富就是他的思想的丰富。我们中国语言的精细程度,运用的宽广程度,这是在世界上非常罕见的,因为它反映的是几千年的丰富的民族文化。现在要发展孩子思维的能力,要培养创新的能力,离开了语言的发展,离开了语言能力的培养,创新思维从何而来?语言就像空气一样在我们周围,它形成了人的气质、品格、感知的方式、思维的方式。所以语言发展绝不能只看成字词句篇。上海正在编一套语文拓展课本,就是立足于母语素养的提高,素养提高了,思维就会严密精细而深邃。

正因如此,语文教师要坚守语文的精神家园。怎么坚守?要以出色的语文教学质量坚守这个阵地!坚守阵地就要打仗,打仗就要凭实力。实力是从精神到物质的。我们要孩子热爱祖国的语言文字,单靠说是不行的,要把课教得情趣横溢,让他们感到这里面是宝库,就好像是九重之渊的骊龙额下的明珠,要进去把这颗明珠采到。把课上得左右逢源,学生学得欲罢不能,我想这就是语文教师的实力,以精彩的课堂教学来感染教育孩子热爱我们母语,学好母语,会学母语,只有用这样的办法才能守住我们的精神家园。如果孩子上语文课,学和不学,上和不上差不多,这就很难守住这个精神家园,我们在无形中就会失守阵地。当然要做到这一点是十分不容易的。有人问我做教师有什么深刻体会,——八个字:含辛茹苦,艰苦备尝。一个乱班要带好哪能那么容易?教师最大的本事就是以身作则,怀有一颗热爱祖国、热爱学生的赤诚之心。语文教学古今中外无所不包,现在媒体如此发达,怎么知道孩子会问你什么问题?如果课上学生经常将你的军,我觉得这是极大的成功。为什么?因为学生的积极性、主动性被充分发挥了。其实被学生将"军"没什么了不起,教学本来就是相长的。我长期教高中,有一段时间领导安排我教初中,我就被初中的孩子将过"军"。《木兰诗》的课结束时,我说范文澜先生说过乐府诗中有双璧——两块美玉:《孔雀东南飞》和《木兰诗》。《木兰诗》反映古代女子刚健风格,这类反映古代女子刚健风格的诗很少见。这时一个叫张××的女孩子扑哧一笑,很不以为然,我觉得自己没讲错,就请她站起来发表意见。她说:"好是好,不过全是吹牛。你想啊,同行十二年,不知木兰是女郎,军队里的人都是傻子啊?"一下子教室里开了锅,七嘴八舌。"古代女子是裹小脚的,战争间隙的时候洗脚,鞋子一脱就出洋相了"……我顺口回答了一句:"那时候还没裹小脚。"学生就问:"那么中国古代女子是从什么时候开始裹小脚的呢?"我从来没研究过。我备课没有想到从木兰诗到中国古代女子裹小脚的起源,我没有这样发散性的思维。老师应知之为知之,不知为不知,千万不能强不知以为知。我做师范校长的时候听师范学生的课,一个小学二年级的学生提问,老师回答不出,他就说"你提的问题很好,你长大了就知道了"。下了课我对他讲,你是在蒙学生,你下次还讲你长大了就知道了吗?教师不是万能博士,一个老师,当学生的主动性、积极性被调动起来后,你能回答出70%的问题,你就是个超级教师。千万要欢迎学生将住自己,难住自己,逼迫你进步,这才叫教学相长,这也是教师的实力。因为我不怕,你成长,我和你共同成长;我在促进你发展的同时,我自己也获得发展,这没什么难为情的。我经常和年轻同志讲,你把学生当傻子,你自己才是傻子。你蒙他,从道德方面讲,你就给他一个不诚信的榜样。因此第一个和大家探讨的问题是如何坚守语文的精神家园,提高母语教学的课堂教学质量,让学生在母语优美生动的环境中茁壮成长,受益终生。

二、语文学科的性别是什么

现在语文学科的性别发生差异。本来文科是文科,理科是理科,文理可以渗透,但并不是都要用理科的思路来处理文科。现在有些课搞不清楚是语文课、政治课、还是电视课、杂耍课。我弄不清楚。男女性别有异,学科性别也有异,现在有些语文课的性别发生混乱了。语文课就是语言文字的课!你是教孩子语言文字和语言文字的内涵,它的思想内涵、文化内涵,离开语言文字支离破碎,乱拓展,乱发挥,这是什么课?我就弄不清楚。我们现在讲得很多的是人文,人文是什么?人文是一种思想、一种理念,绝不是教学环节、教学步骤,它不是"胡椒粉"。正如我们讲素质教育,素质教育是没有标准答案的,它是一种指向,不是讲这个学校是素质教育,所有学校都要按照这样做,不是这样。人文是通过语言文字的工具加以表达的,我们现在有些做法是把语言文字抽掉空谈,语文课离开了语言文字的含英咀华、篇章结构的探讨,教什么?现在有些课用量化的办法调动学生的积极性,语文有多少可以量化的?我也做过很多傻事,七八十年代,对学生的评语进行量化,于是乎很多学生写捡到皮夹,量化以后都不像人了。在课上用量化的办法美其名曰"调动学生的积极性",语言怎么量化?这可能与我们的科学研究有些关系。我最近参加论文的评审,比如专门研究语文教师的教学知识,报告里全是洋人。我不反对洋人,我们的数理化知识基本上是洋人的,研究语文,所有的理论根据都是洋人的,这大概就是毛主席讲的"言必称希腊",中国人不会说中国话了,中国人要说洋话来表示时髦时尚有水平。其实理科与文科是不一样的,古代祖冲之、《九章算术》都是了不起的,领先的,但与今日的数理化相比,现在的进展是一日千里;而人文有几个超过孔子、庄子?没有。"修身齐家治国平天下",语言之精练,从社会到家庭细胞每个层次用这么精练的语言加以表达,这就是人文,这就是文化的结晶,是我们祖祖辈辈认识社会的智慧的结晶。这能用数量来衡量吗?为什么要弘扬民族文化?这里面是宝库啊!现在校长也的确是困难,要赚钱,又要课改,还要一天到晚忙于上面的检查。检查就不要通知,通知了都做好了,还检查什么?检查多了,精力分散得不得了。有的老师对我说,整天在忙,不知道在忙什么,但在教学中忙的时间很少,这就本末倒置了。

语文的性别一定要搞清楚,它是语文,是文科。培根讲过,物质是以它感性的诗意光辉向着整个人微笑,语言文字亦是如此,它应该是以诗意的光辉向着学生微笑,来感染影响学生,但是我们现在忘掉了以语言文字的诗意的光辉来感染影响学生。卢森堡讲得非常好,有些人"为了他伟大的事业,没心没肝地把孩子撞倒了",我们现在为了伟大的应试事业把孩子撞倒了。语言文字本身是有表现力、生命力,充满诗意的。有老师告诉我:小学生在刚拿到彩色的课本时很高兴,但学了一两个月就讨厌了,因为重的负担讨厌了。其实,我们的语言文字真是漂亮,"山"就是一座大山、"川"就是流动的水,我们的文字如诗如画。所以我觉得,教课能把诗情画意都教出来,孩子一定受感染。教师备课,深入钻研教材,备到文字一个个站在纸上和你对话,和你交流了,你就享受到人文的乐趣。我们的语文千万要让它姓语言文字,恢复它的本性,而不是去搞花里胡哨的东西。

三、教学泡沫问题

现在教学中泡沫很多。我听了些课,泡沫最多的一是过滥地使用信息技术。多媒体作为信息手段进入课堂教学是一大进步,可以开阔学生视野,但任何事情有个度,要清楚为什么而用。有个外地推广的小学语文课,我真是不敢恭维,上"远上寒山石径斜,白云生处有人家。停车坐爱枫林晚,霜叶红于二月花"。整个课就是多媒体上一幅国画。这首脍炙人口的诗,对培养、发展孩子的想象力是多好啊!"白云生处有人家",房子画好了,地方固定了,不要再发挥想象了。用多媒体本来是件好事,现在却适得其反。比如,余光中的《乡愁四韵》,现在上课大多是多媒体四幅大的画。对于学生耳熟能详的事物还要去做多媒体吗?当课非常缺乏知识的画面,介绍时出现多媒体,这是营养,是养料,当不需要出现时它就是赘疣。语文对孩子的空间想象很重要,空间想象并不是数学的专有权利,语文的空间想象真是思接千载,视通万里,没想象能力如何去创新?无本之木,无源之水。所有教学手段都是应为教学目标的实现服务的,离开了为教学目标的实现服务,就是多余的,这就是泡沫。

还有就是讨论。讨论当然好,集思广益。课改有几个要点,核心是以学生发展为本,三根支柱是一个亮点。我们的课从线性的知识传授到立体的三个维度的支撑,这是一大进步。以学生发展为本有三个维度的支撑,就是知识与能力、过程与方法、情感态度与价值观。线性的传授知识和立体的培养人,人的受益是不一样的,不仅是知识能力,而且是情操、态度和价值观,还有如何学会学习。东方教育非常讲究结论,比较忽视过程,西方正好相反。其实,过程和结论应是统一的,而过程更重要,因为教育本身是一个过程,一堂课就是一个过程,一学期就是一个过程。为什么过程更重要?过程里学生能学到知识、培养能力、发展智力,思想情操受到熏陶,所以这是一个亮点。第二个亮点,是学生学习方式的改变。从前把学生当作容器,现在正如古希腊哲人柏拉图讲的,头脑不是一个要被填满的容器,而是一支需被点燃的火把。现在倡导自主、合作、探究,这应是一个过程,一下子从容器到自主,没这么简单,要一步步醒悟过来,逐步具备这样的能力,所以讨论是必不可少的。但是有的讨论,对教材的一度开发都没有,教材讲什么?为什么这么讲?这些都没搞清楚,在学生对教材文本还没有产生文化认同的时候,就已经讨论了,游离了文本抓住一丁点的问题无限地拔高,学生能有多少收益?对语言文字表达的思想感情,它们是在什么场合下怎么表达的,在不太清楚的时候就进行所谓的讨论,这不叫讨论,是瞎讲。有些时候学生讨论言不及义,这就是泡沫,对学生没有作用。学生必须和老师一样,要静下心来,沉入文本之中,倾听作者的发言,倾听心灵的诉说。作者到底倾诉什么,要真正搞清楚,在此基础上加以升华、拓展,这才是有力量的,才能品味到语言文字的魅力。语文教学不能看表面的热闹,教学就是要货真价实,把泡沫挤掉,让学生真正领悟到我们祖国语言文字表情达意的表现力、生命力,真正领悟到其中蕴涵的深邃的思想,精辟的见解,无穷的智慧,这样学生就会成长。

做教师是不容易的,有人说做教师是清苦的,我觉得这不足以说明教师的价值,我体会到,谁选择了教师,谁就选择了高尚。因为教师在黑板上写的是真理,抹掉的是功利,举起的是别人,奉献的是自己。教师要和影响孩子的各式各样的光怪陆离的不健康的思想进行对抗、抗争,这谈何容易?要的是勇气、毅力,要的是坚韧不拔。所以我说教师的职业是太阳底下永恒的职业。没有教师,人就不能成才;没有教育,社会就一片黑暗。教师崇高职责就是在学生心灵深处滴灌生命之魂。生命之魂,一是德性,做人是要有德性的,没有德性,生命就没有魂,德性就是以天下为己任。古人说:"为天地立心,为生民立命,为往圣继绝学,为万世开太平。"——先人的话气吞山河。英国大历史学家汤因比早就说过"希望在中国"——物质发展,道德堕落,希望在哪里?希望在中国。语文教学担当着对学生培养德性的重任。二是滴灌智性,希望学生才华横溢。求知是脱离愚昧,求学是为了明理,明做人之理,明报效国家之理。因此对学生的教育是滴灌他们的生命之魂,让他们德才兼备,成为合格公民,成为国家栋梁之材,我想,再苦再累也心甘。普教事业不像发明创造那么辉煌,面对2亿多的中小学生,我们正像杜甫所描写的泰山那样:"岱宗夫如何,齐鲁青未了。"我们的语文老师就是要在学生心中撒播一片阳光,把绿撒向祖国大地。

走向广阔天地：我的大语文观[①]

我一直觉得，能有机会对学生进行汉语教育，应该说是一种幸福。语言是人整个学养的基础，它的重要性常被忽视。人生活在语言中，生命刚开始，意识刚产生，语言就像空气一样围绕在身旁。语言使人有了世界意识，有了文化意识，有了历史意识，而人生活在文化、历史的世界之中，人不能离开语言而存在。从教育的角度说，教育是培养人、塑造人、提升人的精神世界。人的思维和情感离不开语言，因而没有语言就没有教育。对学生进行汉语教育，不仅让他们理解、领悟汉语言文字的优美、简洁、深刻、和谐、内涵丰富、联想空间大，而且能以优秀的文化传统对他们进行精神哺育，培养他们的民族情结。因而，我们的语文学科，就必须从母语教学的个性特点出发，把学生领进大语文学习的广阔天地，把语文学习的课堂延伸到课外、校外，为学生打开认识现代社会、认识生命价值的大门，用时代的活水灌溉语文园地，这构成了我的大语文观。

一、大语文观由"教文育人"的语文教学观所决定

人之所以为人，当然不能只停留在生物学的层面，还要进行精神层面的追求。物质生活是生存的基本保证，基本满足就能获得快乐，而精

[①] 本文发表于《师资建设》2006 年第 2 期。

神上的追求则是人内在的需求,追求诗意的精神家园,让生命的清泉汩汩流淌,它体现了人生命的意义、生命的价值、生命的丰厚和完美。语文教师是育人的人,他必须帮助学生实现精神上的充实、伸展与升华,这也是语文教学追求的目标。中学语文教学大纲关于语文教学目的规定,就是要求把智育、德育、美育有机地统一起来,贯串于语文知识传授和听、说、读、写训练的全过程。我一向强调并反复宣传语文课不应该是"平面"的,而是"立体"的观点,也正是包含了这一内涵。

"教文育人"的语文教学观要求我们不能停留在课文的表层,而必须带领学生走进作品中或显现或蕴含的思想高地、智慧高地,要求我们在教学中促使学生思考一些严肃的而又不是唾手就可解答的问题:生活道路的走向、生命的意义和价值、如何善待生命的美好、如何发挥聪明才智、创造生命的价值……我们要引领着学生在先哲先贤、在思想者和践行者们那一篇篇充满智慧的文章和一部部感人肺腑的作品中去感悟社会与人生,去实现精神的觉醒,灵魂的提升。

一篇好文章,一首好诗,必然是作者情动于中而言溢于表的产物。既然是佳作,总是离不开思想深邃、感情真挚、语言优美、富于表现力等。钻研时要潜心体会作者真正的写作意图,牢牢把握思想的精华,启发学生深思,带领学生走出课文,走出课堂,走向充满人文气息的广阔天地。

如教学生诵读古诗词,就不能只停留在词句的解释层面。诗词表现的思维方式多种多样,有时聚意点睛,有时反其道而行之,均能给人深深的启迪。如北宋宋祁的《玉楼春》中"绿杨烟外晓寒轻,红杏枝头春意闹",一个"闹"字生动传神,你尽可以开展想象,感受繁花似锦、蜂蝶飞舞的迷人春景。又如唐代刘禹锡的《秋词》:"自古逢秋悲寂寥,我言秋日胜春朝。晴空一鹤排云上,便引诗情到碧霄。"诗人的智慧,体现在求异思维上,一反感伤情绪,表达了昂扬奋发的情怀。只要与诗中景、诗中物、诗中人、诗中情真诚相待，就能心灵沟通，情感交融，使学生受到感染。曹操的《观沧海》是名篇，其意境的开阔、心胸的宽广就给人以心灵的震撼。"秋风萧瑟，洪波涌起。日月之行，若出其中；星汉灿烂，若出其里。"天地宇宙，尽在胸中，那种浩大的气魄，那种纵横捭阖的思维方式，反映了中华民族的英雄气概和人与自然的和谐融合。这使我们联想到法国大文豪雨果在《悲惨世界》中所说："世界上最浩瀚的是人的心灵"，"一颗心灵的叹息，能比一城的喧嚷道出更多的东西"。这样，我们就能在有限的文本中让学生读出无限。

二、大语文观由语文学科内涵的丰富决定

语文的学科性质与它内涵的丰富性决定了语文教学不能局限于语言和文字。汉语言文字珍藏着我们中华民族五千年的全部精神财富，是中华民族灿烂文化的重要组成部分。海德格尔的追随者伽达默尔在《人与语言》中曾这样说："语言是储存传统的水库"，"语言是人类社会性遗传的主要渠道，精心地把自己的精神生活的全部痕迹都保存在民族语言中"。钟情于祖国的语言文字，就直接触摸民族的历史与文化，领悟其价值和精神追求，体验各个时期各类作品表达的思想感情。因此，语文的内涵绝不是一篇课文一个课堂所能局限的。

中学语文教材的内涵极为丰富。我曾经分析过，入选教材的典范文章有的饱含中华民族赖以生存发展、兴旺发达的重要精神支柱——爱国主义精神；有的反映反对剥削、反对压迫，以解放全人类为己任的共产主义思想；有的表达无私忘我献身于人民的高尚情操；有的则为读者提供认识世界的科学的立场、观点、方法等。课文大部分反映了人文的内容，写社会、写人物、写景物，无不倾注了作者的爱与憎，好与恶。这些材料对帮助中学生树立正确的人生观、世界观能起到很大的作用。一个称职的语文教师在组织教学时总是"缘文释道""因道解文"，以文

中内在的高尚思想、道德、情操拨动学生的心弦,可以既让学生感受到语言文字表情达意的表现力和生命力,又受到文中情与理潜移默化的影响。

有些文章简直就是语言的仓库,佳词美句、成语特别多,认真钻研,受益匪浅。如韩愈的《进学解》中"业精于勤,荒于嬉;行成于思,毁于随""爬罗剔抉,刮垢磨光""纪事者必提其要,纂言者必钩其玄""贪多务得,细大不捐""焚膏油以继晷,恒兀兀以穷年""沉浸酿郁,含英咀华""佶屈聱牙""同工异曲"等,不再一一列举。这些对治学、修德、前人文学艺术的特点等阐述得言简意赅,言简意深,语言的表现力发挥到极致。

再如《林黛玉进贾府》有这样的句子:"天下真有这样标致人儿!我今日才算看见了!况且这通身的气派竟不像老祖宗的外孙女儿,竟是个嫡亲的孙女儿似的,怨不得老祖宗天天嘴里心里放不下。"王熙凤见到林黛玉在贾母面前说的这番话极尽阿谀、奉承、拍马的能事。贾母心中真疼爱外孙女儿,王投其所好,赞林黛玉标致,讨老祖宗欢心。赞,绝非一般的称赞,而是天下绝无仅有,够意思,够分量。然而,王又生活在众多复杂的社会关系之中,王夫人、邢夫人得罪不起,众姐妹也不能怠慢,于是就有了两个"竟"的语言:明明是老祖宗的外孙女,"竟不像";明明不是"嫡亲的孙女儿",却"竟是个",像还是不像,是还是不是,尽在不言中。一句话把上上下下、左左右右、全部摆平,大家不仅觉得悦耳,心里也舒服,这种语言艺术令人叹为观止。美文佳作、精品、上品,你对它有真情,它就会告诉你许多丰厚的内涵,让你处在不断的惊喜之中。这语言背后是人情世故,是一种特定的人生哲学。

汉语言文字文化底蕴深厚,描摹客观世界、刻画内心的思想、情感,那种准确、逼真、灵动,会把你引入美的世界。许多优秀作品几乎是美的海洋,哪怕你在海边沙滩上捡几个贝壳,也会享受到审美的乐趣。比如鲁迅《社戏》中月夜行舟的美景，只要你调动视觉、听觉、嗅觉、触觉，就会和"迅哥儿"一样"自失起来，觉得要和他弥散在含着豆麦蕴藻之香的夜气里"。人与自然是如此和谐交融，达到物我两忘的境地。阅读和教学这些文字，绝不是"语文"二字可以概括得了的，必须引导学生站在更为广阔的背景上来理解与把握。

三、大语文观要求实现课内课外的一体化教学

早在公元前4世纪至公元前3世纪问世的《学记》，是中国也是世界教育史上最早的一篇教育理论专著，其中对课内与课外的关系就有一段精辟的论述："教必有正业，退息必有居。学，不学操缦，不能安弦；不学博依，不能安诗；不学杂服，不能安礼；不兴其艺，不能乐学。"鲁迅先生在他的《读书杂谈》里指出："爱看书的青年，大可以看看本分以外的书，即课外的书，不要只将课内的书抱住。""譬如学理科的，偏看看文学书，学文学的，偏看看科学书。"大语文教学观正是要求我们立足课内，放眼课外，实现课内课外的一体化教学。

历史发展到今天，时代要求当代青年不仅要有较高的文化科学知识，而且要有创造的能力，现代科学技术的日益发展引起了全世界教育、经济及社会各方面的巨大变化，人们不能不以积极的态度注视、迎接这一严峻的挑战，否则就要落伍。所以当代教育家指出"要培养现代人"。从语文教学的角度考虑，亦应体现"三个面向"的基本精神。如若只局限于课堂教学，就远远适应不了新时代的要求。因此，综观前人的论断，时代的特征，以及"三个面向"的要求，我建立了自己的大语文观，认为语文学科应在不断改革课堂教学的同时，开辟新的教学活动领域；而要真正教好与学好语文，只有立足于社会的广阔，课内课外结合起来，互为补充，才能促使学生的整体发展与综合成长。

大语文观要求我们抓好课内教学，要求我们在课堂上给予学生更

多的东西。因为教育的远程目标就是力图接近马克思的理想:"生产完整的人。"他们不仅是合格的有文化的劳动者,而且必须具备现代社会应具有的知识素养。我始终认为,"知识就是种子",只要把种子撒播到学生的心田,就会开出智慧的花,结出能力的果。"没有知识绝不会有能力,甚至狭窄的知识面都难以形成能力",历史文化的积累,知识的传递,是科学文化知识创新的基础。所以,前人的知识是后人创造新知的摇篮。教师不把这种文化科学知识的历史继承性告诉学生,不把学生引到知识的巨人肩上,教学就失去了意义。在大语文观的指导下,我把课堂当作传播知识促进学生整体成长的广阔天地,打开四面窗户,引进八方来风,把大量的知识信息带入课堂,根据学生的年龄特征、知识水平和理解能力,补充大量有鲜明时代特色的课外知识,使教学的整个过程充盈时代的活水,激发起学生内在的持续不断地探索语文知识宝库的求知欲。

大语文观要求课内促进课外,要积极组织学生开展课外语文活动,更要热心地引导学生广泛阅读,培养他们读书的嗜好,使他们做到精读、博览相辅相成。就教学而言,精读是主体,博览是补充;就效果而言,精读是准备,博览是应用。一定要让学生"嗜"书,不"嗜"必然知识浅薄,视野狭窄。学生嗜书的感情不是天生的,靠引导,靠培养。培养学生的阅读嗜好,就等于帮他们找到源远流长的知识的泉眼。并且让学生在人类、社会、生命的层面上来学习语文,在这儿追寻真、追寻善、追寻美,吮吸民族语言的精粹,民族精神的精华,最终构建起自己的精神家园。

语文三十年岁月不寻常[①]

各位专家、各位老师好,能在这里跟大家谈心,非常荣幸,这使我回忆起三十年前中语会的情况。三十年前全国中语会在上海成立,当时语言学家吕叔湘先生是我们中语会的第一任会长,张志公、苏灵扬、陈哲文、刘国盈先生是我们的副会长。刘国盈先生健在,而另外三位已经先后逝世了,我是当时中语会唯一一个第一线语文老师身份的副会长。我之所以还能够在这发言,是因为我还活着,当时是人到中年,而今是垂垂老矣。抚今追昔,在这样一个隆重的盛会上,我向仙逝的前辈奉上无穷的怀念和崇高的敬意。

中国教育改革三十年,与其他领域一样,所取得的成就是令世人瞩目的,中学语文教学是中国教育重要的有机组成部分,这三十年的成就与发展同样是令人欣喜和惊异的。以我亲身经历来说,真是不寻常。这三十年中,为了提高中学语文教学的质量,全国的语文老师尽心尽力,努力实践,其中可圈可点、可赞可颂的动人事迹不胜枚举。尤其是第一线教师和钟情于中学语文教学的专家学者对中华母语的炽热情

[①] 本文是作者在全国中语会第九届年会上的讲话,发表于《语文教学研究》2009年第3期。2009年,全国中语会召开第九届年会,主旨是回顾前三十年语文教学改革之路,探讨语文教育现实热点问题,进一步端正语文教学前进方向。应年会邀请,于漪作主旨讲话。以改革为思想主线,以育人为教学主脑,以课堂教学的人文教育为重点,提出了语文教学现实问题,回顾中洋溢着期待,分析中表达了忧思。

怀，他们改革创新的非凡的勇气、刻苦钻研业务的执着的精神以及朴实而精湛的教学艺术是我们全国中学语文界共同的精神财富。这三十年来，不断的积累、不断的交流。而今随着岁月的消逝，这些宝贵的精神财富更应该珍惜地继承，使它在新的时代条件下弘扬光大。由于我一直在学校工作，见识有限，视野也不够开阔，因此我只能就接触到的谈一点自己的认识和体会。

一、解放思想，砸开枷锁，迎接中学语文教学的春天

解放思想对我们来说是非常重要的。1976年粉碎了"四人帮"，但"十年动乱"对中学语文教学所造成的思想上的混乱，特别是知识越多越反动的愚昧思想，仍然笼罩在中学语文界和教育领域。因为当时对文化教育有"两个估计"的错误判断，也就是说1949年后的17年都是修正主义的教育路线，我们这些有知识的人，都是资产阶级知识分子。"两个估计"的枷锁没有解开，教师不敢抓知识，不敢抓教学质量，"文革"当中所形成的恐惧的心理不会消除。就在这个时候，1977年9月，邓小平同志发表了《教育战线拨乱反正问题的讲话》，充分肯定了17年的教育成绩。邓小平同志讲教育战线解放思想是最早的。他首先抓的是教育和科学，他说这两个方面很难，但还是要从这里抓起。小平同志讲话肯定了教育工作的成绩，在教育领域重新建立了马克思主义的教育路线，使得广大教师包括中学语文教师的思想得到解放，砸开了"两个估计"的枷锁，迎来了教育的春天，迎来了中学语文教育的春天。我记得1977年的深秋，在上海文化广场召开了教育大会，批判"两个估计"，当时我作为"文革"当中受迫害的语文教师在这个会上发言。"文革"开始时我三十几岁，可就是这样一个年轻的老师在"文革"当中受批判、受迫害、挨打，他们问我为什么那么卖力地积极执行修正主义的教育路线？为什么把学生教得那么爱语文？知识越多越反动，是反动学

术权威！会场上我倾诉了对教育对学生的热爱，群情激奋，因为我代表广大老师说出了压抑在心头的真话。大家感到，肩膀上的枷锁被劈开了，中学语文教学的春天来到了。就在这样一个背景下，全国中学语文教学研究会（全国中语会）成立。中语会的诞生是解放思想、砸开精神枷锁的成果，那么多的学者、专家聚集上海，共同讨论"十年动乱"对母语教学的损伤和摧残，研究如何发展中学语文教学，真是暖人心房。紧接着就是各省市中语会的成立，我清晰地记得有两个难忘的场景。第一难忘的是云南省中语会的成立。我和陈金明同志受邀一起到云南去，那时候路途遥远，交通非常不便，我们好不容易一路奔波到了昆明。到的当晚我们去拜见了云南省的语文前辈，一位儿童文学作家。这位前辈在"文革"当中所受的迫害难以言说。记得当时很黑很黑，弯弯曲曲地走到语文前辈的家里，斗室一间，灯光很暗，可是"两个估计"砸碎后他的兴奋心情，他对振兴中学语文教学的那种热烈的愿望以及美丽的憧憬，我至今还记得非常清楚。我觉得他讲的那些话就好像明灯一样，照亮四壁，暖人心房。晚上陪伴我的是云南的一位女老师，大概比我长十多岁，跟我彻夜长谈，谈十几年语文受到的残害，每讲到伤心处，唏嘘不已；谈到未来语文教学的美景又是欣喜万分。滇池大观园有幅长联非常有名，可是长联再长也无法表达中学语文教师对母语教学的情意绵长。接着我们在昆明受到四川省中语会成立大会的邀请，又从云南奔波到四川成都。到达时已是晚餐时间，天已经很黑了，我们直接到了开会的场所。一个大饭厅，同样也是灯光昏暗，但是人头攒动，热气腾腾，来自四面八方的老师那种兴奋劲儿真是难以言表，令人感动。第二天成立大会在省教育学院大礼堂举行，走进礼堂我吓了一跳，礼堂里座无虚席，后面全部站满了人，整个主席台全部都放了录音机。那时候录音机是最时尚的电器，他们说：人多坐不下，必须拉广播，我们由18个县市来，因此必须要录音，把开会的盛况带回去。我当时非常感动,之所以出现这样的情景并不是我们在这个会上能够讲出什么中学语文教学的精彩,而是广大第一线的教师枯木逢春以后对提高中学语文教学质量的渴求,是思想解放以后想在这样一个舞台上大展身手,展示才华。

我在基础教育领域工作了半个多世纪,由于繁重的工作任务总是超负荷,所以总是扎根在本校本地,很少到外面去,就是这两次、这两个场景永远铭刻在我的心上,成为我的精神财富。解放思想、砸开枷锁以及老师们对语文的那种情意、那种热望,变成了我前进的动力,成为我一辈子奋然前行、不敢有丝毫懈怠的自我教育的动力。我怀念那样一个思想解放的春天,真是由衷地感谢邓小平同志给我们的教育、给我们的科学和文化、给我们的民族和国家带来如此大的福祉。

二、改革创新,全面推进,繁花似锦

20世纪80年代的初期、中期是我们中学语文教改的第一次高潮。这高潮的动力来自何方,基础又何在呢?

我认为第一是20世纪70年代末期,教育战线经过拨乱反正,1977年恢复了高考,学校教育很快就恢复了正常秩序,各科的教学质量都被放到了办学的重要议事日程上。这就为我们的中学语文教学改革创造了广阔的舞台。

第二是经济和社会的发展,对教育提出了迫切的要求,要求教育要早出人才、多出人才、快出人才。百废待兴,最最重要的就是人才。人才从何而来?1983年小平同志讲,教育一定要把它放在战略地位。在给景山学校的题词中,小平同志讲:"教育要面向现代化,面向世界,面向未来。"这就是我们办教育的指导思想。因此,学校在恢复教学秩序的同时,都着力思考如何大力提高教学质量。中学语文在中学各个学科领域里是最活跃的一个学科,处于改革创新之先。

第三是我们改革创新的直接动力是《人民日报》上发表的一篇重要文章,那就是1978年3月16日吕叔湘先生在《人民日报》上发表的《当前语文教学中两个迫切问题》。他在这篇文章里讲:

中小学语文教学效果很差,中学毕业生语文水平低,大家都知道,但是对于少、慢、差、费的严重程度,恐怕还认识不足。中小学语文课所用教学时间在各门课程中历来居首位。新近公布的《全日制十年制中小学教学计划试行草案》规定,十年上课总时数是9160课时,语文是2749课时,恰好是30%。十年的时间,二千七百多课时,用来学中国语文,却是大多数不过关,岂非咄咄怪事!

这篇文章在全国引起了很大的反响。我当时在第一线,看到这篇文章浑身出冷汗,吕先生讲得那么重。为什么当时教学质量那么差?"十年动乱"对语文深层次破坏,才会出现这种状况。

由于有这样一种动力,很快在全国就出现了语文朝气蓬勃的改革局面。这个改革局面是三线并行、全面推进的。

第一是教学大纲和教材的建设。"十年动乱",所有的大纲都废止了,我记得我从劳改队里放出来,恢复工作开始上课,我上的是什么语文啊!是政文!我跟搞革命文艺的老师合起来上语文,唱样板戏,上革命文艺课,语文内容是没有的。20世纪80年代,教育部、人教社关于教学大纲的制定、审查,花了好多时间和精力,听取了很多第一线老师的意见,我们才有了小学语文教学大纲、中学语文教学大纲,后来还有了九年制义务教育语文教学大纲和高中阶段的语文教学大纲。语文教学大纲,每一次的制定、实验、试行都广泛听取了全国各地的意见,每一次从指导思想到具体做法都有很大的进展。

第二是教材建设。教材的建设也是煞费苦心。我们有一两亿的学生,经济发展不平衡,地域文化又有很多差异,但是从东海之滨到青藏高原都是同一本教材。由于解放思想、实事求是的推进,在山东长岛会议上最早出现了一纲多本,审议了六套教材,可以说是百家争鸣。我清楚地记得北京实验中学编写的教材,今日看来那本教材的质量也是不差的。还有西安六中的教材、东北欧阳代娜老师的教材、江苏洪宗礼先生的教材。从一纲一本到一纲多本,没有思想解放,是不可能的。紧接着,在四川就出现了颜振遥老先生编的自学辅导式的教材、评点。这样的集思广益就促进了教材质量的提高。

教材当中首先是语法的讨论。在20世纪50年代文学、汉语分家的时候,文学是按文学史来编的,有一个汉语教材。1980年在武汉东湖宾馆召开全国语法学会成立大会,王力先生、吕叔湘先生以及各个体系的语法专家都去了。上海派了五个代表,我们语文学会的会长是老革命罗竹风同志,他对我们中小学老师非常尊重,在五名代表中也派我参加。我从来没有出席过这么高规格的学者专家的会,对我来讲真是一次难得的学习机会。在这个会上,我清楚地记得晚上专门开会讨论中学的语法走向何处。有的说"暂拟"语法系统,一"暂"就是十几年啊,不行。其实"十年动乱",还谈什么语法教材。就在这次会议上决定1981年在黑龙江召开研究中学语法教学的会议。

1981年在哈尔滨开的会议,也是专家云集,会议是人教社中语室承办的,到会100多位专家,当时年事已高的王力先生也参加了。会上讨论十分热烈,如何对暂拟语法体系进行改革,争论非常激烈。张志公先生对我说,你要把中学教学的情况讲出来,因为中学不是研究理论学问,是培养孩子语文理解和运用能力的。因此我就斗胆讲了,我说,语法中有很多体系、很多前沿性的东西,但我们中学有它的实际状况;有些非常前沿的概念术语如果引进中学,到了郊区、到了山区,那简直是两万五千里长征。中学教的东西学问不大,但是要求非常明确,为什么？因为中学教师教的东西是知识的核,是最不老化的,是影响人的一辈子的。字的形、音、义从小学到中学,陪伴人的一生。因此不能像研究生那样不断地更新知识……这种学术民主的讨论对教材的建设起了很大的推动作用。后来我们就有了《中学语法教学系统提要》。现在回顾一下,其中有多少艰辛,多少智慧啊!许多学者专家把第一线正反两方面的经验集中起来、提炼出来进行改革,做了基础的建设。

其次就是聚焦课堂,进行课堂教学的改革。有了大纲,有了教材,但是每个地方、每个老师的情况是不一样的。教材有个性,老师有个性,地域文化有地域文化的特点。在这个时候全国可以说是百花齐放。河北的大语文教育、安徽蔡澄清老师的点拨法、上海钱梦龙老师的"三主四式"教学、东北魏书生老师的民主教育……太多了,举不胜举。当时真是百花齐放、百家争鸣,而且是互补的,看看人家有什么好的,马上学过来。当时改革的指导思想非常清楚,就是提高课堂教学质量。我这个人是没有什么派的,只是老老实实按照教学大纲教学,我对大纲钻研很深,这是我工作的准绳。后来我悟到,要把语文教学搞好,必须有整体观念,有整体效果,要立体化多功能。教学大纲的第一部分就非常明确指出语文教学除了语言文字的任务之外,还要在教学过程中发展学生智力,培养学生养成良好的学习习惯,培养他们健康高尚的审美情操和爱国主义精神。

当时的课堂教学在全国广泛交流。我从来不出去上课,有人说于漪请不动,其实一是我工作确实忙,走不开;二是我有"文革"中挨批斗的教训。20世纪60年代我上了很多公开课,自己班上完了还要借别的班上。"文革"中我挨斗,斗得很厉害,他们说你上完了自己班还要上我们班,同年级上完了还要借别的年级再上,给别人制造困难……后来我想明白了,我一点都不怨那些斗我的老师。教学从来都是一个人一个样的,我怎么可以去借人家班上呢?借人家班上课,首先学生感到很新鲜，注意力就集中了。如果我借班，就给人家正常上课带来困难。从此以后不再借班上课，我也只教一个班。有人问我做中学教师一辈子，最深的体会是什么，我说4个字：茹苦含辛。早上6点半到学校，一直忙到很晚才回家。堂堂有人听课，尤其1978年我被首批评上特级教师后，每堂都有人听课，多则几百人，少则三四十人。前前后后大概上了2 000节的公开课。我想我在任何时候不能给任何人带来麻烦，所以从来不到外面上课，主要是这么一个原因。

怎么广泛交流呢？这是我讲的第三条线。它对语文教研起了极大的促进作用，这就是中语会和全国的语文报纸杂志。那时候没有电脑，没有网络，都是靠语文报刊。我们的语文报刊在全国范围内办了许许多多活跃语文教改的会，提高认识，交流思想。比如在杭州就有"西湖笔会"，交流思想，交流看法；在广西办"漓江之秋"，盛况空前；《语文报》举办学生的夏令营，那都是分文不收的。

因此，中学语文的改革创新不是从今日开始的，而是从20世纪80年代开始，应我们国家改革发展的需要就已经动起来了。

20世纪80年代是全面推进改革和创新的时代，一个很大的特点是很多教师上课有个性，一个人一个样，不是"一刀切"。有的老师对我说，于老师，您的课我们是无法学的，他们都很坦率。为什么？今天我教这篇课文是这样教的，下次，学生不一样，我可能就不能这样教。教有法，但教无定法。教学的目的就是学生真正学到东西。我非常讲究一堂课下来，师生共同创造的教与学的过程，记录下来就是一篇优美的散文。学生学习数理化太苦了，上语文课培养形象思维，品读语言，有一点艺术享受，进行调节，让他们有一点放松。我在教师生涯当中最大的事情就是一个心眼为学生，再没有比为学生更重要的事了，因而，教，一定要为学生着想。教一个人一个样，有的是自学为主的，有的是写作为中心的，有的是朗读领先的，有的是听、说、读、写四个方面齐头并进的,这是解放思想、实事求是的结果。我从来反对把某一节课看作放之四海而皆准的。我上了一辈子课,没有一节课是十分满意的。我上完课总是要写一个教后笔记,检查一番有什么毛病,有什么不足、缺陷乃至有错误。正是看到缺陷、不足乃至错误,才有持久的前进的动力。就像罗曼·罗兰所说的:累累的创伤,就是生命给你的最好的东西。因为在每个创伤上面都标志着前进的一步。

20世纪80年代,回顾一下真是繁花似锦。中语会搭了平台,有两点工作是特别可圈可点的。第一,把全国的教育工作者组织了起来。天下教研员是一家,在中语会搭建的平台上,大家不断地进行交流。第二,不断地推出新人,使中青年教师尤其是青年教师大展身手。回顾过去,心情万分激动,这些成绩是全国语文教师、语文教育工作者、语文类报刊社共同创造的结果,因此繁花似锦,春色满园。

三、立足当前,迎接挑战,再创辉煌

到了20世纪90年代,我们遇到了困惑。首先,社会的飞速发展对教育提出了严峻挑战;其次,应试教育特别是标准化试题给语文教学带来很大冲击。标准化试题的诞生地是美国,美国中学教育没有统一的教学大纲、统一的教材,用这种方法来测试、了解。到我们国家,以客观、科学的名义一下子就全面铺开。对学生来说十分困难。有的学生语文成绩好,却考得一塌糊涂。我们有个尖子生,是语文教研组长教的,结果考出来成绩是不及格。语文碰到了新的问题、困惑。

1999年,中共中央、国务院发表了《关于深化教育改革全面推进素质教育的决定》;2000年,发表了《国务院关于基础教育改革与发展的决定》。两个决定对教育取得的成就、发展充分肯定,与此同时指出一个问题:我们的教育理念、教育体制、教育结构、人才培养模式、教育内容、教育方法相对滞后,影响青少年的发展,不能适应提高国民素质的要

求。这是一句很重的话,什么是教育? 教育就是培养人,促进学生的全面发展。我们从教育理念到教育结构、教育方法、教育模式影响了青少年的发展,那就应该反思,什么地方影响了呢? 我有幸被请去参加《普通高中语文课程标准(实验)》和《义务教育语文课程标准(2011年版)》的审查。我看了一些全国调研的材料,确实触目惊心:学生在学校收益最多的是知识,用图表来表现就是非常高的一个柱子,能力就低了,责任心、求异思维、创新意识往往只是一条线,完全不成比例。知识很高的,能力一半,其他做人等是一条线。看到教育部这样一个调研我就理解到,改革势在必行,我们的教育确实有一定的扭曲。我在上海,明显地感到现在的学校和以往的不一样,育分不育人,把分放到前所未有的高地位,支配学校、支配学生、支配家长的都是分。求学不读书,语文水平的提高一定是要读书的,但是我们是一课一练、一天一练、周周练、题海题库。过去上海的初中毕业生就有一定的基础,初中一定读过《上下五千年》,现在的学生连安史之乱都不知道,有的学生连全国各省的省会都讲不出来。语文跟历史、地理是紧密联系——语文教学落到如此的困境。由此看来,改革势在必行。

这次1949年以来的第八次课程改革,掀起了第二次中学语文教学改革的高潮。"分"是不能代表"人"的,一张考卷不论出得多么好,它只能考查一定阶段孩子们学习这门学科的知识状况,不能衡量出一个人的综合素质。可是教育是要培养人的,因此这次课程改革的核心理念是促进学生发展,以学生为本。教育就是要把学生的潜能开发成为发展的现实。以促进学生发展为本,这是教育本质的回归。考试本来是一种检测手段,检测是为了衡量教学质量,我们现在是错把手段当目标了。以促进学生发展为本,是科学发展观的体现,是进步,是跟世界上的第三次教育改革的潮流完全吻合。21世纪之争,说到底是人才之争。今日的教育就是明天的科技,后天的经济,有人才有一切。所以核心理念绝对没有错,是教育本质理念的回归。柏拉图的《理想国》也讲到教育,教育就是提升人的精神境界,人有两个世界:一个是物质世界,五脏六腑四肢等;一个是精神世界,提升人的灵魂、精神。他用他的老师苏格拉底的譬喻说教育就是把人从洞穴里面拉出来,提升他的灵魂,达到真实之境。《大学》第一句就是:"大学之道,在明明德,在亲民,在止于至善。"指求学的道路,就是彰显内心的美德,不断地修养,达到至善的境地。教育家陶行知讲教育是:"千教万教,教人求真;千学万学,学做真人。"21世纪教育本质并没有变。英国大历史学家汤因比和日本的哲人池田大作谈到21世纪的教育说,不能只停留在功利阶段,一定要注意人的精神层面、心灵的交流,达到美的境界。教育方针就是要使受教育者德智体美全面发展,成为素质良好的建设者和接班人。教育事业是追求真善美的事业,不是雕虫小技,因此育人的回归是时代的需要。美国21世纪就业人员应具备的素质,经几年调查,结论回归到教育上。一个人起码有"三大基础""五大能力",这三大基础跟我们中国的基础教育非常接近。第一是能力基础。就五个字,读、写、算、听、说。首要的是读,信息社会不会阅读,根本无法在这个社会生存。第二是思维基础。要重视对创新思维的培养,跟在人家后面走的人,永远不能超越别人。必须博采众长,走自己的路。第三就是素质基础。首要的一条就是责任心,要公正、诚实、自律。这些都跟基础教育有关,语文教学里有太多丰富的内涵。落实以人为本,必须有三个维度。这三个维度,在课堂上呈现的就是多功能、立体化。语文课就是以语言文字的要求为核心,融合德育和美育,而不是去外加什么东西。

因此迎接挑战必须仰望天空,放眼世界。现在有人对语文教学现状有诸多不满,有的认为是学科性质使然,有的认为是公开课搞出来的,我觉得我们现在出现了诸多问题。一是我们的专业基础。我从来认为学历水平不等于岗位水平,学历水平是就业前接受教育的程度,成才是在岗位上摸爬滚打出来的。我在80年代做校长的时候就引进了复旦的一名研究生,是高才生,人品不错,但是教不来化学课,学得太专业,与教的对不上号,学生不欢迎。学科本体业务不扎实,文本解读不到位,谈不到理念。我们那时候成长的客观条件绝对没有今天这么好,没有教学参考书,但是我们必须自己读懂才能上课堂。什么样算读懂呢?现在往往是浅阅读,乃至误读。对话是非常时髦的,真的是课堂上说话就是对话吗?不是的,有内容的思想碰撞才叫对话,无聊的不算对话。上课绝对不是狂欢节,也不是嘉年华,课堂是神圣的育人的场所。课堂教学的质量影响孩子生命的质量。这堂课学生学到东西没有?思想感情受到熏陶没有?价值观受到影响没有?这是影响学生生命质量的。一个孩子只有一次青春,青春是无价宝,任何财富买不来的。

我觉得学校工作中,再也没有比上课更难的了。我在学校里,除了总务主任没做过,其他角色都担任过,我最有体会。学校里最难的是上课,上一节两节好课是不稀奇的,每堂课都上得学生学有兴趣、学有所得、学有追求、学有方向,这不仅是科学,而且是艺术。它不是雕虫小技,而是用生命在歌唱。解读文本到位这是上好课的第一步。举一小段文章作为例子。比如梁衡《跨越百年的美丽》开头有这样一段话:"1898年12月26日,法国科学院人声鼎沸。一位年轻漂亮、神色庄重又略显疲倦的妇人走上讲台,全场立即肃然无声。她叫玛丽·居里……"她在科学院汇报与皮埃尔·居里发现镭的经过,1 000多个难忘的日日夜夜。听了这番学术演讲,下面是"全场震惊"。从此居里夫人就定格在历史上,定格在每个人的心里。这段话非常简单,记叙了居里夫人在法国科学院做发现镭的学术报告。错了?没错。这样表述在学生心里能不能激起浪花,能不能引起震动?不能。备课的时候我就想,不仅要知道写什么,还要知道为什么这样写。我感觉到很多字都站起来了,科学院原来是"人声鼎沸"的,一看到这样一个年轻美貌的妇人走上讲台,突然"肃然无声"了。为什么?这些学者、专家被这位年轻美貌的女子吸引了。而且法国科学院从来没有一个女子登上这个神圣的讲堂。接下来她汇报发现镭的经过。1 000多个日日夜夜损坏了美貌和青春。在曾经停尸的厂房里、多少吨的矿渣里发现了镭,于是"全场震惊"。全场为什么震惊?为居里夫妇这种对科学的献身精神所震撼、所感动,也就是被她高尚的心灵美所震撼了。因此,作者马上写"从此定格在历史上",因为她开辟了物理的新纪元。为什么用"定格"?一字千钧!"定格在",像钉子一样敲在,里程碑一样树立在历史上,定格在人们心中。抓住这四个词,就了解了梁衡为什么这样写。什么叫对话?备课备到文字不是躺在纸上,而是站起来跟你说话了,你触摸到作者的意图了,这些文字就全部有了生命力。教师教的是语言,你给学生的不仅是语言的掌握,而且是心灵的震撼,是人文。人文和工具是一个事物的两面,语文就是用祖国的语言文字来表情达意,表和达是语言文字,情和意是它的内涵。离开了情和意的内涵,语言文字就是僵死的符号;离开了文字,情意就无所依托。这是一个事物的两面,怎么能把它变成矛盾的、不可调和的呢?语言是人所独有的,独有是指人文在里头。因此备课备到你和作者交心了,谈话了,知道作者用词遣句、篇章结构的匠心、他是如何苦心经营的。季羡林老先生讲,当代的散文有两种倾向:一种是松散派的,信笔悠悠,随意写的;一种是经营派的,苦心经营,这里就是匠心。梁衡先生就是这样讲究的。我们把文本读懂了,不是浅阅读,不是误读,真正理解了写什么、怎么写、为什么这样写,一定会有自己体会,上课再也不是参考书的"搬家",而是自己的阅读心得的倾诉。也许没有高谈阔论,但它是带着露水的鲜花,是你的思想所得、阅读所得,对孩子的指导意义更大。我听了很多课,归根结底这篇文章写什么、怎样写、为什么这样写没有解决。另外我们对课程标准的学习,就相当于当年我们做老师时只看教科书不看大纲,实际上大纲是指导思想,我不是说现在的课程标准是完美无缺的,但应学习、领会。不知什么时候课程改革,先进的教育理念是中国本土的,那个时候中国教育大概就真正站起来了。中国人总是说外国语是不行的,我特别讨厌名词术语大汇串,一做报告就全是外国语言。中语会第二届年会是在福建开的,刚刚开放,记得当时张志公先生没有来,要我作一个报告,我就是讲的中学语文教学一定要走自己的路,这是母语教学啊!后来《福建日报》刊发了我讲话的摘要。今天我仍然觉得,中国文化的特点就是特别会"化",就是把别人的好的特点融合到自己这里,为我所用,照搬是永远没有出路的。人要有营养才喝牛奶,喝牛奶目的是滋养身体,绝对不是为了要变成牛。汉唐时候"盛世"是最能融化其他民族的文化的,今日我们就要有这样的胸怀、这样一种气魄,所以要好好学习、认真学习。

我做了一辈子语文教师,一辈子学做教师,教得好首先是学得好。今日的老师难做,比我年轻时难做得多。那个时候我很穷,但是很受学生的尊重。今天要感动学生太难了,我那时上课可以感动高三的学生,令一米七八、一米八零的学生感动不已。今日学生是为《还珠格格》感动的,一个周杰伦起码打倒了80％的高中女生。要了解学生、分析学生,就要走进学生的世界。学生为什么那么喜欢周杰伦,我真的把带子买回来听了,听他好在什么地方。我听来听去不觉得好,说不清到底是唱还是说,好像和尚念经。实际上不是这样,学生喜欢是有道理的。我问学生周杰伦好在哪里,学生说好啊,学不像。我怎么会想到呢?学不像就是好的,后来我分析是有道理的,周杰伦的歌歌词是有文化含量的,体现了台湾的中华文化,不管是《东风破》《双截棍》还是《菊花台》《青花瓷》,都是非常考究文字的。周杰伦对西方的摇滚乐非常熟悉,他把多种元素综合起来,再加上他会很多种乐器,孩子对有本事的人是喜欢的。现在有的孩子,心门是比较封闭的,很难打开,他要倾诉,正好这个歌又说又倾诉,又唱又倾诉,这是符合孩子们的特点的。所以不能随便讲学生不好。我教了一辈子,真的觉得没有不好的学生,只是太不了解,我觉得要教得好首先是学得好,学得好是提高教学本领的必由之路。

其次是我们对语文学科的认识。当年"十年动乱"给我们造成了那么多的困难,我们咬紧牙关来奋斗,创造了繁花似锦的语文教学局面。今日改革开放多元文化给我们的语文教学带来极大的冲击,至今还有地方讲,高中不要学语文了,初中三年过关了,我非常反对,我和一位领导讲,如果高中不把语文作为必修的科目,是要负历史责任的。

一个民族的母语是民族文化之根,学不学得好语文是一个文化认同的问题,绝对不是简单的一个学科、一门课程。语言文字对外是屏障,对内是黏合剂,它蕴含着每个民族的思维方式。我们的语言文字很美,形美以悦目,音美以悦耳,意美以悦心。一个文明的、有素养的民族对自己的文字是视若珍宝的,我们的语言文字有无限的宝藏,是陪伴人的终生的。我一再改行,最后落户在语文。教语文虽然非常困难,但是我感到,此生教了语文,一辈子受益不尽。因为始终受到中华文化的熏陶,受到人类进步文化的熏陶。我教课全身心投入,自己也很激动,有的课时隔二三十年,学生来看我还会把当时上课的情景讲给我听。比如我教《文天祥传》,最后一句"朝南再拜,遂死",只六个字。文天祥是头名状元做宰相的,兵败之后被关押,富贵不能淫,威武不能屈,最后慷慨献身。他死了之后他的夫人收尸,在他身上一张纸条上写有"孔曰成仁,孟曰取义,唯其义尽,所以仁至。读圣贤书,所学何事?而今而后,庶几无愧。"读书就是明理,明做人之理,明报效国家之理。我们苦难的中华民族历经内忧外患,之所以能够屹立于世界民族之林,是因为一代一代的志士仁人继承和发扬了爱国主义的精神,爱国精神是我们的精神支柱,民族气节是我们的民族魂。这些话学生时隔多少年还能复述给我听，可见语文教学的长效性。

　　读书就是为了明理，老师就是明理的人。语文教学十分艰辛，但是再难也要迎难而上，创造辉煌。选择教师就是选择了高尚，教师的事业是以人格塑造人格，以情操熏陶情操的高尚事业，要发财就不要做教师。没有教育，没有教师，社会就会一片黑暗。教师是用自己的智慧和心血在学生心中撒播生命之魂，撒播知性和德行。我一辈子茹苦含辛教语文，尽管一辈子没有上过满意的课，但是能够做语文教师，选择了这样一个高尚的职业，我已经很满足了。生命有限而事业常青，因此，下辈子如果还有人生的话，我仍然选择做基础教育的教师，为我们的孩子走向灿烂的明天铺路搭桥。

语文教学不能实行机械化[①]

二十年以前,吕叔湘先生指出语文教学质量不尽如人意,这个看法极大地调动了语文教育工作者和广大语文教师从事教学改革的积极性,全国有志于探索语文教学规律、提高语文教学质量的老师风起云涌,从教材改革到教法创新,仁者见仁,智者见智,大有百家争鸣、百花齐放之势。改革给师生带来了创造的欢欣,给教师带来了提高语文教学效率,彻底改变少、慢、差、费现象的希望。然而,曾几何时,改革势头大减,改革的积极性受到抑制。初中教改往往局囿于一、二年级,三年级要对付中考,不敢轻举妄动,高中更不必说。以改革求质量,以改革求实效,非不能也,是不敢为,或不敢轻易为也。

进入90年代以来,语文各级考试都实行了标准化。标准化试题培养能力、考核判断正误的能力等并非万能,当然也并非一无是处。但自从它悄然进入语文学科测试领域以后,五花八门的题目以及各种各样的变种排山倒海袭来,于是,课堂教学中"文"常常不见了,被一个个"段"代替,对"段"也是采用肢解的办法,抠这个词,辨那个词,左一个层次,右一个句序,琅琅的读书声少了,师生沉浸在课文中创设的情文并茂的佳境流连忘返的动人情景少见了。课外更是各种练习题成堆,越接近中考、高考,习题量越多,这个自测,那个与考题"接轨",学生徜徉

[①] 本文发表于《语文教学与研究》1999年第1期。

于机械化训练之中,苦味绵绵,趣味寡然。如此执着于机械化训练,质量如何呢?毋庸讳言,答题的能力强了,选择题、是非题,对"段"的肢解的能力等可非议的地方委实不多,但读与写的真本领就难说了,尤其是写作的能力。答题,尤其是答考题的熟练程度,不少教师望尘莫及。但写起文章来疙疙瘩瘩,文理不通顺,比比皆是。至于错别字,字迹潦草,更是不在话下。不少高等学校教师以及社会上各行业的同志谈及此,常发生慨叹,每每询问我原因是什么,我总窘于回答。一名学生从小学到高中,学十多年语文,花费的时间和精力不谓不多,收效却不理想,甚至很不理想,症结究竟何在?难道还不应该面对现实,冷静思考,探讨研究,寻找解决问题的途径吗?学生只有一个青春,青春就是财富,从育人的使命感来说,从道义上来说,都要千百倍地珍惜学生的青春,无休止地机械操练只会消磨他们的光阴,消磨他们的精力。

语文教学中的机械化训练,不仅在中学通行无阻,而且波及小学,甚至波及小学低年级。"每日一练""每周一练""自测ABC"等,充斥市场,充斥学生书包。举个小例子来说,小学二年级有这样"练"的题目:要求辨别"四面八方响起了枪声"和"他唱的歌声音真响"两个句子中"响"的意思。七八岁的娃娃有必要这样"练习"吗?中学生当然要进行语文能力的训练,但究竟训练什么才能真正达到提高质量的目的,确实太值得推敲,太值得研究。否则,从中学扩展延伸到小学,后果不堪设想。

教师愿意进行如此的机械化训练吗?未必。许多教师诉苦说,语文课越教越不会教,一天到晚文字排列组合,乐趣全无,但又不敢越雷池一步。学生乐意无休止地进行乏味的操练吗?不,出于迫不得已。家长心甘情愿买了这本买那本,让孩子做、做、做吗?不放心,不敢不买,唯恐孩子练得不多,练得不熟,唯恐其中有考题信息,不接触,丧失良机。谁都不愿意,可谁都要往里钻,又不敢不往里钻,形成了一个怪圈。这个怪圈拽着许多师生转，令人触目惊心。不从中解脱出来，中小学素质教育的目的难以实现，语文教学不可能有勃勃生机。

语文教学怎么会步入机械化训练的误区？原因似乎都归结到考试指挥棒。楚王好细腰，宫中多饿死者。为了追求升学率，为了学科考试取得高分，不得不揣摩试题的内容与形式，不得不迎合命题的思路，教师实不得已，用心良苦。与此同时，各种各样巧立名目的复习题、练习册纷纷出笼，瞄准学生而来。不管教育行政部门如何三令五申，都无济于事。别说社会上出版的，就是学生书包里和语文课本配套的就有好些本，它们又是来自何方的呢？教材是教与学的依据，是学生学习的主干，而今，枝枝叶叶覆盖，有些又是病枝枯叶，让学生淹没其中，本末倒置，岔道丛生。

1949年以来，除了"文革"期间，语文考了几十年，从未像现在这样进行大运动量的机械操练。为什么现在此风愈演愈烈呢？考试指挥棒当然起作用。然而这只是浮在表层的问题，实质是对语文学科的性质认识上有偏颇之处。语文的工具性已经是大家的共识，但把它视为纯工具，视为抽象的符号，就大有探讨的必要了。英国语言学家帕默尔对"语言"有段十分精辟的论述，他说，"语言是所有人类活动中最足以表现人的特点的"，它是"打开人们心灵深处奥秘的钥匙。它是人们表达思想的至高无上的工具，是维系民族的纽带，是历史的宝库"。显然，语言具有人文的特点，离开了思想，离开了情意，离开了民族的文化，难以对语言有完整而深刻的认识。带领学生进行语言文字的训练，对文化背景、人文精神不够重视乃至忽视，只在符号上兜圈子、变花样，不可能有效地提高读、写、听、说的能力。《九年义务教育全日制初级中学语文教学大纲(试用)》中指出："语文学科对于提高学生的思想道德素质和科学文化素质，培育有理想、有道德、有文化、有纪律的社会主义公民，具有重要的意义。"如果语文教学只在工具性上做文章，要具备如此重要的意义令人难以置信。纵观古今,语言文字学得好、用得精彩的人,无不与文化紧密相连。学语言,也在学文化,文化功底越厚实,语言的理解与运用的能力越强。例如鲁迅著作历久弥新,醒人耳目,原因之一是文化内涵浩淼深邃。鲁迅1912年至1926年五年间购书就达两千多本。种类之多,内容之广,令人惊叹。带领学生学语文,就要指导他们多读提高文化和语文能力的书,应试册、练习册、复习册,重复、繁杂,只能使学生成为涸辙之鲋。

著名作家、学者施蛰存先生在回答采访时说,他们那时候学语文只读只背那些经典诗文,结果语文素质很高。而如今他的曾孙子们天天搞机械化训练,结果语文能力并不理想。这话值得我们深思。中学语文教学要有中国的特色,要有民族的文化内涵,不从认识上突破,机械化训练怎可能停止?

求学不读书,是蹉跎岁月[1]

语文教学落到如此尴尬的境地,真是一言难尽。作家白先勇说过:"百年中文,内忧外患。"此话似乎越来越得到验证。西方强势语言的大举进入,连幼儿园的有些小儿童都被"俘虏",在成人的影响下,把西语看作"走遍天下"的宝物,更不用说用作择校的敲门砖了。昨日读《环球时报》(7月12日)上王达三文章,说美国迪士尼公司计划今后五年内在中国建立近150所连锁英语学校,采用唐老鸭、米老鼠等卡通形象辅助教学活动,预计每年将吸引约15万中国儿童参加学习,此举用于对付中国在美的汉语教学。据保守估计,未来五年这些连锁的英语学校,营运利润将远远超过1亿美元。既能赚个盆满钵满,又能传播美国英语文化,一举两得,读后令人不寒而栗。儿童时期,对把汉语这个民族文化的根种植在心中的必要性、重要性,我们许多人竟然茫然无知,可悲可叹。西语不是不要学,要走向世界,应该学,而且要学好,问题在什么时候学,摆在什么位置上,目的何在。崇拜西语,冷淡轻视汉语,把做中国人的"根"都忽略掉,将来思想、感情、精神不知游荡到何方。

对语文教学的历史、现状与走向也是众说纷纭。埋头第一线的几乎没有不被分数所桎梏,为考而教,明知不可为而为之,无可奈何。而

---

[1] 本文发表于《语文世界》2010年第10期。本文虽短,但无情揭露了当代中小学教育的时弊。所谓"求学不读书",是指以升学、学历为目的的教育功利化现实。就语文教育而言,是对"不读书"导致人格精神丧失的教育危机的坦率批判,发人深省。

专攻考术的人和单位,由于厚利的驱动,倾销各类题目以供操练,挤压掉自由阅读,挤压掉兴趣爱好,挤压掉独立思考,管它什么语文教学规律,管它什么语文对人终身发展应起的作用。急功近利,商业运作,学科受损,学生倒霉。学生青春只有一个,青春是无价宝,在求学不读书中度过,相当程度是蹉跎岁月。

扑在教学第一线的教师往往很少有发言权,而不在课堂上实践的人发言机会却很多。开展研究,探索语文教学规律,以求得语文质量真正提高,应该是师生之福,但常被有些现象弄糊涂,一是外来名词术语一大堆,颇像广告词,换土移栽,给人以水土不服之感。毕竟汉语言文字和西语屈折文字有质的不同,校情、教情、学情更是迥然有异。借鉴、吸收、消化是必须的,照搬、模仿纯属下策。二是忙于建构体系的,苦心经营,总想出现"里程碑"式的成套经验或学术巨著,以指挥全国语文教学的走向。有这样的宏愿无可厚非,关键在于要眼睛向下,真正沉到教学实践中,把教学现状的利弊得失摸个八九不离十,否则,半空运转,说得再好,也无补于解语文教师之惑,无补于语文教学质量的有效提升。

语文教学有许多说不清道不明的事,我做了一辈子教师,为了教好学生,一直觉得奉献精神很重要。现在深感还得有牺牲精神。我说的牺牲精神不是以生命相许,舍命;而是要舍弃一些名和利。舍弃名和利的诱惑,讨论问题可能就没有虚头,更本真,更敬畏语文教学规律,更尊重教者与学者,更能涌现真知灼见,为语文教学的发展提供精神指引。

我的语文梦[1]

我们语文教师是富有梦想的。我做了一辈子的语文教师,我对语文有着非常多的美梦。

我想,我要做好中国梦,首先要做好中国的语言文字梦,要让我们的孩子对祖国的语言文字满腔热情。现在的语文学科,所处的生态环境很不理想,在我22岁大学毕业做教师时,语文是学校的第一学科,现在大概是第四、第五学科。生态环境不理想主要有两方面原因:一是西方语言的强势入侵,台湾作家白先勇说"百年中文,内忧外患",外患还看得见,内忧却看不见。这是我们自己不重视,把语文看成简单地教识字的问题,却忽视了语文有着育人的特殊功能;二是高考和中考抽掉了语文的灵魂,把她变成纯粹的理性工具。所以说语文学科教学确实十分困难,但是再困难,也不需要抛头颅洒热血,要的不过是人的精神、智慧、意志。因此,我们要在这种情况下,坚持语文学科育人,就是这个道理。

要让我们的孩子一捧起中国文字写的书,就马上升腾起理想信念,以及对语文文字的挚爱深情;一捧起经典作品,就会想到在这些经典作品里蕴含着民族精神、民族情结、民族智慧,乃至民族思维方式。我在想,如果我们的孩子一读曹操的《观沧海》,他马上就想到这样的景象:

---

[1] 本文发表于《上海教育》2013年7A。

日月之行，若出其中；星汉灿烂，若出其里，天上的日月星辰都在大海之间。这种宇宙人生博大的胸怀，能够感染我们的孩子，这就够了。中国文字的魅力不仅在博大胸怀，而且能够以简驭繁。我们读到"春色满园关不住，一枝红杏出墙来"，诗句并没有花很多笔墨去写园子里面是如何百般红紫斗芳菲，但只要一点睛，马上春色满园就出来了。如果我们的孩子能够悟到，这就是东方人的哲学思考，以简驭繁，把最繁的道理用最简单的语言表达出来，我想他们就能够真正沉浸到中华优秀文化里面。

当今的孩子在多元价值、多元文化存在的情况下，要能够认同中华文化，是非常不容易的。所以我们语文教师，要靠一节一节课来春风化雨，让孩子们滋润心灵，知道自己是一个中国人。一个民族对自己的民族文化都不认同的话，做什么都不会成功。我常常想，我们对军事侵略、经济侵略还能看得见，但是思想上的侵略是看不见的。这是非常可怕的，是温水煮青蛙的方式，我们必须保持清醒的头脑。

现在的教师授课，最缺的是文化教育，因此读书是第一要义。"读书是人类特有的神圣权利"，读书既可以和古代的、当代的人交流思想，也能够把中国、世界的圣贤智慧都吸收过来。读书人口多少反映了一个社会文明的程度，曾有过统计，中国人平均一年读书不到五本，而多少年来没有自己国家的以色列犹太人，一年要读六十几本书。我想，智慧从何而来，恐怕不是从天上掉下来的，关于阅读，我们确实还在路上。希望教师能不断地修炼自己，只有修炼自己才能惠及莘莘学子，一个孩子碰到一位好教师，就是一辈子的幸福，碰到一个不合格的教师，天才也被耽误掉了。

关于语文教学的几个问题[①]

教 材 编 写

冯渊(《语文学习》特约记者,以下简称冯):于老师,教材一纲多本实行了好多年,现在全国范围内的初高中语文教材有十多套,您参与全国和上海语文教材的审订,请谈谈对教材编写的看法。

于漪(以下简称于):教材编写是非常重要的事情。课改以来的教材编写积累了很丰富的经验,也有一些失误应予注意。第一,语文知识体系的编排问题没有得到很好的解决,如小学汉语拼音内容的编排,是独立成为教学单元,还是帮助随文识字提前读写,教师有不同看法;初中和高中语文知识和作文教学内容的编排,是集中教学还是穿插在课文中,如果是穿插在课文中,如何设置这些知识的先后顺序,怎样更有利于学生形成知识结构,考虑还不是很周全。第二,单元组成问题,许多研究者对按照文体组织单元和按照主题组织单元进行了比较研究,各有利弊,目前我们如何在教学中扬长避短,值得研究。第三,选文问题。中学语文教育是基础教育,不是高端的研究生教育,过分专业的文章不宜选入,因为学生在此阶段需要的是宽口径的知识体系;另外,教师也没有这个能力教。第四,选文内容的难度要有坡度,大部分选文面对的是全体学生,不宜分量太重、难度太大;尤其是小学语文教材的选

[①] 本文发表于《语文学习》2013 年第 6 期。

文,不能让孩子在课本里看不到童年。

冯:教材编写组还推出了一些读本——辅助教学的阅读文选,相对于教材,这些读本的编选个性更为明显。这种个性应予提倡吗?

于:编选这些语文读本是十分必要的,因为语文学习是个渐进的过程,学生从小学到高中一直学习语文,高中毕业了,一些学生写文章不能做到文从字顺,表达时还是杂乱无章,因此,语文学习是一辈子的事。教材和读本编写要考虑语文学习是一个开放的系统,也是一个无限延伸的系统,教材和读本要引导学生热爱祖国的语言文字,帮助未来的公民养成终身阅读的好习惯。

无论是编教材还是读本,编选者都要遵守科学性和正确性这两个原则。尤其是教材编选,要有育人观念,编选者不应该带着强烈的个人趣味来选文,更不能在政治、宗教、民族等问题上出现任何失误。遵守这些规则之后,还要注意选文的宽厚基础,选文不宜过分表现选编者的个性。

教学内容的层次性

冯:不少教师反映语文教学内容难以确定,您觉得,语文教学的序列性应如何设置?

于:语文教师对语文学科在所有课程中的地位要有清醒认识。我们要有全局观念,认识语文学科在所有课程体系中的地位,还要认识语文学科内部各个学段之间有什么样的联系,比如,初中语文教学在学生整个语文学习中占据怎样的地位,不能只想着眼前,要学会瞻"前"顾"后"。语文教师脑子里应该有一幅完整的知识框架图,某学段的某个语文知识点,在整个语文知识体系中应该掌握到什么程度,都要十分清楚。在具体教学过程中,比如关于说明文或者文学作品应该怎样教,教到什么程度,都应从课程标准、教材编写到教学建议上,设计出相对明确的坡度，否则，从小学到高中，一直讲某个知识点，学生能不厌倦吗？

课堂教学内容的重复、随意，造成了语文教学层次的模糊，这已经是语文教学的痼疾了，虽然我们在讨论教学内容的确定性，但并未将其放在学段层面上进行设计。

某一学段的语文教学内容的确定，都要和前一阶段以及后一阶段的教学目的联系起来考虑。目前不少教师只见单篇课文，很少从教材、从课程意识上思考教学内容，功利主义使一部分教师眼里只有习题，语文课变成了习题讲解课，还有愈演愈烈之势，实在不应该。

冯：语文课不同于其他学科，很难明确制订出十分清晰的分学段的教学内容，您对此怎么看？

于：语文学科没有必要像自然科学那样划分出层次，语文学习有它涵泳体味的特点，但这并不意味着语文学科各个学段的教学内容可以随意处置。教师脑子里要有清晰的语文知识框架，要能透彻理解课文，只有这样，才有可能在教学中灵活处理教学内容，突出重点难点。

信息技术和备课

冯：语文课堂需要强化信息技术的运用吗？

于：是否要强化，很难说。信息技术的运用要遵守一个重要前提，那就是：目中有人。从学生认知实际出发。有些内容，语言讲不清楚，完全可以借助声像技术缩短时空距离；但如果运用不当，就会适得其反。有一位小学语文教师讲杜牧的《山行》，为了显示"白云生处有人家"，教师做了一幅如山水画般的多媒体课件，然后，一节课从头至尾分析这幅画的妙处，这就束缚了孩子的想象。"白云生处有人家"是一个模糊的感觉，会给人带来无限想象；一旦坐实，有限画面就把无限想象给堵死了。

冯：一线语文教师的备课仍然存在问题，一是"备学生"不够，二是对教材文本的解读缺乏真知灼见，过分依赖他人资源，您有何建议？

于：我提八个字：目中有人，胸中有书。

"目中有人"是指根据学情设计有坡度的问题，面对大多数，照顾两头，注意区分类别和层次。在某些课上，还可以根据某些学生的特长专门设计任务，如朗诵和表演，充分发挥学生的优势；对善于提问的学生，要表彰他，发挥他的积极性。处处为学生着想，教师在备课中会发现许多乐趣。

"胸中有书"是指教师要教出每篇文章的个性。教材上的每篇文章都有许多优点，都可能是教学应该选择的内容。但文章像人一样，也是有个性的，教师在备课时要有慧眼识出这些个性特点来。教师备课，就是接近文本、熟悉文本、进入文本、识别文本个性的过程。同一种文体甚至同一种主题的文章都有不同的个性，比如素材的处理方式、结构的安排、表达的特点等，都各有个性特点。如果教师对每篇课文都能把握其个性，上起课来就有风采了。否则，只是讲解一般原理和概念，这样的语文课，有什么意思！

冯：教师怎样识别文章的个性呢？

于：这不是一两句话说得清楚的。这是教师专业发展的问题了，主要与教师的阅读能力、个性修养、教育智慧等有关系。如教茅盾的《雷雨前》，可以从开篇讲到结尾；还可以从结尾句"让大雷雨冲洗出个干净清凉的世界"开始，抓住全篇的主旋律，倒推过去。教师要一眼就能识别文本的写作个性，要有拎出一条线来的本领。根本问题还是教师先能读懂，能欣赏，能识得文章妙处。

教学个性和专业成长

冯：于老师，语文教师如何发挥教学个性，把语文课堂变得丰富多彩起来？

于：教师本来就是个性化的职业，教学过程中，要实现教师个体素质与教师群体特性的结合。同样的课程标准和语文教材，在不同教师的课堂里，可能会取得完全不同的教学效果。没有一个语文教师是全能型的，有的语文教师比较有激情，有的显得沉稳有气度，有的善于朗诵，有的擅长写作，风采各异。因此，语文教师首先要在认真科学地分析自己的基础上建立自信，其次要扬长避短。一个语文组有许多不同个性的教师，在备课和听课过程中也会相互影响，最后逐渐形成成熟的教学个性。有了不同教学个性的教师，语文课堂自然就会丰富多彩起来。

冯：为了促进教师专业成长，各种层次的教师培训活动越来越多；您依然在不同场合强调教师发展的紧迫性，为什么？

于：现在的培训总体上有利于教师的专业成长，但有个倾向值得注意，基础教育领域并不需要每个教师都来搞教育科研，应该把宝贵的时间和精力放到课堂教学中去，上好课比做科研写论文更为重要。这并不是说大家都不要从事教研和科研，相反，我们提倡在课堂实践的基础上进行扎实的研究，不仅要有个人研究，还要在不同的区域内形成优秀教师群体。现在，江苏、浙江、福建等地的优秀教师群体十分明显，上海的优秀教师也有不少，但优势群体还不够强劲，需要通过切实的课堂教学研究，带动一大批中青年教师的成长。

冯：我听程红兵老师在最近一次关于教师专业发展的讲座中，说您有着"大气度的人生"，他说到关于您的四个"推断"：有过推断——为了学生的发展，要有责任承担意识；有为推断——为了青年教师的发展，要有所作为；有解推断——遇到困难不推诿，要设法解决；有理推断——运用和推广政策的合理层面，不偏激，不一味发牢骚。您对此有何评价？

于(笑):我不知道他这样说我。我没想过总结自己。关于语文教育,现在最不缺的是发牢骚者,偏激的意见也很多,相对而言,实际建设者太少了。

冯:大家都很认同程老师的说法,觉得他概括得很好。谢谢您接受我的访谈。

除弊布新　大步向前[①]

全国中学语文教学研究会第七届年会在天津召开，这是中语界的盛事，特致以诚挚的祝贺，祝愿老师们事业发展，祝愿语文教改取得新的更大的成就。

为了适应新世纪知识经济的挑战，语文教改势在必行。改革不是建立在零的基础上。改革开放二十年来，语文教学与其他学科教学一样，取得了令人瞩目的成绩；而在诸多学科中，语文教改可说是旌旗招展，鼓声雷动，声势浩大，思想解放，创造了丰富多彩、行之有效的经验，这在其他学科中是罕见的。事物总是向前发展的，改革也不可能一次完成，面临新世纪来临的挑战，语文教学必须除弊布新，大踏步地前进，在提高效率、提高质量上下功夫，再创新的辉煌。

制约语文教学效率和语文教学质量的有外部和内部的诸多因素，社会的、家庭的、学校的，思想的、道德的、经济的，教材的、教法的、考试的，教师的、学生的，等等，不管因素怎么多，怎么复杂，最为重要的还是教师。教师是教学第一线的实践者，教授学生，培养学生，只要忠于职守，孜孜以求，可说是甜酸苦辣，艰辛备尝。语文教改的主力军是教师，教师深化教学改革的主动性、积极性提高了，许多问题许多困难就能认识得清楚，剖析得透彻，前进道路上的障碍也就会逐一被清除。

[①] 本文发表于《中学语文教学》2000年第1期。

我作为一名老的语文教师，觉得首要的是须树立信心。尽管语文难教，尽管意见纷繁，但我们是中国人，带领学生学好民族语言是我们的崇高使命。只要自己对祖国的语言文字一往情深，就能有效地培养学生学习语文的兴趣，热爱语文的感情，语文教学质量的提高必将实现。其次要注意更新教育观念。现代教育观念建立在对现代社会深刻认识的基础上。知识经济的到来要求教育为人的发展提供四大支柱，即要求人须学会学习，学会做事，学会共同生活，学会发展。学生在中学求学阶段，就应该在这些方面打下扎实的基础。我们要培养的是能迎接21世纪挑战的素质良好、具备多种能力的建设者，千万不能重术轻人。我们的终极目标是育人，培育能在现代社会生存、发展的人，教文为育人服务，语文能力强对人的成长、发展起十分重要的作用。再次是革除语文与生活割裂的弊病。语文与生活同在，把语文学习挤到狭小的课堂里，挤到无穷尽的练习中，学生几乎不读书不看报，与自然接触少，与社会接触少，学语文的源头活水被堵塞，积淀储存少得可怜，又怎能学得好呢？语言文字是表情达意的，缺情少意还能显露什么才华？学生不读书，当然是无时间读书，是件可怕的事，将来的后劲在哪儿？急功近利的思想对我们语文教学的侵害也够厉害的了。改革的核心是让学生做学习的主人。把学生绑得死死的，学生思考、实践不可能有特色，个性发展更谈不上。教学本该百花齐放，用考试一个模式来挤压，难有活泼泼的生命力。语文教学要在新的起点上迈开大步，语文教师得付出极大的努力，从理论和实践结合的高度探索、研究、实践，再探索、再研究、再实践。只要群策群力，前途必然灿烂。

对于语文教学的再思考[1]

关于语文教学改革的研究、讨论、试验,"文革"前的不说,只以粉碎"四人帮"以来近十年为例,其规模与声势,在各门学科中是首屈一指的。这样的规模与声势,反映了包括语文教师在内的社会各界对于下一代学好祖国语言文字的重视;由于语文乃是基础教育中的"基础",这样的重视理所当然,值得提倡,而且应当持之以恒。

"旌旗招展"和"于无声处"

但是,不能不看到,近年来,这样的规模与声势,似有消减的趋势。昔日旌旗招展、锣鼓喧天、呐喊四起的语文界,今天似乎有点儿沉寂与冷滞。对于语文教学发展的问题,也有不少同志感到莫衷一是的迷惘与疑虑。

我们觉得,如果这是事实,那也未必不是一桩极大的好事。跃马横刀、冲锋陷阵的勇士,在经过了一场酣战之后,理应做一番休整;跋山涉水、披荆斩棘的先锋,为了更好地前进,也总有"回头看"的必要。事物的发展,不可能笔直又笔直;"迷惘"与"疑虑",可能正是一个新突破的起始。"于无声处听惊雷"、"此时无声胜有声",又往往是事物发展到某一阶段的必然。从一个人的认识规律来说,不盲从、不蛮干、干一阵,看

---

[1] 本文发表于《语文学习》1986年第8期,第二作者是方仁工。

一看,想一想,边干边看边想,"摸着石子过河",用社会实践来鉴别得失正误,恰恰正是有利于继续前进的保证。为了切实贯彻执行《中共中央关于教育体制改革的决定》,为了使我们的语文教学进一步服务于社会主义"四化"、两个"文明"建设的需要,而且切实地做到三个"面向",在当前,我们的确有必要对于语文教学的现状与发展作一番认真的再思考。

让我们先来思考一下现状。

诚然,随着"文革"强加于语文教学界的禁锢被粉碎,如今,"万马齐喑"的局面已成为历史的陈迹。语文教学界勇于改革的志士仁人,用自己的辛勤劳作,对我国语文教学的发展,已经做出并正在继续做出有益的贡献。广大语文教师认真耕耘,也在不同程度上取得了收获。但是,毋庸讳言,语文教学界少数人的"热",却并没有向多数人"传导","热"与"冷"中间,似有着一道无形的鸿沟。再看一看学生,不能说他们中间没有"尖子",也不能说他们的语文水平没有提高,但是,学生对语文课不感兴趣(不是对语文不感兴趣)并不是个别班级、个别学校、个别地区的事;别的不说,中学毕业生语言文字不规范(包括书写潦草,错别字较多,不善于用普通话交流思想),则几乎已经到了"见怪不怪"的程度。

做事,总得注意效率。教学质量的提高总得有个过程,不能幻想在一个早上就什么都尽善尽美;但语文教学的效率与有关研究、讨论、试验的"规模"与"声势"未能得到"同步",而且有时还会来个"适得其反",这就不能不引起我们深思。

"冒"在我们眼前的"苗子"

出现这样的情况,原因何在? 得从教和学两个方面做较为全面、较为深入的调查研究,才能有一个比较确切的结论。但是,有几种倾向的苗子,已经很"清晰"地"冒"在我们每一个人的眼前,我们决不能视若等闲。

譬如,为了对付包括升学考试在内的由学校或"上级"统一命题的名目繁多的不叫"统考"的"抽样""摸底"之类,对于所教的课文,唯恐有所遗漏,不得不来个"地毯式轰炸",以为这是"对学生负责"。为了迎合这样的现状,模拟性的,搞"覆盖"用的"设计""练习"之类也就应运而生。其中也自然不免让"商品经济""利润"等钻了空子,弄得学生及家长不胜负担。如果这样做,果真能提高学生的语文水平,倒也罢了;殊不知考试只是一种检测,忙于应付检测而不把教学工作的重心放在"产品"生产的全过程,这"产品"充其量也只能是徒有其表,称得上合格吗?

再譬如,教学方法形式上的"图新"。弃旧图新,当然是人心所向。但是,"图新",离不开对于学生实际的了解,离不开学生的现状;离开了教学对象这一实际的"图新",就如建筑在沙滩上的高楼,又如纸扎的鲜花,它缺乏根基,没有生命力。而新的方式或形式,又离不开教学的内容,离不开对于教材的深入钻研;如果只是在"形式""方法"上"翻花样",即使它们新得有理,学生也不可能确有所得,充其量只是在课堂上完成了一次"思维的游戏",到头来除了留下"热闹""新鲜"之外,仍会是辘辘饥肠,空空如也。而有些所谓的"新"方法、"新"形式,又往往是缺乏科学依据,经不起事实验证的东西,是"挖空心思""标新立异"的产物。只要"不同凡响",行动就是一切,树个样子再说,全于是否科学,能不能普遍推广,可以不作考虑。

新与旧,是相比较而言的。"宝刀不老",常用常新,是因为它是"宝"。对于我国行之有效的传统的语文教学经验、理论,我们决不能因其"老"而舍弃,应当整理、提炼,赋予新的生命。对于外来的经验和理论,我们也不能因其"洋"便觉得什么都好。"洋种子"要"移播"于我国的土壤,还得重视我国土壤、光照及水分、养料的性能;教育科学(包括心理学等)的"共性",要赋予语文的特殊性才能开花结果。而如果把别人已经抛弃的"洋种子"或者别人也有异议的东西奉若神明,照搬不误,有的甚至只是搬一些时髦的"名词""术语"(其实有些概念的内涵,人们并不陌生,在我国古已有之),连自己也不甚了了,只是用来故作高深,那就更容易弄巧成拙,以讹传讹了!

又譬如教学内容,我们当然要讲究容量充实丰富,但充实不等于外加,丰富不等于庞杂。把不姓"语"的东西如什么"力"、什么"性"的不加消化,都塞进了"语文"之中,也就会削弱了语文的个性;把语文课当作装流行商品的"大拎包",而且不停地往里面"塞",我们的"包袱"就会越背越重,直至压得无法喘息。就语文知识本身而言,究竟何谓"基础",何谓"提高",亦应层次分明,了然于胸。如果枝枝叶叶超过了主干,那就会遮掩并压倒主干;折断了主干,枝叶也就会成为枯枝败叶。至于一节课的内部结构,课与课的衔接呼应,课内与课外的相辅相成,教与学的辩证统一,也同样有着研究的广阔的天地。不从整体上、客观上去研究,就课论课,以完成"进度"为己任,那就很有可能陷入"迷宫",花了九牛二虎之力在那里"前进",日复一日,年复一年,不料只是在七弯八拐"兜圈子",最终却又回到了原地,可是宝贵的时间,却已一去不返!

路,在脚下延伸

面对诸如此类在语文教学现实的土壤上冒出来的值得忧虑的"苗子",我们应当怎么办?是手足无措,自叹弗如吗?是横加指责,急躁冒进吗?是被动地等待教育行政部门颁发几条"法规",作出若干"指令",制定一套"放之四海而皆准"的"措施"吗?看来,语文教学大纲的进一步科学化、具体化,势在必行;语文教材的进一步改革,也一定要提到议事日程上;语文的考试考核,也应当研究出一套符合我国国情、符合我国汉语言文字特点的更完善的办法。所有这一切,都应花大力气好生研究,来不得半点儿的粗疏与皮相。但是,说到底,语文教学的改革,有着鲜明的实践性。实践,最主要的,还得靠实践者自己去进行;这正如地上的路,就在我们的脚下向前延伸,而要达到那既定的目标,还得靠我们的双脚不停地前进一样。先进的理论和经验之所以宝贵,是因为它们来自实践;把它们学习到手并化为强大的物质力量,同样离不开我们从各自特点出发的亲身的实践。

要实践,首先就得对现状进行认真的调查。要了解"四化"建设的实际对于语文有哪些客观的要求,在语文课上所教学的东西,哪些是有用的却未曾重视,哪些用处不大甚至无用却消磨了我们宝贵的时间,哪些虽有用处但并不是中小学所要打的"基础",哪些甚至还是空白。离开了将来的应用而谈教学,教学势必无的放矢。当然,同样需要了解我们的学生,看一看他们语文的实际程度,他们程度上的差距及其形成的原因。他们学习中的好恶与苦乐;不研究我们的工作对象,教学也就很难对症下药。有了这两方面的调查,我们的教学,就不会以"分数"为满足,不会以单纯的"升学"为目标,我们才有可能将教书与育人有机地统一起来,面向全体学生,为培养不同层次需要的人才作出努力,为人才的终身教育打好基础。

破"繁"戒"空",讲求实效

根据我们对于现状的调查与认识,我们觉得,在语文教学上破"繁"戒"空",是当前提高语文教学质量的关键所在。因为科学的发展,总是按照"简—繁—简"的形式,螺旋式地朝前的。老是在"繁"字上徘徊,不能称得上是进步的表现。清代著名画家郑板桥在六十六岁时写过一首绝句总结他画竹的经验道:"四十年来画竹枝,日间挥写夜间思。冗繁削尽留清瘦,画到生时是熟时。"在语文教学上,陈旧的封闭式的"灌"与"填"并未在我们中间绝迹,新出现的某些形式主义的东西,又容易使人迷惑;二者的交织,便形成了"繁"与"空"的弊端。而习惯所形成的"心向"，又往往使得人们不自觉地因袭老路，或舍不得"割爱"。我们多么需要郑板桥的精神，也来个"日写夜思"，将做与想结合，努力地将教学中的"冗繁"削尽，从而闯出一条新路，逐渐趋向于成熟！当然，郑板桥所说的"清瘦"，并不等于干枯、干瘪和呆板。它们是足球场上凌厉的临门一脚，而不是花哨而无用的盘带，它们是武松打虎时干净利落、置敌于死地的拳脚，而不是《打渔杀家》中教师爷的拿腔使调与花拳绣腿；它们的目的在于有效地提高学生真正的语文水平，而不是为了图得"别出心裁"或"独具一格"的空名。至于如何才能进入这种合乎理想的境地，除了从事教学实践的同志在讲求实效的前提下，解放思想，发挥聪明才智，去探索规律之外，还有什么别的办法可行呢？

"水深鱼极乐"

破"繁"戒"空"，不能单就教学方法上加以"改革"，它受到教育思想的制约，并反映于实践者的事业心、工作作风、工作态度和思想方法。归根结底，要做到这一点，离不开从事教学工作的教师们自身思想、情操、业务、文化等方面的修养与提高。要学生提高阅读分析能力，自身却离开了"参考书"之类便乱了方寸；要学生的作文言之有物、言之有序、文从字顺，自己却"述而不作"，提笔如有千斤重。这正如教人游泳自己却不善下水，给人指路自己却方向不明，在教学中，又怎能做到要言不烦，避免空话连篇呢！杜甫有诗云："水深鱼极乐，林茂鸟知归。"相应的文凭，只能是相应的"学历"的标志，而不能作为"学力"的象征，不注重自身学力的不断提高，忽视必要的理论学习，对新的信息缺乏敏锐的摄取力，不善于对知识的吸收、储存与运用，不肯花时间去深入钻研教材，对知识的准确性很少研究而只是在花色上做文章，语文课就无法成为"鱼极乐"的深水和"鸟知归"的茂林！"问渠那得清如许，为有源头活水来。"平心而论，在一些语文课上，教学的方法并不是没有讲究，有些"套数"也并不陈旧,但由于教师对教材把握得不透,自身的基本功不足,有时就难免只见树木,不见森林,只具骨架,没有血肉,或浮光掠影,或捉襟见肘,有时甚至正误颠倒,差错迭出,连学生都忍俊不禁;教师的"活水"显得匮乏,课堂教学又怎能出现"天光云影共徘徊"的生动局面!

从事语文教学的改革,与从事其他工作一样,要不断总结经验,并通过筛选,使之完善,上升到理论,抽象出有普遍意义的认识和做法。在这方面,我们要扬弃蚂蚁搬物式的"堆积",代之以蜜蜂酿蜜式的"提炼";尽管二者是同样的"辛劳",但前者只是"搬运",后者才称得上是"创造"。在这一工作中,我们要提倡求实的作风,尊重事实,活跃研究讨论的空气,让百花畅怀怒放,让百家纵情争鸣,而不能凭地位的高低、资历的深浅去判别是非,作出褒贬,靠"捧"解决问题。改革的道路,应当是无限开阔的,不应当定于一尊。在学术面前,应当做到人人平等。不是眼睛向下,脚踏实地,边学习,边实践,边提高,而是见风使舵,人云亦云,缺乏主见,这样的态度应为我们所不取。真理越辩越明,不深入开展探讨研究,难以揭示问题的本质。在语文教学领域里,应当与别的科学研究领域里一样,要多一点学术空气,少一点市侩气息,多讲一点科学性,少搞一点盲目性;要独立思考,再独立思考!

要切实有效地提高语文教学质量,有很多问题可以重新研究,深入思考。我们的"再思考",由于视野所囿,又受到篇幅的限制,无法作详尽的展开;所思考的问题,由于带有主观色彩,难免失之偏颇。我们恳切地欢迎大家对于我们的"再思考"提出批评,我们希望有更多的同志,与我们一起对于当前的语文教学进行"再思考"!我们再思考的出发点是:切切不要忘了育人的大目标,脚踏实地地积极投入教学改革。

贵在一颗火热的心[①]

在庆祝新中国六十华诞的日子里,回顾广大语文教师、语文教育专家为提高汉语教学地位与质量不懈奋斗的足迹,难以抑制心中的激动。其中艰辛、曲折,乃至误解、委屈,非语言所能尽情表达。

六十年来,从语文教学大纲、语文课程标准的制定到语文教材的编写与发展,从语文课堂教学实践的展示与交流到教学研究的开展与争鸣,从语文报刊的风起云涌到语文活动的全国覆盖,无不倾注了语文教师、语文教育工作者对祖国语言文字的挚爱深情。这种情意,这种争辩,这种氛围,形成了促进语文教学积极向上的磁场,推动语文教学跟随着时代的步伐不断前行。

语文教育是不易破解的难题。由于教育内部和教育外部种种因素的制约,又由于对各学年段学习语文规律缺乏深入研究与认识,教学效果与教学的期望值往往有相当距离,常受到来自社会、来自家长的种种非议与责难。面对这种情况,语文教师没有气馁,而是振奋精神,埋头苦干,立志在提高语文教学效率方面闯出一条路来。从东海之滨到西部盆地,从南部边疆到东北平原,语文教师聚集课堂,进行教学改革。有的从语文教育理念的改革入手,有的从教学方法的改进着力,有的从阅读或写作能力切入,有的从课堂教学结构的创新发轫,凡此种种,不

[①] 本文发表于《语文教学通讯》2009 年 10B。

一而足。从学生的实际出发,有地域色彩,百花齐放,风格各异。教学中如此勃勃生机,源于解放思想,钟情语文,有一颗火热的心。可惜曾几何时无止境的机械操练笼罩,消解了教师的探索与追寻。

而今新一轮语文课程改革站在时代的新起点上,广大语文教师遇到前所未有的严峻挑战。既要弘扬语文教学的本体特色,又要凸显以促进学生为本的时代要求,取得全面提高语文素养的实效,难度很大,困惑很多。改革的步履从来充满艰辛,每前进一步都要和外界的不理解与自己的浅薄较劲。即使如此,有志于课程改革的教师深知语文课改的意义和肩负的重任,仍义无反顾,排除困难,认真实践,在实践中提升教育理念,积累经验教训,孜孜矻矻,寻觅新时期语文教学规律,使学生的语文能力、语文素养切切实实得以提高。这种勇气、这种韧劲从何而来?仍然来自热爱学生、热爱祖国语言文字的一颗火热的心。

语文教育事业是心的事业。心热、情真、传承、创新,教师必能在坚守中创造精彩,在开拓中铸就辉煌!

语文教育要致力于拥有自己的话语权[①]

我们首先要想一想,为什么我们的语文教学一定要培养孩子的读写能力,这"读"大家讲得很多,我就不重复了。但是这个"写"我不知道我们年轻的同志考虑了没有,写的能力是一个话语权的问题。

从19世纪、20世纪初以来,西方的话语权随着它的军事扩张、经济扩张,一直到今天的思想霸权、金融的扩张,是波及世界的。我们过去读历史往往只看到西方经济上的殖民、军事上的殖民,实际上文化上的殖民也是非常厉害的。现在的母语教育为什么那么困难?因为我们的孩子基本上是在"三片"西方文化这样一个氛围中成长起来的。

第一是"好莱坞大片"。有了好莱坞大片以后,就有好莱坞文化,从此文学艺术就被拉下了神圣的讲坛。好莱坞文化就是娱乐化。娱乐化发展到今日,很多人娱乐至死,游戏人生,娱乐人生。我们整个社会的高雅文化非常难坚守,而对低俗的娱乐文化,没有生活经验、少有文化积淀的孩子,几乎照单全收。

第二是"薯片"。记得20世纪80年代看到一个消息,法国的厨师上街游行,抵制美国的垃圾食品,当时很不能理解。现在看来饮食文化其实是非常重要的。人每天都离不开饮食文化,现在有广告说肯德基

[①] 本文发表于《语文学习》2013年第1期,是作者在"上海市中青年语文教师论坛'读写关系及教学策略指导'"上的发言,由袁万萍整理,并经作者审订。

是家乡鸡——肯德基怎么说是中国的家乡鸡呢？薯片文化已经覆盖了我们的餐桌，肯德基、麦当劳、披萨等。我们现在的小孩子的口味不一样了，这是从薯片开始，从薯片文化开始的。

第三是"芯片"。美国比较早就进入知识经济社会，一个比尔·盖茨的微软帝国支撑了多少年啊。什么叫知识经济社会？它是以知识的生产、交换、分配、使用和消费为特征的，知识就是重要的生产力，教育是生产知识的生产力。知识是生产力，比尔·盖茨没有盖多少大的厂房，但他一个软件就可以覆盖全世界，支撑了美国经济多少年！现在全世界都怕美国搞金融透支，把它的危机转嫁到世界各国，我们中国当然也深受其害。有意思的是，比尔·盖茨用一个软件来覆盖全世界，他的两个女儿却被规定每周只能玩多少时间电脑。接下来还有一个"苹果"——乔布斯，不得了！过去结婚三大件，现在是上大学也有三大件，其中有个大件就是"苹果"手提电脑。苹果机不见得比原来增进多少功能，它是一种虚荣，是适合年轻人群的一种虚荣。刚才我们七位老师讲到网络文化对我们青少年的影响，这种影响很难被阻止，我们要学会因势利导。要完全禁止是不可能的，毕竟这是时代的潮流。

在这样"三片"文化包围之下，我们还有多少话语权？

台湾作家白先勇讲过："百年中文，内忧外患。""外患"，西方强势语言大量入侵，这是一个方面；还有我们内部的，我们对自己的民族语言的意义价值，缺乏深刻的理解，这是"内忧"。就是我们教师队伍当中，也有人（还不是一般的而是有身份的教师）曾经这样说："学什么《论语》啊，学生不懂就不要学，学生不喜欢中国的文章，那就全部选外国的。"我听了，心里有说不出的滋味。母语，祖国的语言文字，汉语言文字是中华民族文化的根，根没有了那是要地动山摇的。我们培养孩子的读写能力，学会吸收、输出，当然是希望他们能够成为一个自立自强的人，但在更深的意味上去理解，我们培养自己的后代，必须会用祖国语言文字表情达意，只有这样，才能在全球竞争中拥有自己的话语权。

我们中国教育一定要有自己的话语权，我们不能一举例就只有孔子，永远只有一个孔子，其他就没有了。过去，我们一边倒向苏联，开口闭口"凯洛夫"，现在则是倒向"欧美"。中国有那么多的教师，那么丰富的经验，但在教育领域，我们没有话语权。我梦寐以求的是中国有自己的教育学。没有自己的话语权，我们只能输入。从1840年以来，大量的外国文化进来。我们要不要？要的，但是刚才几位同志都讲了，要批判地吸收，"拿来主义"不是抄袭，不是移植，不是模仿。模仿了你就没有自己了，移植了你就没有自己了。所以你学习祖国语言文字，学会精确地表达你的工作学习所得、所思所想，这本身就是培养你必须具备民族话语权的本领。对于母语教育，我们总是把它看成一个技术层面的问题，而没有看到更深层的，这是令人忧虑的。读写结合可以从这更深的层次来考虑。

我们毕竟从事中学语文教学，要思考在中学语文教学中，读写如何结合，让它们能够比翼双飞，能够和谐地、协调地发展。刚才很多老师讲得很好，读促进写，写也促进读。刚才有老师提到考试的影响，考试是绝对没有错的，素质教育也要考试。在素质教育中，考试只是检测、选拔的手段，它起选拔、检测的作用。但我们现在往往是错把手段当目标，把这个检测的手段当目标了，对分数看重得不得了，顶礼膜拜！像原始社会的图腾一样，顶礼膜拜！任何一个分数都不能真正衡量一个孩子的综合素质，也不能精确地反映一个孩子在这个学科所学的素养。学生就好像种子一样，他是有生命力的。我们的读写教育，要使有生命力的种子能够发芽，能够不断地茁壮成长。学生不是机器，是有生命的。我们读写结合的这些做法并不是说要把这些方法变成工业原料填到机器里头，让它能够运转。

我觉得刚才的讨论比较欠缺的就是对学生的研究分析少了一点。

不同学校的学生层次并不相同,我们要以学生为本,以促进学生发展为本。如果我们的教育,从教育官员到我们每一个教师都能树立这样一个核心理念,那是太好不过了。但从理念到扎根实践,大概需要两万五千里长征。要树立一个正确的教育理念并不难,但理念不是口号,不是标签,它要落实在教育进程当中,从政策的制定,从各种各样的制度的设计,到每一个教育行为教学行为,都真正把孩子当成人了,这谈何容易!而这一点是我们必须做到的。尽管我们对教育有许许多多说法,但说到底就三个字"培养人",就是培养人啊!我们所做的一切就是为培养人服务的,千万不能把孩子变成储存知识的容器,这一点是非常重要的。我这个老教师工作了一辈子,我最难受的就是用考试把我们的孩子标准化了,标准化是不可能出现出类拔萃的人的;而我们许许多多的做法,把教师也标准化了,这是非常可怕的。独立的思想,自由的精神,这是很重要的。学生一个人一个样,教课也是一个人一个样。因此,教学策略指导恐怕要因教师而异,因学生而异。

　　母语教育几千年的传承,传统文化的传承,这里有很多好东西。我们的语言学之父赵元任,曾在海外留学,口头语言能力极强,可以说许多种语言。他到德国去,跟德国老太太讲她的家乡话,老太太以为他就是德国出生的老乡,这确实是大师。陈寅恪先生上课,绝了。他教课"四不讲",前人讲过的不讲,近人讲过的不讲,外国人讲过的不讲,自己讲过的不讲,每节课讲的都是自己独立思考的新认识、新体会。刚才我们好几位老师都讲读写是要体验的,不都是外部创造条件你就会好的。如果仅靠外部创造条件就会好,刘阿斗就不会成为亡国之君。不管诸葛亮怎么鞠躬尽瘁死而后已,阿斗也扶不起来。人还得要自身内心的觉醒。

　　刚才袁老师讲"文化唤醒",我觉得是对的。对学生确实要培养"文化唤醒"意识。我想我们语文教师教阅读课的时候,首先要唤醒文字。

因为语言文字是躺在书上的，你要唤醒文字，你要把文字看成蝌蚪，看成一条条鱼在游，是灵活的，然后是闪光的，你把书、把文章读活了，真正理解这些语言文字表的情达的意，你上课就可以如数家珍，左右逢源，就能吸引住学生。课有吸引力了，学生就不断地点点滴滴记心头，久而久之就具备了领悟语言文字表现力、生命力的能力。写作是一种综合能力，等到用的时候，就可以从仓库里拿出来用。

我想，就事论事很难提高，因为它是在技术层面。必须登高望远，从根本的问题上来提出一些问题。我对青年教师可以说是情有独钟，为什么？我像你们这个年龄的时候是傻瓜一个，懵懵懂懂，现在的年轻教师比我们那个时候聪明得多，信息量大得多，思维不知道要活跃多少。我们那个成长的年代没有个人价值，只有社会价值。校长一句话、书记一句话就是圣旨。但是在21世纪的社会，学生不能独立思考，他的生存空间就越来越小。我不是说所有的独立思考都是非常精彩的，都是非常正确的。人总是从曲曲折折的道路上成长起来的。

不知大家还记不记得多少年前罗中立画的《父亲》，这幅画曾震撼人心。他现在是四川美术学院院长，他学校里铺的一条路就不是平坦的，而是高高低低的，他是让学生知道你要走的这条人生的路是高低不平的，你会有困惑有困难，甚至有迷茫，但是，凭你的智慧，凭你对事业的忠诚，你就能够化险为夷，走出一条有价值的人生道路，我相信。

语文课程与人的发展[①]

21世纪初启动的课程改革,核心理念是以学生为本,以促进学生发展为本。这与以往的以知识为本,以知识体系为本的课程理念迥然有异。

教育是进行人力资源的开发。人要成为资源,就须不断发展。教育的最终目的,就是要促进每一个学生的发展;教育的神奇美妙就在于把受教育者的潜能开发成为发展的现实。课程改革牢牢把握促进学生的发展,不仅体现了教育本质的回归,教育正在"认祖归宗",而且回应了时代的迫切呼唤。知识经济时代生产方式不是工业社会信奉的大批量、标准化、流水线,而是需要人有创新精神、创造能力,因而,尊重人的个性,使受教育者蕴藏的各种潜能获得充分发展至为重要。

语文课程促进学生的发展有与生俱来的天然优势,其他课程难以替代。

西方学者把语言看作为开启人类社会文化起源和发展的奥秘的钥匙,认为语言是一种创造性的精神活动。今日中西方的学者对语言的认识几近一致,认为语言不再是单纯的载体,它与思想、情感同时发生,是意识、思维、心灵、情感、人格的形成者。语言的发展和人的成长与发展密切相关。通常情况下,一个人语言发展水平往往反映这个人的发

[①] 本文发表于《语文世界》2010年第10期。

展水平。语言是人的重要智能,语言的发展能有效地促进人的观察力、想象力、思维力、创造力的发展。爱因斯坦曾说:一个人的智力发展和他形成概念的方法,在很大程度上是取决于语言的。语言是生命之声,语言的活动就是生命的活动,语言促进人的发展的功能显而易见。

然而,在探讨问题与进行实践时,人们对语文课程的多重功能以及对人的发展的奠基作用又往往缺乏清醒的足够的认识。语文有实用功能,是人类最重要的交际工具,这是毫无疑义的。但与此同时,它还有发展功能、审美功能。幼儿在牙牙学语时,教他说某个字、某个词、某个简单的句子,就在促进他思维的发展,培养他观察与认识事物的初始能力,这是不争的事实。学生学习语文也如此,不过复杂性大大提升。字的识别、词的褒贬、语的应用、句的组合、文的结构,无不与思维方式、情感因素、智力发展水平紧密相关。引领与指导学生学习语文,在发挥语文实用功能的同时,也促进了他们思维、情感的发展。

语文对人的发展功能无可置疑,常被忽略的主要原因有二。一是受"技术主义"桎梏的影响,把实用功能绝对化、抽象化,忘记了"语言是思想的直接现实"。由此派生出第二个原因,就是把语文的实用功能、发展功能、审美功能割裂开来,成为"1+1+1",甚至认为发展功能与审美功能都是外加于语文的,语文有不能承受之重,也不该担当这样的重负。

对这个问题的认识,还得从语言说起。语言是一套音、形、义结合的符号体系,它具有一般物质工具所缺少的人文性和精神元素。

语言是维系一个民族整体的基本纽带,民族语言是民族文化的根,它不仅负载民族文化,它本身就是文化的重要组成部分。一个民族的语言在潜移默化中将自己独特的感知方式、思维方式、情感、智慧渗透到人们的心灵里,形成深层的心理结构。语言本身有丰厚的内涵,"表情达意","表""达"为"表","情""意"为"里",一而二,二而一,密不可分,不可人为地加以割裂。

现代语文教育不仅要求学生掌握语文的使用技能,与此同时,要重视思维力、想象力、创造精神、人格塑造的培养,智力因素和非智力因素的养成。学习语文,带领学生辨别语言文字使用的利弊得失,品味赏析语言文字的淡雅绚烂,既让学生感受语言文字的实用价值,又使他们在潜意识状态中发展思维的广度、深度、严密度、开放度,优化思维品质和思维能力;在阅读、思考、诵读、吟唱的过程中,心弦拨动,情感激昂,升腾起对民族文化、民族精神的认同感、归属感。这种以语言文字为中心的认知教育,与情感教育、审美教育、人格教育高度融合,是一种境界,为学生的发展打下了"精神的底子"。

语文就是语文,它的整体性不可割裂。语言文字与所要表达的情意,互相融合,互相支撑,互相贯通,互相制约,"一荣俱荣";也可以相互促退,"一损俱损"。抽掉精髓肢解文字,文字就成为失去灵性的躯壳;脱离文字讲大道,那是天外飞来的作秀,不值评论。

语文课程应为学生的智能素质、思想素质、人文素质的终身发展奠基,使他们一辈子受益不尽。

语文教改必须扎根于现实的土壤[①]
——20年语文教学的回顾与反思

一、成绩

1978年党的十一届三中全会以来,语文教学拨乱反正,取得了一系列成绩。

(一)正本清源,语文教学恢复有序状态

"文革"期间语文教学遭受了巨大的冲击,语文课没有教材,用报纸替代,由工宣队员上语文课,也就是读社论,用政治替代语文,搞所谓的政文合一。党的十一届三中全会犹如一股春风,拨乱反正,语文教学回归本体,摒弃政治替代、政文合一的局面,语文教师重新走上讲台,优秀的中外文学名篇回归教材,语文课的教时得到保证,不再受冲击,语文教学恢复有序状态。

(二)语文教育观念不断更新

广大语文教育工作者解放思想,呼唤改革,更新观念,1978年3月16日著名的语文教育家吕叔湘先生在《人民日报》发表文章,指出语文

[①] 本文发表于《中学语文教学参考》2001年第11期,第二作者是程红兵。2000年前后,正是中小学课程改革全面提上国家教育改节日程的关键时期,上海市以"二期课改"为新的起点,展开了语文学科课程与教学的价值探索。由于引进西方新概念、追求所谓的科学性所致,语文课堂教学程式化严重,技术化泛滥。本文针对这一现世弊端,从育人高度,对一元化的标准与程式进行了理性解剖与批判。

教学效率不高的现象，从此拉开了语文教学改革的大幕，轰轰烈烈的语文教改在全国各地开展起来了。我们可以自豪地说，语文是最早提出并实施改革的学科。二十多年的改革，使我们端正了思想，吸收了许多新的知识，接受了许多新的信息，更新了教育观念。例如我们对语文教学的任务有了新的认识，由培养"双基"到培养能力，进而由发展智力到塑造学生的健康人格，实现知识、能力、人格的和谐统一。每一次的认识发展不是简单地抛弃过去的认识，而是对过去认识的超越，是不断地升华。现在我们已经深切地认识到语文课的意义不仅仅在于教给学生某种语文知识和技能，更重要的是，它通过一篇篇凝聚着作家灵感、激情和思想的文字，潜移默化地影响每一个人的情感、情趣和情操，影响每一个人对世界的感受、思考及表达方式，并最终积淀成为人的精神世界中最深层、最基本的东西——价值观和人生观，最终造就学生的健康人格。

又比如关于语文学科性质的看法，我们的认识也在一步步发展。受左倾思想的影响，过去我们认为语文是政治工具，是阶级斗争的工具。拨乱反正以后，我们认识到语文是工具，1980年，《全日制十年制学校中学语文教学大纲（试行草案）》作了明确的表述："语文是从事学习和工作的基础工具。"应该说这个观点在当时是一个了不起的进步，决定了培养和提高学生理解、运用语言文字能力的教学目的，进行语文训练的教学模式。但是这个表述没有突出这个工具特有的"交际"功能，没有突出这个工具特有的"文化"内涵。1996年的《全日制普通高级中学语文教学大纲（供试验用）》第一句话就是："语文是最重要的交际工具，也是最重要的文化载体。"这又是一个了不起的进步，突出交际功能，使学生在交际过程中培养和提高运用语文工具的交际能力，这正是提高语文教学效率的高速公路，是正确的方向；突出文化载体，也是有其深意的，因为语文反映了人类社会的事、理、情、志，语文是一门综合性的基础课，其内容包罗万象，涉及古今中外，上自天文，下至地理，旁及哲学、历史、艺术、宗教、民俗和自然科学等相关内容。语文是一种广义的文化现象，几乎涉及人类文化生活的一切领域，表现民族精神、民族情操、民族审美情趣等，负载丰富多彩的文化。在语文训练过程中如果不理解这些文化内容，就不能理解语言的表现力，不能运用语言很好地表情达意，就不能有效地塑造学生的健康人格。

（三）语文学科建设稳步进行

初步建立起语文学科教育学的理论框架，从研究内容的深度和广度上看，借助教育学、心理学基本原理的支持，广泛吸收国内外语文教学论、课程论、教育技术学、教学心理学的最新理论与方法，立足语文学科，对语文教育活动的目标、内容、过程方法以及教育效果的评价，作了可贵的探索，取得了明显的成绩。此外还引进、借鉴其他有关理论阐述语文学科，丰富语文学科的建设。比如运用系统论对语文教学侧重整体研究，系统论的整体性原则、有序性原则、动态性原则、目的性原则及自主性原则被广泛运用于语文教育中。人们开始以系统思维方法研究语文教育，把语文教育看成语文教育系统。这个系统是由多种要素、多个层次所组成的动态有机整体。又如运用信息论阐述语文教育活动中的信息交流、教学反馈与调控，运用接受美学阐述对作品进行个性解读、创造性解读等。

课程教材建设逐步推进。总结了1949年以来语文教学正反两方面的经验，国家教委颁布了《全日制普通高级中学语文教学大纲（供试验用）》，恢复了语文课应有的性质和功能，并不断修正大纲，使之日趋科学，这对近二十年的语文教学起到了重要指导作用。建立了语文课程标准，指导教材编写，指导教学活动和教学评价。语文教材由一趋多。我国过去只有一套教材，难以适应不同地区的需要，现在实行"一纲多本"。已经审定通过的实验课本就有八套之多，这些教材自成体系,各有所长。

建立一套语文能力训练体系和语文评价体系。新时期以来,通过各方面的努力,特别是高考的特殊推动作用,我们建立一套语文能力训练体系和语文评价体系,内容包括字词句篇语修逻文,覆盖面很广。高考语文测试是对语文能力训练现状的高度抽象,又极大地影响语文教学现状,改革语文能力格局:由语文基础、写作,到语文基础、阅读、写作,再到阅读(语文基础)、写作,逐步淡化语文基础,强化阅读和写作,阅读从语文基础的附庸逐渐独立,与写作并重。

(四)20世纪80年代初期开始,中学语文教学第一线教师开展了扎扎实实的语文教学改革

颜振遥、洪宗礼、时雁行、潘凤湘、陆继椿、于漪等一大批语文教师甘于寂寞,不求名利,投身于语文教学改革,立足现实,着眼未来,做了许多可贵的探索,积累了许多宝贵的经验。他们的教学异彩纷呈,各具特色,有些人已经形成自己的风格,创造了许多新的教学方法。山西师大陶本一创办《语文报》,众多的语文报刊如雨后春笋般涌现,传播先进的语文教育思想、语文教育理论,介绍优秀的语文教改经验、先进的语文教学方法,为语文教育改革推波助澜。一时间语文教改轰轰烈烈,走在各学科教改的前列,一直持续到80年代中后期,形势非常喜人。

二、语文教学的现实困境

步入90年代以来,愈演愈烈的高考竞争,使应试教育走向了极端,语文教学深受其害,出现了种种弊端,语文教学步入现实困境。

(一)脱离实际,远离现实生活

把学生框在教室里,框在语文教材里,框在题海里,学生缺乏必要的生活积累和生活常识,远离社会实践。这是极其有害的。直接的社会实践,不仅能增加学生的生活经验、生活阅历,而且对学生意会大量

的语文模糊性知识,对学生积累审美经验,形成健康的审美情趣,具有极为重要的作用。苏霍姆林斯基特别重视学生的生活体验和社会实践,他一周两次把学生带到野外去,到"词的源泉"去旅行,他把这称为"蓝天下的学校""快乐的学校"。他曾说:"宁静的夏季拂晓,我跟孩子们来到池塘边。印入我们眼帘的是朝霞那令人惊叹的美。于是孩子们感觉和体味到朝霞、拂晓、闪烁、天涯这些词在感情色彩上的细微差别。"(苏霍姆林斯基《帕夫雷什中学》)在苏霍姆林斯基这里,对生活的直接观察活动充满了情趣,提高了学生的学习兴致,不仅体验到生活的经验,而且获得了美感经验。孔子早在两千多年前就说道:"不观于高崖,何以知颠坠之患;不临于深渊,何以知没溺之患;不观于海上,何以知风波之患。"(《说苑·杂言》)语文的外延与生活的外延相等。作为社会交际工具,语文与社会生活密切相关,它源于社会生活,应用于社会生活,一旦离开了社会生活,也就丧失了生命力。观察、调查、参观、访问等生活体验和社会实践,是学生学好语文,增加积累,培养审美情操的有效途径。课文学习是"一掬水",课外学习是"江河湖海",把学生关在教室里而忽略生活实践,这无疑是"小学而大遗"。

(二)积淀太浅,缺乏语文功底

现在学生识字量少,阅读量少,写作量少,练习册多。学生的课余时间被大量的数理化、英语作业占据,还要读各种形形色色的辅导班,或者请老师搞家教辅导,这样所剩无几的一点可怜时间,就是看看电视,很少看书,或者根本不看书。而语文课里学生读书的时间也只有几分钟,大部分时间被老师的烦琐分析和频繁提问占去了,正如苏霍姆林斯基所批评的那样:"学生在课堂上阅读得很少,而关于阅读的谈话却很多。"其实我们知道,任何能力都是学习主体"悟"后"练"出来的,而绝非是"讲"或"听"出来的。缺少阅读,对语文教学是釜底抽薪;缺少阅读,对学生能力的养成是致命一击。阅读是一种综合吸收,须沉潜其中,"读书切忌在慌忙,涵泳工夫兴味长"。更有甚者,教师不但不鼓励学生读书,而且阻止学生阅读课外书,理由非常充分,为了学生能考上大学,为了学生的前途。一位学生在接受记者采访时说道:"看书的时间越来越少,书的篇幅也相应越来越短,从长篇到短篇,从短篇到畅销杂志,最后就是被老师没收的漫画。没收的时候老师说:'不要因为一根树枝,挡掉前面的一片森林。'"(《文汇报》1999年7月17日)越来越多的大学教授痛感现在的学生文化积淀太少,文学感受力在下降,知识面越来越窄,无法和教师产生共鸣。文化积淀太少,不但学不好语文,而且妨碍学生个人的成长。文学素养的缺乏会造成人生与社会经验的缺乏。读文学作品,不仅是为了弄懂语词的含义和文法的规律,而更要紧的是青少年通过阅读文学作品,获得一种少男少女对善与美的把握和领悟,培养起对人类几千年来代代相传的美好心灵、美好情操的特殊感受。这是靠心灵对心灵的呼唤,靠感情对感情的激发,靠智慧对智慧的启迪,绝不是靠课文分析所能替代的。青少年如果没有在文学海洋里遨游,其心灵是会干枯的,长大以后不管从事什么职业都难以弥补这个缺憾。应该让孩子们成为读书人,而不能成为习题人,把书本还给学生,把语文课还给学生。北大教授钱理群说得好:"中学文学教育的基本任务就是唤起人对未知世界的向往。我们的文学教育就应该唤起人的这样一种想象力,一种探索的热情,或者说是一种浪漫主义精神。"美国要求中学生阅读38部课外名著,其中就有《共产党宣言》。语文本身就是一种历史深厚的文化,乌申斯基说得好:"在民族语言明亮而透彻的深处,不但反映着祖国的自然,而且反映着民族精神生活的全部的历史。"不读中外名著,学生的人文素养无法提高,文化的匮乏必然导致道德的衰退。巴金说:"我们有一个非常丰富的文学宝库,那就是多少代作家留下的杰作。它们教育我们,鼓励我们。"应该让我们的学生去阅读经典名著,和"大师们"直接"对话",使学生在全人类所共同创造的优秀文化遗产中尽情徜徉、玩味、思索并汲取、消化，其好处将是终生受用不尽的。

（三）重术轻人，偏离培养目标

主要体现在：阅读教学程式化、作文教学模式化、能力训练机械化。

阅读教学程式化：现在的语文阅读教学由满堂灌转向满堂问或者是满堂灌加满堂问，琐碎的分析一统天下，肢解了一篇篇优美的课文。串讲串问，把具有一定思维价值的问题掰开揉碎，肢解成无数个毫无价值的问题，不利于学生自学能力的形成，影响其消化吸收功能的正常发育。多余的讲解、多余的提问、多余的板书，导致语文课堂教学效率低下，其实是教师在练习讲解技能、提问技能、板书技能。而且教师的分析多半来源于教学参考书，而教学参考书的观点多半比较陈旧，滞后于新形势的发展，假大空的东西还存在，任意拔高，整齐划一，缺乏个性。实际上是教师戴上旧框框又去框学生，教师和参考书的标准答案代替了学生的自我思考，理性的分析代替了感性丰富的体验。这样，扼杀了师生的独立思考，抑制和削弱了师生的创造力，使学生学习语文的兴趣受到很大影响。

作文教学模式化：现在的作文教学喜欢教方法，美其名曰方法，其实是套路，教给学生一些套路，让学生去套，搞的是八股文的那一套，而不考虑学生的真情实感。如此写出来的文章当然无灵性，学生在作文里表露的不是内心的真情实感。有时也讲感情，诸如写《最敬爱的人》《难忘的一件事》等，但是往往不切感，导致学生说假话，虚情假意，学生在作文里表露的不是内心的真情实感，而教师的作文启发和作文点评也并非从心底里发出，这样容易养成学生的双面人格。作文即做人，人以诚为信，文以诚为本，失去了真情实感，文就如枯枝败叶一般，毫无生气。

能力训练机械化：题海泛滥，荒诞离奇；机械操练，刻板僵化。学生的思维能力、想象能力、创造能力、个性灵气给打掉了，教师成了解题

"操作工",学生成了做题"机器人",强烈的功利主义、技术主义的价值取向,将充满人性之美、最具趣味的语文变成枯燥无味的技艺之学、知识之学,乃至变成一种高度工具化、技术化的应试训练。这个问题许多人已有论述,此处不多加论述。

(四)语文教师素质不高,又缺乏有效措施

从整体上看,相对于形势发展的要求来说,语文教师素质不高。而且为了应试教育,语文老师要做大量的习题,且面对大量荒诞离奇的习题,语文老师挖空心思、想方设法要把它们解释清楚,其实不少试题根本就解释不清楚,花费了大量的时间,导致语文教师没有时间看书,甚至没有时间看小说,这是普遍现象。语文教师成了机械操作工,无暇进修,又如何提高自身素质呢?苏霍姆林斯基说:"一个(语文)老师每年不读五六本书,几年之后,他就不好当教师了。"诚哉斯言!

三、原因探究

(一)理论落后于实践

语文学科发展到今天,现在仍缺乏让大家普遍接受的理论阐述,对语文学科教育学的研究对象、性质任务、目标定位、结构体系、研究方法、语文基础性学力、语文发展性学力、语文评价体系以及它与相邻学科的关系等基本问题的认识还不够清晰,还没有形成比较一致的看法,至今还没能建立起语文自己学科的概念体系。语文本来是最有利于培养学生创造力的空间,但现行的语文课程体系忽视语文课程本身所具有的创新价值。认识到这种价值就会发挥它的功能,忽视了这种价值就会抑制这种功能的发挥。以往我们语文课程概念狭窄,把语文课程只看作传递知识的载体和工具,严重忽视了其创新价值,语文课程目标缺乏对学生创新素质培养的明确要求和具体规定,语文课程结构不尽合理;如何使语文课程结构有利于师生创造性的发挥和培养,如何在语文教学中培养学生创造力尚不明确。21世纪社会发展与科技进步对人才的要求以及社会主义市场经济与现代信息技术对语文教学到底产生了哪些影响,我们如何面对世界科学文化高速发展和高度信息化对语文课程的严重挑战,如何处理好学校教育时间的有限性与科学文化新知识高速无限增长的矛盾,实现语文课程设置的现代化,如何适应我国国情,充分发挥汉语言文字的优势,如何继承和发展我国母语教育中的优良传统,形成具有中国语文教学特色的课程体系,实现语文课程设置的民族化……这些问题,理论界都不能予以清楚的解说。总之,对曲折发展的语文教学实践,语文学科理论不能给予深刻的阐释。在知识经济社会,语文的诸多问题不明,很可能导致高中语文的地位摇摇欲坠,现在偏向外语和计算机的倾向已经非常明显。语文学科理论的贫乏,导致理论不能有效指导语文教学实践,最终导致语文教学实践的徘徊不前,甚至倒退。

(二)缺乏常态下的语文教学科学实验

由于功利心、功名心在作怪,甚而还有腐败因素在作怪,现在人们很少静下心来踏踏实实搞教学实验,特别是缺乏常态下的语文教学科学实验,务虚的多,务实的少,不少人的力气大都用在名目的翻新上,追求这个模式、那个方法,形式主义满天飞。虽不乏一些理论探索,但终因无可操作性,而不能给老师以切实的帮助;虽不乏一些教学改革,但终因无可再现性,而没有多大的价值。缺乏科学调查,无大规模跟踪考察,导致语文教学许多该清楚的问题不清楚,比如小学、初中、高中各个不同的年龄段的学生语文能力的层级差异是什么,小学各年级分别掌握多少汉字为最佳等,很多地方缺乏科学的量化研究。科学认识的发展一般经历现象论阶段、实体论阶段和本质论阶段,这和马克思哲学认识论中的三个基本范畴——感性认识、知性认识和理性认识基本是相对应的。语文教育研究正处于现象论、实验论向本质论过渡阶段,既需要理论分析，也需要科学实验、科学调查。

（三）落后于现实的哲学理念

计划经济向市场经济过渡，整个社会也由一元向多元过渡，经济形式的变革，对人类影响是多方面的、深层次的，人们的生活方式、价值取向，也在发生深刻的变化。"选择"已经成了人们一种习惯的行为方式，以自选为特征的超市成为备受人们青睐的购物方式，即是一个典型的例子。个性需要成了人们选择的主要依据，应该说这是符合人性特征的。人是有不同个性的，文学也是多元的，我们的语文教学也应该是多元的；然而语文教学恰恰是一元的。

语文教材是一元的，在全国绝大多数地方是人民教育出版社教材一统天下。四川曾经也编了自己的教材，但最终无法和人民教育出版社竞争，匆匆退出历史舞台。有些省市使用自编的教材，但也是一种教材一统天下，最多是两种，比如上海市有H版和S版教材，然而不论是人教社教材还是省市自编的教材，骨子里都是一样的，都是文选式教材，都是一种教材模式。不同的人（阅读兴趣不同，个性爱好不同，理解能力不同，语文程度不同）读的是同样的教材，毫无选择余地，甚至学校也没有选择教材的权利。教材可不可以有多种形式？可以是文选式的，也可以是专著式的，重点高中的学生完全可以阅读经典著作，以之为教材；可以是按照文体编排，也可以是按照语文能力编排，还可以是按照年代先后编排等。

教法的一元化。从总体情况看，语文教学依然是按照时代背景、主题思想、写作特点，从头至尾地分析一遍，这样一种教学模式一统天下，以前是满堂灌，现在是满堂问，或者是问和讲的综合，始终脱不了分析课文的模式。我们很可以问一下：语文教学不分析课文可不可以？在语文课上，就是朗读课文可不可以？就是背诵课文可不可以？

文章解读方式的一元化。对选入教材的文章，我们的语文教师和学生只能从好的角度去分析理解,去欣赏吸收,不能说一个"不"字。我们的解读必须紧扣教学参考书,紧扣各种标准答案、标准说法,不能越雷池一步;不如此,就会没有统一的评判标准,就会乱,就无法评定谁的分数高低。一篇文章应该分三段还是分四段,不必争论,就按照教学参考书的说法。诸如此类的问题本来是可以有多种答案的,语文本来就是多义的,人看文章的角度也可以是不同的,何必要千篇一律、人人一样呢?鲁迅谈到对《红楼梦》的阅读,不是说过不同的人读会读出不同的东西来吗?对文章的解读本应该是多元解读、个性解读,一千个读者就应该有一千个哈姆雷特。

话语形式的一元化。用规范划一的话语形式来套一个个可爱的学生,使得学生的说话呈现一种形式,谈吐呈现一种腔调,写文章也是千篇一律,套话连篇。甚至课堂上的回答问题也是如此,比如中心思想的概括就必须是"通过……赞扬了……揭露了、唤醒了……揭示了……"这样一种话语形式,像套子一样,把生动活泼的孩子束缚住了,少年偏说大人话,孩子却发成人腔。有人说语言是民族的血脉,单一的八股式的话语形式,体现了个性的呆板划一。这是很可悲的。

评价测试的一元化。语文考试只有一种形式,就是用语文基础、阅读、写作组合的一张试卷来考评学生,此外别无选择,初中学生如此,高中学生也如此。形式统一、内容统一、答案统一、时间统一、地点统一。不但被评价者处于受动状态,就连评价者的主观意愿也很难介入。让如此众多的学生接受同一张试卷测试,接受同一种答案评判,如何体现学生个性,如何体现学生的创新精神?语文评分标准不允许"不拘一格",那么,那些有思想、有能力、有创造性的人才又怎能不拘一格地产生呢?不同的学生选择不同的测试形式、不同的试卷、不同的测试时间、不同的测试地点可不可以?很值得我们思考。一切从人出发,什么都好办。单一的测试模式会造成教学追逐考试的现象。日本也是升学竞争激烈的国家,但日本的升学考试对中学教学影响力相对较弱,原因之一就是它的考试形式多样。日本的私立学校在招生上有自主权,他们多采用单独考试的方法来招收学生;公立学校除了采用大学入学考试中心举办的考试外,还要单独举行考试,考试分笔试和面试,由于考试类型多,内容不同,形式不一,中学教学不便模仿,自然也就放弃了这种追逐。

提倡多元,会不会削弱规范?会不会使教师、学生无所适从?我们以为是不会的。我们说的多元是在不同层面切入的,是在掌握基本原则的基础上切入的,打碎的是枷锁,是僵化的教条,获得的是选择权利,是自由。当然这里面还有很多文章可做,需要我们认真深入地研究。

(四)整个教育应试热烈,背景环境不佳

社会急功近利,浮躁心态,价值偏向,高考就是要淘汰,大学少,考生多,大家就要竞争,应试是社会使然,也受到社会技术化的影响。当人类进入一个高技术的、机械化的、程序化的社会时,其生活中的顿悟、美感、灵性、想象力、人文精神往往会被忽视。

综上所述,语文教改必须扎根于现实的土壤,这样语文教学才有生命力。

语文教师的文本解读[①]

文本解读是语文教师的"坎",要陪伴语文教师一辈子。语文教师要立得起来,就必须跨过这道坎,这非常不容易。

什么是文本解读?这是个宏大的话题,西方研究了几百年,阐释学、新批评等流派纷呈,蔚为大观。为什么要文本解读?因为作者和读者之间,有时间和空间的差距。比如《项脊轩志》,由于时空的差距,读者很容易产生对作品的误读。我们今天要去读懂过去的人写的作品,必然会涉及许多因素。西方文艺理论中的阐释学,包括现象学,就是在研究如何尽量减少误解进行文本解读的。

语文教师的文本解读,一定是首先有文本解读的普适性规律,再来考虑语文教师的文本解读。语文教师进行文本解读,就是要指导学生正确地进行文本解读,有效地提高他们的阅读能力、欣赏能力、审美能力。这和休闲阅读是两个概念。

阅读的一端是作品,一端是读者。读者要读懂文本,会产生许多不同的看法。怎样才算读懂文本了呢?

作品是一端,就要求能再现作者的原意;读者是一端,任何阅读都离不开读者及其主观意识。阅读有很多相关的理论派别。我们语文教师在学习这些理论时,要和语文教学联系起来,要思考如何取其所长,

---

[①] 本文发表于《中小学教材教学》2015年第2期。

为我所用，来指导我们的文本解读。

文本解读中第一层是作者的原意；第二层是文本的意义，是作者在写作时未曾想到的，但在历史的进程中会产生的丰富多样的意义；第三层是读者。我们的文本解读是不可能和作者的原意完全重合的，只是尽量接近作者的原意。我们教师先要做读者，对作者的原意进行揣摩。在尽量接近作者原意的过程中，经典作品在时代发展的进程中意义越发丰富。由于时间、空间的差距，我们对这些意义进行评价时，有差异是必然的，不必大惊小怪。

在理论的层面来讲文本解读，我想有这么几点：第一种是复合式阅读。文本已经解读过了，我们今天，还是照这样的理解来教。这样的解读，意义是受到限制的。这种复合式阅读，把多少年前的东西，再照搬一下，意义是不大的。

第二种是生成式阅读。课堂教学一个是预设，还有一个就是生成。就是经过反复阅读，在原有的意思上，又多了自己的体会。这时的意义是叠加的，有新的生成。过去只要一写故乡，就是故乡情思，现在就不是这样了。老舍写的《想北平》和郁达夫写的《故都的秋》是不一样的。教师读出来，想北平，就是想我的家。这就有了生成的意义。这个生成的意义是在原有的意义上加以延伸，或者是拓展。我们今天讲对教材的钻研，就是不要墨守成规，不要人云亦云，应该读出新意。这里面就有叠加的成分，这个叠加的成分里，有时代的特点，有个性的体验，有我们对一些问题的理解和认识。教师对教材解读的深度和宽度往往决定了教学的高度；文本解读能力的强弱，决定了课堂教学质量的高低。学生的阅读关键在于对语言文字有没有敏锐的眼力，有没有思维的火花，也就是说文字背后是什么，他搞清楚了没有。我们说不要误读，不要浅读，希望要有高度，其实就是希望有教师鲜活的生命体验，能够在课堂上震撼学生。

《殽之战》是中学语文的经典课文。一位年轻教师教学时,既继承了《左传》的原来认识,又有他自己的见解。尽管孔子讲"春秋无义战",但在某一场具体的战争中,还是有"义"和"不义"之分的。蹇叔是文臣,原轸是武将。文死谏,武死战。在秦晋殽之战中,晋是不输理的。读到最后,教师认为这是一种担当,一种责任。写文官,写武将,写郑国商人弦高,在不同的角色里,都有责任,都有担当。这是我们中华民族了不起的一个传统。他从《殽之战》中,读到了传统,读到了我们民族的心声。他没有贴标签,而是从教材本身进行合理挖掘。这就是生成和叠加。

第三种是创造性阅读。创造性阅读难度较大。比如我们教宋词,都是上下两片。有一位研究诗词的专家读辛弃疾的《青玉案·元夕》,认为这首词的结构不是上下片的。他认为,"众里"前面是第一层,最后一句是第二层。他说前面都是写元宵节的盛景。"宝马雕车香满路"是大家闺秀,"蛾儿雪柳黄金缕"是小家碧玉,前面的盛景是对后面"那人却在灯火阑珊处"的衬托。"那人"是实有,又是虚有,他说是实中虚,虚中实,写的是情词,非常真挚,但里面表现的是英雄之气。我想这大概就是创造性的阅读。这里有一整套的从词眼,到格律,到互文,然后到结构的解读,我想这就是创造性的阅读。这对我们语文教师而言,是有相当难度的。

第四种是颠覆性阅读,其中有逆反心理在作怪。比如对李清照的解读,说她是酒色之徒。这就不是一般的误读,而是颠覆性的,把作者的原意完全搞反了。

文本解读是一门大学问。语文老师首先是读者,其次是语文教师。是读者,就要阅读和欣赏,要尽量领会作者的原意。作为语文教师和作为一般读者,有几点是一致的。

语言是核心。语言是通达作者文本意义的桥梁,是解读的核心。

语言和文本意义紧密相连,离开语言是无法走进作者的原意来理解文本的。在文本解读中,理解是个重要的话题。理解是人类活动的基本形式,也是文本解读的根本方法。解读的根本目的就是理解。解读文本是通过语言形成整体感悟,达到和作者视界交会的状况。理解是解读文本的根本方法。在解读文本的过程中,我们的思维方式也在发生变化。中国人的思维方法是求其大,讲起来都是宇宙和天下。西方是逻辑思维,二元对立的逻辑思维特征明显。我们过去的阅读受此影响,这对我们当下的文本解读仍然有影响。

阅读一要抓语言,这是核心;二要抓理解;三要关注思维模式。思维模式既要讲整体感悟,又要咀嚼细部。关注细节是非常重要的。我们的读,有时候就是大而化之。我们读到的多是共性的东西。只有共性,没有个性,教出来的都是一种模式,那就很难感动学生。

文本解读离不开知识结构,有两点很重要。

第一点是知识。比如教文言文,你对文言文的字词知识不甚了解,怎么教得好?你没有办法读懂,对它的时代背景,不是一清二楚,那就要犯错误。语言本身就有多义性和创造性。再如鲁迅作品中很多词语的用法都是创造性的。语言的自我相关性也很重要。我们往往读了后面,忘了前面。比如教外国作品,如果当时作者的时代背景不清楚的话,只看一个词,那是糟糕的。你查字典都有可能搞错。比如 high brow,表面上看是高额头,其实是指有智慧。有时候用在别的地方,又变成了自我欣赏的人。你说这人 high brow,非常有智慧,是褒义的;你说这人自我欣赏,又变成贬义的。我们汉语中字词词义的色彩就更多了。因此,积累知识是基本功,相关的文史哲书籍要多读一些,这样语言才能吃得准。我们今天搞课改,不是不要知识,而是要整体素养,知识结构要更能够适应课改的要求。

第二点是文化。文化包括人类所有的物质文明和精神文明。我们今天讲的文化是精神文化。对一篇文本的阅读，要解读得比较正确，接近作者的原意，把文本的意义读出来，确实要有文化底蕴。比如《林黛玉进贾府》，我刚开始教的时候，哪里看得出那些东西？比如王熙凤看到林黛玉来了，在老太太面前讲，天底下竟有这样标致的人儿，更何况这通身的气派，不像老祖宗的外孙女，而像孙女。我原来只想到这个人真是巧言令色。奉承林黛玉，就是拍老祖宗的马屁。这是浅阅读，如果深下去理解，就不仅仅是这样了。她在老祖宗面前赞美林黛玉这通身的气派，就是老祖宗的血脉。你这通身的气派，是高贵得不得了啊。最妙的是又似孙女儿，又不似孙女儿。她为什么要用这样的语言呢？因为她不能得罪诸姐妹，旁边还有迎春、探春、惜春那么多"春"呢。王熙凤不愧是荣国府的当家人，她对府里上上下下、左左右右的关系是熟透了，既捧了林黛玉，又不得罪诸姐妹。要解读出这些，就必须有相应的文化底蕴。

说文本解读离不开经典作品。什么是经典的作品呢？经典作品的意义不在于作品本身的魅力和奥秘，而在于读者的解读对其意义的开发。歌德说，对莎翁的作品，很多人都说了，但他的意义是说不尽的。因为随着时代的发展，这些经典作品的价值，会越来越丰富，因为这些作品是用作者的生命、血和泪写成的，这些作品是有召唤力和吸引力的。深入的阅读，如十遍二十遍地读《阿Q正传》，读进去了以后，会用自己的生命体验，来对作品的意义加以补充。

教学从来都是创造。每个教师在课堂上拿着文本，面对着学生，用自己的聪明、智慧，还有知识底子和人生体验来创造。我曾经讲过李白的诗是神曲，读李诗是仰望天空。但我们教师要像杜甫一样既仰望天空，又站在地上，站在课堂上。脚立实地，要站在课堂上，面对我们的学生，给每堂课以生命的启迪、语言文字的养料和思维的哺育，这样，就能够把我们的语文课改推向前进。

深入底里　开阔视野[①]
——评《母语教材研究》

世界上各民族的语言都是其本民族的文化地质层，它无声地记载着这个民族的物质与精神的历史，因此，爱自己的民族就必须爱自己的母语。我们从事母语教育基础教育阶段的语文教师，深知借助语言的传播，激活学生民族智慧、民族文化感情的要义，因而，孜孜矻矻，不懈地追求、寻觅提高语文教学质量的良策，以恩泽莘莘学子。

母语教材，当然是语文教师的挚友，凭借对它的认识、理解、使用，提高学生的语文能力、语文素养。然而，有两个难题经常困扰第一线从事教学的教师：一是教学时往往就眼前使用的教材论教材，对教材的来龙去脉不甚了了，于是，断章取义、见识短浅之事屡屡发生；二是语文教学常处于 X 的位置，变化多端，有的语文教师诙谐地说："我们是语录导引，跟着感觉走。眼下流行哪位名家的名言，教学行为就往里面装。"发生这种情况，原因多种多样，但对教材发展的历程全然无知或一知半解，是相当重要的原因。不了解历史，就难以把握现在；对现在朦胧、模糊，思想上没有准星，飘忽不定就在所难免。

洪宗礼、柳士镇、倪文锦主编的《母语教材研究》是给我们解开困惑的极好钥匙。这套十卷本的著作是对母语教材进行系统的、规范的科

[①] 本文发表于《中学语文教学参考》2007年第8期。

学研究十数年之久而形成的科研成果,非一般的编撰作品可以比拟。纵向研究我国清末至今一百多年来不同时期各个阶段多种版本的语文教材及教学大纲,线索清楚,发展的轨迹清晰可辨;横向研究世界五大洲45个国家和地区的母语课程教材,开阔视野,比照借鉴,摆脱狭窄、封闭的思路。参加如此规模宏大的研究课题,人力资源可观,仅专家、学者就达160多位,其中有国内34所高校和国外18所大学的教授106位。这样的规模与层次的确罕见。

  材料翔实、丰富、周全,是这套书的特点之一。百年来,中国的中小学语文教科书版本繁多,课文更是数以万计,研究组花费大量人力、物力、财力搜集,组织专家、研究人员反复筛选,呈现出百年语文教材的全貌,对中国近现代语文教材形成、发展、运用以及产生的影响,既有整体的概述,又有线性的推进,还有点的推敲、评析,具体生动,给人以触手可及之感。单是教材的助读练习,变化的轨迹就曲曲折折。如鲁迅的《故乡》,最早于1923年7月入选上海世界书局出版的《中学国语文读本》,文后无练习。1937年7月出版的《新编初中国文》第四册,有练习题四道:"作者回故乡时所见的景象是什么?幼年的闰土是怎样的一个人?就闰土的话看,那时的农村的情况怎样?本篇的结束表示什么意思?"均为思想内容理解题。此后教科书编者选入该文后,又增加了少许句意理解和词语揣摩方面的练习。1992年《九年义务教育全日制初级中学语文教学大纲(试用)》颁布,为全面落实大纲提出的读、写、听、说方面的训练要求,于是有的教科书课后练习分"理解·分析""揣摩·运用""积累·联想"三个部分八大题。由于指向明确,操作性强,成为大多数教师实施课堂教学的抓手。但题多量大,处置不当,不仅增加学生学业负担,且忽视了对课文的整体把握。2001年,新的语文课程标准提出练习"应少而精,具有启发性,有利于学生在探究中学会学习",文后练习大为减少。《故乡》文后有的教科书安排四道"探究·练习"题。

整体感知题、语言揣摩品味运用题、多解创意题及记忆积累题,把知识与能力、过程与方法、情感态度与价值观有机地统一、融合在一起,在知情义结合上设计练习题。从教科书的编制思想(如语体的文白之争,目标的文道之争,汉字的存废之争,选文的实用文与美文之争)到课文的选择,到练习的设计,与时代发展、社会需求、教育特点紧密联系,从中可明白许多道理。

广开思路,借鉴吸收,是本套书的又一重要特点。一线教师对国外母语教育的状况知之甚少甚浅,即使接触,也往往是零碎的,一鳞半爪而已。这套书对外国语文教材、语文课程标准的研究,既有广度,又有深度,比如外国语文课程标准译介,就对英、美、法、德、日、俄罗斯、荷兰、加拿大、墨西哥、印度、新西兰、南非等20多个国家和地区的语文课程标准和教学大纲作了比较全面的译介,原汁原味,给我们打开了认识世界上许多国家母语的窗户,增长见识,活跃思维。各国母语课程理念、课程目标各有其特点,但共性也很显著。

如:母语课程是核心课程;继承本民族的文化传统,造就有文化素养的公民,赋予母语课程内在生命力与灵魂;母语课程是门工具性和人文性兼具的课程等。这些有助于我们深化对语文课程的认识与理解。外国学者评述他们本国的语文教材,往往是另一种视角,很有借鉴的价值。他山之石,可以攻玉。信息来源丰富,参照系数多,思路广开,拿来为我所用,可大力促进母语教材、母语教学的发展。

研究继承创新,建立语文教材文化,构建语文教材模式,奠定我国创新母语课程教材的理论基础,不仅是本套书的极其重要的特点,更是本课题研究的精髓所在。了解过去,为了更好地面对现在,有预见性地把握未来;放眼世界,借鉴吸收,也是为了更好地立足本土,提升课程的价值与功能。本套书的第九、十两卷着力阐述了"母语教材编制基本课题研究"和"中外比较视野中的语文教材模式研究",从理论和实践结合的高度评说利弊得失,其中有不少真知灼见醒人耳目,能廓清模糊看法,对切实树立正确的教育理念、改革语文教学颇有启迪和帮助。

书的内容实在丰富,难以一一表述。我特别想说的是:当前,教育行政部门、学校、教师培训机构都重视教师专业化发展。学校教育质量说到底是教师的质量,教师的专业水准与课程教材改革的成效成正比。语文教师要在语文课改中发挥作用,展现才华,专业水平就须不断攀升。攀升的途径主要有二:一学习,勤于学习;二实践,勇于实践。现在书多书滥,读书、学习要挑选,否则,浪费有限的时间,脑子里马蹄杂沓,一片混乱。教语文,要懂点语文的发展历史,弄清教材百年来的来龙去脉,框架清晰,判断正确,说起话来就有底气,实践起来也就胜券在握,不会浮游无根。

希望这套书,这项研究成果,成为语文教师的共同财富,伴随语文教师成长、发展。

民族精神教育与语文教学[①]

这么多老师从16个省市来到上海参加这次研讨活动,我非常感动。做了一辈子语文老师,觉得教语文实在是太难了,语文教学真是充满遗憾的事业,因此要不断地探讨、不断地改进。今天上的六堂课,是选自不同层次的学校,不同的学年段,有小学的,有市级高中的,课型也不完全一样。有的课教育性比较显露,有的比较隐性。体裁上有诗歌,有散文,有现代文,也有文言文,课堂教学形式也体现了多样性。我想就今天上的六堂课以及我的理解,谈一点粗浅的看法,请各位专家、各位老师指正。

首先,我想谈谈为什么上海市教研室、上海市教师学研究会和全国中语会组织这样一次活动,即民族精神教育和语文教学的研讨。因为上海有两个纲要文件,一个是《上海市学生民族精神教育指导纲要》,一个是《上海市中小学生命教育指导纲要》。什么是民族精神,在《上海市学生民族精神教育指导纲要》里规定得非常明确,有三方面的内容:国

[①] 本文是作者在"全国民族精神教育与语文课堂教学研讨会"上的讲话暨展示课点评。在推进中小学课程改革过程中,上海率先发布"两纲",即《上海市学生民族精神教育指导纲要》和《上海市中小学生命教育指导纲要》,对于课程与教学的教育目的性作了全面指导和规定,具有深刻的现实意义。如何落实"两纲"? 2004年,上海市教师学研究会发起并组织了全国性研讨会,由原闸北教育学院承办,在原闸北区有关中小学选点施教,从课堂教学个例入手,进行思想交流。本文是本次研讨大会的主旨讲话,从民族精神教育的高度,阐明了语文教学的根本宗旨。

家意识、文化认同、公民人格。现在的学生国家意识相对来讲比较薄弱。想当年五六十年代学生，包括80年代学生，在升国旗的时候都非常激动。现在我们做了些调研，初中大概有近四分之一的学生觉得升国旗无多大意义，高中大概有百分之十八点几，这个数据令我这名老教师实在是忧心如焚。我们千辛万苦培养的孩子连自己国家、自己民族的文化都没有归属感、认同感，那我们的茹苦含辛不就白费了吗？

讲到文化认同，第一个就是要认同我们的汉语言文字，这是最最重要的，认同我们的民族历史、民族传统。汉语言文字是几千年来我们的文化之所以能够传承的命脉。母语，跟每个中国人应该有不解的情结，是我们民族文化的根。一个国家的土地可以因侵略者的入侵而丧失，文化是不能消亡的。一个国家若语言消亡了，就彻底灭亡了。世界上有近6 000种语言，现在已经有近2 000种消亡了。因此，凡是明智的领导者对自己民族的语言是非常非常尊重，非常非常珍视的。比如法语，法语如何规范、如何贯彻实施，是法国总统办公室管的。而现在的年轻学生对我们自己汉民族语言与文字缺乏深厚的情感，这是我们中小学教师感到非常心痛的事情。热爱祖国的语言文字，本身就是热爱我们的民族、热爱我们的民族文化的表现。中华民族拥有自己独特的思维方式，大到宏观的宇宙、天下，在曹操的《观沧海》中，"日月之行，若出其中；星汉灿烂，若出其里"，真是天人和谐啊，小到一个字、一个词都是那么有魅力，那么能够聚意点睛。"红杏枝头春意闹"，一个"闹"字不知写了多少景色，繁花似锦，蜜蜂、蝴蝶纷飞的美景，而这种语言的魅力我们年轻人不太理解。我们中华的唐诗宋词真是璀璨如天上的繁星，这些宝贝学生不是很知道。由谁来传承，谁来撒播到他们心中呢？我想我们从事基础教育的语文老师，真是太重要了。因此民族精神的文化认同和语文教学是血肉相连的。

又比如公民人格。刚才黄荣华老师上课的时候讲到，现在的功利思想可说是侵入每一个领域。学生在学习的时候，真正的品味、欣赏、积淀是很少的，而多是功利心，学习就为考个好的学校，将来的目标是白领。我们教育方针讲得非常清楚，应是培养德智体美全面发展的建设者、接班人。但我们的学生上面半截没有了，要做白领。我不是反对做白领，但教育是要讲究层次的，马克思也讲不能把教育只作为浅层次的价值观，当作敲门砖、功利的求生手段，教育应该有深层次的价值观，那就是人的全面发展——让每个学生成为一个真正的人。因此，我们讲弘扬中华民族的民族精神，要在国家意识、文化认同和公民人格这三方面下功夫。我们的语文教学是宝库，是世界上罕见的宝库，其词语之丰富，表意之细微，表达之深入，真是纤毫都能分别。我们几乎没有什么思想不能用汉语言文字表达的。语言是个巨大的宝库，它本身就是文化，因此它也就是民族精神的宝库，这二者本身就是血肉联系的。这是我们要举办这次研讨活动的第一个粗浅的认识。

第二个粗浅认识是关于我们的课程改革。就全国而言，是1949年以来的第八次改革，上海市是第二次课程教材改革。这次课改的核心问题，一句话，就是以促进学生的发展为本，这是我们的核心理念。以促进学生的发展为本，这个"本"的根和魂在哪里呢？民族精神是人的立身之本，爱国主义是其中之魂。我们继承和弘扬民族精神，就要贯彻并实施到我们的学科领域，这跟我们的语文教学也是完全一致的，跟我们的课改是一致的。我们的语文课改以促进学生的发展为本，全面提高学生综合的语文素养。

语文素养有三根支柱。第一根支柱是知识与能力，这对我们中小学语文教师来讲，耳熟能详，驾轻就熟。但是，这次课改要求我们强主干、删枝叶。我们教的东西有很多是对的，有些确实并没有大用，太烦琐太陈旧，所以要把烦琐的陈旧的偏的难的内容去掉。第二根支柱是过程与方法。长期以来我们的教育比较重视结论、结果，往往对过程不够重视，这是东方教育和西方教育很大的差别，西方教育比较重视过程。其实一堂课就是一个过程，刚刚的六堂课，同志们都看到了，在这个过程里面，当学生全神贯注，发挥他们的聪明才智，用自己的学习经验、生活经验来回答问题的时候，我们老师会情不自禁地鼓掌，给予鼓励，这就是一个过程。如果只是看到一个结果，那么我们在知识传授、能力培养时，在指导他们学会学习，有的时候就忽略了过程，情感态度与价值观也不够重视了。方法是要教的，学生究竟怎么学是要教的。比如读，课堂上应该有琅琅的书声，我也听了一些课，有的读得非常巧妙，有的是傻读，就是一遍一遍地读，小和尚念经，有口无心，读的效果比较差，因此要指导。读要指导，说要指导，想也要指导，这是教。否则要教师干什么呢？否则为什么说名师、严师出高徒呢？我觉得"二期课改"从来没有说要削弱教师的作用，而是更加重视教师的作用，教师的作用更重要了，也更关键了。第三是情感态度与价值观。情感态度与价值观是传统语文教学中的最亮点，中国人学语文从来是读书与做人结合在一起的。读书干什么，读书是明理！——"大学之道，在明明德"（《大学》）。求学干什么？在"明明德"，在彰明内心的美德，"在亲民，在止于至善"，达到至善的境界。因此它的情感态度与价值观本身就是它的内涵，并不是外加的。有的时候，我们把最最基本的传统忽略了，或者由于某些功利就把它放在一边了。

这三根支柱本身是融合在一起的，不是课堂上前半节教知识能力，后半节拓展一下教情感态度与价值观，绝对不是这样，它是融为一体的。民族精神的教育与语文教学的"二期课改"，和贯彻上海市的语文课程标准是完全一致的。一而二，二而一，以学生的发展为本，使得我们三个支柱的融合落到实处。

为什么要抓课堂教学？我们长期以来讲德育，讲德育渗透，做法很多，点子很多，效果不理想，我一直认为是在堡垒外面打外围战，没有进入我们的主渠道,在我们的主阵地上也没有一席之地。我们今日研究民族精神教育和语文教学,就是让我们的民族精神教育,也就是说国家意识、文化认同和公民人格伴随着语言文字的教学,伴随着我们的读、写、口语交际能力的提高而进入我们的主阵地课堂,进入我们语文学科的主渠道。因为一个孩子进入学校学习,一天中绝大部分时间是在课堂上度过的6、7、8节乃至9节课,今天课堂上的质量,就是明日的国民素质的质量。我体会到三尺讲台联系着学生的青春,三尺讲台课的质量如何,学生青春的价值都在里面体现。一个人只有一个青春,青春是无价宝,没法回头,钱也买不来,不管你有多大的本事。比如我真是老了,七十几岁了,现在的事情前学后忘记,中小学学的刻骨铭心,经久不忘,一个晚上可以突击背一本书,现在一个晚上一篇也背不出。可见青春的可贵。

为什么上海市教研室和上海市教师学研究会要花那么大的功夫,一个区一个区地研究课堂教学。我做了一辈子教师,学校里的每个角色我都担当过,任课教师、班主任、年级组长、教研组长、教务副主任、校长,我知道,学校里最难的事情就是上课。学校的质量就看这一堂一堂课的质量,这一堂一堂课是全面教育质量观还是片面教育质量观全部都体现出来。教书和育人结合在一起是全面教育质量观。每堂语文课应该是以语言文字的智育为核心,融合了德育和美育。我们组织此次研讨的第三个理由,就是要搞清课堂是育人的主渠道、主阵地,要提高我们的教学质量。这也是我们课改里头的"课要发挥多功能"的体现,一个是平面的,只教知识,只搞些训练;一个是立体的,在传授知识培养能力的同时教会他们学会学习,让他们的思想、情感、态度、价值观等受到熏陶,整个课的容量就大不一样,在这样的春风化雨的环境中学生成长了。我们想在这个方面提供些案例,供老师们研究探讨乃至批评指正。

第二,我想讲讲六堂课。我刚才讲了,六堂课有上海生源最好的学校,比如复旦附中,那里有上海市高中学生里头前500个当中的一些人,所以黄荣华老师的课主要是进行一些探讨。他在《愚溪诗序》第一节课教下来后,学生对文中的"智"和"愚"有不同的看法。如何解决这个问题,是就智和愚来评判是非呢,还是让学生进一步去读文中有关内容,拎出里面重要的论据?本课就是适当地拓展,让学生理解柳宗元到底是智还是愚,这是探讨性的课。很多老师不了解探讨性的是不是一定是课题型的,是课本以外的内容。其实上海的三种课型(基础型、拓展型和研究型课型)并不是截然分开的,像黄河劈成南北两段那样,它可以适当地渗透。有的是比较好的生源,如建平中学张强同志教的《都江堰》,还有上午向明中学的郑洁老师和育才中学的马玉文老师的课,他们也是市重点,但相对而言,他们的生源就差一点。今天所有的课都是借班上课。休息时有个老师问:"你们为什么不用自己的班级?"我认为,青年教师教学求其真是非常重要的,因为他们在自己的班都试验过了,就不能再用自己的班级。今天两堂小学的课,一节是浦东新区外高桥保税区小学卢雷老师的,一节是闸北区实验小学陈娟娟老师的。她们借的是民办学校外国语大学附小的学生,学生完全不认识老师。

语文课从来都是遗憾的课,上课上得十全十美那确实是没有的,我自己就上了一辈子遗憾的课。有人说于老师你是谦虚了。我说我一点不谦虚,我教了一辈子遗憾的课,这堂好一点,下堂就差了。这非常正常,世上没有十全十美,哪一堂课能放之四海而皆准呢?那就不叫教育,不叫语文教学了。我们为什么组织这样的课,因为它有各种各样的体裁,有各种不同层面的学校。为什么这次请小学老师上课,因为想让中学老师看看,小学语文教学是怎样的,小学生是怎样学语文的。这六节课我不一一评说了,但今天听下来,刚才在黄荣华老师上完课后,我跟步根海同志商量了一下,想谈四点感受。

一是所有的课都应读懂教材,这是非常重要的一点。我们听了几十节课,我觉得读懂教材是非常难的。要真正读懂,既读懂字面,又读懂内涵,还要读懂字面和内涵如胶似漆的关系。很多是没读出来。读得好一点的,我们的老师们马上就认可了。有的读得还好,在实施的时候操作不够理想。

今天的第一堂课《开国大典》是不好上的,但它确实有几个亮点。比如这堂课老师要学生反反复复读,没离开教材。语文就是语文,否则为什么要编教材啊。我听了一些课,实在搞不清它是不是什么拓展。20分钟是语文课文里的,语言文字还没读懂呢,然后就一拓三千里。今天《开国大典》翻来覆去就在读,因为开国大典离现在的学生太远,半个多世纪了,学生很难体会当时的激动人心。因此只能通过文字,通过各种各样的读法。卢雷老师强调的两句是很重要的,"工人农民赶来,直奔会场",要求学生怎么读"直奔",农民是怎么赶来的?让学生体会普通平凡的语言所表达的内涵,表达的人的情感。什么叫开国大典?什么叫开国?毛主席的这席话是怎么讲的?把新闻制片厂当时的新闻搞到不容易,卢老师跟我讲,费了九牛二虎之力。教课是艺术,是心血浇灌。比如当中一段会场的布置,会场的布置是说明的文字,我们中学也最讨厌说明文,很难教,学生不喜欢,枯燥。他把这段说明文字教活了,学生印在脑子里了。因为开国大典学生一定要记得那场景,是怎样的丁字街,是怎样的五座白石桥,北边是什么,南边是什么,旗杆在哪里,八面旗帜怎么迎风招展,都要做动作。学生要进入那个场景,这段说明文字非常重要,他把这内涵教出来了。要小孩子体验中华人民共和国成立的重要性,他真的是非常难体验,他是生在新社会,长在糖水里的,怎么体验啊。因此一个学生讲"三座大山",第二、第三、第四个学生没有其他语言了,由此可见文词的重要。我听了一些小学的课,除了课文里面的语言,学生没有自己的语言,积累不够,我觉得这样不行。我长期教中学,原以为小学的教材很容易读懂,并非如此,要读懂真是不容易。有学者说,读范文正公范仲淹的文章,做中学生时认为他是文人,《岳阳楼记》写岳阳楼气象万千,美极了,尤其是"不以物喜,不以己悲""先天下之忧而忧,后天下之乐而乐",因此脑子里的形象是他忧患的灵魂。后来"文革"中再去读,发现原来他不仅是文人,也是武官,武官做得也很好。他做武官不吹牛,不说自己在西边打仗很了不起,慷慨激昂,壮志凌云,因为防御西夏,他写的诗几乎每首都是愁,都是泪。"酒未到,泪已满",他有坦荡的胸怀,因此他不仅是立言。我们过去讲一个人要立言、立德、立功。后来"文革"中没书看,沈括的《梦溪笔谈》可看看,从书中得知,原来范仲淹救灾也是一把好手。遇灾祸吴中大饥,人们节衣缩食,他带人修寺庙、筑堤坝,跟现代人的经济思想很相近。别的地方饿殍遍地,他所在的杭州就没死尸。为什么？大家都是以工代赈。我举这个例子为说明读懂一篇文章是十分困难的,对作者要有全面了解,对文章的来龙去脉,要一清二楚。所以读懂教材是十分重要的。

二是驾驭教材。中学的课,特别高中的课很难上,难在哪里？不能面面俱到。小学的课文比较短,内容较浅显,很多是直白的。而初中、高中的课文有一定的文化含量,因此如何驾驭教材,是教师的基本功力。《开国大典》可通过这样的朗读、多媒体让学生谈体验。那么长的高中课文怎么体验,课怎么上？因此剪裁非常重要,要有所取,有所舍,有所详,有所略。没有取舍详略,无论如何是教不好的。今天建平中学张强老师的一堂课,开始说课时他讲了很多,后来我们给他提意见,内容那么多是来不及的,要忍痛割爱,因为余秋雨写的是文化散文,每句话都可以咀嚼,十节课也不够,就一节课时间怎么办。现在通过预习,抓三个对比,我觉得就非常好。长城和都江堰的对比,江水和海水的对比,一个实干家、试验家、水利专家和一般当官的比。做了很多取舍。老师要懂得割爱,打仗要把拳头握紧,伤其十指不如断其一指,因此一定要重点突出。我从70年代就培养青年教师,听了很多青年教师的课,下课后我经常要问他们,这堂课到底达到什么目的。如果课上得像八宝粥一样,桂圆、赤豆,什么都好,有限的45分钟学生能学到什么?

再如杨绛的《老王》,这堂课很不好上,这篇文章在人教版教材里是初中的课文,高中的学生应该是读得懂的。杨绛写此文,对老王是非常同情的,同情这样一个社会底层的平民,初中生都能知道。这堂课有三个关键:

第一是老王的"形"。文章里出现的老王的"形"是怎样的,是一个残缺的穷苦人的形象,一只眼睛是瞎的,另外一个眼睛也没有多少光,骑车要撞到树上的,第三次出现的是直僵僵的活僵尸,腿都没办法走,这"形"看得就心酸,因此能不能一开始就让学生把握老王究竟是怎样的"形"?

第二是"情"。恻隐之心人皆有之,杨绛这样一个高级知识分子、著名的学者,她是怎样的心情。郑老师今天讲情是双向的,我非常同意,而且这情还是发展的。杨绛和这样一个三轮车夫本身是平等的,因为在车上可以聊家常。在杨绛和钱锺书落难时,老王同志还来踏车送钱锺书上医院,说"钱先给一半好了",另外还问她有没有钱,这种金子一般的心就出来了。这种真情,一个人落难时受到这种情意,是没齿不忘的。我在"文革"时被斗,在校园里扫地,有个老先生跟我说一句话:"于漪,你要保重,不要想不开。"我跟他的交情非常一般,但就是这样一句话支持我活下来,那种情是发自肺腑的。

第三是"理"。老王在生命要结束时把仅有的香油和鸡蛋送来,可见情是一步一步的。对杨绛而言,平等相待,对老王非常好;老王有金子般的心,持感恩的心情。但文章最后一句话最难,是起灵魂作用的一句话:"那是一个多吃多占的人对不幸者的愧怍。"学生很难理解:上课时学生讲"多吃多占"绝对不是一瓶香油、几个鸡蛋,这理解非常好,为什么？从形到情，这里上升到理性的思考。老王金子般的心，对我没有半点虚情假意，完全是澄澈的，"我"对老王也很好，经济上接济，人好像是平等的，但为什么讲"多吃多占"，恐怕不仅是物质的，对一个有社会良知的人来讲是责己，这是中国知识分子的美德。杨绛和老王，一个是社会上层的，一个是底层的。为何杨绛有如此社会地位，因为她掌握了人类很多精神财富，不仅在物质生活上，精神生活上差距也很大。杨绛学到了人类创造的很多知识与智慧，精神是非常丰富的，从精神到物质都是"多吃多占"的。因此对一个不幸者充满了愧怍就是这个道理。任何一个有社会责任感的、有良知的知识分子，都是悲天悯人的。"我"对老王表面上的尊重和人格上的平等到底有没有差距，我是不是也像他尊重"我"一样来尊重老王这样一个活泼泼的生命。生命是平等的，任何的生命都没有名字，都是平等的。作为有社会责任感的人，中华优秀的民族精英，都有悲天悯人的胸怀，屈原的《离骚》就是一例。从世界范围来说也是如此，没有悲天悯人的胸怀，哪里有《巴黎圣母院》？哪里会有卡西莫多的形象？哪里来《悲惨世界》的冉·阿让？因此，这里是最关键的。高中和初中教学的层面应该是不一样的，定要舍弃点东西，主干才能出得来。所以驾驭课堂的问题是非常重要的。

驾驭课堂的能力和读懂教材紧密联系。《都江堰》不好教，很长，从文化的眼光看，哲理层面的语言很多。比如李冰是"老农的思维"和"澄澈的人类学思考"，不容易理解，怎么讲得清楚？"人类学思考"纵向有很多层面。最底的层面，最澄澈的人要吃饭，"文革"连人吃饭都忘掉了，最最澄澈的思想，生存的意识都没有，但是有"安全"意识，这是人际关系层面。最高层次的，除了文化，还有精神层面的平等。今天张强老师引导学生讲老农意识的方方面面，要生存要温饱，从何而来，从读懂教材、查阅资料而来。

我觉得张强的课还有点遗憾，宗教和人那一块，语言还没敲扎实。

课堂上关键词句要像钉子一样敲到学生心中,让他们经久不忘。张老师讲了,也举了些例子,但真正印到学生心中的,大概分量不大。我们的宗教是很"世俗"的,我们讲的神是通情达理的,人变成了神,没有不可逾越的鸿沟,这里应该略加拓展。因为学生对宗教是不熟悉的,在《上海市中小学生生命教育指导纲要》制定前的调研中,根据抽样结果,中学生有40%的人相信人死了还能复生,简直是不可思议。学生对宗教不了解,因此要生发一下。中国是没有自己的什么几大宗教的,都是外来的,基督教是西方的,佛教是印度的。但在汉唐盛世以及后来,因为我们自身的强大,所以佛教的进来是非常温和的,马上融合到中华文化当中。中国的很多神是人封的,人和神不是截然分界的,西方的上帝,人是绝对不能封的。为何李冰父子能被封为神,关键词语是造福。谁为老百姓造福千秋万代,谁就被封为神明。略加生发学生就会记得很清楚。比如妈祖庙,所有出海的渔民都奉她为神明。关公庙,关公被百姓封为神。驾驭教材要取舍详略,最最重要的东西用"榔头"敲下去,就会经久不忘。刘向《新序》的民族精神的教育是很显露的。季子挂剑墓上,不欺,马老师抓住两个字,"伪",不欺;"宝",品德是宝,还是珍珠货币为宝,让学生能区别开来。应该说,从汉字本身来讲能生发出它的魅力,但是我觉得如何驾驭教材还有很多欠缺,平铺直叙,精髓出不来。

三是课堂教学结构、师生互动。任何一堂课都是师生互动的交响曲,绝对不是独角戏。独角戏是不能教到学生心中的。我不反对讲解,如果这节课有非常精彩的讲解不是不可以。我记得在80年代的教改时出现了一个非常荒唐的说法,看上课时教师讲多少,讲多了是保守,讲少了才是改革。其实,讲得多还是少,关键看你讲什么。对学生都是有用的,五十句也不多;如果是废话,一句也是多的。

师生互动中非常重要的是培养学生质疑能力。今天我们提供了两节小学的语文课,一节以情感熏陶为主,主要教学方法是读,第二节提供的是探究,是质疑,让学生提问,通过提问,阅读有关资料,以及反复地读课文,自己去努力寻找答案,这是培养学生自主学习的能力。我们现在有很多课,提问是虚假的,教师、学生早就准备好了,那还有什么好提问的?上课作假是最大的腐败。因为你以行为告诉学生什么可以作假。学生讲得出、讲不出、讲得好、讲不好,这都是很正常的。一个问题问下去,大家都举手了,这个问题是废话,要不就是事先都知道了。现在很多公开课弄虚作假,我们为什么要全部借班上课,就是这个道理。言传身教,本身都搞不好还有什么好教的。张强的课上多次说这句话,"大家再说一遍,再读读",这就是教。所以要培养学生质疑的能力。

现在的学生发现问题的能力太弱,空讲创新,这是无源之水,无本之木。我们有时词用得很大,漂亮得不得了,其实是泡沫,就像是啤酒,酒只有一点点,上面全是泡沫。教学要货真价实。一字一句到学生心中,一字一句、篇章结构背后是什么,要让学生很好地领会。课并不是都要热闹非凡,又不是超市,热闹非凡并不都是好的,花花哨哨,课要让学生学进去。课热闹得不得了,有的是电视课,有的是杂耍课,没有必要。语文课是语言文字的魅力,备课备到语言文字一个个站立在纸上跟你对话了,明白作者在说什么,你就进去了。教到学生觉得作品站起来跟他说话了,这就对了。因此,课堂上培养学生自学的能力并不就是热闹一番,课不是上给别人看的,是上到学生身上,教到学生心中。去掉包装,多一点货真价实的东西,背背,读读,让学生好好地深思熟虑,谈些感受。我总觉得课不能只教在课堂上,而要教到学生心中,不能随着你声波的消失就销声匿迹了。若一学期有十堂课上到学生心里,成为他素质一部分,你就是了不起的老师,他终身受用。语文是陪伴人的终生的。今天有些师生的呼应不理想,因为教师非常着急,"我的教案完了没有",对学生讲的东西该怎么引导,怎么鼓励,怎么纠正,不够注意。还有,学生在讲,教师自己在写黑板,不交流。这点小学比中学做得好。中学老师要虚心请教，好好向小学老师学习，要跟学生心贴心。

我们教改有两大亮点。第一个是三根支柱，三根支柱的融合是我们语文教学在新时代的大发扬。因为我们要教出有中国心的现代文明人，要德才兼备，有很强的语言能力。第二个是学习方式的改变。学习方式的改变绝对不是一朝一夕的，很多文章中说到，一下子学生全都能自主学习了，我就不相信。有相当多的老师还不会自主学习；我自己也是这样。我有的时候会自主学习，有的时候根本不会自主学习。我看很多文章看不懂。《时间简史》出来了，高中课文选入了《邂逅霍金》。我想去看看《时间简史》，是连环画方式的，但我还是看不懂。那次在北京开数学大会，陈省身老教授讲看得懂《时间简史》的要数学博士，我看到这句话就心安理得了，我不是数学博士。我们老师哪有那么大的本领？学生一节课就自主学习了，不可能。育人的过程是非常艰难的，一步一个脚印，不是变魔术，弄得我们眼花缭乱，应接不暇。其实语文就是语文，自己一定要有主心骨，不要今天东风，明天西风，东南西北风，追风搞得自己晕头转向。要读，真正把文章读懂，驾驭教材，不是被教材牵着鼻子走，要研究课堂教学结构，怎么才能教到学生的心中。

四是教师的一举一动要非常规范。一举一动，包括写字与说话。我们中学老师的字往往写不过小学老师。今天卢老师的字写得很规范。我做校长的时候，有个大学毕业生来实习，我去听课，看到板书我吓了一跳。"国家"的"国"，外面画个圆，里面一个"玉"，我问她，我们"永字八法"里什么地方有一个圆？教师的教学是世界观、人生观的亮相，因此一举一动，写字说话都要规范，不能随便。我在刚改行教语文时，一个高中的男孩子——现在是律师了——作文上写到一个老者，他打了个比方，说他的胡子很长很美，像牡丹花一样。这个比喻错了，我在课堂上读了这一段，他的头就低下来了。时隔多年他碰到我，他说："于老师，当时有地洞我一定钻进去的。"这件事我遗憾终身，当时我太随便了,没有深思熟虑。

其实,每个孩子都是活泼泼的生命体,他写错了说错了是常态,如果都会说了,像今天建平中学的几个学生,那要老师干什么?因此教师的每句话都要掂掂分量,不能随意地拿来用。拿来用,用得好是左右逢源,没有把握的时候还是不要用。教师对学生的教育作用不可能是零,不是正面教育作用,就是负面教育作用。因此教师对自己要非常严格,就是这个道理。习惯成自然,培养学生形成良好的习惯,良好的习惯久而久之就形成了良好的品格。各种各样好的素质培养起来,就变成了完善的人格。

教育为何难,难在打铁还需自身硬。所以选择了教师就是选择了高尚。什么叫教师?古代扬雄说过,德才兼备;什么叫教师,教师就是榜样。德才兼备,智如泉涌,这就是人师。我们的语文老师,应该不仅是学科教师,还是人生导师。今天六堂课里,有国家意识,有文化认同,有公民人格,"邦有道,贫且贱,耻;邦无道,富且贵,耻也"。这都是公民品格,也是我们民族精神中的精华。尤其是今日,全球经济一体化,我们的民族精神尤其重要。我已经是七十几岁的老人,我之所以不遗余力地为语文的价值、地位、作用而呼吁,并非因为我是个语文老师,而是因为母语是文化的生命线。现在西方帝国主义的语言入侵无所不入、无孔不入。有次在报纸上看到一则新闻,我很生气,说小学一年级的语文用外语来教,荒唐到极点,这是全世界也没有的。哪个国家哪个民族不尊重自己的语言啊!为什么香港过去第一语言是英语,那是因为一百多年的殖民地统治。入侵者第一是铁蹄踩躏,第二就是语言入侵。上海一沦陷英语马上全停止,全部教日语。整个世界和平发展是主流,但是虎视眈眈的大有人在。因此我们要坚守祖国语言文字的阵地。要亲近语文,用什么?用我们的实力,用精彩的课堂教学吸引学生对语文的热爱,用精彩的课堂教学来弘扬中华的文化,用自己的智慧和青春来诠释我们的语言文字是有表现力和生命力的。这样才无愧于当一名语文教师。

  语文教学任重而道远,希望在年轻教师身上。因此,我们组织的课全部是青年教师上的,语文教学的光辉灿烂就在青年教师的身上。这是我作为一个老人、一个老语文教师的希望和祝愿!

领受语文的魔力与快乐[1]

童年时代,花样年华,与语文结为亲密的伙伴,就能产生巨大的魔力,获得无穷的欢乐。

语文会亲热地牵着你的手穿越时间的隧道。你可以寻访两千多年前的孔子,了解他幼年趣事,体会他从小敏而好学,增长志气。

语文会精心地载着你跨越广阔的空间。你可以到非洲草原和英国摄影家尼科盖亚一起历险,与雄狮对话,体验突发事件袭来时的紧张与镇静,增长智慧。

语文会热情地领着你去结交许多人许多事,打开你的眼界,活跃你的思维,引导你领略美丽风光,感受世间人情,追求真挚、善良,创造七彩人生。

热爱语文吧,领受语文的魔力与快乐,沉浸在赤橙黄绿青蓝紫的神奇色彩中茁壮成长。

---

[1] 本文发表于《七彩语文》2006年第12期。

汉字,是家乡的象征

看汉字好像走进一个画廊

《学生书画》杂志的创办是很好的,因为中小学生学习写字是一个非常重要的问题!汉字确实非常独特,有人说过:汉字,是家乡的象征。中华文化能传承几千年,汉字是功不可没的。

与拼音文字相比,汉字的艺术性很强,汉字是平面的,是二维的,是方块的,非常有画意。打开外文书籍,看上去像是砖头砌的墙,密密麻麻的;而打开我们小学生的课本,就好像进入了一个画廊,这些字可以向你诉说它自己的神韵。比如,"山"告诉你"我是高高的","川"像是水在流动,"鸣"就是一只鸟在张着口,你好像听到了黄鹂的叫声。这种画一样的文字,对发展孩子的双脑非常有好处,不仅是逻辑思维,而且有想象。这是汉字特有的功能。

汉字的书写是平面的,同时,它又是多角度的。比如,有的字笔画是平行的,有的是横竖交叉的,每个笔画都有自己的特点,错综复杂的笔画组合起来又很优美,有的雍容华贵,有的非常隽秀。汉字本身非常能给人以美感。

汉字和我们是有心灵感应的

我觉得书法本身就有画意,书画都有审美的功能,一个孩子从小接

---

[1] 本文发表于《学生书画》2007年第6期。

触这些优美的东西,他的情操就会高尚;一个人情操高尚了,他就有文化判断力,就能抵御不好的东西。

鲁迅曾经说过:汉字的"形美以感目","声美以感耳",它有平上去入四声,所以有音乐美;"意美以感心"。有些字看上去就是很有趣的,比如一个"笑",一个"哭":"笑"给人感觉两道眉毛是上扬的,也有人把笑解释为竹枝在风中摇曳,摇曳是多么轻快;"哭"就是流着泪的两只眼睛。汉字与阅读者之间产生的心灵感应是其他文字很少有的,孩子从小能接触这些真的是很了不起!

画家刘旦宅先生曾说过,世界上有三大奇观:日出、中国的书法、希腊的雕刻。书法写起来虽然是抽象的笔画、永字八法之类,但是它本身却很有表现力。我曾看过书法家费新我写的毛主席诗词,书法的气势很磅礴,正表现了诗词内容的雄伟。字虽然是墨写的、无彩的,但是它有画的灿烂;笔画虽然是无声的,却有音乐的和谐和韵味,王羲之、赵孟頫,他们每个人写出的韵味都不同。

学书画让你有一颗宁静的心

让孩子从小接触用汉字写成的书法,再配以绘画,对他们是一个很好的培养,这主要体现在这几个方面:一是培养他们热爱祖国的文字,通过汉字与绘画,让他们认同中华优秀的文化。想要培养孩子的爱国心,如果他们对源远流长的文化不热爱,甚至不了解,这是不可能做到的。这种爱是非常具体的,不是空洞的,孩子不断地看到这些优秀的书画,自然就会受到中华优秀文化的感染,渐渐地就会心生热爱。二是能陶冶情操。现在总是有人埋怨文化风气不好,孩子学得太乱,其实孩子的问题都是成人的问题,说它不好没有用,应该琼浆醍醐,用最好的东西去充实他们、感染他们,精彩的书画作品就是这样的东西。三是现代社会节奏很快,急功近利的现象很厉害,人容易浮躁,一颗浮躁的心永远不可能有所成就。练习书画可以培养他一颗宁静的心,培养他坚持不懈地做一件事。写字、画画最能磨炼人的心智,宁静以致远。看起来,这是性格习惯,其实是教他面对再纷繁的社会也能以宁静的心去对待。

有人认为在学校里,写字、画画好的学生,成绩一般都不错,练习书画对学生学习其他科目有帮助。

其实,所有的学科都是互通的,书法练习能够给孩子一颗宁静专注的心,这个心境是成功的关键之一。艺术与科学的出发点可能是在不同的山脚下,但最终的归宿一定是统一的。我们知道,爱因斯坦的小提琴就拉得很好。中国画在线条上非常讲究,色彩的辨别、实物与想象的绘画之间的变化也都有很多学问,如绘画中的留白、布局、想象对人脑的锻炼是很有好处的。我们现在习惯于把什么都看成纯粹的技术,这是不对的。

上海市教委对中小学生的等级考试只保留了写字一项,这说明上海市教委非常重视写字这个事情。文化的熏陶靠讲几堂课、作几场报告是不管用的,必须渗透到日常生活中。如果学校真的是为了孩子的全面发展着想,就应该重视起来,在这方面对孩子有一些要求,会让他终身受益。我曾是师范学校校长,所以我对书法非常重视,我校的毕业生全都写得一手规范美观的字。只有老师的字写得规范、漂亮,才能教育影响学生。

《学生书画》杂志在这方面想给广大的中小学生在书画艺术普及上提供帮助。我想如果能够坚持做下去,一定会有成效的,任何好的愿望想不费吹灰之力就完成是不太可能的。社会真正需要的文化是高品位的。流行的东西很快就会过去,要想流传下去,一定要有积淀。

不尊重母语是莫大悲哀
——从中小学"双语教学"存在之问题说起

眼下,双语教学在中小学中推行,不仅成为热点,简直成了时尚。为了取得轰动效应,有些人动足脑筋,蹊径独辟,闹出些令人啼笑皆非的事。

我不反对双语教学,更不反对学外语。信息化社会显著特征之一是信息纷繁复杂,新知识层出不穷,传播迅速;特征之二是经济全球化,使人们接触更多的外来文化。学生要在这样的社会里生存、发展,就须学会学习,具有较强的阅读与表达能力,具有搜索、筛选、传播等处理信息的能力,母语教育培养这种能力应该是责无旁贷。与此同时,学生又必须学好外语,掌握一门乃至多门外语,尊重理解世界上其他民族,尊重理解外来文化,培养合作与交往的能力。学生要成为现代人,必须从小培养开放的心态,扩大视野。基础教育阶段,采取种种措施,让学生打下外语的扎实基础,确实是有眼力的。在这种情况下,双语教学应时而来,应运而生,无可厚非。再说,上海要成为国际一流城市,更具开放性,更有吸引力,在对外交往中,人才更具优势,夯实语言基础,是培养人的必不可少的准备。

双语教学的实施,要重视必备的条件。师资条件好的学科,条件好的学校,可以试行,总结经验与不足;不能无视条件搞形式,搞花样,搞几句"洋泾浜"。如上体育课,来几句"One, Two, One"操练就算双语了。除了令人捧腹之外,对学生又有什么益处?听说,某学校教小学数学,用外语(英语),听课的数学教师听不懂,听课的外语教师也听不懂,学生当然就可想而知。小学生学外语处于起始阶段,能掌握多少个词语?数学讲概念也罢,做习题也罢,都需要动脑筋思考,要他们在脑中"英译中"怎么来得及?小学生身处母语环境之中,对外语接触甚少,既无口语语感基础,又缺乏相应的语言心理机制,怎么能一下子就接受?真所谓驼子跌跟头,两头不着地。我没有亲听这节课,但有听类似的课的亲身体验。明明是化学,上课的却是外语教师。教师外语水平确实不错,但学生往往反应不过来。问题还不仅在此,更在于外语教师是化学课的"票友",唱给听课的老师听的,偶一为之,并非经常的、持久的。这种做法除了有"作秀"之嫌外,又该作怎样的解释?学校里的双语教学并不是都如此。有些学校根据师生的具体条件实事求是地在某些学科某些年级实施,并不断总结,不断改进。学生在学习某学科知识,培养有关能力的同时,增加了接触外语的机会,能力也相应获得提高。

令人难以容忍的是语文课用外语上,而且是小学语文课。这种事已够荒唐,居然还有媒体炒作,在报纸上宣扬。只要稍有常识的人都知道母语教育对于儿童、对于青少年的健康成长具有多么重要的作用。语文是重要的交际工具,是人类文化的重要组成部分。这就清楚地说明语文不仅有实用功能,而且有文化属性。文化之物不可避免会含有人的情感、意志、态度和思想观念的成分。语言不仅是一个符号体系,而且是认识世界、阐释世界的意义体系和价值体系。这就是说,不但有鲜明的工具属性,而且有鲜明的人文属性。母语教育既培养学生语文运用能力,又着眼于发挥对学生思想感情熏陶感染的文化功能。二者不是割裂的、相加的,而是"统一"在一起,二者一体化。

汉语母语教育自有其独特性。汉语特别具有灵性,它是具象的,灵活的,富有弹性的,创造的空间特别大。汉字是平面型的方块字,由形、音、义构成。"形"是关键,区别于拼音文字,它的笔画或平行,或纵横交错,在二维平面里多向展开;笔画种类多,组合样式丰富;字的构造复杂,数量繁多。学习汉字需要耗费较长的时间。学生在中小学阶段学习汉字,无论是笔画、笔顺,无论是字音、字形、字义,都必须讲究正确、规范。汉字组词灵活,常用的汉字3 500左右,用以组成的词丰富多彩,不计其数。汉语的词法、句法没有多少强制的规矩,不像外语有多少性、数、格,大体靠意会。灵活的词法、句法,对情意的表达产生积极的影响。因此,母语教育中更要注意约定俗成,更要注意规范。汉语的文化性特别强,具有深厚的文化底蕴,具有很强的熏陶感染作用。我们应该有这样的教育理念:语文教育是培养我们的民族情结、民族文化、民族精神的,给学生打做人基础的基础教育,而不是单纯意义上的语言工具。由此可见,要学好外语,必须先打好汉语言文字的基础,怎么能牺牲母语的学习凑热闹呢?

行动受观念的支配,母语都要用外语来教,其实质是对母语不尊重,缺乏深厚的感情。古往今来,放眼看世界,哪一个统一的国家不重视对自己后代的母语教育?语言,对外是屏障;对内,是民族的黏合剂,是血液。语文这个工具在为民族的政治、经济、文化服务的过程中渗进了民族的个性,民族的智慧,成了民族的财富、民族的标志。对学生进行良好的母语教育,绝非雕虫小技,而是关系到国家民族后代良好素质的培养。翻开历史看,尤其是近现代,凡侵略者侵略某一国家某一民族时,首先是军事,铁蹄践踏蹂躏,紧接着就是语言入侵。殖民者强制推行他们的语言,尤其在中小学,殖民地的主流语言实际上就是殖民者的语言。用调换语言的方式来改变感情,改变文化,乃至改变思维方式,来加强殖民统治。以史为鉴,可以保持清醒的头脑。今日,情况大不一样,我国国力大大加强,与世界各国平等交往,语言上当然也应持平等态度。对母语不重视,没感情,不尊重,不好好学,把外语的价值人为地抬到天上,不仅是浅薄,而且是莫大的悲哀。

在多元文化并存、多种语言交流的情况下,汉语言文字的正确运用、规范运用受到严峻的挑战。社会上粗话、秽语;媒体上的错字、别字;文字材料中的语言不规范,中文英文夹杂,英文缩写字充斥;网络语言中鱼龙混杂、泥沙俱下。有识之士、有责任心的人都为此而担心,并创造条件为纯洁祖国的语言而努力。规范语言,提高母语质量,不仅有利于学生的全面发展、终身发展,有利于良好的城市精神的塑造,而且能使汉语言文字在国际交往中立于不败之地。

学校是培养人的重要场所,理应对学生加强母语教育,激发学生学习母语的兴趣与热情。对祖国的语言文字满怀热爱之情,学外语时就不会丢失主心骨,双语教学就会在正确轨道上运行,学生才能真正受益。

语文教师必须有教学自信力[1]

语文课改从起步到现在快要十年了。这十年,我们语文教学第一线教师们的艰难辛苦是难以用语言来表达的。时至今日,我们对许多问题的认识逐步一致起来,但也存在着不少需要进一步探讨的问题。借此机会和同行切磋切磋。

一、语文教师的误区:被他信力左右

十年路程走下来,我们很多教师,包括一些优秀的教师,在上课的时候,自信力都很少,往往是不知道课怎么上。我想这样一种心态,会影响我们语文教学质量的进一步提升。

国学大师、文史泰斗陈寅恪先生教课有四个"我不讲"。他说:"前人讲过的我不讲,今人讲过的我不讲,外国人讲过的我不讲,自己过去讲过的我不讲。"他这种自信力,使他每堂课都有新的见解,从不人云亦云,令人崇敬。而我们语文教学的现状,相当程度是被他信力所左右。

第一,相当数量的教师信教参。实际上编教学参考资料是不得已

---

[1] 本文为作者在"四方杯"全国优秀语文教师选拔大赛上的讲话,《语文学习》记者根据录音整理,并经作者审订。在塑造道路自信、文化自信等主体价值观的时代背景下,本文结合中学语文教学实际,阐述了"教学自信力"的意义和途径,对于语文教师特别是青年教师的专业化成长与发展具有深刻的启迪意义。"修养"是基础,"个性"是特色。由基础生长个性,由个性生长特色,这就是专业成长的必由之路。

而为之，因为我们要保证教学质量的底线。可对有思想的教师来讲，对有抱负的教师来讲，这往往是一种束缚。我审过教材也审过教参，每次审的时候，心里真的是有一种说不出的滋味。什么时候我们的教学能不要教参呢？

第二，信教学时尚。比如，我们用多媒体，把语文教学和先进技术整合起来，这无可非议；但不该用的时候用就多此一举，甚至成为赘疣。

我曾经看过一个录像，教杜牧的《山行》。那个多媒体做得漂亮极了！"霜叶红于二月花"，"石径"顶端是白墙黑瓦的房子。整个一堂课，就是对着这幅画来讲。因此我就想，这首诗如果用来培养孩子的想象力，那多好啊！"白云生处有人家"，这"白云生处"是多少米呀？这完全可以发挥孩子的想象力。可我们的教学把这无限的想象定格在那么狭小的画面里，你们说这个多媒体起的是正面作用还是负面作用？

第三，信评价标准。教师上课就是怕评价，评价就好像是孙悟空脑袋上的紧箍。我参加过一些硕士研究生、博士研究生的论文答辩，有时我看那论文中评价一节课有三十几个指标。三十几个指标，多少项目？一级指标，二级指标，教师微笑几次，学生微笑几次……我想这叫什么课？我也听过一些评课教师的高见，如：这节课如果让我来上会怎么怎么上，我想这人概不叫评课，这是评课人自己的亮相、自己的诉说。任何一种手段都不是万能的钥匙，所以在这些方面我们自己要有清醒的头脑。

第四，信《一课一练》。如果说，学生语文水平的提高，可以靠题海题库这样来一课一练的话，那还要语文教师做什么呢？诸如此类的东西，影响了我们的教师，导致教学自信力消解，被他信力左右：到底什么是语文搞不清楚了，到底怎么教语文、教什么也不知道了。初中高中的语文教学，几乎是差不多的模式、差不多的样式。

二、加强自信力：树立理想，提升修养

我希望我们的优秀教师要有自信力，要树立教学人生的目标，建设你自己的语文教学人生。美国一位管理大师讲了这样一个故事：有三个石匠，在建筑教堂。有人问第一个石匠："你在做什么？"第一个石匠回答说："我只是在这混饭吃的。"问第二个石匠，第二个石匠回答说："我要盖一个全国数一数二的教堂。"说完就埋头敲石头，他要做一个能工巧匠。问第三个石匠，第三个石匠目光遥视远方，然后说道："我要盖一个世界上最有特色的教堂！"同样是石匠，他们的目标不一样，他们的道路和成果也就迥然不同。

哈佛大学曾经做过一个调研，有一届毕业生，无目标的是27%，目标比较模糊的是60%，有近期目标的是10%，有3%是有远期目标的。25年之后，再追踪调查，这有远期目标的3%成了美国的精英。因此，人生的道路上必须要有自己的目标，而树立目标的能力是综合素质的反映。

我树立的目标是终身做一名教师，我一辈子树立的目标是做一名合格的基础教育的教师。我认为每堂课的质量关系到学生生命的质量。求学时期，学生的生命大部分是在课堂里成长的。因此，教师须建设教学人生。日本哲人池田大作讲过：人一辈子都在建设，没有建设的人生是失败的人生，一定是随波逐流的。

语文教师要构建语文教学人生，我热切地期望我们中青年教师能够人才辈出。台湾作家白先勇讲过："百年中文，内忧外患。"外患是什么呢？西方语言的冲击。上海小学一年级就要学外语，跟语文平行。初中的保送生，测试两门：数学和外语。没有把语文当回事。语文建科以来，一百多年的时间，老觉得语文是难题，如果五十年以后仍然是难题，一百年以后还是难题，那么我们这一代一代人在干什么？因此，我想我们建设的教学人生，要有一种雄心壮志，要破解这个百年以来中文

教学的难题。

语文教学是母语教学，汉语言文字文化是我们中华民族几千年的根，但是现在我们自己没有多少发言权，而让国外很多的概念术语来左右我们的语文教学。我们的教学常被作为例子作为证据来证明他们的某个概念的正确性。那么我们中国培养这么多教师做什么？

外患是外部来的，内忧就是奴性——崇洋。中国语文，汉语言文字是世界非常优秀的双脑文字，有它独特的东西，是人家没有的。我想，我们的语文教学重振价值不靠天不靠地，就靠我们这支浩浩荡荡的队伍的自信力。如果我们在教学岗位上不断地认识语文教学的规律，这个难题总有破解的日子。

有学才有识，有学识才有胆识。教学的自信力来自教师深厚的学养。一个有胆识的教师必然是好学深思的，能够身体力行的。以下说三点：

第一是好学。作为语文教师要有文史哲的底子，必须要有文化的积淀。知识不等于文化，知识是一种本领，文化是一种素质。知识是文化的一小部分，是文化的基础。我们过去的一些大学的、中学的教师文化积淀很深，他们没有什么教学参考书，拿起一个教本来，就可以左右逢源。他们的文化底子好，学生再怎么问，他们也不怕。我们现在上课就怕学生问，一问就不知道怎么办，回答不上来。

我们确实要有点文化积淀。我们的语文内容丰富复杂，它的家属成员很多，它的社会关系非常复杂，字、词、句、篇、读、写、听、说，并且跟很多学科都有关系。因此对这些问题，我们必须作出思考。

作为语文教师还需要智慧。智慧就是辨别事物的能力、判断的能力、发明的能力、创新的能力。你有了底子就能辨别这是科学的，还是伪科学的；是真正反映规律的，还是三流化妆。三流化妆是脸上的化妆，二流化妆是精神的化妆；我们要的是一流的化妆，是生命的化妆。

我就是语文,我和语文是融为一体的,要全身心地投入语文的教学中,不要涂脂抹粉,满足于三流的化妆。

第二是深思。一个不会思考的人是成不了优秀教师的。各行各业都是如此,一定要深思。比如,我们为什么会浅阅读,为什么会误读,就是没有通过纷繁复杂的文字表象看到它的内核。

不深思,你怎么知道这些文字背后的东西呢?感性的认知都是朦胧的,因此你要学生真正理解,获得清晰的认识,就一定要从感性上升到理性,形成系统的语言,形成理性的思考。为什么我们的课不能刻骨铭心?不能震撼学生的心灵?不能打动他们心灵深处的一隅?就是因为我们往往是泛阅读,是在文字的表面游移。任何字句都是语言整体里的一个部分,七级浮屠,拆下来就不行了,那就不是浮屠了,不是宝塔了,一句一句的相加不是文章。

文章是有逻辑、有内涵、有情感的。语言本身是双刃剑,课堂上我们要发挥它的正面作用,我们通过语言文字的咀嚼、品味来理解背后作者的写作意图、作者的情和义,乃至文外的东西。品味语言是中国的特色,因为中国的语言文字是很值得品味的。英语每年的新词大概要增加两万,所以莎士比亚的文章,现在英国人读不懂了。中国的词是妙得不得了的,你再增加新的事物,只要把字重新组合一下就好了。过去是牛车、马车、人力车、自行车,现在是火车、磁悬浮车、动车,你怎么组合都可以。因此品味语言确实是很有意思的。但它是双刃剑,弄不好就掉进了语言的陷阱。为什么这么说?言过其实,就是语言的陷阱;我们教师驾驭语言的能力也被消解了,一直被词句拖着走,文没有了,被肢解了。

教课,一是要研究语文和语文教材,二是要研究学生。任何优秀的教师都无法代替学生的成长。师傅领进门,修行在个人,教师的作用是引导,你的方向引得对,方法正确,修行还要看学生自己。汤显祖在《牡丹亭》中写杜丽娘步入园中,情不自禁地说:"不到园林,怎知春色如许?"同样,语言文字非亲身实践不可,要读,要说,要写,要听。教师要养成倾听学生的好习惯。学生有很多思想、意见是很值得我们思考的。你要教他,教心必须知心,一定要养成倾听的习惯。所以课堂,不只是教师展示的场所,它也是引导学生学习思考的场所,实践语言文字的场所,要让学生亲自实践。

第三是力行。事情是干出来的,绝对不是吹出来的,不是捧出来的。捧不出优秀教师,也捧不出领军人物。一定要艰苦奋斗,一步一个脚印,不断地总结自己的经验教训,哪些做对了,哪些错了,用流行的话讲,就是反思。身体力行,才能获得真知。

三、执着追求:形成自己的教学个性

我非常希望我们的语文教学能出现很多流派,百花齐放。有了很多流派,就可以相互促进。我们什么时候有教师专门从美育入手来教语文,就可以使我们的学生在美的世界里徜徉。也可以从文言文这个角度入手,从朗读入手,从写作入手,等等。应该研究教学,研究学生,研究自己。教师一定要充实自己,研究自己,要认识你自己,这叫自信力。我的优势在哪里?我的特长在哪里?我从哪一个地方切入,最能发挥长处和优势?在教学实践中要逐步形成自己的教学个性,逐步成长为出类拔萃的顶尖人物。

到底教师要不要教学个性?我觉得改革到今日十年了,如果我们全国各地都能出一批个性鲜明的优秀教师,一定可以顶起我们语文教学的一片天,而不是都"差不多"。这个差不多,绝对不是胡适先生讲的"差不多先生",而是我们的课基本上面貌是差不多的。我们听了很多课,特别是年轻教师的,教学过程可以说是天衣无缝,一个环节一个环节,丝丝入扣,分秒不差。对怎么教考虑得很多,但对教什么考虑得显

然不够。

20世纪80年代,全国各个地方很多教师都有自己鲜明的教学个性。我不是说这些个性都非常完美,从科学的层面、从哲学的层面、从语文本体的层面,也可能有这样或那样的不足;但是这个人的教学就是这个人的,不是其他人的,这就叫个性。差不多一个模式,我是比较反对的。大家用一个模式,会出现什么状况呢?会出现标准化的教师。标准化的教师就无法张扬个性,你这个人的才华和潜能自然也就显示不出来了。我们很多中青年教师很有才华,但是被框住了,潜能出不来。因为一个模式定型了以后,已经是死水一潭了。语文教材中有那么多丰富多彩的文章,怎么可能是一个模式呢?不同的文章有不同的教法,不同的学校有不同的教育对象。难道你用一个模式就可以套住了吗?套不住的。所以我觉得这是一种危害。

我们语文学科太需要领军教师了。放眼看全国,前不久,东方文化的大学者季羡林老先生过世了;钱学森老先生过世了,任继愈老先生过世了,继承发展的大师何在?当然,那是学术界、科学界的大事。但我们教语文的也要深思,语文是我们民族文化的根,我们太需要全国性的出类拔萃的领军的语文教师。可是没有个性就根本没有可能领军,不可能出类拔萃。出类拔萃需要有智慧。我们的课堂是时间和空间的聚焦点,是传统文化和现代文化包括时代精神的交汇点,是教师和学生心灵沟通的一个场所。语文教学不仅需要知识,而且需要智慧。智慧的起点就是思考。

我们国家最需要的就是创新意识、创新精神。昨天下午我约好了去补牙齿,医生跟我讲修牙用的小小材料不到两克重,却比金子还贵。他说这种材料在中国是没有的,是日本的材料、技术,在我国昆山造的,我们只会模仿。众所周知,模仿只是停留在原来的基础上,它不可能有创新。因此我就想,如果我们总是跟在人家后面走,那是永远不能超越的。什么叫超越？要赶上人家，超越人家，就要有自己的独立思考，有自己独特的认识与做法。

我作为一名老教师，想诉说的就是无限的期望。我一直在想，什么叫未来？未来就在自己的脚底下。语文是陪伴人的终生的，没有一个人一辈子不跟语言文字打交道。传统不是"统"，传统就是把我们最精彩的传给我们的年轻人，在他们身上开花结果。一个对当前工作不全力以赴的人，是没有资格讲未来的。所以我们要树立宏大的目标，志存高远，脚踏实地。经过一代一代人的努力，我们终能够破解百年语文这个难题，能够真正找到我们新时代语文教学的规律。

祝愿我们的中青年教师，能够在教学实践第一线千锤百炼，炼出钢筋铁骨，成为真正的优秀教师。既有知识又有文化，更有对学生对学识的无限挚爱，能够出现出类拔萃的语文教育家，这是我这个 80 岁老人的迫切心愿，谢谢大家。

"标准化试题"把语文教学引入了"死胡同"

语义教育的现状极不令人满意。高校教师反映,学生入学时有些分数很高,但实际读、写、听、说能力低,书面表达能力尤其低,研究生不会写文章已经比较普遍。中学教师反映,现在中学生语文水平令人担忧,视野狭窄,积累很少。学生中常常能听到,语文是"怪"学科,莫测高深,碰到阅读中的选择题,完全是凭着感觉连猜带蒙,是对还是错,完全无把握。语文到了答题"凭运气"的地步,这能算是培养能力吗?

考试内容引入"标准化试题",其初衷是扩大考核面,增强客观性,而结果事与愿违。语文教学尤其是阅读教学一步步进入怪圈:照理应该是教什么,考什么,现在本末倒置,变成考什么,教什么,怎么考就怎么教。各种各样的标准化试题,形式五花八门,恰恰把语文的本质掩盖了。比如出了一个题:天空——(蓝蓝的、灰灰的、青青的、白白的)。标准答案只能是"蓝蓝的",其他都错。真是荒唐至极!自然界的天空,有时是蓝蓝的,有时是青青的,有时是灰灰的,有时是白白的。这是凡有生活经验的人都能见的事实,学生当然都懂。抽去了具体的语言环境,完全不承认生活的真实,拎出个句子硬要选择,学生当然无所适从。

对于这种考试,教师也是难以忍受的。上海有一位很著名的语文教师,有一年让他出考题。当他出完试题,自己答题与原先的标准答案也有出入。这岂非咄咄怪事。不是教师无水平,而是挖空心思出的题目,自己也搞得晕晕乎乎。像这种以科学的名义违背语文规律,搞形式主义，语文教学必然走进死胡同。对选择题的弊端，国际教育界已群起反对，遗憾的是我们尚未洞悉语文学科的性质，还未彻底醒悟过来。语文考试成绩不能反映学生真实的水平，读了许多年书，话说不好，文章写不通，这可能是现行语文教学的悲剧所在。

语文教学陷入困境，也许考试形式与内容只是一个方面，恐怕观念、教材、教法、师资等各个环节都存在问题，是综合性的。

一、对语文学科的性质认识不清楚

语文学科的文与道、工具性与思想性、实用性与人文性，几经反复，几经争论。中学语文重在应用，重在培养人，不是搞什么语言的专门学问。语文的工具性和人文性是一个统一体的两个侧面，不可机械割裂，否则就会把语文教学引入死胡同，急功近利，舍本逐末。语文教学工具性和人文性，互相依存，不可分割。抽掉人文精神，只在语言文字形式上兜圈子，语言文字就会失去光泽，步入"排列组合"的文字游戏怪圈；脱离语言文字的运用，架空讲人文性，又背离了语文课的宗旨，步入另一个误区。

二、烦琐哲学在语文教学中泛滥

无论是教材，还是学生练习册，非常烦琐。将许多文质兼美的文章"肢解"成若干习题，抠这个字眼，抠那个层次，文章的灵魂不见了。脑子里如马蹄杂沓，堆砌了许多字、词、句的零部件。有些字、词，不要说小孩，就是大人，就是作家也很难说得清。如宋玉《登徒子好色赋》描写美人："增一分则太长，减一分则太短；施粉则太白，施朱则太赤。"这段描绘十分动人，不要多说，谁都心领神会。倘一定要追根刨底：究竟有多长多短，究竟有多白多赤？谁能回答？鲁迅在《且介亭杂文二集·人生识字胡涂始》中写道:"假如有一位精细的读者,请了我去,交给我一支铅笔和一张纸,说道您老的文章里,讲过这山是'崚嶒'的,那山是'巉岩'的,那究竟是怎么一副样子呢?……因为我实在连自己也不知道'崚嶒'和'巉岩'究竟是什么样子,这形容词,是从旧书上抄来的,向来就并没有弄明白,一经切实考查,就糟了。"渊博精深的鲁迅先生也谦逊地说自己是模糊的。我们却要学生对某些词解释再解释,辨别再辨别。有些词学生一看就懂,还偏要微言大义,苦学生。教学中如果不从多角度启发,多途径开拓,而专搞烦琐一套,是培养机械的食而不化的学究,而不是培养"四有"新人。

三、严重地脱离实际

语文本身同生活一样,丰富多彩,灿烂绚丽,同时它又是最实际的。现在的语文课变成了"空中楼阁"。以作文为例,题型花样翻新,套路一套又一套。考试只要题型对路,程式套进,就可应付。这种作文教学,怎么会不迫使学生去走捷径、背上若干篇作文选里的文章,考试时押宝?生活活水没有了,真情实感没有了,用文字反映生活的能力没有得到有效的培养。因此,讲现在的学生不会作文,绝不能怪学生,而是我们的教学出了问题,是我们的教学观念脱离了生活的实际。

四、语文教学中形而上学盛行

目前的语文教学,把思想内容的精髓抽掉了,语言与内容严重割裂。语文中的字词,都是一定语言环境中的字词,脱离了语言环境,寻词摘段,抠字眼,说这个词用得好,那个词用得差,怎么说呢?抽去内容光讲技巧,把原先浑然天成、有血有肉的文章,变成鸡零狗碎、毫无生气的东西,怎么能让学生学到作文的真本领呢?学语文就是学做人。伴随语言文字读、写、听、说训练，渗透着认知教育、情感教育和人格教育。语言文字不是单纯的符号系统，而是一个民族认识世界、阐释世界的意义体系和价值体系，它与深厚的民族文化联系在一起。不认识语文的学科性质，只片面强调语文工具，用解剖刀对文章肢解，留在学生脑海的，只能是鸡零狗碎的符号。这样做只会给学生和教师带来许多危害。

从学生这一面来看，它把学生的思维捆绑住了。把活生生的学生变成为"机器人"。学生的思维能力、想象能力、创造能力、个性、灵气都给打掉了。

学语文，讲究语感，讲究灵气。灵气对一个学生来说非常重要。所谓灵气，就是思维敏捷，视野开阔，想象丰富，富有创见。一个孩子只有一个青春。青春对任何人都是很宝贵的，一旦青春浪费就不会再来。倘若语文教学再不改革，我们对不起学生，对不起家长，也愧对民族，愧对祖国，要负历史的责任。

从教师这一面而言，它会影响一支优秀语文教师队伍的形成，教师成了"操作工"，主动性、积极性、创造性受到压抑。有的老师说现在语文教师好比戴着镣铐跳舞，身不由己，我很赞同。其实，我们语文教师也是有个性、有特点、色彩缤纷，富有生活气息的人，我们在实际教学中创造了不少宝贵经验，只是反被忽视了。

每位语文教师的手中有两件东西，语文书和教学参考书。现在有的单位和部门，抓教学就是编"教参"、编习题，把一张张教案卖给教师，把一套套试卷卖给学生。这种做法何时能休？语文教材要多钻研，独立思考，穷尽其中的奥妙；教学参考书要少看，最好不看。语文教科书中的佳作是带有生活露水的鲜花，越钻研，越能领悟到思想的深邃，语言的魅力，从中深受教益，照搬教学参考书，容易成为思想上的懒汉。教课没有自己独特的真知灼见，课堂上就没有活水流淌，学生学起来当然也只会味同嚼蜡。

作为第一步,语文界的有识之士要充分揭示语文教学的弊端;第二步要求深入地调查研究;第三步才能找寻到根除弊端的对策。第一步非常重要。困境令人窒息,改革势在必行。人为的怪圈要靠有志之士、靠全体语文教师齐心协力来攻破。

立足于学生的发展
——对《九年义务教育全日制初级中学语文教学大纲（试用修订版）》的粗浅理解

中学语文教学如何贯彻国家的教育方针，有效地培养学生，有效地提高质量，一直是基础教育中的难题，许多语文教育家和语文教师多年来进行大量的教学改革实验和理论探讨，取得了不少成绩，但从总体上看，效果不理想。尤其面临新世纪的挑战，语文教育中的许多问题必须站在时代的高度和战略的高度认真加以审视和反思，认真进行研究，寻找妥善的对策。唯其如此，才能提高认识，加强和改进当前的语文教学，推进素质教育的实施。

世界上事物不是静止不变的，今天是昨天的发展，明天是今天的延续与发展，语文教育当然不能一味执守过去，而应在过去的基础上扬长避短，加以发展，应放开眼光，展望未来，从实际出发，规划当今。教育部最近公布的《九年义务教育全日制初级中学语文教学大纲（试用修订版）》，就是适应时代要求的产物，是教育改革深入发展的必然，是长期以来语文教学实践正反经验的提炼与结晶，是初中语文教学新起点的标志，顺乎广大学生、广大语文教师期盼学好语文、提高语文教学水平与学习质量的心愿。

修订的《九年义务教育全日制初级中学语文教学大纲（试用修订版）》牢牢把握语文学科的特点，遵循语文教学固有的规律，促进学生整体提高语文素养,促进学生生动、主动地发展。大纲指导思想正确,教学目的、教学内容和要求切合学生实际,深化语文教学改革,纠正语文教学时弊,体现了第三次全国教育工作会议精神,富有时代特色。简言之,它有以下一些显著的特点。

一、学科性质与功能的定位有突破性的进展

新修订的大纲开宗明义指出:"语文是最重要的交际工具,是人类文化的重要组成部分。"语言明确,毫不含糊。新修订的小学、高中语文教学大纲第一句话也是如此。这是1949年以来三个学段的语文教学大纲第一次用相同的语言确定语文性质。众所周知,由于多种因素的制约,给语文性质定位是件十分艰难的事。在有些年代,语文曾成为思想政治教育的工具,近二十年来,语文的工具性质在语文界已相当程度达成共识,有其进步性,然而,纯工具倾向的蔓延,又影响了语文教学的健康发展。此时此刻,新修订的大纲界定语文性质,就具有特别重要的意义。语文是最重要的交际工具,只有人类才拥有,它负载人类文化,而自身又是文化的组成部分。一个民族能够自立于世界民族之林,是由于它自身许多特征组合成一个牢固的整体,如民族经济、民族文化、民族风俗习惯,还有一个更重要的就是民族语言。民族文化是民族的根,民族语言由于它负载民族文化,又是民族文化的重要组成部分,因而它是根之根。语文的差异表现了文化的差异,学好一种语言就是对一种文化的理解、认同,乃至掌握。我们的语文教学是母语教学,学语文,培养理解和运用语言文字的能力,不能忘记、偏离和丢失中华民族的民族思想感情、民族道德、民族精神、民族的审美观念。大纲提出语文是"最重要的交际工具,是人类文化的重要组成部分",这就冲破了对语文狭隘的片面的理解,还语文自身的本来面目。

语文学科由其性质所决定,对学生的教育必然是多功能的。1992

年《九年义务教育全日制初级中学语文教学大纲(试用)》在"教学目的"中注意到培养学生基本的阅读、写作、听话、说话能力的同时,应对学生进行情感教育、审美教育。遗憾的是由于语文性质观的偏离,在教学实践中把语文的训练功能提高到定为一尊的地位,其他本应发挥的功能削弱了,遗忘了,乃至失落了,语文本身固有的综合功能被人为地肢解了,残缺不全了。新修订的大纲既继承了原大纲的精神,又有了新的发展,使语文学科的功能更为完备,更为切合语文学科特点,更符合培养目标。"指导学生正确地理解和运用祖国语文,提高阅读、写作和口语交际能力",让语文发挥实用的功能,这是不言而喻的;与此同时,要发挥熏陶感染的功能,准确地、生动地把握语言文字的内涵,"培养学生的爱国主义精神,激发学生热爱祖国语文的感情,培养社会主义思想道德品质";要发挥语文的发展功能,在教学中要"发展学生的语感和思维,养成学习语文的良好习惯","努力开拓学生的视野,注重培养创新精神,提高文化品位和审美情趣,发展健康个性,逐步形成健全人格"。后者可说是全新的概念,全新的要求,反映了时代的精神。

21世纪的文盲不只是不识字的人,而是不会学习、不会发展的人。学科教学中如何培养学生学会求知、学会发展是必须研究又必须认真解决的问题。在大纲中,第一次提出要发展学生的"语感和思维",第一次提出注重培养"创新精神",第一次提出"提高文化品位",第一次提出发展"健康个性",逐步形成"健全人格",强调了语文教学中要以学生的发展为本,春风化雨、润物无声、细水长流地进行人格教育。这些教育要求,体现了鲜明的时代特征。不是人云亦云、机械操练、简单模仿,要让学生学会独立思考,有创新意识、创新精神;在文化多元的背景下,如何提高识别能力,提高文化品位和审美情趣,是育人不可掉以轻心的基础。学生有共性,但如何因材施教,发展健康个性,使学生特长、优势充分得到发挥,学习色彩斑斓,也是学科教学要十分重视的课题。语文的性质与功能有了准确的定位,指导思想明确,教学行为就能沿着健康的轨道前进。

二、强主干,删繁枝,致力于学生语文素养的整体提高

新修订的教学大纲在教学内容的更新和教学要求的调整上作了出较大的变动。教学内容的更新在三个方面作了努力。一是增强时代气息,充分利用当代优秀语言的文化资源,适应时代精神和思想观念的发展变化,迅速反映社会生活;二是考虑人文学科的特点,增加文化内蕴,改变过去过分强调语言知识教学与训练的倾向,注重人文精神的培养;三是贴近学生生活,充分考虑与学生经验世界和想象世界的联系,以满足现代学生的心理需求。这些做法对改进语文教学、提高学生语文素养,推进素质教育的实施无疑有十分积极的作用。

由于片面质量观的作祟,语文教学中重术轻人的现象屡见不鲜,即重语文技能技巧的训练,轻"人"的培养。语文教学当然要培养学生的语文能力,对如何正确理解和运用祖国语文的能力必须进行有效的培养和训练。但教"语"教"文"的同时,必须紧扣培育学生的大目标,不能见"文"不见"人",淡化乃至忽视对"人"的培养。语文教学的目标应全面考虑,质量应全面衡量,不能以偏代全,以偏概全。又由于应试教育的影响,"教"围着"考"转,违背语文学习的规律,破坏课文学习的完整性,大搞题海战术,机械操练,重复操练,用语言文字的种种零件充斥学生的脑袋,学生几乎成为解题的机器,学语文的灵气不见了,主动性、积极性受到损害。任何一门学科的学习都有其独有的规律,违背规律,必然导致质量的下降。语文方面的理解与运用,并不都是非此即彼的,训练机械化,束缚学生的想象力与创造力,其结果是猜题、蒙题,解题技能熟练了,而真正的语文水平、语文素养却下降了。无可讳言,过分重视语言文字的形式,忽视其丰富的内涵,文化的含金量大大下降。语言文

字是民族文化的地质层,中国语文积淀了中华文化的精粹。语言和思想、情感是同时发生的,实质上它就是意识、思维、心灵、人格的组成部分。教学生学语文,也就是同时用人类的精神文明,用中华文化的乳汁哺育他们成长,提高他们对自然、对社会、对人生的认识,"文"和"人"有着天然的血肉联系,不可分割。语文是民族的根,对外是屏障,对内有巨大的凝聚力,如果只重视语言文字形式上的排列组合,忽视其丰富的内涵,不仅语文能力难以真正提高,文化素质更是空中楼阁。素质不是一种技巧,可以轻松掌握。素质是一种心灵的塑造,在塑造人的心灵过程中,中华文化能起到以一当十的作用。由于认识上的偏离和学生过重的课业负担,语文教学往往被关闭在狭小的课堂里,一定程度地脱离生活实际,忽略了学习语文的大天地。而课堂教学又往往重分析、轻积累,重机械操练、轻读写实践,这就影响了语文能力的有效培养。语文学科是一门最开放的学科,语文与生活同在,应用性极强。拘泥于某种固定模式,以操练代替学生的阅读、感悟,代替培养他们观察生活、认识生活、运用语言文字表情达意的能力,学生学语文的主动性、创造性难以充分发挥,学习的质量与效果也就可想而知。"厚积而薄发",学生"积"得少,又能"发"什么呢?读写实践是语文的两翼,读得很少,读得不得法,无疑是釜底抽薪,学生腹中空虚,欲言无物,阅读能力、表达能力怎可能适应现时代社会的需要?

  针对种种教学中的时弊与不足,修订的新大纲简头绪,削繁枝,强主干。如把原大纲中的"教学要求"与"教学内容"合起来,改为"教学内容和要求",把原大纲中"教学要求"的"阅读能力""写作能力""听话能力""说话能力""基础知识"五个部分和"教学内容"的"能力训练——阅读训练、写作训练、听话训练、说话训练"的48条要求以及"基础知识"的21条要求,以"教学目的"为准绳,精简、归并,去除交叉重复,更改为"阅读""写作""口语交际""语文常识"22条要求,一改臃肿、烦琐的格局,重点突出,简明可行。为避免和克服教学中的支离破碎,"阅读"部分特别强调要"整体感知课文,体会作者的态度、观点、感情,理解课文的内容和思路,领会词句在语言环境中的意义和作用"。感知、理解、领会不能脱离语言环境,不能肢解课文,必须遵循阅读的整体性原则。

为了致力于学生语文素养的整体提高,新修订的大纲弘扬人文,增强了文化含量。语文学科内含的人文价值、人文内容、人文精神犹如血溶于水,分不开,割不断,只是人们的认识有差异、有深浅不同而已。历史的深刻教训是:人文精神的失落必然导致国民素质的下降。语文教学是母语教学,人文精神的弘扬和文化底蕴的充实都是给学生做人打地基的,有坚实的地基,有厚实的底气,对语言文字的理解、运用、学习、追求就会出现新气象。大纲在阐述语文学科意义时增添了"对于弘扬民族优秀文化和吸收人类进步文化,提高国民素质,都具有重要意义"的内容,表现了对学科的认识立足点更高、视野更开阔。在"教学内容和要求"中提出要"诵读古代诗词和浅易文言文,能借助工具书理解内容,背诵一定数量的名篇";提出要"养成读书看报的习惯""课外自读每学年不少于80万字(其中文学名著2~3部)";提出"课文要具有典范性,文质兼美,题材、体裁、风格应该丰富多样,富有文化内涵和时代气息";在"教学中要重视的问题"里提出"要从语文学科的特点出发,使学生在潜移默化的过程中,提高思想认识,陶冶道德情操,培养审美情趣"。凡此种种规定,加大了全面培养、全面提高学生语文素质的力度。也就是说,语文教学要加强综合,简化头绪,突出重点,注重知识之间、能力之间以及知识、能力、情意之间的联系,在科学地训练学生语文技能技巧的同时,须用中华优秀文化和人类的进步文化对学生进行精神哺育,使语文发挥它固有的对人教化和陶冶的功能,从根本上改变把一篇篇寓意精辟深邃的佳作、一篇篇声情并茂的美文,肢解得鸡零狗碎以及使震撼心灵的智慧、感人肺腑的感情、语言文字的生命力荡然无存的状况。

　　新修订的大纲在致力于学生语文素养的整体提高方面特别值得赞扬的是加强实践,重视积累和拓展学生创造思维的空间。大纲强调"联系现实生活,加强语文实践",强调"教学过程应突出学生的实践活动,指导学生主动地获取知识,科学地训练技能,全面提高语文能力",规定了阅读量(每学年课文不少于 60 篇,课外阅读量如上述),写作量("作文每学年一般不少于 14 次,字数不少于 0.7 万,其他练笔不少于 1 万字。45 分钟能完成 500 字左右的习作"),第一次在大纲中规定了古诗文背诵的 50 个篇目,第一次在大纲中规定了课外阅读推荐书目。文化的积淀靠积累,语言文字能力的提高同样需要积累。这就使"积累"落到了实处。重视实践不仅要把握住课内的阅读、写作、口语交际,而且要牢牢抓住课外。如只注意抓课内一小块,而放弃课外一大片,犹如沙上建塔,底气极差,虽煞费苦心,但终难见效。新修订的大纲首先重申原大纲的提法:"语文课外活动是语文教学的组成部分。"习惯势力是重课内、轻课外,课内教学是计划再计划,课外是放羊、放弃,在师生的无意识中放掉了语文学习的好时机、好光阴。现强调要"生动活泼地开展课外阅读、写作、参观访问、专题研究等活动",要"重视创设语文学习的环境,沟通课本内外、课堂内外、学校内外的联系,拓宽学习渠道,增加学生语文实践的机会",这不仅强化了语文课外学习的意识,更为重要的是把语文学习的空间大大拓宽,"内"与"外"构成整体,联系、沟通、渗透、促进,大大有利于学生学得主动、学得积极。语文教学既带领学生进入语言"时间隧道",穿越几千年历史的积淀层,认识历史,感悟人生,吮吸人类优秀文化的精华,又引导学生拓展广阔的空间,与鲜活的社会生活紧密联系,观察、体验、感悟,学生对语文的理解和运用的能力以及认识生活、分析事物的能力必能明显地提高。

　　创新是一个民族进步的灵魂,从小培养学生的创造意识、创新精神至为重要,关系到民族素质的提高,关系到事业的发展与兴旺。修订的大纲多处强调要注重培养学生的创新精神,如"教学目的"中规定"注重培养创新精神";在"阅读"中提出"对课文的内容、语言和写法有自己的心得,能提出看法或疑问";在"写作"中提出"鼓励有创意的表达";在"课外活动"中提出"应充分发挥学生的主动性、创造性";在"教学中要重视的问题"中提出"要重视学生思维能力的发展。在语文教学的过程中,指导学生运用比较、分析、归纳等方法,发展他们的观察、记忆、思考、联想和想象的能力,尤其要重视培养学生的创造性思维"。纵观大纲各个部分的阐述,可清晰地看到对学生"培养创新精神"一以贯之。这是一个了不起的进步。以往在学科教学中对思维能力的培养确实未给予足够的重视,在自觉不自觉中,学生往往成为承受知识的容器,主动性、积极性受到压抑,创造性思维更是摆不上位置。如今在培养学生学习语言文字的过程中重视学生思维能力的发展,不仅体现了大纲以学生为本的指导思想,促进学生语言能力的发展,而且适应现代社会要求,充满了时代气息。

《中共中央国务院关于深化教育改革全面推进素质教育的决定》中精辟地指出:"实施素质教育,就是全面贯彻党的教育方针,以提高国民素质为根本宗旨,以培养学生的创新精神和实践能力为重点,造就'有理想、有道德、有文化、有纪律'的德智体美等全面发展的社会主义事业建设者和接班人。"新修订的大纲致力于学生语文素养的整体提高,突出创新精神和实践能力的培养,符合党的教育方针的要求,符合《中共中央国务院关于深化教育改革全面推进素质教育的决定》的精神,能促进语文教学获得新的发展。

三、改革教学评估,保障语文教学改革顺利进行

原初中语文教学大纲未对教学评估专门论述。关于评估和考试的

问题最早见于《全日制普通高级中学语文教学大纲（供试验用）》，1996年起试用。新修订的教学大纲增添了"教学评估"内容，专门列为一章，参照原高中大纲的要求，作了较大的改动。

较长时间以来，对语文教学的评估往往是一考定终身。而考试，又认为"主观性"试题不科学，于是绕道走，大量的"客观性"试题充斥。再由于利益的驱动，语文学科出现了前所未有的题海战术，学生在题海中翻滚，训练成灾。要保障学生的读写实践活动，保障学生能主动获取知识，全面提高语文能力，有创新精神，教学评估非改革不可。

教学评估对教学总是有导向作用的，正确的、科学的教学评估能推动教学健康发展，促进教学质量的提高；反之，会影响乃至阻挠教学的正常发展。为此，新修订的大纲首先明确教学评估的指导思想，明确评估"要符合语文学科的特点，遵循语文教学自身的规律"。离开了语文学科的性质与功能，评估就必然对不上榫头，也必然会产生种种意想不到的负面影响。新的教学评估正是紧紧扣住语文学科的性质与功能，按照语文教学自身的规律在教与学两个方面展开。"对教师的评估要重视教师的教学过程和教学效果，不要以学生的考试成绩作为唯一的评估依据"，这就在相当程度上解放了教师的手脚，给教师的教学改革创造了条件，留下了创造性地进行教学的空间。如果分数这根绳索捆得紧紧的，那就很难真正做到"提倡灵活多样的教学方式，尤其是启发式和讨论式，鼓励运用探究性的学习方式。要避免烦琐的分析和琐碎机械的练习"。传统教育有其合理精华，但重结论轻过程、重传授轻探讨、重记忆轻创造，有明显的弊病。教学过程应科学、合理、有创意，学生能多方面获得培养，只以考试成绩作为唯一的评估依据往往挂一漏万，不可能衡量出教学的全部水平。而今把教师的教学过程和教学效果综合起来评估，就教学规律的遵循而言，大大前进了一步。

以往对学生语文学习的评估总是笔试题，以刚性的、理性的题目测试显性的、近期的效果,评估测试的结果与学生的实际水平常常不完全吻合,考试、评估对学生学习语文的积极性、主动性往往无多大帮助。新修订的大纲对学生学习的评估目的在"有利于激励和引导学生语文素质的全面发展",因而评估就不局限在某一方面的效果,而是"要重视语文积累、语言文字运用能力和语文水平发展的评价",评估的原则与方法也多种多样,三个"结合"两个"并重",即"实行定量与定性相结合、客观与主观相结合、笔试与口试相结合,坚持态度情感与知识能力并重、过程与结果并重"。评估作如此深入的改革,可促使学生真正去学好语文,提高语文素养,发展个性。

明文规定"语文考试要以主观性试题为主,鼓励学生有创见。不能用难题、怪题、偏题和烦琐机械的题目考学生。语法修辞和文体常识不列入考试范围"。这不仅有利于减轻学生过重的不必要的负担,更在于尊重语文学科的特点,按学科的特点办事,给学生以充分施展才能的空间。

教学评估的改革和教学内容与要求的调整、更动、改革配套进行,对语文教学目的的实现起了可靠的保障作用。新增加的"教学设备"部分,规定了学校应有的图书资料和设备,目的在为语文教学改革提供良好的条件。

新修订的语文教学大纲内容实在,观念鲜明,改革力度大。最大的改革是教育思想有发展有突破,具体地说,对语文的性质、功能,对语文教学目的、教学内容和要求、教学评估等均有新的观念,强调学生语文素质的整体提高。依此编写教材,依此进行教学,依此进行教学评估,语文教学必将创造出许多新鲜动人的好经验,学生的语文整体素质一定会获得明显的提高。

喜看初中语文教材突破性的进展

语文教师爱钻研语文教材,也爱评论语文教材。钻得深入,熟知教材中语言文字运用的佳妙,教起来就能得心应手;评得恰当,洞悉教材的特点,使用时就能充分发挥它的育人作用。

最近连续拜读了人民教育出版社九年义务教育初中语文的几册教科书,深感这套教科书编得扎实、活泼、有梯度,特别令人高兴的是在不少方面有突破性的进展。下面试评一二。

一、贴近生活,联系实际

我国旧式语文教学的弊病之一就是脱离生活,脱离实际。阅读,着力文章写作技巧的揣摩,不探求文章如何反映生活;作文,几乎陷入对古人文章的程式与腔调的魔圈之中,很少研究如何反映实际,表现生活。中华人民共和国成立四十多年来,特别是近十年来,语文教材的编撰者和语文教学实践者越来越认识到这种弊病的危害,大力进行改革,在语文教学联系生活实际方面作了许多有益的探索与尝试,但还不能说这种弊病的影响已完全消除。而且,这种探索与尝试,就其理论性、系统性、实用性来说,还有待于大大完善。人民教育出版社九年义务教育初中语文教科书在这方面有所突破。

这套教科书编排的指导思想十分明确:语文是交际的工具(请注意,不是一般的工具),是用来反映生活和服务于生活的,语文的运用和生活有密不可分的联系。当然,这里的"生活"是广义的概念,包括生活状况,包括由生活产生的思想感情,也包括为生活服务的科学技术等。离开生活,语文就会变成空洞的外壳。脱离生活的语文教学必然只会在符号上兜圈子,程式上乱推敲,不仅索然寡味,而且收效极差。在当今社会,人们交际的频繁超过以往的任何时代,如果撇开了沸腾的生活去谈语文、教语文,岂不是把语文变成"套中人"那么滑稽,那么可笑?离开了生活,语文的工具性、实践性也就无从说起。

基于这样的指导思想,教科书的总体结构中贯串了学习语文与生活实践不可分的线索。第一阶段使学生认识语文的运用与生活的关系,培养观察、认识、分析生活的能力;第二阶段继续培养观察、认识、分析的能力;第三阶段培养综合运用生活材料和书面材料的能力,培养在日常生活实践中运用语文的能力。与此同时,结合对生活种种能力的培养,培养记叙、说明、议论的吸收与表达能力。这就使指导思想落在实处。

尤其令人赞赏的是第一册的编排,大大突破了一般教材的编写程式,新意盎然。整册书都在引导学生树立学习语文的正确态度,懂得语文的学习和运用与生活的关系,懂得读和听是理解别人对生活的反映,写和说是表达自己对生活的认识,懂得增强理解、观察和分析生活的能力是提高读、写、听、说能力的必要条件。学生懂得了这些道理,并在实践中加以运用,学习语文就不会有无源之水、无本之木的苦处,学习质量就会明显提高。第一册第一单元的编排在中学语文教材中实属罕见,给人以清新之感。第一单元所选五篇文章都是家庭生活的反映,学生生活在家庭之中,对家庭生活不仅熟悉,而且有真切的感受。读这类文章易理解,有兴趣,练习用语言表达生活,会觉得有话可说,不是硬做文章。按照课文反映的生活内容,由近及远进行编排,符合刚入初中学生的认识规律和心态,产生的效果必然良好。

反映生活和服务于生活的思想在实用文单元的编排上也显露出特色。第三册读报单元有知识介绍，有各种体裁文章的展示，内容丰富，图文并茂，无不贴近生活，反映生活。与过去教材中应用文单元比较，可以说是一次飞跃。过去的应用文面孔板，量少，教师怕教，学生不愿学，究其原因，在于与生活貌合神离。如今，注入了生活的活水，版面活泼了，味道浓郁了，与动人的小说、散文一样，神采飞扬。

二、主干鲜明，功能多样

《九年义务教育全日制初级中学语文教学大纲（初审稿）》中对"教学目的"作了这样的规定："指导学生正确理解和运用祖国的语言文字，使他们具有基本的阅读、写作、听话、说话的能力，养成学习语文的良好习惯。在教学过程中，开拓学生的视野，发展学生的智力，激发学生热爱祖国语文的感情，培养健康高尚的审美情趣，培养社会主义思想品质和爱国主义精神。"话虽两句，内容却十分丰富，它既有语文智育的要求，又有德育和美育的要求，三者之间的关系也表述得十分清晰。语文教学的目的当然以语文智育的要求为主干，提高学生读、写、听、说基本能力，但同时也担负着对学生进行德育和美育的任务，而后两个任务的实施，不是外加，而是结合语文基本能力的培养，"在教学过程中"实现。大纲中"教学目的"作如此的规定，十分准确也十分精辟地道出了语文学科的性质，语文教学应该熔知识传授、能力培养、智力发展和思想情操陶冶于一炉，教文育人。

教科书是教学的依据，教学中能否实现大纲规定的教学目的，除教师本身的素质条件，非常重要的是教材在这方面能有综合的体现。这套教科书按大纲编写，综合性强，功能多样。扎实、活泼、有序地提高学生语文能力是整套教科书的主干。教读课文前面的预习提示，主要是针对课文的重点和难点指点阅读门径，要求学生利用工具书去理解和掌握,着重培养学生使用工具书和阅读注解的能力。教读课文后边的练习"理解·分析""揣摩·运用""记忆·联想"三个层次都着力在对语言文字理解和运用基本能力的训练,训练功能十分突出。教科书在教育功能、认识功能、审美功能、积累功能等方面同样下了不少苦功。这种种功能紧密结合课文发挥作用,渗透于读、写、听、说能力的训练之中,改变教学中训练单一化的效益不高的状况,使学生思想情操、能力、智力获得多方面培养。且不说文质兼美的课文,就是练习的安排也匠心独运,注意发挥教材多功能的作用。如《最后一课》"记忆·联想"的练习中,节选了老舍《四世同堂》里描写北平被日本侵略军占领后,某学校祁瑞宣老师上第一堂课情景的文字,要求学生与《最后一课》里的课堂气氛、老师的情绪、一反常态的表现作比较。开掘得深,把最后一课与第一堂课放在一起对照,尽管国度不同,时代不同,但侵略者带给人民的灾难、带给学校师生的痛苦是相同的。这样设计,比孤零零选一篇《最后一课》,就文论文的效果要好得多,因为不仅让学生了解了普法战争时法国沦陷区人民对祖国的热爱、对侵略者的仇恨,更了解了日本侵略者侵略我国的罪行,爱国师生怒火中烧。认识扩展、深化,爱国主义精神给学生以强烈的感染,发挥了认识功能和教育功能。

审美功能的考虑也颇具特色。如在课本的第一册中就专门选了篇赏析的文章——《〈咏柳〉赏析》进行审美的教育。"赏析"文章貌似脱离初中学生实际,比较深,其实不然。学生在小学就学过《咏柳》,有理解和背诵的底子,学生在生活中又多见过柳树,脑子里有形象。从这个实际出发,剖析诗句的优美,引导学生领悟诗的意境,受到美的陶冶也就极其自然了。文章是中华民族数千年文化的载体,熟读背诵一些名篇名句,有利于构成学生的文化素养乃至思想道德素养。教科书注意积累功能的发挥,设计了这方面的练习。

教科书能不能发挥育人的多功能的作用,关系到能不能改变只见文不见人的状况,非等闲视之的问题。至于各功能之间如何编排,如何穿插,如何渗透,如何结合,就看编撰者的匠心了。

三、覆盖面广,富于弹性

这套教科书的编撰者在阐述编写指导思想时,其中有这样几句话:"力求较好的体现中学生学习语文的规律,正确处理语文学习与生活实践的关系,传授知识与培养能力的关系,掌握基础知识与实际应用的关系,以及严整有序与灵活多样的关系。"这里明确提出知识与能力、与实际应用的关系。尽管这套教材着力提高学生读、写、听、说的语文能力,但丝毫没有小视知识传授与掌握在学习语文中的作用。拘泥于知识的传授,讲一大堆术语和定义,乃至强化死记硬背,其结果无补于语文能力的提高,弄得不好,会把语文学僵;但对知识采取虚无主义的态度,只强调能力培养,那能力就会如空中楼阁,缺乏坚实的基础,所追求的质量也就成为泡影。这套教科书把握住了这一点,既以能力培养为主线,又讲一点读、写、听、说知识、文章知识、文学知识和现代汉语知识。它的特点是讲最基本的,与课文结合,重在运用,而且注意拓开视野,有趣味性。例如语法,教什么,怎么教,历来有争议。语法,主要是语言的组合法,学生如对此全然无知,会影响对语言的理解和使用;讲得烦琐艰深,非初中学生所需要,所能接受。因此,要适度,要掌握这个"度"。这个"度"定在"最基本的"这根线上,是恰当可行的。汉语五级语言单位组合关系基本一致。讲并列、偏正、动宾、动(形)补、主谓这五种短语,就把短语的结构关系与合成词的结构关系以及句子的结构关系统一起来。由于集中抓住主要的特点,学生易学易懂,就可较好地掌握汉语组合的基本规律。这种五种结构方式一以贯之的做法颇有新意。

最基本的知识也是最管用、最有生命力的,但怎么教效果好,很有讲究。教科书在这方面创造了条件,将语法知识放在课文的具体语境中讲，在语言的实际运用中让学生理解、体会。比如副词，学生学习不易，编撰者引用课文里的句子"花里带着甜味儿；闭上眼，树上仿佛已经满是桃儿、杏儿、梨儿"进行剖析，讲述"仿佛"表示情势，好像、似乎的意思，"已经"表示完成，说明这句话描写的是：从闻到花的甜味联想到果实累累，用虚写开拓了诱人的丰收美景。如果不用"仿佛""已"，句子就变成实写树上结满了桃儿、杏儿、梨儿，这样表达，既不符合实际，又没有丰富想象意味，意境也出不来。如此用课文中语句指导学习语法，又用语法知识分析课文中语句，知识易掌握，对课文的理解也加深。

学语法不能停留在解释语言现象，重要的在于运用。教材中结合课文设计了一定数量的练习题，既可及时借鉴课文语句范例，又可和课文的其他练习题关联、互相补充和发挥，共同落实在语文能力的提高上。

"小方块"的设计可说是别出心裁，教材的编撰者选编了与课文有关的几十篇（段）短文，对课文中的问题，或说明，或解释，或评价，或佐证，或延伸，真可谓上自天文，下至地理，古今中外，均有涉猎，知识覆盖面广，趣味浓郁。学生可在随便翻翻的过程中兴味盎然地吸收精神养料。在教材中用这种生动活泼的编排方法撒播知识的种子，大概是一种创新吧。教师的劳动是创造性的劳动，对教材的使用可因学校而异，因班级而异，因学生而异。为此，极希望教材不要都是指令性的要求，有选择余地，有伸缩余地。这套教科书在这方面也作了相当的改进，不死板，富于弹性。中学语文教材须有一定的容量，阅读量不足，会直接影响语文能力的提高。既要保证容量，又不能加重师生的负担，教材有弹性就显得十分必要。教材在课文的选择和处理上颇费心思，且不说严格坚持选材标准，选择了相当数量紧密联系当前社会生产、生活的实际，联系学生的思想、学习实际，联系科学技术的实际的新课文，就是在教读课文与自读课文的安排上，也给教师的教留有余地。教师教读，学生在教师指导下自读,学生接受力强,一部分自读课文可改为教读课文,多加琢磨;反之,自读课文来不及读完,可改为课外阅读。教师有一定的灵活性,并不强求全部完成,有的必做,有的选做,视学生的学习情况而定夺。教科书应不应该有弹性,不是凭主观臆断,而是应从我国地域辽阔,学校、教师、学生的情况不尽相同的实际出发来考虑。有弹性,更适合国情,更能收到实实在在的效果。

相信这套教科书在教学实践中能受到师生的欢迎,为语文教学改革做出贡献。

本色与包装[1]

最近听了一些课，不少教师认真备课，帮助学生理解课文，感受语言文字的表现力，学生学有兴趣，学有所得，这是值得肯定和称道的。但有的课确实花里胡哨，有些细节在脑中久久挥之不去，使人困惑与愕然。例如，某学生举手回答问题后，执教老师立即高举一只手，拇指与食指作"O"形状，嘴里响亮地喊着："OK！"全场活跃。另一学生站起来讲述自己意见，老师高声说："哇——"课堂里沸腾，听课的教师忍俊不禁。

又如，执教老师说："现在四人一小组，来一个皇帝和大臣的对对碰。"学生分组，各扮演皇帝和臣子，接着老师又说："皇帝明明没有看到织的东西，他是怎么受骗的呢？请两个同学到聊吧去聊一聊，你们事先是怎么预谋的，两人到前面来说一说。"……

语文课需要这样包装吗？

语文课就是语文课，课堂的空间是用来传授知识、培养能力、发展智力、陶冶情操的。这里所说的传授知识、培养能力当然以学科特点为核心。语文课当然是引导学生学习课文，理解、品味、咀嚼语言文字表达作者特定情意的准确、生动、精湛，学生在学习语言的同时，受文中蕴含的高尚道德、美好情操、执着追求精神的熏陶感染。课堂不是T型舞

---

[1] 本文发表于《语文教学研究》2007年第1期。

台,模特儿时装表演,花样翻新;也不是娱乐场所,让低俗文化、低俗语言浸染学生耳目。课堂是培育学生成长的严肃场所,语文课堂的学习气氛浓郁、活跃,不是靠外加的花里胡哨的种种技巧,而是用课文本身的文质兼美打动学生、感染学生,激发他们旺盛的求知欲,在心里打下做人根基。

要充分调动学生学习语文的主动性、积极性,确实须关注与研究教学方法,但教学方法与教学内容比较而言,方法毕竟是第二位的,教师首先要下功夫钻研课文,正确把握课文的内容,切实弄清楚作者写了什么,为什么这样写,反复琢磨为什么要用这样的词句,为什么要如此谋篇布局,为什么要用这样的修辞手法,为什么要用如此的表述方法,等等,一句话,通过对语言文字表达形式的咀嚼、推敲、比较、分析,探究作者写作的真正意图、字里行间所蕴含的思想感情,从文字的表面深入文字的背后,触摸到作者的心灵。此时此刻,文字就不是躺在纸上,而是站立起来和你对话,也只有深入文章的底里,才能做到敞开心扉,和作者进行心灵交流。读懂文章是让语文课具备本色的第一关,离开了这个前提与基础,就会乱贴标签,附加许多乱人视听的包装,就会"乱花渐欲迷人眼",而课文内含的思维结晶、情感源流被冲淡或被淹没。课堂热热闹闹,但对课义的要点、课文的精彩之笔学生往往茫茫然。

其实,任何一篇情文并茂的课文,选择恰当的切入点,从相关的语言文字一步步开掘,均能揭示其丰富而深刻的内涵,给学生以启迪、感染,乃至震撼。有的看似抽象的语文知识,只要紧扣课文的语言和结构脉络推敲、梳理,也可呈现得具体、生动,使学生思维活跃,兴味盎然。例如大家熟知的《最后的常春藤叶》,是欧·亨利的一篇著名短篇小说,作者对文章结尾的巧妙构思有目共睹。"小说的意外结局"是作者短篇小说的艺术处理上最大的特点。读者眼看情节似乎明明朝着一个方向发展,但结局往往来了个出其不意。这意外的情节逆转,既使主人公形象得以升华,又使主题得以揭示,形成了独特的艺术魅力。如果教学停留在这个层面,学生已能学到写文章处理结尾的一种方法。然而,课文构思的巧妙仅仅集中在结尾的处理吗？这就须扣紧课文的脉络与人物描写深入探究,而这正是学生考虑较少或不加关注,却又是提高阅读能力的重要之处。于是,教师指导说:"这篇小说巧妙的构思不仅体现在文章的结尾,而是贯串在文章的各个部分。"要求学生阅读思考:"最后一片叶子与琼珊有怎样的关系？为什么最后的藤叶能挽救琼珊的生命？"进一步思考:"贝尔曼为什么愿意冒着生命危险去创作这幅画？为什么说这最后一片藤叶是他的杰作？"再深入探究:"这幅画是否一定要由贝尔曼来完成？苏艾有没有完成这幅画的可能？"学生带着问题阅读、探究、交流,关键词句的作用凸显,领悟到如此构思,不是表现一般的友情,而是赞颂陌不相识的穷苦人之间的关爱、帮助,乃至以生命相许的人间至真至纯的深情。周国平在《生命本来没有名字》一文中说:"对于生命的这种珍惜和体悟乃是一切人间之爱的至深的源泉。"显然,小说之所以感动了许多人,成为经典之作,离不开作者巧妙的构思、高超的艺术技巧,更离不开人间至真至诚的感情以及这种感情的源泉。课堂里没有什么爆炸性的轰动,学生在阅读、思考、理解、感悟、交流的潺潺溪水中领略到作者的智慧和作品中闪耀的高尚情操的光辉。

朴实无华是语文课的一种本色,激情澎湃、绚丽多彩等也是语文课的本色。语文课原不该一个样式,不能千课一面,应该视课文的独特性与学生可接受性,采取各不相同的方法,呈现各具特色的形态。教学方法可以百花齐放,但必须遵循语文学科的基本特点,热爱语言文字,亲近它,理解它,把握它,切实提高语文能力、语文素养。

余光中先生说得好:"要珍惜中学时代,高中是学问的上游,上游清则下游畅。要尽量把中文学好,古文、白话文、名著要多看一点……"他认为大学有不同的专业,大学语文学习效果很不好,根基要在中学打好。确实如此，语文陪伴人的终身，中学时代一定要扎扎实实，学有成效。语文课是在教师指导下学生学习语文的实践，要实在，要丰富，要灵活，要生动，要讲究质量，挤掉泡沫，挤掉水分。

港湾要通向大海[①]

众所周知,能通向大海的港湾必然航运兴旺,物如流,人如潮,充满勃勃生气。如果是闭锁的,航道是阻塞的,港湾就失去了价值和意义,生命就会走向枯竭。

语文教学又何尝不是如此呢？语文教学内容犹如港湾,执教者应熟悉它,研究它,把握它的基本特点与功能,认真地、有创造性地引导学生使它们通向大海。语文学科是最开放的学科,它与学校生活、家庭生活、社会生活紧密相连；学生生活在母语环境之中,母语的学习与运用无处不在,无时不在。加强课堂内外的沟通、学校内外的沟通,是提高语文教学质量、提高学生语文综合素养的必由之路。

怎么才会"通"？第一要破除封闭意识。眼睛如果只盯着一本教科书加一本教学参考书,思路打不开,教起来就会捉襟见肘,学起来就索然无味。如果缺乏整体意识,只见枝枝节节,机械重复,即使可能立竿见影,影子也只会是瘦瘦的一条,缺少厚实的底蕴。

第二要开发与利用语文课外学习资源。分清类别,择优而用。书、报、杂志,给学生打开第二扇生活的窗户；网络、计算机,让学生了解与筛选多种多样洋溢时代气息的信息；讲演、报告、辩论、研讨,让学生在语文实践中长见识,增才干；自然风光、文物古迹、风俗民情,让学生身

[①] 本文发表于《现代语文》2001年第4期。

入其中、心入其中，认识、品尝、体验、感悟，经受天地之化育，感受文化之熏陶。

第三要精选拓展、延伸的内容与方式，讲求实际效果。如同从港湾起锚的船只，航线十分清楚，目的地十分明确，不是无方向随意漂浮。拓展、延伸的内容极其丰富，从课文内容到表达形式，从语言文字到审美价值，从背景材料到文化底蕴，等等，多角度、多层面思考、联系，开阔思路，引导学生进行研究性学习，增强学习语文的真本领。方式多种多样，因教学内容而异，因学生而异，只要能激发学生兴趣，学生能享受到学习语文的快乐，提高语文综合素养，均可采用。

当然，最为重要的是要建设港湾。现在的一种常见病是对语文教材本身不认真钻研、深入钻研。一篇课文写什么，怎么写，为什么这样写而不那样写，学生学这篇文章应达到怎样的目的，在阶段学习中应起怎样的作用，常常不甚了了，更谈不上有独特的感受与见解，而是外围战打得热热闹闹，花样繁多。看起来是学习课文，实际上又脱离课文。港湾不建设好，怎么开辟航线？怎能通向大海？应去除浮躁，去除华而不实，扎扎实实地研究教材，洞悉底里，发挥语文本身固有的多重育人功能。

走进语文[1]

汤显祖《牡丹亭》第十出"惊梦"中杜丽娘有句耐人寻味的说白,这句话是:"不到园林,怎知春色如许?"关在闺房里,听别人把春色描述得天花乱坠,也总免不了朦胧、虚幻,体会不到真景的沁人心脾,摄人魂魄。步入园林,身入其中,展开感官,放飞心灵,完全是另外一种境界,妙不可言。

由此我联想到我们的语文教学。语文姹紫嫣红,春色无限。多彩的语言,丰厚的人文,绵绵的情思,深邃的哲理,对青春年少的学生而言,能启心智,长见识,陶冶性情,诱发不尽的遐想。语文本身有它独特的魅力,有润物细无声的感染作用。然而,可悲的是不少学生对它不感兴趣,觉得语文课索然寡味,厌倦语文。对母语的学习持如此的态度,令人深感悲哀。静下心来想一想,影响学生厌学语文的因素的确不少。浮躁的心气、功利的目的戕害学生心灵已显而易见,而语文教师自身有无未尽到责任之处呢?从我切身的体会来说,我们经常打的是学语文的外围战,让学生"走近语文",而不是"走进语文"。"近"与"进"一字之差,有天壤之别。

语文教育的实践性很强,无论是阅读、写作还是口语交际,都离不开学生个体的感受、理解、揣摩、咀嚼、体验、感悟,因而,要学语文,学好

---

[1] 本文发表于《语文教学通讯·初中刊》2003年第2期。

语文,必须亲历语文境内,眼看,耳听,心想,与课文及其他作品对话,与作者交流,与自然交友,与别人沟通。身临其境,用情感和心灵去感受、欣赏、评价,就会发现"朝飞暮卷,云霞翠轩;雨丝风片,烟波画船"等说不尽的人间美景,品尝到文化积淀的智慧,精神生活的香甜。可惜的是教师在经意与不经意之时,在"人"与"文"之间做了人为的"阻隔"。比如阅读,教师或滔滔不绝地分析这篇文章怎么好怎么好,或片言居要式地拎出多少个知识点要学生牢记,更有甚者截取某个段落某个语句进行操练,整篇文章不见了,失落了。乍看,学生在学语文,实际上是听教师灌输,按布置做《一课一练》,学生并未进入其中。学生不是亲耳聆听"生生燕语明如剪",感受"呖呖莺歌溜的圆",而是听别人的旁批,记别人的评价:"好啊!""精彩万分啊!""比喻有独到之处啊!"

阅读是生命的活动,是读者个性化的行为,它的第一要义是自主,是全身心的投入。没有读者的自主,文的精魂,语言的生命力,进不了读者的心田,读者享受不到遨游在智慧海洋里的乐趣,更不用说有所发现,有所创造。如此说来,教师是否成为多余,语文教学是否无须教师解读?绝非这样。教师引导、启发、点拨、开窍,绝不可少。有教师教和无师自通是两码事,一是学习效率大不相同,二是前者指向众多学生,后者指向极少数超常少年。然而,教师怎么引,怎么启,怎么拨,大有讲究。教师自身首先要用情感与心灵去感受,与作家、作品对话和交流,有自己独特的体验。如果照搬照抄,人云亦云,学生听了,只能是味同嚼蜡。

总的来说,学生是学习语文的主体,教师无论怎么教,都切不可忽略学生必须身历语文其境,自主阅读,自主写作,和作者倾心诉说,和作品如胶似漆。切不可凭主观意志在"人"与"文"中间插一脚,指指点点,让学生远看近觑,就是不得入内品尝奥妙,咀嚼甘醇。教师必须转换教学观念,让学生解放出来,把热情、冲动、阅读、理解、体味、感悟、表达、创新的主动权归还给学生,教师自己充当组织者、引导者,与学生一起走进语文,激情点击,娱耳悦目,心领神会,共同饱赏无边春色。

我看新课程标准[①]

一位资深的中文系教授询问我对《普通高中语文课程标准(实验)》的看法,我毫不犹豫地脱口而出:"理念新,有重大突破。"这位教授开玩笑地说:"大概与你原本对语文学科的看法做法很接近或很相似的缘故吧!"我惶恐了,个人的认识与实践充其量只是一瓢水,与语文教育的海洋怎能攀比?我对《普通高中语文课程标准(实验)》的赞同只是自己粗略学习的直觉,虽未深入研究,已觉受益匪浅。教授嘱我谈点看法,我只得应命简述一二。

《普通高中语文课程标准(实验)》反映了教育本质的呼唤和时代发展的迫切要求。教育在本质上是更增强人的精神力量。柏拉图在《理想国》中,借苏格拉底之口,通过"洞穴中的囚徒"这个著名的隐喻,说出了教育的真正含义,那就是把人,把人的灵魂、精神引向真理世界。"真正的教育"是引导灵魂达到高处的真实之境,这种灵魂的牵引,实际上就是人生境界的提升;而知识、技能是帮助灵魂攀升的阶梯。古今中外的教育家研究教育无不聚焦在对人的精神世界的培养上。教育,说到

[①] 本文发表于《中学语文》2003年第1期。《语文课程标准》的修改与完善总领着中小学语文教学改革的牛鼻子,不同的历史时期,"标准"的内涵都会有新的阐述与确定。本文的思想意义在于,抓住《语文课程标准》的本质属性与思想立意,揭示了基本元素和不变之"理",这就是时代对"人"的要求以及语文学科自身的规律。当前,最新的《语文课程标准》已经出台,所提出的"核心素养"与"关键能力",仍然是"时代要求"与"教育规律"在"标准"内涵上的经过进一步完善的表达。

底,就是培养人。任何学科教育的第一要义应牢牢把握这个根本。然而,较长时期以来对语文学科性质认识的不周全,急功近利思想的浸染,潮水般标准化练习的吞噬,"重术轻人"等左右着教师的教育理念与实际操作,"人"是虚的、淡化的,"术"是实的,须强化来应考的。面对这种现状,《普通高中语文课程标准(实验)》切中时弊,鲜明地立足于促进人的发展。从前言到实施建议,处处表现出对学生的尊重与关爱,为学生的发展着想,让学生和教师按照人的发展规律和语文教育规律学语文、教语文,有自主发展、积极创造的空间。人从技术主义束缚中解放出来,这无疑是教育本质的回归,是教育理念上的重大突破。

《普通高中语文课程标准(实验)》要培养的人不是凌空的、概念化的、泛泛而谈的,而是具体的、实在的,反映时代的迫切要求,富有时代特征。它开宗明义指出:"现代社会要求公民具备良好的人文素养和科学素养,具备创新精神、合作意识和开放的视野,具备包括阅读理解与表达交流在内的多方面的基本能力,以及运用现代技术搜集和处理信息的能力。语文教育应该而且能够为造就现代社会所需的一代新人发挥重要作用。"语文教育课程目标、内容、教学观念、学习方式、评价目的与方法等一系列改革,正是围绕这一点进行的。比如,强调要引导学生在语文实践中学会学习,要积极倡导自主、合作、探究的学习方式,要注重开发学生的创造潜能等,均为了给学生打下终身发展必备的基础,以适应社会的需要。学生在学校只可能学习和掌握有限的知识,而新知识如潮涌,学生学会学习,懂得如何探究,与人合作,掌握获取新知识的能力,一辈子受用不尽。人的语文能力是构成人学习能力的基础要素,是人生存与发展的基本能力之一,不可小视。学生与母语有着天然的千丝万缕的联系,文化的积淀、民俗的生成、生活的环境,使学生在这方面蕴藏着巨大的潜能,良好的教育能开发宝藏,使潜能变为现实中的本领。如果我们的观念仍然停留在重术轻人,或者仍然把学生视为被灌输知识的容器，那就与时代的要求不合拍了。

《普通高中语文课程标准（实验）》遵循了母语教育规律，致力于学生语文素养的形成与发展。对学科性质的探讨与研究是十分严肃的事，它关系到学科建设的全局，影响教育质量能否提高。《普通高中语文课程标准（实验）》对语文课程性质作了明确的阐述，这绝非主观臆断，而是在调查研究的基础上，回顾以往走过来的路，考察国内外母语课程发展的现状与趋势，面对现代社会对语文教育的要求，经过世纪末的痛苦反思，而获得的真切认识。千年的积淀，百年的辛苦探索，由于语文教育内外多种因素的干扰与影响，我们的认识不是左右摇摆，就是割裂分离。追求真理，接近真理，应是语文教师的共同心愿。而今，"语文是最重要的交际工具，是人类文化的重要组成部分。工具性与人文性的统一，是语文课程的基本特点"，这科学的阐述引领语文教育走出困境，指导语文教育深化改革，在母语教育轨道上健康地前进。这种认识，这种阐述，不是从零开始，也不是重砌炉灶，而是在前人不断探索、做出历史贡献的基础上的发展和自我完善。

语文教育人文性、实践性很强，对学生语文素质的形成与发展起着多重功能的作用。语言文字理解和运用能力的培养，要靠学生大量的语文实践。必要的语文知识须掌握，但要强主干、删繁枝、去烦琐、除重复。学习的内容应眉清目新；藤攀枝蔓，学生就会被缠绕其中，难以脱身，学习的主动权不知不觉就受到抑制。《普通高中语文课程标准（实验）》提倡学生多阅读多写作，重视积累、感悟，注重基本技能的训练，让学生在丰富多彩的读写及口语交际等语文实践活动中，感受、体味、揣摩，把握，培养良好的语感，提高阅读与表达的能力。这显然尊重并把握了母语教育的规律，有利于学生语文素养的形成与发展。语文属于人文科学的学科，对人们精神领域的影响是深广的。语文教材本身是多义的，具有丰富的内容和很强的启发性，因而，在培养学生语文能力的同时,须重视语文的熏陶感染作用,"提高学生的品德修养和审美情趣,使他们逐步形成良好的个性和健全的人格,促进德智体美的和谐发展"。显然,语文教育对学生的培养是多功能的,有知识技能的,有思维情感的,有态度价值观的。有的显性,显而易见;有的隐性,润物无声。既要重视它的实用功能,又要重视它的发展功能;既要重视它的审美功能,又要重视它的教育功能。这多重功能不是人为地外加,而是语文本身固有的。工具性和人文性的统一,决定了语文教育必然发挥多功能的作用。语文课程有丰富的人文内涵,学生对语文材料的反应、理解不尽相同,是多元的,有独特体验的。在咀嚼、品味、推敲语言文字的同时,人文因素会潜移默化地浸染思想、情操,给学生以感染熏陶。为此,应注意教学内容的价值取向。《普通高中语文课程标准(实验)》正是把握了语文教育的特点,从知识与能力、过程与方法、情感态度与价值观三个维度的融合上,来全面提高学生的语文素养。应该说,从教育理念到操作层面均有很大的突破,有时代气息,符合素质教育的要求,令人耳目一新。

《普通高中语文课程标准(实验)》充满了改革精神、创新意识,而这种改革又不是枝枝节节的,而是系统的、整体考虑的。站在时代的高度、战略的高度、国家基础教育课程总体改革的高度,审视新语文课程标准,就会从字里行间感受到终身教育思想、大众教育思想、学习化社会思想、主体教育的观点、建构主义的理论、多元智能的理论等教育新理念焕发的光彩,感受到语文教育中时代活水流淌,生机蓬勃。

语文教学谈艺录

1 语文学科[①]是一门实用而多彩的人文学科

教学行为受教育观念支配,语文教学行为受语文教育观念支配。语文教育观念是对语文教育诸问题的看法,从语文性质到目的任务,到教材教法,到师生作用,到质量评估,到考试方法,到课外教育,等等,构成体系。教育观念附着于教育者脑中,形成心理定式,有意识地或不完全有意识地指挥行为。在语文教育观念体系中最为核心的是性质观,它统帅语文教育的全局,决定语文教育的发展方向,由此而引发出目的观、功能观、承传观、教材观、教法观、质量观、测试观、体制观等一系列观念。

从事语文教学,首先须对语文学科的性质有科学而完整的认识。语文学科是一门实用而多彩的人文学科。

1·1 语文是最重要的交际工具

中学语文教学讲究实用。教师指导学生正确理解和运用祖国的语言文字,培养他们具有适应实际需要的现代文阅读能力、写作能力和听说能力,具有初步的文学鉴赏能力和阅读浅易文言文的能力,养成自学

[①] 学科:2012年上海教育出版社再版(以下简称"2012年版")时,1997年版中的"学科"改称"课程"。在课程论视野中,"课程"是学生有计划的一种学习经历;"学科"则指由系列具有共同特征和性质的知识构成的一套相对独立的知识体系。

和运用语文的良好习惯。

为什么要讲究实用？这由语文的工具性质所决定。

在人类社会中，人与人之间必然要交往，交往就要借助于一定的中介物或一定的工具。人与人之间进行交际的工具多种多样。如：古代烽火台上举烽火，表示有外敌入侵；某种场合以击鼓为信号，传递消息；旗语、手势语、某种特定的实物等等，均可交流信息。尽管交际工具多种多样，但在通常的场合，人与人之间每日每时大量使用的交际工具是语言。

语言伴随着人类社会的形成而产生，跟随着社会生活的变化而发展。列宁在《论民族自决权》中说："语言是人类最重要的交际工具。"语言不是人际交往的唯一工具，但确实是最重要的工具。语言属于整个社会的全体成员，它为整个社会服务。任何一种语言不因社会制度的变革而作彻底的变革，也不因社会制度的变革而消亡。文字是记录言语的符号。

语文是交际工具，绝不等同于一般的生产工具，如机器、锄头、犁耙，也绝不等同于一般的生活工具，如筷子或拐杖。语言是表达思想进行交际的工具，是思维的物质外壳，是信息的载体。这种工具、外壳、载体，都是只有人类才拥有的符号，因而，在符号的意义上把握语言的工具属性，比较恰当。吕叔湘先生在《人类的语言》一文中说得好："人类语言的特点就在于能用变化无穷的语音，表达变化无穷的意义，这是任何其他动物办不到的。"

1·2 语文是最重要的文化载体

"语言是思想的直接现实"（马克思、恩格斯《德意志意识形态》），思想是通过语言表达的。"语言和意识具有同样长久的历史；语言是一种实践的，既为别人存在并仅仅因此也为我自己存在的、现实的意识。语言也和意识一样,只是由于需要,由于和他人交往的迫切需要才产生的"(马克思、恩格斯《德意志意识形态》),语言是现实的意识,语言和意识密不可分。

各民族的语言都不仅是一个符号体系,而且是该民族认识世界、阐释世界的意义体系和价值体系。符号因意义而存在,离开意义,符号就不成其为符号。这就是说,语言不但有自然代码的性质,而且有文化代码的性质;不但有鲜明的工具属性,而且有鲜明的人文属性。

西方学者把语言看作开启人类社会文化起源和发展的奥秘的钥匙(意大利维柯[①] 1668—1744),认为语言是一种创造性的精神活动(德国洪堡特[②] 1767—1835),不仅视语言为一种文化现象,称语言基本上是一种文化和社会的产品(美国萨丕尔[③] 1884—1939),还把语言看作文化建设中的一种力量(德国魏斯格贝尔[④] 1899—1985),认为语言和文化相互塑造,相互渗透,相互从属(美国沃尔夫[⑤] 1897—1941)。显然,他们对语言的人文属性、语言是文化的载体有自己的研究与看法。如果说,世界各民族语言都具有人文性,那么,汉语汉字的人文性可说是特别突出。

在中国古人看来,"人之所以为人者,言也"(《春秋穀梁传》),"不知

---

① 维柯:意大利哲学家、美学家。其语言学思想和美学思想集中见于其代表作《新科学》(朱光潜译,商务印书馆1989年版)。
② 洪堡特:德国语言学家,著有《论人类语言结构的差异及其对人类精神发展的影响》(姚小平译,商务印书馆1997年版)。
③ 萨丕尔:原版误印为"萨杰尔"。爱德华·萨丕尔,美国人类学家、语言学家。语言学著作主要有《语言论》(陆卓元译,商务印书馆1985年版)、《论语言、文化与人格》(高一虹等译,商务印书馆2011年版)。
④ 魏斯格贝尔:德国语言学家,与萨丕尔、沃尔夫同为新洪堡特学派的代表人物,主要著作有《论德语的世界图像》(中译本暂无)。
⑤ 沃尔夫:美国语言学家,与其老师爱德华·萨丕尔共同提出著名的"萨丕尔-沃尔夫假设",认为语言决定思维。著作有《论语言、思维和现实——沃尔夫文集》(高一虹译,商务印书馆2012年版)。

言,无以知人也"(《论语·尧曰》)。著名的名实之争,文道之论,言意之辨,在某种意义上,都关涉到汉语人文性的阐发。朱熹说:"道者,文之根本。文者,道之枝叶,维其根本乎道,所以发之于文,皆道也。三代圣贤之章,皆从此心写出,文便是道。"(《朱子语类·卷百三十九》)从此类论述中,可以体悟古人是如何把语言同人性、天道、事理联结在一起的。中国现代学者对于汉语的人文性,也多有创见。汉语言文字不是单纯的符号系统,它有深厚的文化历史积淀和独特的文化心理特征。

一个民族能够自立于世界民族之林,是由于它有自身许多特征组合成一个牢固的整体,如民族经济、民族文化、民族风俗习惯,还有一个更重要的就是民族语言。民族文化是民族的根,而民族语言负载民族文化,是根之根。语言文字在民族生命的组合中,对外是屏障,对内是血液,是黏合剂。语言文字这个工具在为民族政治、经济、文化服务的过程中渗进了民族的个性,成了民族的财富、民族的标志。可以这样说,语言是民族的生命、民族的血液。汉语言文字负载着中华民族数千年的文化,语言这一工具和它装载的文化、思想不可分割。也就是说,语言不能凌空存在。"语言是思维的外壳",这"外壳"与"内核"是不可分离的一个整体。

在人类社会中,文化载体也多种多样,如音乐、舞蹈、图画等等,但语言文字是最重要的文化载体,它装载着本民族的优秀文化,装载着人类创造的精神文明。教学生学语文,须牢牢把握语文工具的人文属性,弘扬民族优秀文化,吸收人类进步文化。

梁衡同志(国家新闻出版署副署长)说:"语文既然是民族生命的一部分,我们就应该像保护眼睛一样地保护它。"

1·3 纵向继承,横向借鉴,从生活中汲取

中学语文教学的基础不是"零",不是重砌炉灶,一切从头开始。语

文教学要勃勃有生气,面向全体学生,全面提高语文质量,须注意纵向继承,横向借鉴,从生活中汲取。

我国语文教学有丰富的历史遗产,从理论到实践有研究价值和操作价值的东西甚为可观,它不仅培养了一代代志士仁人、学者专家,而且对传播和丰富民族文化做出不可磨灭的贡献。对优秀传统不可采取虚无主义的态度。对待传统语文教育须一分为二,区别、筛选,吸取精华,剔除糟粕。这里不作系统阐述,单从以下几个方面可看出其精华的生命力。

（1）学语文与学做人结合。从先秦诸子开始到历代名儒,无不强调学语文与学做人要紧密结合。读书要明理,明做人之理,明报效国家之理。"君子之学,必先明诸心,知所养,然后力行以求至,所谓'自明而诚'也。"(程颐《颜子所好何学论》)读书,要讲求修身养性,讲求品德、胸怀。许多学子身体力行,作为奋斗的目标。例如文天祥兵败被俘之后,做到富贵不能淫,威武不能屈,就义后从他衣带里找到一张纸条,上面书写了"读圣贤书,所为何事,而今而后,庶几无愧"十六个大字。用以身许国的实际行动实现了读书明做人之理的准则。写文章也讲究做人,文如其人。"器大者声必闳,志高者意必远。"(范开《稼轩词序》)学习写作应重视浩然之气的积蓄,道德、品德的完善,不能徒劳于章句之间。总之,读书、作文均注意自我心灵的塑造,注意培养完美的人格。

（2）熟读精思。蒙学①重视识字,《三字经》《百家姓》《千字文》,用现在的话说,是一整套启蒙的系列教材。识字以后读文章,文章范围宽泛。阅读文章强调"熟读","凡读书……须要读得字字响亮,不可误一字,不可少一字,不可多一字,不可倒一字,不可牵强暗记,只是要多诵

---

① 蒙学:有狭义和广义之分。广义泛指古代启蒙教育,包括教育体制、教学方法、教材等内容;狭义则专指启蒙教材,即童蒙读本。这里取其广义。

数遍,自然上口,久远不忘"(朱熹《晦庵先生朱文公文集·训学斋规》),反复诵读,"破其卷而取其神"(袁枚《随园诗话》)。读书强调学思结合,孔子说:"学而不思则罔,思而不学则殆。"精研,精思,就能晓其义,识其神。袁枚在《随园诗话》中打了个很生动的比喻说:"读书如吃饭,善吃饭者长精神,不善吃者生痰瘤。"要能长精神,"思"是关键。心之官则思。熟读,"使其言若出于吾之口",精思,"使其意皆若出于吾之心;然后可以有得尔"(《朱子大全·读书之要》)。

(3) 勤练。学语文重视实际训练。多读多写几乎是一以贯之。"口不绝吟于六艺之文,手不停披于百家之编。记事者必提其要,纂言者必钩其玄。"(韩愈《进学解》)这是指勤奋刻苦地读。写,也是如此,要耗心费力,勤学苦练。要写好文章,"无它术,唯勤读书而多为之,自工。"(汤云孙辑《东坡志林》)要正确理解和运用语言文字,须多实践,多训练。

(4) 博览。古人学语文强调广为涉猎,"贪多务得,细大不捐"(韩愈《进学解》),强调广闻博识,读万卷书,行万里路。"读书破万卷,下笔如有神",是古人学习写作的经验之谈,也道出了广泛阅读的重要性。李沂[①]在《秋星阁诗话》中说得还要透彻。他说:"读书非为诗也,而学诗,不可不读书。诗须识高,而非读书则识不高;诗须力厚,而非读书则力不厚;诗须学富,而非读书则学不富。……识见日益高,力量日益厚,学问日益富,诗之神理乃日益出。"写诗非博览不能识高、力厚、学富,写文章岂不也是如此? 博览不仅为写作创造条件,更是开阔视野,加强修养。

还可以举出一些,这里不再赘述。传统语文教育也有许多弊端,最

---

① 李沂:明末清初人,崇尚气节,明亡后誓不仕清。著有《秋星阁诗话》1卷和《鸢啸堂集》9卷。

为严重的是脱离言语实际和脱离应用实际。书面上读的写的是以先秦两汉语言为基础逐渐形成的文言,与生活中实际使用的活语言距离很大,甚至完全脱节。语文教学重在应用,"学以致用"是重用原则,而传统的语文教学主要围着科举制度的"指挥棒"转,不切实际,不务实用。十年寒窗学语文,为的是金榜题名,语文成了求功名的敲门砖,危害极大。这些弊端应克服,糟粕应扬弃,切不能换个面目登场,错把腐朽当神奇,害我们现在的学生。

语文教学纵向继承绝不是照搬精华,而是要从现时代的要求出发,吸取精神实质。如学语文与学做人的问题,古代要培养的谦谦君子、要培养的功名利禄者,与今日要培养的有理想有道德有文化有纪律的新人有时代的本质区别,但是教语文、学语文重视人格的塑造确实是优秀传统。如果把语文只看作语言文字的排列组合,是雕虫小技,那就丢弃了好传统,违背了学语文的根本宗旨。

语文教学要提高质量,蓬勃发展,在纵向继承的同时还须横向借鉴,广泛地吸收国内外与语文学科相关的如语言学、语法学、文艺学、教育学、心理学、美学等等学科的研究成果,从中吸取养料,以丰富自身。

比如语文教育心理学的研究,对如何根据学生心理发展的水平与特点,进行字、词、句、篇、语法、修辞、逻辑、文学等基本知识教学和读、写、听、说等基本技能训练,提供了科学依据。又比如语文学科的智能训练吸收与借鉴语言学、教育学、心理学中若干原则,能既培养学生读、写、听、说能力,又发展学生观察力、记忆力、思维力、想象力、联想力,提高语文教学的综合效应。再比如各种教法、学法的借鉴,包括外语教学和其他各科教学的行之有效的经验。

横向借鉴最重要的是"以我为主",也就是以中学语文教学为主。借鉴不是照搬,不是贴标签,更不是说一些连中国人也听不懂的名词术语吓唬教师与学生,而是要在"化"上下功夫,拿来为我所用。借鉴任何教育理论和具体做法,要牢记母语教学的特点,符合中学语文教学的规律。

语言文字在时代的长河中,随着人类社会的发展而成型,而丰富,而严密,而发展。今日的语文教学时处世纪之交,语文教学的社会文化背景变化迅猛,语言环境日趋复杂,现代教育技术日新月异,因而语文教学不是照抄过去,而是要在继承的基础上出新,赋予时代精神。要做到"出新",首先要重视从生活中汲取。语文学习的外延与生活的外延相等。要使语文教学有活泼泼的生命力,须放开眼看,竖起耳听,接受新事物,吸收新信息,让时代活水在语文教育领域流淌。

比如,随着时代的发展,新的词语不断涌现。如：一国两制、机遇、热点、关停并转、窗口行业、希望工程、追星族等,不胜枚举。了解、筛选、吸收、积累,很有必要。又如：文学样式出现许多新品种,特别是影视文学出现后,语文教学内容就不得不考虑。实用文的品种、写法也是色彩纷呈,如一句话新闻、标题新闻等,均须关注。再比如,教学手段现代化,多媒体的出现与应用,都应注意学习,恰当地用到语文教学中,以提高质量。

1·4 工具性与人文性有机结合,实用而多彩

中学语文教学纵向继承,横向借鉴,从生活中汲取,皆须紧扣语文工具性和人文性的特点。

我们进行的是母语教学,语言和文化不是两个东西,而是一个整体。语文学科的工具性和人文性是一个统一体的两个侧面,不可机械地加以割裂。没有人文,就没有语言这个工具(语言和人是俱在的,不是独立于人而存在的一种工具);舍弃人文,就无法掌握语言这个工具。说语文学科具有人文性,绝不是排斥它的科学精神;说语文学科具有工具性,也绝不是削弱它的人文精神,不存在限制这一个,张扬另一个的

问题,应沟通交融,互渗互透。

有一种说法,认为语文讲文化载体,讲人文就不科学,讲工具训练才科学。这恐怕是一种误解。什么叫科学？反映事物的本质,还事物以本来的面貌,这种认识就科学。比如太阳绕着地球转的地心说不科学,地球绕着太阳转的日心说是科学的,因为前者不反映而后者反映了事物的本来面貌。语言是人类自身独有的工具,与大脑相互作用,与身体俱在。语言文字是文化的载体与结晶,怎能只重视形式而忽视其内容？文化内涵是语文的固有根基,教材中的任何课文都是思想内容和语言形式的统一体,不可分割。只讲形式,就架空内容,语言形式就失去灵气,失去光泽,变成任意排列组合的僵死的符号。对这个问题,叶圣陶先生从修改文章的角度谈到过:"修改文章不是什么雕虫小技,其实就是修改思想,要它想得更正确,更完美。"语言文字是载道明理的工具,"道"与"理"不讲究,这个工具怎能有生命力,怎能完美呢？

忽视语文的人文性,必然只强调语文工具而看不到使用语文工具的人。学语文不是只学雕虫小技,而是学语文学做人。教学生学语文,伴随着语言文字的读、写、听、说训练,须进行认知教育、情感教育和人格教育。只强调语文工具,用解剖刀对文章进行肢解,枝枝节节,只见树木不见森林,闪光的启迪智慧的思想不见了,吸引人、凝聚人、感人肺腑的情感被肢解得无踪影了,留下的是鸡零狗碎的符号。

只有弄清楚语文学科的性质,在教学实践中把握工具性和人文性本质,把语言的工具训练与人文教育有机结合起来,才能激发学生热爱祖国语言文字的感情,有效地提高语文能力,在他们心中撒播做人的良种。

2 语文学科是一门多功能的育人学科

中学各学科教学的终极目标都是育人,都是使学生德、智、体能获得全面发展,语文学科也不例外。语文教师通过语言文字的教学,要使学生的思想道德素质和科学文化素质得到提高,为今日学好其他学科、日后工作和继续学习打下扎实的基础。

语文学科由于它的性质所决定,教学中须发挥多功能的作用。也就是说,不仅发挥语言文字的训练功能,还要发挥知、情、意的教育功能。这个学科综合性很强,既有智育的任务,又有德育与美育的任务,是一门三育结合的人文学科。

语文学科不仅对学生培育有多功能的作用,由于是母语教学,它还有明显的社会功能,对于弘扬民族优秀文化和吸收人类进步文化,促进国家现代化建设,提高民族素质,具有重要意义。

2·1 以语文智育为核心

教文是语文教师的天职,教师须千方百计教会学生正确使用祖国的语言文字,提高他们读、写、听、说的能力。

《九年义务教育全日制初级中学语文教学大纲[①](试用)》中规定:

---

① 教学大纲:根据学科内容、体系和教学计划、要求而编写的教学指导文件,新课程实施后改称"课程标准"。

"在小学语文教学的基础上,指导学生正确理解和运用祖国的语言文字,使他们具有基本的阅读、写作、听话、说话的能力,养成学习语文的良好习惯。"《全日制普通高级中学语文教学大纲(供试验用)》中规定:"高中的语文教学,要在初中的基础上,进一步提高学生正确理解和运用祖国语言文字的水平。要对学生进行有效的语文训练,指导学生学好课文和必要的语文知识,使他们具有适应实际需要的现代文阅读能力、写作能力和听说能力,具有初步的文学鉴赏能力和阅读浅易文言文的能力;掌握基本的学习方法,养成自学和运用语文的良好习惯,具有分析问题、解决问题的能力。"以上所引只是教学大纲中有关教学目的的第一句话。纵观初高中教学目的的第一句话,可知教学要以语文智育为核心。①

对语文智育要有完整的认识,不能以偏概全。要语言文字的训练功能发挥得有效,有几个方面须特别注意。

(1) 识字、写字与阅读文章的关系。中学语文教学与小学的识字教学当然有区别。中学阅读教学以阅读文章为主,单篇也好,几篇组合成单元也好,总是要读文章,这无可非议。问题在于读文章时须考虑识字、写字的因素,并把它们放在合适的位置。学生读课文往往大而化之,一目十行,遇到不认识或不会写的笔画繁多的字往往一跃而过,懒于查工具书,有时连课本里的注释也不仔细看。对这种状况不能漠然置之,如在阅读中不加以指导,学生读错字、写错别字的毛病难以纠正。汉字是一种独特的文字体系,每个字表示一个带声调的音节,有一定的形体,表示一定的(一个或多个)意义。汉字是形、音、义的组合。字识

---

① 本段文字在 2012 年版中表述如下:"义务教育语文课程标准的第四学段(七一九年级)学段目标对识字与写字、阅读、写作、口语交际等方面均有明确的要求,显现语文智育的特点。普通高中语文课程标准必修课程中'阅读与鉴赏''表达与交流'均有明确的语文智育的要求。语文教学指导学生学习与掌握语言文字,学会正确地运用语言文字天经地义。"

得多,写得正确,不仅反映了语文水平,也反映了文化水平,因此,指导学生阅读文章要加强识字、写字的点拨,读准字音,分析字形,理解字义,让学生在中学阶段切切实实打好语言文字的基础。识字、写字当然不是阅读文章的全部,但毕竟是读懂文章的基础。识字就行了,为什么要强调"写"字呢?识而不会写,等于不识,字认识了就可以用,不会写又怎能使用呢?离开课文,作单独的写字训练是一码事,结合阅读识字写字又是一码事,二者虽殊途,但可同归,把字写正确,写端正。

(2)阅读教学中学好课文的问题。教材中文质兼美的文章是学生学习语言文字的范例,应从内容与形式的有机结合的高度,既让学生整体感知,又能对精彩的局部含英咀华。读,是吸收,课文不仅是训练语言的例子,而且是积累语言、积累文化极好的材料。好的课文熟读精思,能构成文化素养。学习课文一怕架空分析,丢掉了语言文字的训练,二怕肢解,把好端端的文章肢解成若干零部件,丢掉了文章的灵魂。二者共同的特点是削弱乃至取消课文对学生的培育作用,都源于对语文学科性质的片面理解。

(3)语文知识与语文能力的问题。孩子学语言可以说从听说能力开始,口耳相授,形成习惯。6岁的孩子已能用语言应付身边需要,如:"我渴!""这是什么?""妈妈喜欢我。""你到这里来!"各种句式几乎都有,不是先掌握语文知识,再具备语文能力的。中学生学语文重在规范化,再提高理解和运用语文的水平,因而语文知识的学习和语文能力的训练应紧密结合,不可偏废。知识往往反映了规律,以必要的语文知识指导语文能力训练,能增强有效性;只进行机械的训练,就会出现一叶障目的情况,对某一点熟悉了,但综合运用的能力十分薄弱。教语文知识不能在名词术语上兜圈子,应着眼于应用。和实际联系,着眼于应用,知识就有活力,就能发挥指导作用。语文知识是发展语文能力的基础和条件,语文能力的发展是掌握语文知识的前提和结果,二者互为制约,互相促进。

（4）作文问题。作文是学生运用语言文字的能力、认识生活的能力、思考问题和分析问题的能力等等的综合反映,是学生语文能力的真实反映,也是语文学习中的难点、难关。作文要放在语文教学重要位置上。重读轻写,语文能力不可能全面有效地提高;支离破碎地读,也不可能促进写作能力的提高。"拳不离手,曲不离口",写得少,要想手熟,要想写出情意真切、内容充实、语言流畅的好文章,纯属妄想。有一定的数量才有一定的质量,写的问题不通过一定数量的积累不可能很好地解决。以背别人的作文来代替自己的独立作文,是从另一个角度来破坏写作教学,削弱写作能力的培养。优秀作文作为借鉴,背诵一两篇不是不可以,问题在以背代练,用以应考,以假货充真货,抽掉真情实感的灵魂,无论从语文能力培养,从做人的道理来说,都是违背语文教学大纲,违背语文教学宗旨的。

（5）学习语文的良好习惯培养问题。"为学贵慎始",从小养成良好的习惯,一辈子受用不尽。学语文也一样,读书、写字、作文,要能不断进步,良好习惯的培养很为重要。习惯的培养不是发空论、发空号召,而是要多加具体指导,并锲而不舍,要因人而异,采用不同方法,通过多种途径,以达到良好的效果。语文学习良好习惯的培养应紧扣读、写、听、说能力的训练进行,抓住带倾向性的不足之处具体指导,会有明显成效。初中、高中语文教学大纲均要求培养学语文的良好习惯极有道理。

至于浅易文言文阅读能力、文学鉴赏能力培养在中学阶段均要扎扎实实地落实,这儿不赘述。在以智育为核心的语文教学中,自始至终须注意自学能力的培养,自学能力越强,读、写、听、说能力提高越快。

2·2 渗透德育和美育

由于学科的性质和功能所决定,语文教学在以语文智育为核心的

同时,应渗透①德育和美育。初中、高中语文教学大纲中有关"教学目的"的第二句话②表述得十分明白:

"在教学过程中,开拓学生的视野,发展学生的智力,激发学生热爱祖国语文的感情,培养健康高尚的审美情趣,培养社会主义思想品质和爱国主义精神。"(初中)

"在教学过程中,指导学生进一步开阔视野,增长知识,陶冶情操,发展智力,发展个性和特长,培养学生热爱祖国语言文字、热爱中华民族优秀传统文化的感情,培养健康高尚的审美情趣和一定的审美能力,培养社会主义思想道德和爱国主义精神。"(高中)

语文教学中德育的任务很明确:激发、培养学生热爱祖国语言文字的感情,热爱中华民族优秀传统文化的感情,培养社会主义思想道德和爱国主义精神。这里有思想、道德、情感、精神。都德的《最后一课》中那位教师韩麦尔先生对学生说的有关语言的话非常耐人深思,他说:"法国语言是世界上最美的语言——最明白,最精确。"又说:"我们必须把它记在心里,永远别忘了它,亡了国当了奴隶的人民,只要牢牢记住他们的语言,就好像拿着一把打开监狱大门的钥匙。"这篇文章是小说,但作为世界少年教材一直发挥着教育孩子热爱自己祖国、憎恨侵略者的积极作用,而其中对自己民族语言的颂扬与热爱正是爱国主义精神的一个反映。我们中华民族的语言才真正是世界上最美的语言,因为它装载着中华儿女精心创造的灿烂文化,数千年的文明形成的语言之

---

① 渗透:2012年版为"融合"。
② 此处2012年版的表述改为"在义务教育阶段、高中阶段的语文课程标准中有关这方面的内容",相应地,下面的引文也更新为《义务教育语文课程标准(2011年版)》和《普通高中语文课程标准(实验)》中的相关表述。

丰富,表达情意的细致、细微、细腻在世界上是罕见的。用母语教学激发学生热爱祖国的语言文字的感情,是教师应负的重任。语言文字本身就有民族情,用它铸成的文章,只要是佳作美文,总洋溢着绵绵的情意,热爱它,带着感情去学它,就会在心灵上有感应,学得愉快,学得有收获。如果只把它看成无情无义的符号,学习时不投入思想,不投入感情,就体会不到语言文字的奥妙,当然也就难以取得理想的效果。

前面说过,民族语言是民族文化的根,民族文化是民族长期创造的文明,流淌在民族的血液中,往往是民族个性的标志。作为中华儿女,热爱中华优秀文化,不仅可加深对祖国语言文字的理解,而且对良好素质的培养,对完美人格的塑造起不可估量的作用。

英国培根[①]曾经说过:"美德有如名香,经燃烧或压抑而其香愈烈。"伏尔泰[②]在《十八世纪法国哲学》中指出:"美德与丑恶,道德上的善与恶,都是对社会有利或有害的行为;在任何地点,任何时代,为公益作出最大牺牲的人,都会被人们称为最道德的人。"学生要成为跨世纪的公民,成为社会主义现代化建设的劳动者,要花气力培养良好的道德素质。特别在商品经济的大潮中,更要明辨是非,心中有他人,心中有集体,心中有祖国。在语文教学中,要持之以恒地紧紧围绕语言文字的训练施以良好的道德教育,尤其是公德心和社会责任感,使学生不仅懂得做人的道理,而且在自己的行为上充分体现。爱国主义是千百年来巩固起来的对自己的祖国的一种最深厚的感情,从小培养学生爱国心,培养爱国主义精神,人就有了主心骨,就能在任何情况下做堂堂正正的中国人。语文教材中许多课文浸透了爱国主义精神,充分运用,以情激情,在学生心中撒播爱国主义火种。

---

① 培根(1561—1624):英国文艺复兴时期散文家、哲学家、实验科学创始人。
② 伏尔泰(1694—1778):法国启蒙思想家、文学家、哲学家、史学家,法国资产阶级启蒙运动的旗手。

语文教学中美育的任务也很明确:培养健康高尚的审美情趣和一定的审美能力。中学语文教学把发展学生感知美、理解美、欣赏美、创造美的能力作为基本任务之一。语文教材中有丰富的美育因素,自然美、人文美、语言美,无处不在。有意识地给学生以熏陶,能使学生情操高尚起来,对学习对生活有正确的、健康的、积极的追求。千万不能小视语文教学中的审美功能。赫·斯宾塞[①]在《教育论》里说得好:"没有油画、雕塑、音乐、诗歌以及各种自然美所引起的情感,人生乐趣就会失掉一半。"语文教学中如果忽视或抽掉美的熏陶,将会苍白无力,失去育人的作用。要脱离低级趣味,识别假、恶、丑,并有抵御能力,美育应发挥强有力的功能。

语文学科进行德育、美育,不是脱离语言文字训练另搞一套,而是要做到语文训练和思想道德教育统一。也就是要紧扣语文学科的性质,引导学生在学习语文过程中提高思想认识、道德修养和审美情趣;在领会思想内容的同时加深对语言文字的领悟,培养语文能力。渗透的途径与方法很多,可因文而异。在教学过程中,紧扣课文特点,针对学生实际进行德育、美育渗透,思想内容与语言文字能双放光彩,给学生以语言上的领悟和情操上的熏陶感染。比如《七根火柴》中描写无名战士牺牲时的场景有这样一段文字:

"话就在这里停住了。卢进勇觉得自己的臂弯猛然沉了下去!他的眼睛模糊了。远处的树、近处的草、那湿漉漉的衣服、那双紧闭的眼睛……一切都像整个草地一样,雾蒙蒙的;只有那只手是清晰的,它高高地擎着,像一只路标,笔直地指向长征部队前进的方向……"无名战士话未说完,死神就夺去了他的生命,作者没有用"死""逝世"这样的字眼,而是用战友卢进勇"臂弯猛然沉了下去"的感觉来刻画,这不仅更便

---

① 赫·斯宾塞(1820—1903):英国哲学家、社会学家,被誉为"社会达尔文主义之父"。

于下文描绘卢进勇为失去战友而悲痛,还在于不直说无名战士献身,寄寓了难以言表的崇敬、悲痛的深情。学生读到这里,教师可点一点,让学生有所感悟。这一段里语言的运用别具匠心,要引导学生思索、推敲、咀嚼。在同一个场景同一个人身上,眼睛"模糊"了,怎么看出去的东西中又有"清晰"的呢?是不是矛盾?卢进勇为失去公而忘私的无名战士而悲痛,而唱哀歌,故而眼睛"模糊"了。放眼看草地,远处的树、近处的草,目光所及的整个草地,都是雾蒙蒙,大地也在哭泣,为这位无名战士唱哀歌、唱颂歌。为什么在一切均雾蒙蒙中唯有那只手是"清晰"的呢?这犹如舞台场景的处理,其他都暗淡下来,把所有的光束集中在那只指向正北方向的手上,为牺牲者加上最后一个特写镜头。就是这只手,是把生的希望送给同志、把死亡留给自己的象征。通过看似矛盾的两个词语的推敲,红军战士无私忘我的高大形象不仅矗立在茫茫草原,而且移植到学生心中。学生从悲壮的场景、语言的运用中受到教育感染。

2·3 培养素质与发展智力

今日的中学生是 20 世纪末、21 世纪初各个建设领域的后备军,培养塑造他们,不仅须研究他们今日的心理特点、学习能力,而且要认真考虑他们明日应有怎样的思想道德素质、科学文化素质才能适应现代化建设的需要。肩负物质文明和精神文明建设重任的建设者,无论是专门人才还是一般劳动者,都应具有现代人的素质,应该是思想活跃,富于理想,自学能力强,善于吸收各种新信息,能不断更新自己的知识结构,勇于改革创新的人。语文教学就要为实现这样的培养目标打下扎实的基础。

现代人应该是文明的人,有良好的习惯,有奋发向上的精神,有追求真知的旺盛的求知欲,有克服困难、锲而不舍的意志与毅力。这些素质均可通过严格的语文训练有意识地进行培养。比如认真负责、一丝不苟的态度，不是号召一下、要求一下就能奏效的，须通过一次次作业、一次次读写训练和指导、表扬、批评、示范等多种方式进行，坚持不懈地教育，就能养成良好的习惯。良好习惯一旦养成，习惯成自然，就懂得做人应该敬业，学习也好，工作也好，都要有负责精神、敬业精神。由于历史的曲折和社会上的某些不良影响，学生学习上的粗疏与惰性、被动承受与浅尝辄止屡见不鲜，因而，针对学生的实际情况，培养良好的素质，特别要从习惯的养成抓起。对于青少年学生来说，学习绝不是只在学校读书的那几年，人工作一辈子，就要学习一辈子，终身接受教育。因此，语文教学中要着力培养学生良好的学习习惯。没有规矩，不能成方圆。读书、写字、说话、作文，均要严格要求。认认真真、踏踏实实、仔仔细细去读去写，绝非一日之功，这既是良好习惯的培养，也是坚强意志的锻炼。培养学生自己读书，培养他们从阅读中发现问题积极思维的习惯，引导他们阅读时口到、眼到、心到，既可增强他们做学习上的主人的意识，又可激发他们不断进取的求知欲。学生对语文的工具性、人文性缺乏足够的认识，对这个学科的特点，对学习这门学科的规律性缺乏足够的认识，总希望一学就会，一写就提高，不理解积累有个过程，急于求成、立竿见影是行不通的。因此，教师要反复宣传语文学习积累与实践的重要与必要，培养他们学语文的韧性，培养他们孜孜以求、锲而不舍的精神，教育他们不因一次作文、一次考试失利而气馁，也不因些微进步而骄傲，要脚踏实地，积词积句积文，一步一个脚印，在训练语文基本功的同时，塑造做人的素质。教师教学生"学文"，也在教学生"做人"。

给学生语文打基础，切不可忽视智力的开发。点拨，开窍，把学生教得聪明起来，是语文教学育人的又一重要内容。学生在学习期间不可能学会他在日后投入社会，参加现代化建设的全部知识和能力，要紧的是培养他们会学习、会思考的本领。有了这些"基因",将来就能举一反三,有所创造,有所前进。培养学生读、写、听、说能力的同时,须有意识地在思维力、想象力、观察力、记忆力、联想力等方面,尤其是思维力的锻炼方面下功夫。在学生的脑力劳动中,首要的不是记住别人的思想,而是要自己积极思考,学会思考,培养学生的语文能力,无论是遣词、造句、谋篇、布局,无论是记事、写人、状物、说理,都须臾离不开积极的思维。因此,在训练读、写、听、说能力的同时,必须增进和发展他们的思考能力。有这个认识与没有这个认识,在教学实践中做法就会很不一样,效果当然也就迥异。比如,紧扣教材发展学生想象力的问题就很有意思。魏学洢的《核舟记》是记述核舟工艺精妙绝伦的短文,全文仅 400 多字,却描述了核舟上雕刻的全部景物。学文言文,一般只疏通词句,重点理解某些生字难词难句,能译成现代语言,剖析写作上的特色等就可以了,也就是说读读、讲讲,或加上背诵。就文论文地学,确实容易囿于文字的训练,如果学生在理解的基础上按记述的顺序画一幅核舟图,尺寸放大五倍或更多倍,舟上人五、窗八、箬篷、楫、炉、壶、手卷、念珠各一,对联、题名并篆文,共 34 字,尽各放在恰当的位置上,收效就不一样。船不一定画得很像、很好,但通过把无声的文字变成有形的线条,学生的想象力得到发展,阅读的认真程度加深,对这枚桃核上雕刻的苏东坡泛舟赤壁有了总体印象。读读,想想,画画,熟悉了课文,发展了形象思维,对雕刻技艺的精湛和表述文字的简洁、周密、生动,比一般性阅读更有真切的理解。

2·4 讲求综合效应

语文学科是综合性很强的学科。语文课文中除语言文字知识外,还包含着广泛的社会科学知识和自然科学知识,宏观的、微观的都有所涉及。可以说,上自天文,下至地理,古今中外,无所不包。凡是人类创造的精神文明,用文字表述出来,在不同年级的课本中,根据中学生语文学习的需要,都会有或深或浅或多或少的反映。就语言文字本身来说,它综合着各种语文知识、各项语文训练,培养多项语文能力。语文知识是字、词、句、篇、语法、修辞、逻辑、文学、阅读、写作、听话、说话等各种各类知识的综合;语文能力是读、写、听、说各种能力的综合;语文训练是各种语文知识训练和各种语文技能训练的综合。整个语文是个综合体,由于这个特点,语文教学必然丰富多彩。

认识语文学科综合性特点,教学时必须讲求综合效应,不能单打一。

语文教学要培养学生掌握祖国语言文字,掌握读、写、听、说的真本领。学生青春年少,学得的知识往往熟记在心,储存在自己的头脑仓库里,一旦需用,会立即显现,脱口而出;技能也是如此,小时候练就的读、写、听、说能力犹如自己身体的有机部分,用起来得心应手,后劲很足。训练能力要树立全面培养的观念,不能以偏概全,以局部代整体。由于科学技术的迅猛发展,生活节奏加快,信息频繁,人们交流思想常常说与写并重,说的作用应提高到相当重要的位置。为此,进行语文能力训练时,应把握读、写、听、说能力相辅相成的关系,全面培养。众所周知,听和读是吸收,说和写是表达,既要培养学生合理吸收的本领,又要训练他们具备准确表达的基本功。训练要有明确的阶梯。从出发点到目的地有一段路程,在这段路程中要步履清楚,拾级而上。语文教学大纲中的教学要求是训练的全局,初中一个阶段,高中一个阶段,上下衔接,每个阶段有读、写、听、说能力各自具体的要求,四种能力之间又相互渗透与穿插,故而训练时力戒笼统混沌,要有合理的布局,要安排好恰当的"序",引导学生步步登攀。训练语文能力的主要依据是教材,洞悉各类课文的个性,充分发挥它们的例子作用,可有效地训练学生读、写、听、说的能力。

在运用教材为例子的同时,千万不能忽视它们的教育作用。有些课文有认识价值,学生对古今中外的人和事、景和物本不甚了解,学了有些课文后,增长了知识,认识了事物。如《捕蛇者说》,通过课文的阅读,对"悍吏之来吾乡,叫嚣乎东西,隳突乎南北,哗然而骇者,虽鸡狗不得宁焉"的骚扰、搜刮、迫害老百姓的情景有所了解,就能认识到唐宪宗时赋敛极重,民不堪命,真是苛政毒于毒蛇。有些课文教育功能特别明显,哪怕是一两句诗,可能使学生终身受益,永志不忘。如文天祥《过零丁洋》中的"人生自古谁无死,留取丹心照汗青",哺育了一代代志士仁人,这种价值、这种精神财富,是用任何数据都无法来评价的。有些课文有审美价值,且不说诗歌、散文、小说,就是说明文,只要精心教,也同样能发挥审美功能。比如,《看云识天气》是一篇说明文,对天空姿态万千、变化无常的云加以说明,加以描述,同样可使学生感受到自然美景如画。"卷云丝丝缕缕地飘浮着,有时像一片白色的羽毛,有时像一块洁白的绫纱",读这类句子不仅增长知识,而且感受到浓浓的画意。有些课文情透纸背,或慷慨激昂,或如潺潺流水在字里行间流淌,教学时充分发挥其特点,能叩击学生心灵。总之,训练语文能力,应充分发掘和发扬课文的特点,文字技巧和思想情操双管齐下,可培养学生的思想道德修养和科学文化素养。

语文教学在学生素质、能力、智力方面发挥重要的培育作用,实质上是力求实现"学力形成"和"人格形成"的统一,也就是在教学过程中既有形成语文能力的侧面,又有形成个人思想情操、思维品质和行为方式的侧面,二者有机地、和谐地统一,教学就能获得综合效应,学生多方面得到培养。当然,有一点必须十分明确:语文教师教学生学语文,引导学生学习语文知识,进行语文能力训练,是语文教学的主旋律,须牢牢抓住不放。

语文教学要发挥教文育人的综合效应,不但要掌握学生的共性,更要注重学生个性的发展。教师不能站在学生世界的外面观察,要站到学生世界之中眼看耳听,搭准他们的脉搏,了解他们的思想、性格、情趣、爱好、知识、才能,长善救失,因势利导,使他们的潜力,使他们的聪明才智能健康地得到发展。不促使学生个性获得发展,育人就相应地失去光泽。

"教育性教学"[①]是近代教学论研究的重要课题,从育人的高度,从教师的崇高职责,从语文学科的个性特点出发,语文教学应该也必须成为教育性教学,发挥教文育人的综合效应。无数事实证明:任何真正的教学,不仅是提供知识,而且给学生以良好的教育。离开了"人"的培养去讲"文"的教学,就失去了教师工作的制高点,也就失去了教学的真正价值。

---

① "教育性教学":德国近代哲学家、心理学家、教育家赫尔巴特提出的一条教育教学原则。认为道德养成是教育的最高目的,而道德教育必须依赖于教学,主张"通过教学进行教育",反对"无教学的教育",也反对"无教育的教学"。

3　为课堂教学创设师生交融的佳境

在我们这个人口众多的国家里,中学生有几千万。尽管教育形式有多种多样,但以班级为单位的课堂教学在学校教育中必然是主要形式。学生进学校学习,日复一日,年复一年,大部分时间都在课堂里度过。教什么,怎么教,学什么,怎么学,要不断进行探索,进行研究,以期寻得规律,取得最佳效果。课堂教学质量的高低往往与学习质量的高低息息相关,要有效地提高学生的学习质量,须大力改革课堂教学,充分发挥课堂教学的职能。

教学是教师和学生之间的共同活动,在这个过程中须有可供教与学的材料,即教材。教学就是在教师教的活动、学生学的活动和教材——教学的依据这三者的相互作用中展开的。教师运用教材科学地、艺术地、有创造性地教,学生以教材为依据主动地、积极地学,师生两个积极性发挥,课堂教学就生动活泼,进入佳境。

3·1　树立"体"的观念

较长时间以来,语文课型中以讲读课为主,辅之以略读课、写作课、复习课等课型;而无论哪种课型,往往以平推的居多,以平面展开最常见,以单打一的传授知识最手熟。尽管这种种做法在培养学生理解和使用祖国语言文字方面收到一定的成效,但从时代的要求和今天学生学习的实际情况来考察,课堂的职能远没有发挥。

前面说过,语文学科是一门方面多综合性强的学科。从知识来说,有字、词、句、篇、语法、修辞、逻辑、文学等;从能力说,有读、写、听、说等。就语文本身来说,要考虑语文各类知识、语文各类能力之间的关系;就语文与其他学科的关系来说,又要注意配合、依存、渗透与促进。再者,语文教学中要结合语言文字的教学,十分注意智力的开发和思想情操的陶冶。认识这个特点,从综合性考虑出发,课就要树立"体"的观念,从多方面思考问题,分析问题,发挥课堂教学的职能。

影响课堂教学职能的因素很多,主要的有:教师向学生传授知识的质——教学内容的精确与深入;教师向学生传授知识的量——教学内容的多与少;学生接受知识的质和量——对教学内容理解的正误、深浅与多少等。这些是就知识而言。就能力而言,教师训练学生语文能力的质和量,如训练内容的难易、分量,训练角度的大小;学生进行语文能力训练的质和量,如准确度、速度、掌握的幅度与熟练程度,等等。此外,还有渗透德育、美育、开发智力的任务。教学时须综合思考以上众多的因素,做到教与学有机结合,知识与能力协调发展。

课前考虑得全面周到,上课时才能避免单打一,避免机械分割,才能重点突出,轻重配合得当。在同样的单位教学时间内,一种是单打一地进行教学,一种是熔知识传授、能力培养、智力发展与思想情操陶冶于一炉,二者相比较,教学效率的高低自不言而喻。不论是讲读课、阅读课,也不论是写作课、练习课,乃至复习课,等等,都可在教学目的比较单一的情况下体现综合性的特点,发挥课堂教学多功能的作用。课由平面而立体,知识覆盖面就广,能力训练的角度就多,学生可获得多方面的培养,思想情操相应受到熏陶。这样,课的容量丰厚,效率会大大提高。

课要上得立体化,使知识、能力、智力、思想情操陶冶融为一体,发挥多功能的作用,课前须精心设计,把教材的逻辑结构与教学过程的程序结合起来,探索最佳结合点。课堂上讲和练既要重视眼前的课文,又要不为课文内容所限而不思其他。要认真地审慎地选几个知识点或训练点纵横延伸。选的"点"要恰当:在课文中能起"点睛"作用或关键作用的;语言经得起推敲,内涵丰富而又咀嚼有味的;能在思想上给学生以启迪,能拨动情感的琴弦的;读、写、听、说能力某一方面或某几方面能切实获得训练的;能拉出联想或想象线索,知识和能力训练扩散点显明的、丰富的。所选的知识点或训练点应是在培养学生语文能力、陶冶情操、提高文化素质方面闪光的,或辐射,或折射,使课堂教学充满明亮。

怎样使课立体化,使学生多方面获得培养呢?这里且不举整堂课的例子,只以教说明文《晋祠》第一、第二两个教学环节为例作简略的说明。课的起始阶段,教师用三言两语引入课文以后,要求每个学生口述一处祖国的名胜古迹,而且在速度与表达上有要求。学生从上海的豫园讲到西藏的布达拉宫,从杭州的西子湖讲到长白山天池,思想集中,兴趣很浓。请看这部分教学内容的实录:

第 一 课 时

[上课]

师:我们伟大祖国历史悠久,山川锦绣,名胜古迹星罗棋布,在世界上可以说是——

生[部分]:首屈一指。

师:首屈一指[竖起拇指]。现在请每位同学就你所知道的名胜古迹说一处,要求:一说清楚,二速度快。我不一个一个叫名字了,请挨着次序讲下去。你先说[示意第一排一位学生]。

生1:青岛八大关。

生2:故宫。

生3：从化温泉。

生4：山西云冈石窟。

生5：西安的大雁塔。

生6：杭州的西湖。

生7：长城。

生8：甘肃的酒泉。

生9：善卷洞。

师：在什么地方？

生9：宜兴。

生10：福建厦门的鼓浪屿。

生11：南翔古猗园。

生12：北京的颐和园。

生13：普陀山的寺庙。

生14：西藏的布达拉宫。

师：好，讲得很响。

生15：河北省的赵州桥。

师：河北省的赵州桥我们什么地方碰到过？

生[部分]：课文《中国石拱桥》。

师：对。

生16：太湖。

生17：西安的大雁塔。

师：重复了。

生18：陕西的兵马俑。

生19：安徽滁县的醉翁亭。

师：醉翁亭，我们这学期要学《醉翁亭记》。

生20：承德的避暑山庄。

生21：湖南省岳阳市的岳阳楼。

师：岳阳楼，我们这学期还要学《岳阳楼记》。

生22：山水甲天下的桂林山水。

生23：庐山的大天池。

生24：洛阳的白马寺。

生25：雁荡山。

师：在什么省？

生25：浙江省。

生26：广西容县古经略台真武阁。

生27：河北省保定市的古莲池。

生28：广东肇庆星湖。

生29：广西阳朔。

生30：长白山天池。

生31：济南的大明湖。

生32：扬州的瘦西湖。

生33：北京的天坛。

生34：甘肃的敦煌。

生35：上海名胜豫园。

生36：西藏的拉萨哲蚌寺。

生37：绍兴的东湖。

生38：北京的卢沟晓月。

师："卢沟晓月"我们也在课文中碰到过。

生39：西双版纳。

生40：四川的乐山大佛。

生41：宜兴的张公洞。

生42：庐山的花径。

生43：中岳嵩山。

师：中岳嵩山，你还能够说出其他的几个"岳"吗？

生43：能。西岳华山、东岳泰山、北岳恒山、南岳衡山。

师：对不对？

生[部分]：对！

师：记得很熟，好。

生44：浙江的瑶琳仙境。

为什么要安排这个环节呢？目的在使学生以下几个方面能获得培养：① 锻炼口头表达能力（语文能力）；② 相互启发，开阔视野（增长知识）；③ 发展记忆力、想象力（智力）；④ 了解中华民族的深厚文化平铺在祖国960多万平方千米的土地上，受到爱国主义的熏陶感染，增长民族自豪感。此外，还活跃课堂气氛，使学生学得愉快。紧接着第二个环节是：出示《中国名胜词典》①，听写词典中"晋祠"的条目内容，听写后将条目中说明的每一句话用数字标出，和课文中相应的内容对照，辨别异同。为什么要安排这个环节呢？目的是：① 激发学生求知欲。尽管学生在不到两分钟的时间内把自己熟悉的名胜古迹初步检阅了一下，似乎已经巍巍乎壮哉，但在整个名胜古迹中毕竟有限，知之甚少，推荐词典用以激发求知的欲望；② 训练学生听写的能力；③ 训练思维的敏捷性；④ 检验阅读理解的速度和准确度；⑤ 训练比较思维的能力；⑥ 进一步激发对古代优秀文化的热爱。下面截取课堂实录一小部分，从中可窥见上述教学意图。

师：把词典上介绍晋祠的语句和课文《晋祠》对照起来看，你们会发

---

① 《中国名胜词典》：国家文物事业管理局组织编写，上海辞书出版社1981年版。

现哪些问题？这是一。二、二者有哪些不同之处？[食指、中指竖起示意]三、请你们判断一下是文章写得好呢，还是词典上说明得好。[食指、中指、无名指竖起示意]有的已经思考好了。[学生举手]××，你说。

生52：词典上说晋祠是在山西太原市西南25公里，书上说是在山西省太原市西行40里，数据上有些不对。

师：数据上好像有些不大对？25公里是多少里啊？

生[集体]：50里。

师：50里，怎么一个50里，一个40里呢？还有什么问题？[学生举手]×××。

生53：词典里介绍的一段话中，"三绝"是指：难老泉，宋塑侍女像和隋槐、周柏，而书上写的"三绝"是：圣母殿、木雕盘龙和鱼沼飞梁。两个"三绝"内容不同。

师：三绝的内容不一样，这又是一个问题。[学生举手]×××。

生54：我认为××同学刚才说的问题遗漏了一点，在词典上的第二句中，××同学只对了第7段，我认为还可以对第9段，就是讲鱼沼飞梁。

师：对不对？

生[集体]：对的。

师：好，补充得很好。还发现了什么问题？[学生举手]×××。

生55：书上是唐槐，而词典上说的是隋槐。

师：到底哪一个对？是隋槐还是唐槐？

生55：[继续提问]书上写四十二尊侍女像，而这里写四十三尊。

师：是四十三尊还是四十二尊？[学生举手]×××。

生56：书上写的是唐槐，这里写的是隋槐，隋唐相隔时间不长，隋朝的统治很短，所以这里用隋槐、唐槐都可以。

师：可不可以？

［学生点头］

师：隋什么时候建立的？

生［集体］：581年。

师：公元。

生［集体］：公元581年。

师：灭亡呢？

生［集体］：618年。

师：［笑］你们历史学得不错,因此我们讲"隋唐"。"隋唐",就好像秦始皇统一——

生［集体］：秦汉。

师：对。秦汉,秦朝很短,因此常和汉连起来讲。相隔时间很短。［拇指与食指示意"短"］,因此问题不大。还有什么问题？［学生举手］×××。

生57：我回答××［指生52］的问题,从山西省太原市西行40里,而词典上是山西省太原市西南25公里,一个是西南,一个是西行,它们之间存在着方向的差别——

师：好,方向上有差别。

生57：［继续说］所以,距离也不相等。

师：距离也不相等,因此两个数据怎么样？

生57：都可以。

师：都可以的。

生57：［继续发表意见］还有关于晋祠三绝,书上与词典上说法不一样,《中学语文课外阅读手册》①上说——

---

① 《中学语文课外阅读手册》：由上海教育出版社组织部分上海知名教师（如方仁工、过传忠、杨振中、姚善同、陈刚等）编写的一套学生课外阅读辅助教材,于1984年、1985年陆续出版。

师：《中学语文课外阅读手册》上怎么说？［出示此书，学生课桌上都有此书］

生57："关于晋祠三绝的说法多种多样，正好证明了晋祠值得人们欣赏的杰作特别多。"

师：因此，可以说法不一样，对吗？

［生57点头］

师：同学们已经养成了习惯，在读某一篇课文时，总要到《中学语文课外阅读手册》中去找一找，看看有没有相应的文章读，这样对理解课文，扩大视野有好处。三绝可以有多种多样说法——［学生举手］×××。

生58：我认为对三绝作这样的解释不是最好，应该说，在课文上它是讲古建筑的三绝，在词典上是讲晋祠三绝，当然它们之间有区别。

师：对。读书要读仔细啊！［学生举手］×××。

生59：我来回答刚才×××同学［指生55］提出的问题。他说殿堂里面有宋代彩塑四十三尊，而书上是四十二尊，好像有差错。其实，书上讲"宋代泥塑圣母像及四十二个侍女"，这样加起来也是四十三个。

师：四十二加一是多少？

生［集体］：四十三。

师：四十三。

生59：［继续讲］所以，并没有出入。

师：对，请坐。［学生举手］××。

生60：刚才我们听写下来的一段话中有这样一句话，"殿两侧为难老、善利二泉，晋水主要源头由此流出"，而139页第5段中讲"这里的水，多、清、静、柔。这些水主要是来自难老泉"，说法有出入，这些水到底是来自难老泉，还是来之于难老、善利二泉呢？

师：请坐。［学生举手］××。

生61：词典和课本上还有一个不同之处，就是在写晋祠三绝的时候，写作方法是不同的，课文上是先总述，然后再分述，字典是先分述，然后再总述。

师：好，你看出了不同之处，仔细阅读，不同之处还很多。我们刚才发现了许多问题，有些问题解决了，比如25公里和40里是不是数据上有出入，刚才××[指生57]解答了。一个是西南，一个是什么啊？

师、生：西行。

师：这没有矛盾。四十二、四十三，四十二加一——

生[多数]：四十三。

师：这也没有出入。至于三绝的讲法，词典上是晋祠三绝，书上呢？

生[部分]：古建筑三绝。

师：因此也并不矛盾。而××[指生60]提出的问题是值得研究的，到底发源于难老泉、善利泉，还是只是难老泉呢？

请阅读思考[出示《中国名胜词典》]，这里是一段话，这儿是一篇文章[出示教科书]，有哪些不同的地方？××想好了，其他同学呢？[学生举手]×××。

这样一环扣一环，环环有明确的训练目的，每一环起多方面的培养作用。学生的活动占课时的80%以上，而这些活动又是在教师的指导下进行的。

3·2　学生是学习语文的主人

教语文，几乎有这样一个通病，就是"时间不够"，讲啊讲啊，似乎许多该讲的都没有讲完，哪有时间让学生活动？长期以来，我常苦于课时不够，急得出汗。乍看是课时问题，实际是观念问题，教学中须树立正确的师生观,要深刻认识到:学生是学习语文的主人。

教育家赞可夫①在《和教师的谈话》中有句意味深长的话,他说:"在课堂上,相当多的时间是被不合理地浪费了。"怎样被浪费,当然会有各种各样的情况,但是,最大的不合理的浪费莫过于让学生在课堂上处于被动、旁观的位置,而没有主动、积极地做学习语文的主人,没有自觉地、兴味盎然地投入语文训练活动之中。

教学中有三个因素,这就是学生、学习过程和学习情境,最为重要的是学生,因为没有学生就没有学习,也就没有教学。教师必须树立目中有人,也就是目中有学生的观念。这里所说的学生,绝不是抽象的概念,无血无肉的,而是一个个活生生的青少年。每一个学生是具有个人特点的,有自己的理想、兴趣、爱好,有自己的智慧和性格结构的人。他的长处、他的不足、他的潜力、他的发展趋向、他的语文能力、学习方法,教师都须了然在胸。教师心中要有学生谱,这个谱是活泼鲜跳的,多姿多彩的。理解他们,尊重他们,带领他们在知识的海洋中遨游,使他们成为学习上真正的主人翁。

尊重他们学习中所花费的劳动是增强主人翁意识的重要条件。进步了,成功了,尊重,表扬,轻而易举。学生在学习艰难之际,在花费了许多劳动而未获预期效果时,甚至还会出现差错时,教师仍然不能忘记他们是学习的主人,不能摆错位置,要尊重,要耐心。20多年前,有位学生在描写人物时作了不恰当的形容,说一位老人白髯飘飘,像牡丹花一样。讲评作文时,教师举了这个例子,阐明运用比喻,要在恰当上下功夫。学生一阵哄笑,教师自知失言,立刻补救,强调这位同学刻意要把

---

① 赞可夫(1901—1977):苏联著名教育家、心理学家。主要著作有《教学与发展》《教学论与生活》《和教师的谈话》《论教学论研究的对象与方法》《论小学教学》等。其"教学与发展"理论及"五条教学原则"影响深远,和布鲁纳(美国)、瓦根舍因(德国)并称为现代课程教学理论的三大流派。

人物写生动的意图是积极的。这位同学低下了头,此后许多节课他都低着头,不朝教师看。时隔十多年,他和原来同班的一些学生来看教师,还提起了这件事,说当时他苦于地下无洞,如果有洞,肯定是钻下去了。这件事令教师十分震动。学生在学习过程中有这样那样的毛病不足为怪,教师要善于救失补缺,扬长避短;在大庭广众之中用不恰当的方法揭短,是不尊重学生的表现。教师给学生带来的委屈与痛苦,学生心灵里会留下长久的痕迹。就好像一场大雷雨过去,狂风吹折了一些树木,许多树枝折断了。尽管雷雨过后仍晴空万里,阳光灿烂,可是大雷雨留下的痕迹令人久久难忘。由此可知,学生是学习的主人,并不是只指班上的某些学习成绩好的、接受能力强的人,更不是指某几个,而是指每一个,指班级的全体学生。

　　语言文字是技能性很强的工具,掌握它,须靠自身的努力实践。教师指导是外因,真正要学好,用好,要靠学生自身的内因。学生对语文有正确的认识,有求知的兴趣,又努力实践,水平就可提高。从外因与内因的角度说,学生须做学习语文的主人。举例来说,哪怕是标点符号的运用,如果不尊重学生的主人翁地位,再教,也收不到良好的效果。有这样一件事:一名学生,他写作文从头到尾没有一个标点符号,于是教师就在班上讲,应该重视标点符号,然后又把那位学生请到办公室个别辅导,给他讲句号、逗号、顿号、分号等等该怎么用,讲了一大堆。他呢,好像蛮恭敬地坐在旁边听。讲完以后,问他:"你懂了吗?"他笑了笑,没有回答。教师以为他这个"笑"是会心地微笑,表示他懂了。可是下次作业交上来,仍然没有标点符号。教师奇怪,再请他到办公室来,问他:"你怎么还不用标点符号呢?"这次他没有笑,很认真地说:"你讲了那么一大堆,我怎么记得?"他一句话就把教师原来的劳动全部否定了。细想,他讲得有道理,教师确实太不讲究方法了,一下子讲那么多,倾盆大雨,好心做笨事,还自以为很负责,既有面上的教育,又有个别辅导,其实,没有对上号。于是教师就向他检讨说:"我自己没有注意,一下子讲那么多,当然你不能接受了。现在我们只讲两种:句号、逗号,你在作文里只要把句号、逗号用上就行了。"看来这应该是极起码的要求,不难做到,可是后来他在作业上仍然有不少差错。有时作文写完,他点一个逗号,弄得教师哭笑不得。而且标点符号不肯点在格子里,多次给他讲,又拿书和报纸给他看,告诉他点在格子里眉目清楚。有一次他交来的作文,又是一大段不用标点符号,教师着急了,想怎么才能使他重视起来呢?在讲评作文时,重点讲评他的作文。教师用等速度的腔调一口气读他那一大段文章,读得上气不接下气。有的学生说:"老师,你稍微停一停,这样累死了。"教师说:"我不能停呀,我要忠实于作者的原意,他没有标点符号,没有停顿,我不能停啊!"结果全班哈哈大笑。此时此刻学生才领悟到标点符号同样是表情达意的,作文必须用标点符号,须句逗分明,否则就会胡子眉毛分不清。课后再找这位学生谈,他说:"还有这么一点道理。"问他为什么标点符号点在格子外头,又为什么有时候一篇文章最后用一个逗号,他边笑边认真地说:"我以为文章写得好就有水平,标点符号不代表水平,所以,我是写好文章再加标点符号的,我爱怎么点就怎么点。"此时此刻,教师才弄明白他原来有这样的看法。学生是有个性的,他们学习语文有他们自己的想法,教师如果闭塞眼睛捉麻雀,没有认识到他们是学习语文的主人,乱强加,那么力气虽花得不少,但好些都是无效劳动。教过不等于教会,小小标点符号尚且有学生的思想认识问题、习惯问题、教师的教学不得法问题、教学思想观念问题,更何况对学生智力、能力、素质的全面培养呢?显然,树立正确的师生观是全面提高语文教学质量的前提。

3·3 教师为"学"而"教"

长期以来,教师为"教"而"教"的现象比较严重。教师考虑得最多的是教什么,即教学内容。熟悉教材,进行钻研,写好教案,向学生传授知识,就觉得完成了任务。至于怎么教,学生才能学懂、学会,相对而言,考虑得就比较少。至于学生学习过程中会碰到哪些困难,怎样才能克服困难,考虑得就更少了。

立足点从"教"出发,语文课堂教学常常重知识轻能力,重烦琐的讲解,灌输各种各样的现成结论。课堂上常常是教师一言堂,是教师的用武之地,锻炼口才,锻炼形象思维与逻辑思维。面对科学技术的突飞猛进,面对社会生活节奏的加快,用这种方法教,无疑要关闭学生认识现代社会的窗户,压抑他们学习语文、进行语文训练的积极性,他们的智力发展,尤其是思维力的发展会受到严重的障碍。课堂教学要进行改革,改革陈旧的不符合全面培养人的低效率做法,须转换立足点,要把从"教"出发的立足点转换到从学生的"学"出发。学生是学语文的主人,"教"是为学生服务的,"教"不是统治"学",也不是代替学生去"学"。教师的"教"是启发学生"学",引导学生"学"。施教之功在于启发、引导、点拨、开窍。教师与学生的关系是"师傅领进门,修行在个人",教师引导学生入语文学习之门,学生自身想学、爱学、努力学,就能取得良好效果。教师为学生学懂、学会、学好而教,因为任何教学方案都是为学生而存在而起作用的。课堂应是学生学语文的用武之地;课堂上不改变教师越俎代庖的状况,学生就摆脱不了只当听众的命运。

比如训练学生口头表达能力。有的学生口述能力差,说起话来断断续续,含糊不清,如果从"教"出发,课堂上就不愿意让他们发言,以免"浪费"时间。但是从学生的"学"出发,必须让他们多加锻炼,创造条件让他们多问,多说,多解答,多分析。课不是表演,不是教给别人看的,要教到学生身上,让他们扎扎实实提高能力。学生有机会多锻炼,教师因人而异,具体指导,坚持不懈,就有效果。

教师为"学"而"教"并不是一切围着学生转,采取放羊的形式。培养学生成为德才兼备的有用人才,有明确的要求,有科学而严密的计划,开设哪些课程,达到怎样的目的,都是经过长期实践,总结正反面无数经验而形成的。教育就是有目的有计划地培养,一定的年龄要完成一定的学习任务。小学识字教学基础不扎实,中学再补,往往事倍而功半;中学阶段读的能力差,写的文章不能文从字顺,给继续深造或走上工作岗位,都会带来无法补偿的损失。

近代教学论者主张,反对死记硬背的教学,要尊重学生的独立性和创造性的发展,这是很有道理的,但是不能放弃教学目的,把教学过程放置在从属学生自我中心的地位。须知:学生的知识掌握与认识活动是在教师的指导下进行的;然而,学生是学习的主体,对他们在学习过程中的主观能动性要充分认识,善于从他们的实际出发,调动他们内在的积极性,去获得新知,发展认识能力。师生双方具有共同的目标,让学生获得知识,发展智力,提高能力,但达到目标的角度不同,方法不同。"教"为"学"服务,在为"学"服务的过程中,认真备课,努力实践,教师自己也会获得新知,提高认识能力。

3·4 每名学生应成为学习的"发光体"

课堂教学要面向全体学生,使每名学生学得主动,学得积极,学有收获,须合理地安排课堂结构,把课堂教学的构成从单向型的直线往复转换为网络式、辐射型的。下面是几种常用的语文课堂教学结构形式的比较:

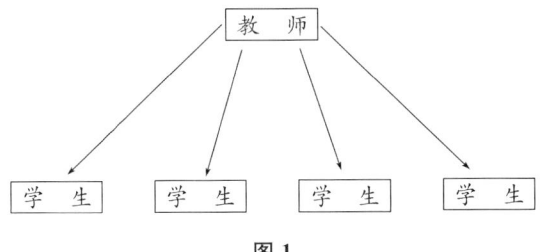

图1

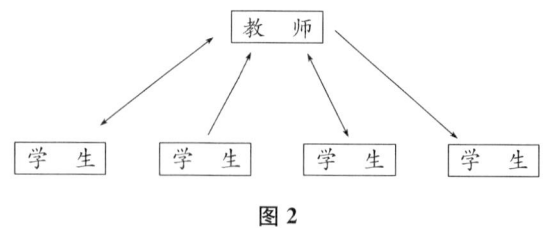

图 2

图1所表示的课堂上师生交往的联系图纯属以教师为中心,指挥学生听、读、写,学生好似被动接受的容器,"说"的锻炼往往被忽视,积极性受到压抑。图2所表示的交往有所改进,教师讲,学生听,学生质疑,教师解答,学生讲述,教师判断。然而,不管是图1,还是图2,所表示的内容都表明教师和学生之间的联系是单向型的。图1表示的只是教师作用于学生的"往",图2表明了有学生的"复",但也不过是直线往复而已。这样的师生交往充其量只能显示教师的学识水平,而学生的聪明才智很难得到展现与锻炼。学生的学习过程往往以"听"和"记"为核心,这样的教学情境难以激起学生智慧的火花,课的容量受到限制,班级教学的优点也难以有所发挥。

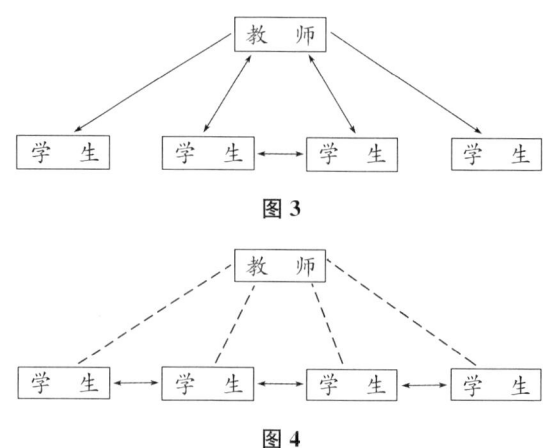

图 3

图 4

以上两种情况在语文课堂教学中也常见。图3表明教师积极调动学生学习语文的积极性,大部分学生确实也进入学习语文的角色,与同学交往，与教师交往。但遗憾的是仍有部分学生处于被动承受的地位，和教师也只是单向交往。图4表明学生之间频繁交往，"相观而摩"①，但教师的指导作用未有效地发挥，往往是"放羊式"的，像断了线的风筝，让学生自由飘荡。教学是有计划有目的的活动，怎样实现特定的教学目的，让全班学生明确，并确有收获，就发生问题了。尽管看起来课上很热闹，但学生脑子里像马蹄杂沓过一般，结论含混或无结论，学习效果也不可能理想。

班级教学要面向全体学生，让每个学生沉浸在浓厚的学习气氛中，学习、思考、讨论，发挥聪明才智。因此，教师和全班学生在课堂教学中的合理构成应该是：

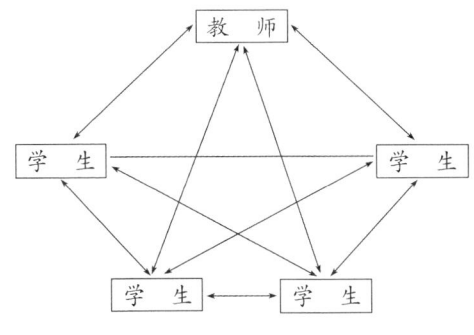

图5

为什么说图5表示的是合理构成呢？（1）教学过程这个脑力劳动过程，师生共同参与，形成一个整体。（2）教师的"教"作用于全班所有的学生，学生积极性极大地调动，既向教师反馈，又与同窗交流。（3）形成了思想、知识、情感、能力交流的网络，信息量大大增加，传递的渠道通畅。（4）在特定的教学活动中，学生之间不仅可切磋琢磨，而且能充分发展个性和才能。学生学的是祖国的语言文字，学的是母语，平时接

---

① 相观而摩：语出《礼记·学记》"相观而善之谓摩"，意思是学习者互相切磋观摩，取长补短，共同提高。

触广泛。由于生活和学习的储存,在钻研或讨论某些问题时,常会有"神来之笔"放出异彩。广泛的知识信息交流常常是触媒剂,促使学生正常发挥乃至超水平地发挥。(5)表现了"能者为师"的特点。教师和学生一起参与教学活动,既引导学生"学",又从学生的"学"中得到启发,验证课前设计的正误,收教学相长的效果。(6)发扬了班级教学的优点,在同一时间内教授很多学生,又可克服班级教学不重"区别"的缺陷。只要教学内容适度,教学环节安排得当,各层次的学生均可有所培养。(7)课堂气氛活跃,学习情境优化。

课堂教学的构成从单向型的直线往复转换为网络式、辐射型,语文学科综合性特点能切实体现,能根据教材特点,针对学生实际,把语文知识传授、语文能力训练、智力发展和思想情操陶冶熔为一炉。采用网络式的教学形式,师生积极性双调动,课就会上得立体化,空间充实,时间紧凑,发挥多功能的作用,教学效率大大提高。

当然,课堂教学的合理构成能不能形成,网络的作用能不能充分发挥,不是凭教师的主观臆想,而是建筑在教师对语文教学中方方面面的问题不断研究的基础之上。要整体发挥效应,一个个局部,一个个具体问题须要研究,认识要弄清楚。只见整体,不深入地研究一个个局部;只见一个个局部,不研究整体,都收不到良好的效果。

课堂上教师以教材为依据和学生进行思想、知识、能力的交往,用网络式组织,充分调动学生的积极性,学生,即使语文水平较差的,也能发挥聪明才智,成为学语文的"发光体",作用于教师,作用于其他学生。比如,学《谁是最可爱的人》一文,口述文后一练习题,要求学生在文中找出相应的反义词,说到"谦虚"这个词,一名程度中下的学生斩钉截铁地说:"没有。"其他学生为之一愣,好奇地看着他,他却慢条斯理地说:"文中的'骄傲'不是'谦虚'的反义词,文中的'骄傲'是自豪的意思。"这位学生潜心思考,对反义词领悟的准确性给同学以启发。这个例子说明,并不是语文程度高的在课堂上才有惊人之语,可以发光;程度一般的,乃至较差的,只要思想集中,学得深入,同样可把学习所得辐射到同学身上。

教师要善于抓住时机,把来之于学生中的问题再返回给学生探讨,相互作用,求得真知。如学《听潮》时,有学生提出:"'铙钹',书上的注释是:一种铜制的打击乐器。小的叫'铙',大的叫'钹'。我查《新华字典》,上面说的和书上注释不一样,说'似铃而大',请问老师,我相信书还是相信字典?"一石激起千层浪,好几个学生举手说:"我们查了《现代汉语词典》,'铙'有几种,怎么回事?"教师没有立即解答,而是请每位学生课后再查字典,然后课上交流。学生积极性高涨,有查《辞海》的,有查《辞源》的,有查《康熙字典》的,个别乱查的也有,说查《中华人名大辞典》,查不到。全体学生活动,激发了学习兴趣,培养了查用工具书的习惯,了解了学生情况,错误的加以纠正,师生互动,同学之间互动,教学有声有色。

3·5 教与学和谐互动,美寓其中

课堂教学师生交融佳境的出现来自师生积极性的双调动,而师生积极性的发挥不能乱而无序,应相互作用,和谐发展。教学过程是一个复杂的过程,是教师的教、学生的学和教材这三者之间相互作用而又是充满种种矛盾的对立统一的过程。在展开的这种活动中,教师要受教学理论观念、教学大纲以及教学业务水平的制约,在怎样传授知识、发展学生能力与智力方面有着自己的做法、自己的个性;而学生学习语文、接受人类创造的精神财富,又各有自己的意志、情感、智力的发展基础和不同特点。因而,互动的和谐特别重要,应该是各司其事,协力奏出悦耳的交响曲,教学艺术美寄寓其中,不应不协调地发出种种声音。要做到这一点必须注意三个方面。

一、紧扣教材

教师的教授活动和学生的学习活动,是以教材为媒介的。教学活动是师生双方探求真理的认识活动,但具体到每一堂课,有具体的目标、具体的要求,须以教材为依托,为凭借,不能漫无边际,海阔天空。思考、讨论是有目的进行的。例如学习《晋祠》一文末尾"园中小品"部分,教师引导,学生以手势描摹,朗读,评析,教师穿针引线,学生密密缝织。下面是这部分教学内容的课堂实录:

师:请同学们看,第11段介绍得非常有趣的是什么?

生[议论]:园中小品。

师:园中小品写了两个,第一个是什么?

生[集体]:小和尚。

师:小和尚,我看这样好吗?请一位同学把作品中描述的样子做一做,好不好?就请你[指第一排调皮的学生],作者是怎样描绘的?

[生26高兴地站起来,对着老师]

师[笑]:对着大家。看他描绘得怎么样。

[生26双手托着,肘关节在下方,而且与肋骨靠得很拢]

生[哄笑]:不完全对。

师:应该怎么样?我们一起读,让他纠正。"山上一挂细泉垂下",预备,读。

生[集体朗读]:山上一挂细泉垂下,就在下面立着一个汉白玉的石雕小和尚,光光的脑门,笑眯眯的眼神,双手齐肩,托着一个石碗接水。

师:双手齐肩,对吗?手还要高一些[将生26手向上抬一些],稍微开一点[将生26肘关节部拉开一些]。很好。

你们看,这里写得出神入化。水注在碗中,又溅到脚下的潭里,总不能盛满碗,什么道理啊?[学生纷纷议论]一挂细泉[手势],哪个词用得很好？

生[集体]：挂。

师：对，一挂细泉，向下面滴水，滴到小和尚托的碗里去，水就溅到深潭，碗始终盛不满，什么道理？

生[部分]：物理性能，力学原理。

师：噢，物理的力学原理，今天就不讨论了，下节课再问你们，一定要解答得正确。这里写得十分有趣，描述得栩栩如生。[板书：形容、描述]下面还写了什么？

生[部分]：石雕大虎。

师：呀！我看这里又矛盾了，"小品"怎么又是"石雕大老虎"呢？谁能解答这个问题？既然是小品，怎么又是大老虎呢？[学生举手]×××。

生27：这个"大"是相对而言的。

师：相对而言的，对不对？

生[部分]：对的。

师：小和大怎样？

师、生[集体]：相对而言。

师：在这里是大的，可是在整个建筑群里面是——

师、生：小的。

师：跟整个圣母殿好比吗？

生[部分]：不好比。

师：不好比。这里描写得很有趣，增添了这篇文章的情趣。

教师教这部分内容是这样设计的：

① 根据初中学生年龄小的特点，把文中说明的文字通过学生自己手势的描摹，立体化起来，激发兴趣，加深印象，品味语言的精当。

② 选择活泼好动而又调皮的一位小男同学描摹,满足他喜欢表现的愿望,又让他体会到即使做一个简单的动作,要按文中所说,按规矩做也是不易的,对学习上的浮飘有所触动。

③ 重复"小"和"大"的字眼,明确用这类词不能绝对化,要放在一定的背景、一定的情况下理解、判断。

④ 组织全体学生投入,表演的,议论的,朗读的,围绕理解"园中小品"开展活动,制造浓郁而愉快的学习气氛。

⑤ "物理性能"问题点到为止,不展开,既避免课的枝蔓横出,又启发课后求知的兴趣。

实践证明,学生全神贯注,气氛热烈,学得愉快,师生和谐互动,人文美、教学美寓含其中。

二、把握重点

一节课45分钟,不是每分钟每个教学环节都要做到师生互动,融为一体。要视教学目的、教材的个性而异。从总体上说,课堂教学应师生和谐互动,就某个环节来讲,就不能硬装榫头①、硬去铺排。比如一篇能朗朗上口的好文章,教师示范朗读或某位学生示范朗读时,七嘴八舌,就会破坏气氛,损害应有的效果。

教与学互相作用,把握住教材的某些重点来进行,教学就能闪现光彩。例如学邓拓的《事事关心》,对文中引述的对联从内容、语言到在文中的作用理解清楚,才能准确把握主旨,教学时师生应共同咀嚼推敲。下面是这部分的实录:

师:大家说得对。"既要努力读书,又要关心政治"[板书],是文章要阐述的主要观点,可是作者并没有开门见山把它端给读者,是从哪里

---

① 硬装榫头:吴方言原指硬把一个罪名套到别人头上,这里指刻意追求某种效果。

入笔开篇的呢？

生：[集体]对联。

师：开门见山把这个观点摆出来，和引对联入笔开篇，哪一种表达效果好？为什么？我们一起把这副对联读一读，读的时候要注意节奏。

生：[齐声朗读]"风声、雨声、读书声，声声入耳；家事、国事、天下事，事事关心。"

[学生朗读后讨论]

生1：我认为用对联好，用对联可以引人思考，可以吸引读者。

生2：我认为应该先摆观点，因为这样可以开宗明义，使人一目了然。

生3：我认为两种方法都是好的，但是在这篇文章中作者从一副对联写起，有他的目的，因此，这篇文章从对联引出就更好一些。

师：她的看法，我很同意。我刚才问的问题，同学们如果不动脑筋，很容易说一种不好，一种好。其实，文无定法，可以这样写，也可以那样写。这篇文章从引对联入题，它的好处不止这些，你们看还有什么？

生4：起点题作用。

生5：引起悬念。

生6：有一种新颖感。

师：那么，这副对联从哪儿来的呢？为什么要写第二节？[学生回答不清楚，教师再启发]我们说话写文章有的时候也引用成语、名言，但不大介绍出处。为什么这儿要介绍出处？什么道理？

生7：这样写使人感到真实可信。

生8：为下文的论述提供了可靠的依据。

师：对！引出对联当然要发挥对联的作用，因此，必须对它的含义加以阐释。请同学们认真阅读课文，看作者是怎样来阐释对联含义的？

生：[阅读，讨论]

师：请一位同学总结、归纳。

生8：先是上下联分开解释，然后是综合起来解释，先分后总。在分别解释的时候，主要是解释对联的含义；综合起来解释的时候，先是解释对联背后的一些主要道理，然后加上作者对对联的理解。

师：说得好。请再阅读一遍，思考：上联着眼于什么角度来解释的？下联又是着眼于什么角度来解释的？有何不同？请注意关键词语。

生：[小声读]

生9：解释上联比较生动。作者说"令人仿佛置身于当年的东林书院中"，使人有身临其境的感觉。解释下联写了作者对对联的看法，说明东林党人抒发他们当时的政治抱负，他们知道天下不只是一个中国，在政治上他们把国家事与天下事并提。

师：讲清了思想意义。这里有些词用得非常好，请同学们仔细听我读："耳朵里好像听见了一片朗诵和讲学的声音。"行不行？

生：[集体]行。

师：那么文中为什么要加"真的"这个词？加了以后起何作用？

生10：加了以后就使人更感到有一种身临其境的感觉。

师：对。我们平时讲话，为了使听的人相信，就用"真的"这个词来修饰，加强语气。再请考虑："与天籁齐鸣"这几个字不用行不行？"籁"是怎样的结构？是什么意思？我们平时常用的有这个字的成语是什么？……

初中学生学议论文有一定的难度，困难不在字面，一般说简短的议论文无多少生字难词，难在字句里寓含的深刻道理，和句与句之间、段与段之间的逻辑性。要给学生打逻辑思维的底子，使他们学会咀嚼词句的含义，靠教师讲解难以有效，因而教师要步步引导，严格遵循课文内容与形式统一的特点，从内容到形式，再从形式到内容，作不止一次的反复，这样，学生对于课文的知识，就能螺旋式地从浮面进入深层，提高分析事理的能力。学生始终积极参与，教师的"教"作用于学生，学生学习理解的情况及时反馈到教师眼中耳中，教师再立即调整"教"的内容启发，点拨，学生就可渐入阅读佳境。

三、抓住学生疑难之处

学生在学习语文过程中总会有这样那样的疑难，教师分析疑难，进行解答，是常见的一种方式。这样做，有时效果较好，但有时失之于就事论事，对活跃学生思维，加深学生理解，调动学生学习的主动性不大起作用。疑难，最好在教师点拨下，通过自己思考，自己分析，寻求解答的途径和方法，这样，不仅印象深刻，经久不忘，而且分析问题、解决问题的能力得到锻炼。组织学生讨论疑难，让学生发挥聪明才智，相互启发，大家受益。

例如，学高尔基的《海燕》时，课一开始学生提出"这个敏感的精灵"这一节不懂，说"什么敏感的精灵"，什么"早就听出了困乏"？教师把问题搁在那儿，学到这一段时，针对不少学生感到困惑的情况，组织讨论。当时的情景是：

师：开头××同学提出说这一节不大懂，什么"敏感的精灵"，什么"早就听出了困乏"，究竟什么意思，请大家阅读、思考，展开讨论。

生：[小声阅读]"这个敏感的精灵，——它从雷声的震怒里，早就听出了困乏，它深信，乌云遮不住太阳，——是的，遮不住的。"

[同桌讨论]

师：哪位同学来说说，这句话是什么意思？

生1：是讲"这个敏感的精灵""深信乌云遮不住太阳"。"敏感的精灵"是指海燕，前一节已经提到它"像个精灵"，书上注释说精灵是欧洲神话传说中的一种神怪。"敏感"是形容反应很快，所以它"早就"听出困乏。尽管雷声震怒，但已经看出这是外强中干，"困乏"，没力气了。正因为如此，它深深相信，乌云遮不住太阳，反动势力一定要灭亡。

师：大家同不同意？有补充意见或不同意见吗？

生：同意。

师：能联系上文来理解，这很好。可是为什么海燕"早就"听出困乏？为什么"深信"乌云遮不住太阳呢？又为什么还重复一句"是的，遮不住的"？能深入一步理解吗？

生2：我是这样认识的：因为那时马克思主义已在工人中传播，不管乌云重压，雷声震怒，但用马克思主义来认识世界，就能看出反动势力腐朽虚弱的本性。

生3：是这样。它们色厉内荏，不过是灭亡前的猖狂一跳。所以，这个精灵早就听出了困乏。

生4：正是这个原因，所以深信乌云遮不住太阳，反动势力必然逃脱不了覆灭的下场，这是不以人们意志为转移的客观规律。"是的，遮不住的"，加强语气，叫人们记住。

师：联系时代背景，从革命理论高度来理解，句子的难处就解开了。齐读一下，体会体会。

生：[齐读]

师：这里揭示了历史发展的必然规律，揭示了革命真理。"是的，遮不住的"字字铿锵有力。而这也正是海燕敢于搏击风云，充满乐观主义精神的源泉所在。在这幅画面中，海鸥、海鸭、企鹅呢？[学生回答：不见了!]对，销声匿迹了。只有英勇的海燕展现在眼前。从海燕的形象中我们进一步感受到无产阶级革命先驱旺盛的革命斗志，敢于斗争敢于胜利的精神，特别是乌云遮不住太阳的必胜的信念。这是诗的中心所在，要深入领会。

再朗读一遍，体会"敏感""早就""深信"的含义。

通过难点的辨析，学生体会到语言的表现力，获得了求知的快乐。

课堂上能否师生互动除了观念上须更新,教学方法须恰当外,还有一个思想上的障碍就是舍不得时间,唯恐学生讲得不对,讲得不完整,七扯八扯,浪费时间。其实,学生解答得不完善是正常的,理解错了也是常事,思考、讨论、辨别、判断,正是提高的有效途径,从不正确到正确,从不完善到完善,这是学习的正常规律,学生只要真正投入,就能学到知识,学到本领。

3·6 在语言交流、思想碰撞中获得求知的欢乐

课堂上出现令人振奋或耐人寻味的佳境,教师的精彩指导,学生的积极主动,当然是必要条件,但最精彩的莫过于学生与教师、学生与学生之间对某一问题或某几个问题看法不一、意见分歧时所产生的争论。由于思想碰撞,要表明自己的意见正确,并使对方信服,此时此刻遣词造句特别用心,特别考究,因而语言交流充满生机,充满异趣。学生不由自主地全身心投入,眼看,耳听,口述,徜徉于知识的海洋中,享受求知的欢乐。

教学起始,学生闷头一棒,怎么办?

教吴伯箫先生的《记一辆纺车》时,教师说:"同学们很喜欢朱自清先生的散文《春》,今天再学一篇散文《记一辆纺车》。大家预习了,这篇文章你们喜欢不喜欢?"谁知五十几位学生异口同声响亮地回答:"我们——不——喜欢。"教师没有思想准备,吓了一跳,估计错误,以为学生会喜欢这篇文章。随堂听课的几十位教师也愣了,说学生胆子真大。课起始,学生闷头一棒,教师没有"压制",而是抓住时机,让学生各抒己见。教师说:"你们不喜欢,那么请你们说说不喜欢的原因。"有的学生说:"这篇文章到底是记叙文还是说明文,体裁也不清楚。"有的学生说:"如果是散文的话,应该有文采,这篇文章没有文采,所以我们不喜欢。"说得振振有词,理直气壮。还有学生带着挑战的口吻对教师说:"老师,你说说看,你喜不喜欢?"教师肯定了学生敢于发表自己的意见,并因势利导地说:"过去学的

《春》是抒情散文,这篇是叙事散文,你们还不熟悉,对它的佳妙之处还没有体会。这种散文是托物叙事见精神的(板书:托物叙事见精神),学了以后包你们会喜欢。"学生竖起了耳朵,在笔记本上记下了"托物叙事见精神"。学生无论有怎样不同的意见,教师一不能晕头转向,二不能顶牛,要热情对待,因势利导,三要保护学生求知的积极性。

在教学过程中,学生故意和教师较量,怎么办?

教茅盾先生《白杨礼赞》,课文学到一半时,一位学生突然发问:"白杨树是不成材的树,楠木是贵重木材,茅盾先生讲白杨树怎么好怎么好,怎么不平凡,楠木反不好,我想不通。我是一名学生,人微言轻,可是大田园作家也是这么看的。"说着,从课桌里拿出一本《猎人笔记》,对着原本翻开的一页朗读起来。这段文字的大意是:白杨树叶子硬得像金属,枝条也不美,只有夕阳西下时泛出些微金光,还有一点儿美感。这位学生的意见使四座震惊,不少学生频频点头。教师肯定了她求知的积极性,学习上的钻研精神,以课外读物来印证课本上的内容,作为表示不同意见的根据。同时,又加以点拨,说明这篇文章是用象征手法来写的,"景随情移",客观的景往往随着作者主观的情而加以改变,学完全文,就可有总体认识。不同的看法常会引发意想不到的火花,有位平时少于言语的男学生突然站起来说:"这一点我还能理解,全文我已看了几遍,但有一个句子想不通。说白杨树不是树中的好女子,而是树中的伟丈夫,说它'伟岸、正直、朴质、严肃,也不缺乏温和'。根据我的生活经验,严肃的人令人敬而远之,温和的人使人容易接近,在一个形象身上,又严肃又温和,实在想不出什么样子,是不是茅盾先生疏忽,用词用矛盾了?"他说得那么严肃认真,脸上没有一丝笑意,可是,他的话音刚落,教室里笑声荡漾。教师没来得及开口,学生已争先恐后地说:"是啊,这到底是怎样的形象?"有的学生说:"对有的人严肃,对有的人温和,主要看不同的对象。"有的学生说:"'也不缺乏温和'是以严肃为主,不矛盾,再严肃的人也有温和的时候。"七嘴八舌,思想碰撞。学生这些问题是考考老师的，备课时教师确实未思考过，没有觉得有什么问题。学生的意见、看法促使教师积极思考，在八九十年代的课堂上，用"可以""不可以"回答学生，是苍白无力的。学生寻根究底，教师得说出个道道儿。教师中学时代学到的一个句子突然跳到眼前，于是向学生交流，说："这两个词一般不用在一个形象身上，但有时也可统一起来。《论语》'述而篇'里有这样一段记载：有人问，'子何人也？'回答说，'子温而厉，威而不猛，恭而安'。孔子温和而严厉，很威严，但不凶猛，既恭且安，二者统一起来了。"学生点头，表示认可。语言交流，思想碰撞，问题探讨就不浮在教材的表层，而是有一定的深度、一定的拓展，学生从中体会到求知的欢乐。处理这样的问题，教师须清醒地认识到：一、学生绝非故意捣蛋，而是求知欲旺盛的表现。动机纯正，为了探求真知，为了希望从老师和同学那儿获得帮助；二、对学生这种求知的语言和行为要真诚地鼓励，对他们意见中合理的部分要充分肯定，使他们感到自己是有知识、有思想的，增强进一步主动求知的积极性；三、和学生持平等的态度，共同探讨问题，从学生活跃的思维中获得启发，获得借鉴，提高教学质量。

在课结束时，学生对课文完全持异议，怎么办？

教《木兰诗》时，学生兴趣盎然。两节课下来，学生既能讲解，又能背诵。课结束时教师说："你们是强记，强记容易遗忘，要熟读成诵，才经久不忘。著名历史学家范文澜先生在《中国通史》中曾说：北朝有《木兰诗》一篇，足够压倒南北朝全部士族诗人。《木兰诗》为历代人民传诵，和《孔雀东南飞》合称为我国民间文学史上的'双璧'。"并强调说：这首千古传诵的佳作音调铿锵，课后要熟读。一位学生很不以为然地噗嗤一笑，问他有什么意见，他说："好是好，不过都是吹牛。"问他原因，他理直气壮地说："同行十二年，不知木兰是女郎，难道这个军队里全是傻子，全是憨大？"许多学生立即附和，说这是编造出来的。于是，这位学生更振振有词地说："你想啊，'万里赴戎机，关山度若飞'，打仗总要跋山涉水,跋山涉水总要洗脚,虽不是实数十二年,总是时间很长。鞋子一脱,小脚就出来了,怎么不知是女的?"教室里像开水沸腾,大家七嘴八舌,有同意的,有不同意的。教师随口指出北朝时候女子还没有裹小脚,谁知学生不罢休,异口同声地问:"那么,中国古代女子什么时候裹小脚的呢?"教师被问住了,回答不上来。备《木兰诗》竟然要查考中国古代女子什么时候开始裹小脚,怎么也没想到,没有这样的发散性思维——"从《木兰诗》到中国古代女子裹小脚的起源"。然而,知之为知之,不知为不知,绝不可强不知以为知。教师如实地告诉学生,自己答不上来,课后想办法去查。一场风波平息。事后查阅了不少书,最后在赵翼的《陔余丛考》①中找到记载。书中《弓足》记载:南唐后主令宫嫔窅娘,以帛绕脚,作新月状,由是人皆效之。后又在《文物》杂志中看到,宋出土女尸是小脚,证实《弓足》记载的可信。课余将查阅所得告知学生。

这种情况是偶发的,遇到这种情况,仍然要坚持语言交流,思想碰撞。一、不能急于下课,草草收兵,要让学生把自己的意见充分发表出来;二、要面对全体学生,活跃大家思维,不能局限于与个别学生对话。当然,要看讨论什么问题,如果是细枝末节,无须花大家的精力,只要个别解决就行了;三、教师要持科学的态度,实事求是,和学生交流不能把自己包装起来,唯其真实,才能取得学生信任,教学才有良好效果,教学才会真正相长。

总之,求知的过程是充满了矛盾的过程。师生之间,学生之间,学生本人在发现矛盾、提出问题后,语言交流,思想碰撞,各抒己见,寻求解决矛盾的途径,课堂教学必然热气腾腾,学生进入求知的佳境,获得咀嚼知识的甘甜。

---

① 《陔余丛考》:清代学者赵翼所著读书札记,凡四十三卷,对经义、史学、掌故、典制、艺文、名物、风俗等考辨甚详。陔(gāi)余,奉养父母之余暇。

4　教学目标是驾驭课堂的主宰

我们常常见到这样的情况：有些语文课上得神采飞扬，学生争相发言，气氛热烈；有些语文课气氛并不十分活跃，但学生阅读、深思、发言人数不多，可其中不乏有较好的质量。面对这些课，很难贸然判断哪些课成功，哪些课不理想。课堂气氛活跃当然重要，因为它反映了学生学习积极性是否高涨，但这并不是唯一的标志，要审视课堂讨论的内容，要看达到怎样的目的，如果发言开无轨电车，在枝节问题上大做文章，看似热闹非凡，冷静思考深感言之无物，那课就不可取，学生的学习积极性也就没有真正得到调动。

要上好一堂课，须有明确的教学目标，也就是要达到怎样的目的，心中十分清楚。比如过河，要到河的彼岸是目标，怎样过？或乘船，或涉水，或从桥上过，这是方法，是实现目标的过程，目标与过程不能含混，更不能丢弃目标。教课也一样，目标是课堂教学的主宰，用怎样的方法教，师生之间的活动怎样开展，怎样组织，都要紧紧围绕教学目标，为实现教学目标服务。

4·1　多目标导致无目标

教课要一清如水。达到怎样的目标，一个一个教学环节如何层层推进，要一清二楚。清晰，学生学起来头脑就清楚，不仅能学得知识，锻炼语文能力，而且在逻辑思维方面可获得良好的熏陶。教课最忌糊成一片，什么都教，又好像什么都没有说明白，使学生感到上语文课与不上语文课差不多或一个样，那就糟了。这种现象之所以发生，重要原因在于教学目标不明确。

也许教案上教学目标写得很明确，在教学实践过程中不自觉地把它丢在一边，完全被教材牵着鼻子走了。这篇课文中有比喻、排比等修辞手法，就大讲特讲，有某几个描写方法，语言描写、动作描写、肖像描写、心理描写都有一点讲头，就一一道来，课文里出现什么，只要自己发现了，就教什么，这样，课就成了货郎担，什么货物都有，多目标就成了无目标，学生弄不清楚究竟要学什么，要掌握什么。教师好心，却干了蠢事，教训是深刻的。究其原因，一是对教学目标在课堂教学中的重要性缺乏足够的认识。饭是一口一口吃的，教学中一个个具体的目标是通过一节节课有序地实现的。一节节课具体的教学目标没能落到实处，要提高语文教学质量只是空中楼阁。二是对实现语文教学目标的特殊性缺乏足够的认识。数学、物理、化学等学科科学体系严密，知识的坡度清晰，循序渐进，一环扣一环，确立与实现教学目标比较单纯。而语文学科综合性强，同一篇名作，可在中学教，可作大学教材，区别在教学目标不一样，目的要求有高低之分，繁简之别。也正由于综合性强，从思想内容到篇章结构，从写作方法到语言表达，可教给学生学习的很多，因而教学时容易被教材牵着鼻子走而忽略了教学目标的实现。三是广种薄收思想的障碍。认为语文嘛，多教一点，学生多少总可学到一点，殊不知漫无目的地学，效果必不佳，反而浪费了不少时间。教学须有目的有计划，课上随意性越大，学习效率越低。

繁杂的教学内容淹没了教学目的是一种应避免的状况，还有一种常见的是教课时被突如其来的枝节问题所左右。某位学生出人意料的发言引起了轰动效应，于是课堂教学内容转移到这个"点"上，出现了以偏概全、目标转移，这种状况同样不可取，也是应该避免的。在某堂课上,某个枝节问题出于学生的兴趣,可以开展讨论,各抒己见,但要有个"度",有个分寸,讨论到一定程度应该鸣金收兵,纳入预定的教学轨道。否则,学一篇课文究竟达到怎样的目的,并不清楚。例如学习《祝福》,学生突然对祝福这个过去江南一带的迷信习俗发生兴趣,展开来说,一直说到现在,说到灵验不灵验,等等,而祥林嫂是怎样一个典型形象,作者是怎样来塑造这个形象的,其典型意义是什么均淡化了,被挤掉了。这样学,就使教学目的走了样。当然,教学并不是那么死板,教学目标已经制订,就丝毫不能更动。如果在教学实践中发现课前确立的目标不妥帖,或要求偏高了,或要求偏笼统了,等等,均可作调整,以期取得良好的效果。

教学目标的制订须有坚实的基础。每个单元每节课的教学目标须放在语文学科总目标与分年级目标中考虑,每节课的目标就是学科总目标、学年总目标、学期总目标以及单元目标在某一方面或某几方面的具体体现。从整体出发来考虑局部、认识局部,就可加强科学性,减少随意性。这是一。第二须研究教材,研究课文,从课文的实际出发,把握重点,把握特色,把握个性。第三须研究学生,了解他们的语文水平、学习方法、学习能力、学习习惯,从他们的实际出发。这三个方面认真考虑,仔细斟酌,制订的教学目标就可避免主观臆断,避免心血来潮。

语文教学目标的制订通常应包括两个方面的内容。一是语文知识、语文能力训练要达到的目标;二是德育与美育方面熏陶的要求。二者在教学过程中不应分割,而应有机地结合。

制订教学目标应明确,具体,切实可行,有操作性。不可千篇一律,笼而统之。笼笼统统,难以主宰教学,对教学无实际指导作用,当然也就无法实现。

制订教学目标看来简单,只是二三行字,其实不然,它是总课堂教学之要的工作,目标制订得是否恰当,是否具体,是否可行,影响课的质量,影响教学任务能否顺利完成。制订教学目标的过程实际上是熟悉教学大纲、钻研教材的过程,是了解学生、研究学生的过程,是筛选教学内容、选择教学方法的过程,也是运用系统论、控制论等理论于学科教学之中,提高有效性的过程。对教师来说,是课堂教学的准备,是教学能力的锻炼与提高。

4·2　重要的在于把握文章的个性

教材是教与学的依据,教师如何使用教材,学生如何凭借教材而学,其中大有学问。

教材对学生来说,即使是语文教材,学生能识字,能读通文句,但从某种意义上说,仍然有一大堆问题,许多问题潜藏在文字里,须发现,须阐释,须从中探索规律,获得知识,培养能力。教师要凭借教材教学生,教师自己对教材就须有透彻的认识,深入的理解。知之深,运用起来才会得心应手;如果若明若暗,教材的作用就不能充分发挥,学生学习就会受损失。

钻研教材是教师的十分重要的基本功。语文教师钻研教材的能力是自身阅读能力能否切实深入的具体反映;吃透教材,洞悉教材的底里,教课就有把握,学生问问题,心中就不慌。钻研教材要有寻根刨底的钻劲,不满足于浮在表层,一知半解;要有为难自己的勇气,多问几个为什么,不懂不装懂,要查,要问,要翻资料,要请教不说话的老师——工具书等。钻研教材一定要独立思考,不能不动脑筋,人云亦云。备课时最忌名为钻研教材,实质上是搞教学参考书搬家。从参考书上搬到教案上,对教学没有任何益处,别人研究所得并不是自己的切身体会,不能运用自如;对自身来说,失去了锻炼的机会,业务能力难以提高。钻研教材时可以翻阅参考书,但也只是"参考"而已,应以自己独立思考、独立钻研为主,从别人钻研所得获得启发,获得借鉴,使自己对教材的认识与理解得以完善,得以丰富。

钻研教材这一关是语文教师的基本关口,这一关过不了,过不好,很难成为一名合格的语文教师,更不用说优秀教师了。

钻研语文教材涉及的问题很多,从总体上说,必须做到以下几个方面:

一、通观全文,整体把握

研读文章,是对文章全面、细致、透彻地理解,理解的全过程是从大到小,从整体到局部,又从小到大,从局部到整体。要读懂一篇课文,第一步须通观全文,整体把握,得其大要,千万不能掐头去尾抽局部。

要通观全文,先要弄清楚文章的基本框架。文章由几个部分组成,这几个部分是纵式结构、横式结构,还是纵横交错,须梳理清楚。如果是纵式结构,是以什么为线索的;如果是横式结构,前后逻辑顺序怎样,须认真思考。例如于是之的《幼学纪事》是一篇回忆性的叙事散文,它的基本框架似乎一目了然,因为它由四个部分组合而成,每个部分均用数字标明。然而,仅停留在这点上认识远远不够,还得深入一步。四个部分中第一部分交代作者幼年的生活环境,第二、三、四部分是纵式结构,以时间的先后为顺序记事,从"上学"写到"辍学",再写到"边做事边求学"。每个部分里的一件件事,如对良师益友的怀念,对知识的渴求,对文学的酷爱等材料有机地组合在一起,纵横交错。弄清楚文章的基本框架,脑子里就不会把文中比较复杂的内容搅和在一起。

议论文对基本框架的掌握来不得半点含糊。论述什么问题,怎么论述的,框架在某种程度上能显示逻辑推理的力量,而作者在文中要表露的观点、爱憎,也随之清楚明白。例如鲁迅的《拿来主义》,它的大框架是由"破""立"两个部分组成,先破"送去主义",再立"拿来主义";大框架中又套一个小框架,即在正面论述"拿来主义"时,又先"破"后"立","破"对待文化遗产的怕、怒、喜,"立"对待文化遗产要占有,挑选。

基本框架一拎,文章脉络分明。

说明文在"明"上下功夫,因而,框架、脉络更须梳理得清清楚楚。例如李四光的《人类的出现》总体结构采用了"总—分—总"的形式,引言部分总括了全文的内容,最后一段再作一总结,中间是文章的主体部分。主体部分有四大段,并各有小标题。四大段按时间顺序组织材料,是纵式结构,"古猿—猿人—古人—新人"四个发展阶段紧紧扣住"劳动创造人"这一总纲进行。

弄清文章的基本框架重在"梳理"。简单的往往一目了然,容易把握;复杂的,尤其是纵横交错的,只要仔细地加以梳理,同样可一清二楚。为了清晰起见,对复杂的结构用线条来表示,作一简图,也会一目了然。

把握文章基本框架以后,要探讨文章的中心内容。比较复杂的记叙文、比较复杂的说明文、比较复杂的议论文,内容比较丰富,钻研时既不可抓住一点,舍弃其余,也不可巨细不漏,要善于总其要。仍以《幼学纪事》为例。文中人物写了六七个,事情叙了一件又一件,时间跨度大,内容比较多。写人,没有集中刻画一个完整的人物形象;叙事,没有一个完整的故事情节。如果不抓住中心内容,众多的人、众多的事就会在脑子里成为一盘散沙。尽管一件件一桩桩散在文中各个部分,但都与中心内容紧密相连,这中心内容就是作者早年艰苦求学生活的经历。家庭贫穷,求学心切,对老师和朋友充满了崇敬和怀念之情。把握住中心内容,材料的安排,材料与材料之间的关系也就初步心中有数了。中心内容怎样才能把握住呢?在梳理文章基本框架时,每个部分的大体意思要弄懂,关键词句、重要段落抓住不放,在这个基础上加以概括。这种概括不是求其全,不是囊括文中所有的内容,而是举其要,总体上有个认识。简单地说,就是要弄清楚作者写什么,中心内容把握住,有助于对文章正确理解,不至于被枝枝节节引入岔道。

在把握中心内容的同时,对文章主要的写作特色也应初步了解。一首动听的歌曲总有它特有的基调,一篇佳作总有它写作上的特色,钻研教材,理解主要的写作特色,对文章的整体把握很有帮助。《幼学纪事》以叙述为主,但叙中有议,议中有情。例如写老郝叔的作古①,说"他无碑、无墓,所有的辛劳都化为汗水,洒在马路和胡同的土地上,即刻也就化为乌有",这种对死者一生的崇高评价,对死者深切怀念之情令人泪下。语言的主要特色是如行云流水,娓娓叙来,活泼生动,无半点雕琢。然而在亲切自然之中,又不乏幽默诙谐。例如写自己侥幸有机会听课,但心里总忐忑不安,唯恐被从教室中撵走时,作者是如此表达的:"因此,我那时常生做贼之感,觉得自己是一个偷窃知识的人。"诙谐中带着苦味、涩味、辛辣味。是愤激?是辛酸?是控诉?耐人品味。

通观全文,对文章的基本框架、中心内容和主要写作特色有所了解,就能从整体上把握。不过,这只是钻研的第一步,须继续深入。

二、重要的在于把握文章的个性

天公造物非常奇妙,人的脸部都是两只眼睛、两道眉毛、一只鼻子、一张嘴,上下左右的排列也是有定式的。可是人与人极其酷似的几乎是凤毛麟角,即使是孪生兄弟、孪生姐妹,也有些微的差别。文章也是如此,凡是名文佳作,各有自己的个性,钻研文章如不能识得个性,很难说是真正读懂。不管是哪类体裁的文章,如果写不出个性,泛泛而谈,难以成佳作,难以吸引读者。即使是稀松平常的事,善文者必有其独到之处,文中必有其与众不同的特色。钻研时深入探究特色,便能把握文章的个性。要把握住个性,有多条途径,常用的有:

1. 抓准文章的基调

一首歌曲的特色总是和它的基调紧密相连的,或激昂,或委婉,或

---

① 作古:成为古人,"去世,死亡"的婉称。

气势雄伟，或尽情吐露，把握基调，就更能感受它的特色。文章也如此，佳作皆真情铸成，爱憎、褒贬必寓其中，或昂扬，或低沉，或流畅，或含蓄，构成文章基本的情调。对此有所感受，就能逐步把握它的个性。例如朱自清的《背影》是脍炙人口的佳作，感染了一代又一代的学子。名人写父亲，写母亲，刻画亲情的文章比比皆是，为什么在现代文学中它独占鳌头呢？关键在于"真"，朴实无华，屏粉饰，去铺绘，有真情。正如作者自己所说："我写《背影》，就因为文中所引的父亲的来信里那句话，当时读了父亲的信，真的泪如泉涌。我父亲待我的许多好处，特别是《背影》里所叙的那一回，想起来跟在眼前一般无二。我这篇文只是写实。"《背影》是作者"泪如泉涌"的产物，是作者脑中镌刻的父亲爱抚自己的一幅幅图景再现的产物，是作者生活的真情实感。唯其真实，所以感人。父子之间深厚的感情是文章的基调，而这种真挚深沉的感情又笼罩在生活艰辛的氛围之中，给人以凄然的感觉。

然而，仅仅停留在这一点上，还是远远不够的。情必须有所依附。在写人的作品中，融情于形最常见。人物形象是抒情的依托，一般多喜欢写人物的正面，刻画音容笑貌，朱自清先生却蹊径独辟，在特定的环境中从背后用饱含泪水的眼光来凝视父亲，刻画背影，让父亲上月台时的"蹒跚地走到""慢慢探身""穿过""爬上""攀""缩""倾"一系列动作打入读者眼帘，构成鲜明的印象。文中前后四次写背影符合父子之间感情含蓄的真实，在这普普通通背影的描述中，舐犊深情跃然纸上。

2. 抓最动人最精彩的笔墨

任何一篇佳作总有精彩笔墨，或启人深思，或感人肺腑，或使人愉悦，或令人悲哀。这些笔墨皆作者发自内心，注入真情，提炼思想，而后见之于文的。阅读钻研时，抓住最精彩的笔墨，最动人之处，往往能牵一发而动全身，认清文章的个性。例如台湾省作家李乐薇的《我的空中楼阁》是一篇描写景物的散文，从多种角度描绘自己生活中的第一件艺术品——远离尘嚣的小屋,笔调清新,气韵生动,犹如一幅淡雅的国画。如果就景物谈景物,会失之于肤浅,品尝不到其中的真味。如果反复咀嚼它的精彩笔墨,就能洞悉特色,把握特有的个性。

"山路和山坡不便于行车,然而便于我行走。我出外,小屋是我快乐的起点;我归来,小屋是我幸福的终点。往返于快乐与幸福之间,哪儿还有不好走的路呢?我只觉得出外时身轻如飞,山路自动地后退;归来时带几分雀跃的心情,一跳一跳就跳过了那些山坡。我替山坡起了个名字,叫幸福的阶梯,山路被我唤做空中走廊!"这一段写得十分动人,十分精彩,人与景融会在一起,欣喜、欢乐的感情在字里行间跳荡。由于感情上往返于快乐和幸福之间,因而,走山路"身轻如飞",走山坡"一跳一跳"而过。山路解人意,自动往后退,山坡不阻挡,让人雀跃而过。文中这种陶醉于大自然的感情并非空谷来风,而是上文自然发展的结果。以宁静的心情从远观、从近看、从俯视、从鸟瞰等不同角度描绘小屋的美姿、小屋的不凡,随着描绘笔墨的拓展与深入,欣喜的心情不断增浓,人与自然的妙合越发明显,如"空气在山上特别清新,清新的空气使我觉得呼吸的是香"。从描绘山路喷薄而出的热情再聚集到小屋的绘制上,呈现出"烟雾之中、星点之下、月影之侧"的安静世界。感情是文章的生命,没有感情,便没有艺术。这篇文章表达的是"独与天地精神相往来"的意境,欣喜的感情与美妙的意境融为一体,把握住内情与外物交融的特点,也就把握住这篇文章的个性。

3. 通过比较,把握特色

有比较就有鉴别。同样的事物,在不同的作者笔下完全可以写成个性迥异的文章。钻研教材时在阅读领悟的基础上进行比较,就能更为清晰地把握各自的特色。

例如:海燕,作家常以此为描绘对象,或咏物,或抒情,或言志。高尔基笔下的海燕形象在中学生的脑海里印象是深刻的,那是一个英勇无畏、搏击暴风雨的先驱者的形象;而郑振铎笔下的海燕则另是一番图景,另有一番风味。前者是把海燕放在暴风雨来临前的大海这个环境中进行描绘的。背景辽阔,且急剧变化,风狂,雷鸣,电闪,浪吼,层层进逼,矛盾冲突紧张激烈,海燕在这样的环境中搏斗,英勇无畏的性格得到充分的表现。"斗"是这首散文诗的灵魂,以纵横决荡、勇敢善斗的海燕形象象征俄国革命先驱者的形象,给人以心灵的震撼。

郑振铎的散文《海燕》的灵魂是"恋"。1927年大革命失败以后,国民党反动派疯狂迫害进步知识分子,年轻的郑振铎被迫于同年5月离开家乡,离开祖国,远游欧洲。在漫长寂寞的海上旅行中,游子思乡恋国,寄情于物,于是有《海燕》之作。文章也是把海燕放在大海的背景上来刻画的,然而,这个背景是晴天万里,海涛万顷,绝美的海天。目睹在海面上俊逸的从容的斜掠的海燕幻化出故乡的小燕,把故乡的小燕子和海上的小燕子交织起来写,似分似合,似合似分,借助它们吐露思念家乡、思恋祖国的真情。文章开端描绘故乡春燕图,意在种下情种,"燕子归来寻旧垒",情播得深,海上的恋国恋乡之情就有了坚实的基础。高尔基的《海燕》是战鼓,是号角,高亢,昂扬,催人整装上阵;而郑振铎的《海燕》是低回,是浅唱,温情脉脉,情意绵绵,乡思乡愁缭绕不绝。

任何一篇佳作,都有其特定的背景,特定背景下产生的思想感情,都有明确的写作意图,都有表达写作意图的种种写法,这就构成了文章的个性,区别于其他的文章。

不同类型的文章通过比较可各显特色,同类型同体裁的文章更要重视比较,善于比较,认清差异。例如《关于写文章》[①]与《散文重要》[②]

[①] 《关于写文章》:作者施东向,原载《红旗》1959年第12期,内容主要论述写文章的道理和经验。选入20世纪80年代末90年代初通用的高中语文课本第二册(人民教育出版社出版)。
[②] 《散文重要》:作者老舍。选入20世纪通用的初中语文课本第六册(人民教育出版社出版)。

都是说理的文章,说的道理相通,但怎样论述各具特点。前者全面提出问题,重点论述。开宗明义,提出写文章的作用,一是交流思想、传播经验的一种方法,二是整理我们的思想和经验,使之明确化、条理化的一种方法。就全文说,提出两个"方法",但侧重论述后者,后者是文章的主要论点。就部分说,分析写不下去的原因有两条。对掌握语言工具一条不作论述,侧重讲思想。这样论述,很有独特之处。不但使读者了解问题的全貌,又突出重点,鲜明地表现作者的写作意图。《散文重要》先后论述了"散文重要""散文比较容易写""不要怕散文,也别轻视散文"等问题,举了人所熟知的事实而又易忽略的道理来论述,做到了通俗易懂。而语言生动,口语化,正体现了作者老舍先生的文风。

钻研教材,读出文章的个性,文章就不是平面的文字,而是活的、流动的、立体的,文中的珍奇佳妙之处就会深深印入脑中。文章的个性如果不能洞悉,教课时千课一面就不足为怪了。

4·3 研究学生的实际

教学不仅要研究教材,更要研究学生,学生的现状是教学的出发点。

认清材料的质地是雕塑工艺师的基本功。对所雕塑的材料仔细地进行研究,摸清它们的纹理、曲直、硬度,以及能承受的压力大小,因材雕刻塑造,就能制作出巧夺天工令人赞叹不已的工艺品;如果忽视这项基本功,拿到材料,不识材势,不辨脉纹,鲁莽地下刀、使锯、运凿,其结果不是卡了丝,就是损了块,材料受到糟蹋。

教师不是工艺师,而是塑造人类灵魂的工程师,同样有识质的问题。教师塑造的对象是青春年少充满活力的学生,任务是塑造他们的心灵,培养他们具有建设祖国的才干。不言而喻,教师的工作比制作工艺品要复杂千百倍,精细千百倍。工艺师面对的是死材料,是"活"对

"死",怎么摆弄都可以;而教师面对的是生龙活虎的学生,是"活"对"活",学生天天成长,时时变化。教学工作要想取得成效,一定要重视和锻炼识质的本领。要了解学生,认识学生,洞悉他们的内心世界,把握他们在成长过程中的发展与变化,把自己的教学工作建立在科学的基础上,按照规律办事。否则,从主观臆想出发,就会盲人瞎马,事倍功半,师生的时间和精力都有所浪费。

学生的"质地"究竟怎样才能识得真,看得准?又怎样才能雕塑得有成效呢?

一、前提是牢固树立目中有学生的观点

"目中有学生",说起来容易,真正做到却极不简单。教学,当然是以教材为依据来教学生。然而,在教学过程中,手中的书和面对着的人——学生,常常不能正确地放在应有的位置上。记得自己初当教师时,眼睛只盯着教科书,以为钻研了教材,写好教案,把课文讲出一点名堂来,就完成了任务。至于对学生的研究却认为没什么关系,不研究照样教。

这种目中无人的观念是糊涂观念。这种观念的缺陷在于:没有清醒地认识到教学必须从学生的实际出发,必须坚持唯物观点;没有清醒地认识到培育人才是教育教学的大目标,一切教学活动必须服从于这个大目标,为实现这个大目标服务。

其实,道理十分清楚。教学,教学,"教"要在学生身上起作用。在教学工作中,学习者是第一因素,没有学习者就没有学习。美国教育家杜威[①]对这个问题有一精彩的说法,他认为在教学过程中没有学生,正像没有买主就没有销售一样,谈不上什么教学。同样道理,课堂里虽有

[①] 杜威:约翰·杜威(1859—1952),美国哲学家、教育家。主张实用主义经验论和儿童中心论,强调"教育即生活""学校即社会"等。

学生,但教课时不研究和考虑他们的实际,只从教材出发,岂不和没有学生一样?教学是教师的教和学生的学双方面的活动,教师的主导作用就在于调动学生学习的自觉性和主动性,促使学生充分发挥认识主体的作用。

语文教师手中两个实际须牢牢把握,一是教材的实际,一是学生的实际。这正如"矢"和"的"一般,不看准靶子,只射箭,那是无的放矢,完全失去了"放矢"的意义。当然,"矢"的质量如何也很重要,如果质量差,掌握上不得要领,同样也不能"中鹄"①。因此,教材和学生都很重要,教师既要吃透教材,又要对学生情况了如指掌,而从根本上说,钻研教材、使用教材的目的正是为了教学生,为了教好教会。

二、要站在时代的高度认识和研究学生的新情况新特点

社会在发展,时代在前进,生活在现代社会的青少年学生,他们的思想、情操、行为、道德、兴趣、爱好无不渗透着时代的气息。就中学生而言,与50年代、60年代的相比,确有迥异之处。80年代青少年有80年代独有的特点,教师如眼光不换新,用老尺子衡量,老经验套,甚至用自己做学生时候的框框套,榫头当然对不上。

要认识学生新情况,弄清学生新特点,必须先在思想上突破,从观察事物的习惯的轨道上解放出来,站在时代的高度考察。

应该欣喜地看到现在的中学生有强烈的成才愿望,有振兴中华之志。这是时代赋予他们的特征。不管是学习好的、中的和差的,都希望祖国以最快的速度兴旺发达起来,经济迅猛发展,人民生活富裕,热切地希望自己能成为人才,在四化建设中显身手。他们敏于思索,善于质疑,对知识的追求往往不受现有材料的限制,勇于发表自己的意见。他们见识比较广,接受外界信息的灵敏度比较高,有时看问题尖锐和深刻

---

① 中鹄(gǔ):典出《礼记·射义》,指射中靶子,引申为切中目标或要害。鹄,箭靶的中心。

的程度大大超过他们的年龄。他们的兴趣十分广泛,对古今中外的人和事往往带着猎奇的心理了解、询问,尤其对现代科学技术、现代化生产、现代化产品更是津津乐道,以至神往。

学生思维活跃,科技知识起点高,生活知识丰富,十分憧憬美好的未来,这是时代造成的必然。党的十一届三中全会以来解放思想、实事求是的路线,对内搞活经济、对外实行开放的政策,在社会上有强烈的反映,在学生身上也有所反映。这些都是教学十分有利的条件。但与此同时,学生身上又存在着明显的不足。集体主义观念、社会主义道德规范、共产主义远大理想等在学生心中不周全,不扎实,知识与能力差距大,缺陷多。教育教学上的难度是相当大的。

教师认清了当代学生的新情况、新特点,就会领悟到教学中特别要讲究针对性、深刻性。要善于扬学生之长,引导他们明辨是非,克服不足,因势利导,雕塑成材。千万不能用形而上学的观点来认识学生。

三、要审视学生之间的差异,保护和调动各类学生的积极性

教师不仅要认清20世纪80年代中学生的共性,而且要注意审视学生之间的差异,把握各自的个性。通常的情况是:冒尖的、比较差的,容易在教师脑子里形成清晰的印象,轮廓比较分明,而一般的,所谓"中不溜"的似乎难以区别。大多数学生情况差不多,这是事实。但是,只要稍加深入,就可发现在差不多现象的后面颇有差得多的特点存在。

以口头表达能力为例。我班有四个学生口述能力都差,乍看,似乎都有口吃毛病,仔细调查辨别,却各有千秋。第一个学生说话时舌头似乎短了一点,经过再三了解分析,找到了口齿不清的症结所在;第二个是独子,十分娇惯,父母视中学生的儿子为幼儿,讲话时停顿多,规范性差,孩子耳濡目染,形成习惯;第三个是小时候学口吃的人讲话,也逐渐口吃起来,想改,但一站起来说话就紧张,越紧张越说不清;第四个是思维比较迟钝,对外界事物不能迅速作出反应,因而说话疙疙瘩瘩,含糊

不清。弄清楚他们口述能力差的各自原因,才可能寻找出最恰当的方法来纠正毛病,提高能力。第一个先从生理上解决,请医生诊断,手术治疗,然后进行说话的训练。第二个与家长联系,剖析家庭语言环境的重要,请家长说话注意语句的完整;再帮助该学生进行单句的训练,阅读口语化的材料,从简单的说话开始。对第三个学生注意用"稳定剂""安慰剂",逐步消除他的紧张心理。第四个则着重训练思维的灵敏度,并指导他想清楚了再说。针对不同情况作各种不同的处理,效果比"一刀切"好得多。

　　了解学生的方法多种多样,常用的是:望、问、听、阅和材料跟踪。望:目测,课内课外与学生接触中察言观色;问:作口头和书面的询问、调查;听:谛听学生朗读、背诵、说话、讲演;阅:看阅学生各种语文作业及其他书写的有关材料。根据平日了解所得建立每个学生的学习资料,定期填写有关项目,进行材料跟踪,研究他们在语文学习上的发展变化。与此同时,了解他们的思想、性格、兴趣、爱好、学习心理、学习习惯、学习方法。

　　要真正洞悉学生的个性并不是件容易的事,须多思考,舍得花功夫,花精力,多侧面多角度地了解,观察要精细,分析要周到。早在两千多年前,孔子就说教学生要"观其所以",即观察学生的日常言行,"观其所由",即观察学生所走的道路,"察其所安",即考查学生的意向,"退而省其私",即考查学生私下的言行。现代教育对学生个性之间的差异更加重视研究。教师如果不认真探测学生的内心世界,只凭一时一事所得为依据,常会对学生的情况判断错误,影响教育教学效果。

四、和学生的心弦对准音调,理解他们,研究他们的发展变化,促使他们健康成长

　　苏联教育家苏霍姆林斯基曾说过这样一段精彩的话:"在每个孩子心中最隐秘的一角,都有一根独特的琴弦,拨动它就会发出特有的音响,要使孩子的心同我讲的话发生共鸣,我自身就需要同孩子的心弦对准音调。"确实如此,教师不和学生的心弦对准音调,教师说的话就不可能在学生心中引起共鸣。振幅①极小,或没有振幅,师生思想感情得不到很好的交流,教学语言的感染力也就大大削弱。

要"对准音调",首先须在发现上下功夫,要注意疏通了解学生的渠道,从学生身上获得他们各方面的信息。教师和学生接触,和学生的作业接触,和家长接触,随时随地都要开放自己的感官,让学生的思想、品德、知识、爱好、性格特征、生理特征等各种信息进入自己的脑中,分别储存起来,千万不能闭锁自己的感官。有些学生性格是开放型的,教师容易发现他们内心的活动;更多的是心里某一角藏着奥秘,教师如没有精细的态度,敏锐的目光,很难找到那根"独特的琴弦"。有眼力的教师看学生总是巨细不漏,越是细微之处,越不让它在眼皮底下溜走。撇一撇嘴,脸上掠过一丝笑意,目光中突然出现某种异彩,这些细微的表情、动作瞬息即消逝,教师如果能迅速地捉住,和彼时彼地彼事联系起来思考分析,就可窥见学生心中的那"一角",窥见他们对某些问题的所见所想,大至社会、人生,小到一句话语,一个动作,在这方面的例子举不胜举。

要"对准音调",还须在理解上下功夫。一个教师要做到真正理解所教的每个学生的心,那不仅要讲究科学,而且还颇要讲点艺术性。学生有学生的内心世界,有许多想法、做法在成年人看来是幼稚的、粗糙的、鲁莽的,甚至是可笑的。教师不能以成人的想法、做法来框,要多设身处地为学生想想,理解他们的心情、愿望、欢乐、忧愁,少下"禁止令",少设"阻挡栏",要正面引导,积极为他们"出谋划策"。知心才能交心,

---

① 振幅:物理学上用来表示振动范围和强度的物理量。这里指学生内心世界受到触动乃至震撼的程度。

师生之间共同语言多,那根"独特的琴弦"就会发出特有的音响。

"音调"不是固定不变的。青少年学生在成长时期,知识日益增多,智力不断被开发,思想、性格、兴趣、爱好等都处在变化之中。有的是顺着原来的方向发展,加深,逐渐成熟;有的变化比较大,不是在原来的线上移动,而是拐弯,形成了角度。如好动的变为好静的,马虎的认真起来,某知识缺陷弥补后出现了飞跃。因此,教师"识质"的工作不应是静止的,不应停留在某一点或某一阶段。了解要有连贯性,并要有计划地把发现所得作简要的记录,作为比较分析的依据之一,从而摸索雕塑的好方法。

4·4 减头绪,削枝强干

语文课的课堂教学须精心设计,45分钟一堂课,效率的高低,学生收获的大小,很大程度取决于教师对这堂课的设计。也就是从这堂课的教学目标、教材的取舍剪裁,到讲课的结构安排、教学用语,乃至提示,发问,都须经过缜密的考虑、精心的设计。

课堂教学设计,不能随心所欲。它必须符合客观实际,即学生的知识水平、接受能力和教材的具体内容;同时,它又必须符合教学的科学规律,即由浅入深,循序渐进,让学生确有所得。而这一切,又必须围绕一个中心,即驾驭课堂教学的主宰——目标。教学不能搞倾盆大雨,把头绪繁多的教学内容塞进一堂课内,弄得学生眼花缭乱,要切实根据学生的知识水平和接受能力,紧扣教学目标,减头绪,削枝强干,使得课眉目清楚,眉目清秀,学生看得清楚,容易理解,容易心领神会。

一、要舍得割爱

教师钻研教材,应逐字逐句精读、细读,从思想内容和语言文字的辩证结合上弄清词句含义和篇章结构,正确体会作者的意图。刘勰说:"夫缀文者情动而辞发,观文者披文以入情。"要情动于中,与作者的思想感情交融。即使一个字、一个标点符号也要认真琢磨,不让自己不懂的东西"滑"过去。熟读教材,推敲文章的重点、难点、关键,掌握作者思路的来龙去脉,使之如出自己之心,如出自己之口。这样钻研教材,当然会有许多收获。在钻研的过程中,广找资料,博采众长,储备的知识必然更为丰富。教学设计时能不能把钻研所得一股脑儿纳入其中,教给学生呢!不能。

打个比方来说,老农挑水浇菜,总是把一桶桶的水挑到菜田里,然后用长柄勺一勺勺地轻轻地、均匀地浇洒在菜根上,而绝不会有哪一个菜农挑来一担水,不管三七二十一地将整桶的水一下子倒向菜根,因为他知道,这样浇水会将菜连根带叶一起冲走。教学也是这样,如果教师把自己储存的满桶之水,不分青红皂白地倾泻而下,这会把所有的学生冲得东倒西歪,晕头转向,不知所从。这就违背了教学的客观规律。

教学不是一次完成,它有连续性、阶段性、层次性、反复性。依据怎样的课文,达到怎样的目标,不是被教材内容牵着鼻子走,而是应以目标为准绳,对教学内容进行剪裁,决定取舍详略。千万不能因为是潜心钻研所得,不顾教学大纲所规定的教学要求,不顾学生的知识基础和实际的语文能力,而敝帚自珍,舍不得割爱。

教学中要有所为,也要有所不为,有些语文知识暂时"不为",放一放,是为了更有所"为",使某些语文知识、某些语文能力训练重点突出,学生更能学懂、学会。比如记叙文教学,它的基本写作特点是如何将叙事、写景、抒情融合一体,或是把人物的外貌、心理、语言、动作描绘得栩栩如生。在一篇记叙文教学中,不能把课文中所涉及的写作方法都放到一堂课里去解决,要抓主要,舍枝叶,分步走。在这堂课里学习讨论某个写作方法,是一个"点",下堂课又学习讨论另一个写作方法,又是一个"点"。一个一个"点"落实,连"点"成"线",对记叙文的写作方法,或说明、议论的写作方法就有较为系统的理解,知识就成了串。

二、突出重点，确定难点，不面面俱到

就全册教材来说，要同类归并，按照年级要求，确立知识和能力训练的一个个点，由点连成线，再由一条条线合成"面"。就每篇课文每堂课来说，如果不分主次，面面俱到，那就教不深，学不透。对每一篇课文、每一堂课重点该突出什么，应该有一个全面的安排，并且要由浅入深，循序渐进。学生在每堂课里学习的东西是集中的，又是扎实的，而在一个学期、一个学年、一个阶段的学习中，所学到的知识就是比较全面的、系统的。

例如，教《谁是最可爱的人》，不同的年级就可确定不同的教学重点。这篇课文有三个重点：围绕主题选择典型事例；串联三个故事的两个语句在全文结构中所起的作用；记叙、议论、抒情等几种表达方法的综合运用。作为初中二年级的教材，该确定哪一个重点呢？分析学生平时作文情况，大多数同学写作时还不懂得如何围绕主题选材，因此，写的作文不是材料堆砌，就是空空洞洞，言之无物。而围绕主题选择材料又是初二年级学写记叙文的基本要求，因而，选"围绕主题选材"作为教学的重点。至于过渡句在联系上下文、在全文结构中的作用，学生有基础，一点便明白，不必花时间枝枝叶叶。多种表达方法的运用让学生接触一下，不作重点。这篇教材放到初中三年级教，重点就不一样。教科书把它放在新闻报道的单元之中，主要让学生掌握几种表达方式的综合运用，而初三的学生对围绕主题选材已基本掌握，这样，教学重点就可放到"几种表达方式的综合运用"方面，围绕主题选择典型材料只要稍加点拨，学生就能温故而知新。

鲁迅先生说过："凡是已有定评的大作家，他的作品，全都说明着'应该怎样写'。只是读者很不容易看出，也就不能领悟。"我们语文教师教的课文，大多是现代文。这些文章无论是思想内容，还是语言文字，都与现实生活相近或相通。学生只要扫除了生字难词的障碍，就能

基本读通；但是他们对于文章中用得特别精彩准确的妙词佳句，以及作者在构思上独具匠心的精妙之处，往往不易看出，或者不易全部看出，有的一时悟不出个所以然来，处于雾中看花的状况。对于这些方面，教师要着力指导。如果学生知其然而不知其所以然，教师就要指点"所以然"；学生只知其一，不知其二，教师就要指点"其二"。教师在重点、难点处点拨得好，学生就会有豁然开朗的感觉。

比如《浣溪沙·和柳亚子先生》这一课中"长夜难明赤县天"的"难"字，学生往往不以为难，一扫而过，不能领悟其中的深刻含义。这就要放到学生中去讨论研究。根据学生发表的意见，归纳整理，"难"寓含三种意思：旧社会黑暗的漫长；处在水深火热之中的人民对光明的渴望；革命斗争的艰难，新中国的幸福来之不易。对这种关键词的理解，学生有一定的难度，教师看到这一点，重点点拨，难点就化解，对用词的传神、确切，学生就能有所领悟。

高中语文课文长的比较多，而课时又有限，更要注意减头绪，削枝强干。比如《依依惜别的深情》赞美中朝两国人民用鲜血凝成的友谊。文章细腻动人，丝丝入扣，一字一句无不打动读者，催人泪下。但是，文章很长，全文有六七千字，在有限的课时里不允许也不应该一段一段讲、一段一段品。这篇课文最显著特点是情思横溢，以情感人。文章标题可作为组织教学内容的核心，它极其概括，撮内容之要，更是浓墨渲染，泼洒万般情意。"惜别"，舍不得分别；"依依"，百般留恋，不忍分离；"情"前面还着一"深"字来修饰，层层增添，分量沉重。尽管文章材料丰富，涉及众多的人、事、景、物，但繁而有序，高中一年级学生阅读，能一件件、一桩桩梳理清楚。从这个实际出发，根据课文的特点，可以离别的时间为线索，确定两个教学重点，一是以事表心，二是以泪表心。以事表心为以泪表心作铺垫，而后者感人的场景是前者人们离情的必然结果。确定这样的重点，就拎起了全文，无论是中国人民志愿军战士为朝鲜人民军战士、为朝鲜人民做的一件件事,还是朝鲜人民为志愿军战士做的一件件事,都穿在"心"这根轴上,就汇成友谊的巨流,情透纸背,感人至深。

三、舍弃难点,化繁为简

课文中有些难点不攻克,影响对全文主旨的理解,影响教学目标的落实,那就要花气力指导学生阅读、思考,解决疑难。课文中有些难点与历史背景、与复杂的人和事有关系,要梳理清楚,须花相当的课时。弄清楚当然很好,也是一种知识。但课时有限,而且与制订的教学目标关系不密切,那就要大胆舍弃,或化繁为简提一下,不要让枝枝叶叶掩盖主干。

如教《事事关心》,围绕教学目的,把文章的阐释对联含义、正反论述努力读书与关心政治必须紧密结合和激励今人胜古人作为教学的重点。以阶级的历史的观点评价分析东林党人读书讲学的进步意义和历史局限这部分是课文的难点,但无须重点教,只要让学生理解对古人的主张必须采取历史唯物主义的态度,吸取精华,扬弃糟粕,不在具体材料、具体问题的是非上开展争论。

总之,教学目标明确,重点突出,去庞杂,强主干,学生学习时就容易收到功效。

5　兴趣是学习语文的先导

学生是学习语文的主人,他们对学习的"内部态度"往往决定学习的质量。是积极寻求还是消极应付,是兴味盎然地吸收还是厌恶排斥,直接影响教学质量、教学效果。教师要十分重视和掌握学生的"内部态度",千方百计培养他们学习语文的动机,激发他们学习语文的浓厚兴趣。

语文教学要获得成功,学生要学有成效,必须做到学生能带着一种积极的、高涨的、激动的情绪来从事学习,开动脑筋思考,认真地主动地投入读、写、听、说的训练之中,为获得新知识而欣喜,为语文能力的提高而欢乐,而骄傲。

语文教学中最怕出现学生冷漠的、无动于衷的局面。也许开始只在少数几个学生身上出现,如果置若罔闻,不立即采取措施制止、纠正,这种情况就会蔓延,以至于不可收拾。其中有学生学习惰性的因素,但归根结底应反躬自省。如果教师把酷爱语文的火花移植到学生的心里,把酷爱思考的习惯传播到学生身上,教学状况就大为改观,学生会生龙活虎,兴味盎然。教师如果有本领把学生学习语文的兴趣激发起来,教学就成功了一大半,学生就不以为苦,从中获得乐趣。

5·1　珍贵的内驱力

学习动机是推动学生学习的主观动力,学生有了强烈的学习动机就会产生迫切的学习愿望,就能积极主动想方设法克服学习中的困难,取得良好的学习效果。兴趣和动机密不可分。学习兴趣是学习动机的一个重要的心理成分,它是推动学生探求知识和获得能力的一种强烈的欲望。早在两千多年前孔子就说过:"知之者不如好之者,好之者不如乐之者。"没有任何兴趣,被迫进行的学习会扼杀学生掌握知识的意图。怎样才能激发学习语文的兴趣,培养学生珍贵的学习内驱力呢?

一、培养"热爱"的感情,激扬学生热爱语文学科

著名科学家爱因斯坦说得好:"我认为对一切来说,只有'热爱'才是最好的老师。"生物学家达尔文在自传中曾这样说:"就我记得我在学校时期的性格来说,其中对我后来发生影响的,就是我有了强烈而多样的兴趣,沉溺于自己感兴趣的东西,深刻了解任何复杂的问题和事物。"人是有情感的动物,钟情于某个事物,就会有力量勇往直前,排除万难,注情于学习之中,学习当然也就能生辉。

学生学习语文要有很强的内驱力,除了学习目的明确,学习负有责任感外,须激发他们对语文满腔热情满腔爱。学习目的性、学习责任感的教育须贯彻教育的全过程,这一点教师不仅明确,贯彻的自觉性也比较高。与之相比较,情感教育就不是那么重视了。其实,情与理缺一不可,既要在语文教学过程中对语文学习的目的、责任晓之以理,又要在学习的主动性积极性方面动之以情,二者相辅相成,相互促进。

激发学生对语文的热爱,空讲道理不可能奏效,要善于抓住学生的心理,把课上得有吸引力,像磁石吸铁一样,牢牢吸引学生的注意力。要在课内课外品评字词,鉴赏作品,让学生置身于祖国语言美的海洋之中,热爱的感情充盈胸际。

比如学生学语文,总要学写字,汉字具有诱人的形态美,仔细辨别,用心赏析,脑想手写,就会乐在其中。同样的方块字,写起来却可千姿百态。一个字就如一幅画,有粗,有细,有直,有曲;结构的方式多种多样,上下的,左右的,内外的,各部分之间讲究比例,讲究间架,讲究匀称,讲究整体美。如"哀""衷""袁""裹"这类字是包孕结构的,"衣"字拆成字头"亠"和字尾"N","口""中""曰""果"包孕其中,正因为是包孕其中,就要注意比例,控制笔画的长短,如"中"的一竖,单写可拖长,露锋,以示挺秀,而被包孕在"衣"中,"竖"这一笔就不能这样处理了。同样的道理,"曰"中的"一"不能超过"亠"中"一"的长度,"果"不能把下半部分拖长。相同的笔画,安放在不同的字中,有它特定的位置和作用,认识它们,掌握它们,写出来的字就会骨肉停匀。至于用行书、草书写成的篇,更是游龙走蛇,气象万千,多看多读,是一种艺术美的享受。这种字形的教学,教出味道来,学生不仅大大减少错别字,而且翻阅字典的内驱动力大大加强。有的学生天真地告诉教师:"我看'笑'字就像人的脸在笑,眉毛弯弯的,眼睛眯成了缝,一撇一捺就像笑起来两腮勾出的线条。'哭'字真难看,两只眼睛像两张嘴,水从里面淌出来。"学生是创造的天才,只要对字词发生了兴趣,会有奇奇怪怪的想法,而这种想法又促使他们理解与掌握。

要学生对语言文字产生浓厚的感情,不能停留在字形的辨识、字音的读准上,更要在字义上下功夫。祖国的语言文字反映了中华民族数千年的深厚的文化。汉语同义词的丰富,近义词之间极其细微的差别,无与伦比。如果不了解这些特点,大而化之运用,不仅不能准确细腻地表达思想,而且会闹出张冠李戴的笑话,令人捧腹。就说"看"这个最普通的字眼吧,与它意义相近的词可列出近百个,有常用的口语"瞅""瞟""瞧",有书面用语"睥睨""谛视""骋目""凝眸",有看的角度不同——"觑""俯视""仰望""平视",有看的程度差异——"瞪""瞥""扫""盯",有看的范围大小——"顾盼""环视""纵观",等等,不一而足。在怎样的语言环境里选用怎样的词语,须深入理解,辨微析毫;只要认真咀嚼推敲,不仅能选准表意中的"那一个"名词、形容词、动词,而且进入词汇宝库觅宝,其乐无穷。

"运用之妙,存乎一心",语言知识丰富,语言实践勤奋的人,驾驭语言的能力可达到使人赞叹不已的地步。带领学生阅读这些人写的诗文,愈向深处开掘,愈能品尝到蕴含的甘甜,愈能增强他们学习语文的热情和内驱的能力。例如诗文中的数字运用,深入钻研,韵味极浓。"一"字在日常生活中用得奇多,别的且不说,单以成语而言,像"一心一意""一朝一夕""一板一眼""一唱一和""一模一样""一来一往"等,很多很多。打开《汉语成语词典》一数,归在"一"字下的成语竟有五百来个。上列词语用到诗句中也屡见不鲜。李白的"一叫一回肠一断,三春三月忆三巴"(《宣城见杜鹃花》),用得十分生动。多接触多思考,就可发现诗文中的"一"有的是数字实用,有的只是虚词,从杜甫的《石壕吏》中可以看得清清楚楚。"吏呼一何怒,妇啼一何苦!听妇前致词:三男邺城戍。一男附书至,二男新战死。存者且偷生,死者长已矣!"其中"一何"之"一"是语助词,用来加强语气,而"一男""二男""三男"的数字皆为实数。学生体会到诗文中运用数字如此之妙,学习热情就十分高涨。

学生的向师性很强,哪个学科的教师教得好,学生就趋向哪位教师。班级各学科教师教授各自的课程,犹如一个乐队,演奏各自的曲调,但组合起来是协调、悦耳的交响曲。学生对其中有些吹奏、有些弹奏特别有兴趣,而对其余的态度一般。语文教师要激发班级所有的学生热爱祖国的语言文字,要争取学生热爱自己教的学科。一个班级几十名学生,不可能每个人都热爱语文。由于语文基础不一样,家庭学习背景不一样,个人兴趣爱好不一样,有的学生喜爱语文,有的学生喜爱数学,有的喜爱其他学科,这是十分正常,不足为怪的。语文教师要争取以自己的人格魅力和优质教学争取多一些学生热爱这个学科,因为母语教学在培养民族感情、培养道德情操、培养文化素养方面具有其他学科不能代替的独特作用,它不是管一个阶段,更不是一考了之,束之高阁,而是对人的一辈子都起作用。人一辈子都要和语言文字打交道。

要求每一名学生热爱语文学科,这是追求的目标;在目标未能实现之前,无论如何要积极培养几个或十几个对语文学科满腔热情满腔爱的学生。他们的学习和教师心灵相通,他们在语文学习中能起骨干作用、先锋作用。这些学生是班级学语文能带动大家共同进步的核心,须懂得:水涨船就高。小部分学生学习质量上乘,其余的就能紧紧跟上。而这小部分学生由于内驱的动力很强,学的广度与深度就大不一样,语文实际能力往往超过该年级应达到的水平,令人欣喜。

二、努力让学生发现兴趣的源泉

不认真教学,永远不可能总结出有价值的教学经验;不认真求知,也永远不可能体验到求知的艰辛与欢乐。认知过程本身就是一个激发生动的不可熄灭的兴趣的过程,学习课文,认知语言文字,认知文章反映的大千世界,反映的色彩缤纷的社会生活及气象万千的自然景物,引导学生挖掘、攀登、探索知识的奥秘,学生就可从中获得求知的乐趣。

兴趣绝不能建筑在表面的乃至庸俗的刺激之上,兴趣的源泉在于动脑筋发现问题,自己寻求解答。教师引导学生发现兴趣的源泉,孜孜以求,挖掘不已,就能体验到自己的智慧,自己的力量,从而更加奋发学习。

比如学习鲁迅的《记念刘和珍君》中这样一段话:"当三个女子从容地辗转于文明人所发明的枪弹的攒射中的时候,这是怎样的一个惊心动魄的伟大呵!中国军人的屠戮妇婴的伟绩,八国联军的惩创学生的武功,不幸全被这几缕血痕抹杀了。"这是课文的难点之一,学生对如此寓意深刻的语句一时难以理解。教师不越俎代庖,而是引导他们去求索。先排出疑难之处,然后一一加以剖析,寻找资料,引经据典,最后谈自己的认识,自己的理解。如:为什么这儿用"伟大"?"伟大"用"惊心动魄"来形容,没看到过,究竟是什么意思?如果是反语,"惊心动魄"又成了什么意思呢？"八国联军"是不是镇压义和团的刽子手，如果是镇压义和团的刽子手，为什么鲁迅先生又强调说是"惩创学生的武功"呢？学生脑子里有一大堆疑问，就会去攻克、求索，不仅翻书面资料，也到自己头脑里这个小仓库去搜寻。

经过思考、讨论，有的学生认为"这是怎样的一个惊心动魄的伟大呵"是反语，而且"中国军人的屠戮妇婴的伟绩，八国联军的惩创学生的武功"也都是反语。这一连串的反语是对"文明人所发明的枪弹的攒射"这一暴行的辛辣的讽刺，表达了鲁迅先生无比愤慨的感情。理由是：用反语对丑恶现象，对逆历史而动者进行讽刺，是鲁迅先生惯用的表达情意的一种方法。像《"友邦惊诧"论》中"可是'友邦人士'一惊诧，我们的国府就怕了，'长此以往，国将不国'了，好像失了东三省，党国倒愈像一个国，失了东三省谁也不响，党国倒愈像一个国，失了东三省只有几个学生上几篇'呈文'，党国倒愈像一个国，可以博得'友邦人士'的夸奖，永远'国'下去一样"不就是用反语来讽刺的明证吗？以学过的旧知识来印证，是求知的一种方法。

有学生认为"这"显然是指"当三个女子从容地辗转于文明人所发明的枪弹的攒射中的时候"，这一景象确实是"伟大"到令人"惊心动魄"。联系上文三位女子临危不惧、相互救助的记叙，正是对她们"竟能如是之从容"为"伟大"形象的赞颂。把三者的伟大形象与"中国军人""八国联军"的暴行进行鲜明的对比，更显示出这三位死难者的凛然正气。联系上下文思考、推敲，也是读懂文章的重要方法，言之也有据、有理。

至于"八国联军"的问题，1900年镇压义和团的是德、美、英、法、俄、日、意、奥，课文中说的"八国联军"与1900年的"八国联军"有相同的部分，但也有差别。那时的"八国联军"攻陷北京后，清政府与11国公使签订了《辛丑条约》，11国即"八国联军"加上荷、比、西三国。后来俄国十月革命胜利,从中退出;德、奥在第一次世界大战中战败,也从中退出。于是11国只剩下了8国。由于这8国是原先"八国联军"和11国中的主要部分,两者一脉相承,基本一样,所以鲁迅仍用"八国联军"这一称谓。

学生自己探求知识,对获得的成果均感满足,说起来振振有词,俨然像个"学问家"。兴趣的源泉来自对知识的渴求,来自积极开动脑筋攻克难题。

三、珍视学生学语文的点滴积极性,热情保护,真诚发扬

教师要耳聪目明,对学生学习中的些微变化要看在眼里,记在心里。尤其是学生对探求知识跃跃欲试的时候,哪怕是一丝微笑,哪怕是嘴角动一动,都不能漠然对待,要珍重和保护他们学习的积极性,创造条件让他们发表意见。

举个例子来说,学《在烈日和暴雨下》这篇课文时,教师提了一个问题后说:"这个问题谁来回答?"当教师用目光扫视教室,等待学生思考回答时,意外地碰上了一双期待着的眼睛,尽管戴着眼镜,可它似乎在清楚地说:"老师,你叫我吧,我能回答。"教师又惊又喜,立即请他发表意见。他先是脸一红,接着就站起来捧着书慢条斯理地说开了:"这一部分写骆驼祥子为生活在夏天烈日下煎熬。先总的写天热得'发了狂',地上像'下了火';再从'街上'的'柳树''马路'的'白光''便道上'的'尘土'等角度描写烈日;然后……"学生凝神听着,有些调皮的还回转头或侧转身注视着他。小陆同学这样声音响亮比较有条理地回答问题,不禁出乎同学意料,教师也有点愕然。一年之前接这个班级时,每堂课提问,就是这个小陆同学总是把头埋得低低的,有时和课桌上的书只有二三寸的距离,教师捉不到他的视线。别的同学回答了问题,他头才慢慢地抬起来;若目光偶然碰上了教师,也总是立刻躲闪开。如今有了这样的变化,课上表扬,课外谈心,他学习积极性大为高涨,上课目光凝聚了，集中了，稳定了，再也不躲闪了。原来常用的字"吃"，也会错写成"吆"，300多字的作文别说遣词造句、谋篇布局，单错别字就有十几个的他，犹如变了一个人。用功了，用心了，内驱力起了大作用。教师对学生的点滴进步要保护再保护，鼓励再鼓励。

有些看来是极其枝节的事，学生表现出很大的兴趣，表现出积极性，同样要珍视，要保护。教《记一辆纺车》时，为了让生长在上海大城市里的孩子了解什么是纺车，就从一幅油画中临摹了一架纺车作为教具，供学生观察。画贴出后，一位女同学站起来说："纺车倒像，我浦东外婆家就有这样的纺车，但车上少画了一个钉子。"说着，就跑上讲台指着黑板上挂的画评论起来。画上的纺车有没有钉子，有没有木榫头，与学课文关系不大，但这位同学观察仔细认真执着的态度十分可爱，也是学习内驱力的一种表现。

有时有些学生表现出来的举动比较幼稚，教师千万不能取笑他们，仍然要尊重他们，保护他们的积极性。有次语文课外活动是智力竞赛，小王同学课后恳求教师让她当主持人，并画好了一张竞赛场的座位安排表。这个在小学看到写作文就哭鼻子的小姑娘，如今对语文活动有如此强烈的兴趣，当然要保护、肯定、表扬。教师满足她的要求，并组织其他同学一起设计竞赛内容，一起安排竞赛程序。她高兴地笑了，任务也完成得很好。学生年幼，幼稚也是一种真诚，不能小视。

5·2 不能千课一面

语文教学有法，但无定法。从教材实际、学生实际出发，达到一定的目标。教学全过程是启发式，促使学生主动学习，这些是应该遵守的法则。由于课文体裁不同，难易有别，由于教育对象程度不同，年龄大小有差别，因此教学不能一个模式，不能千课一面，应该因文而异，因人而异。

长期以来,语文教学中形成了一种教学八股,不管什么样的课文,也不管学生的实际能力,总是从介绍时代背景、介绍作者开始,然后解释词句,划分段落,归纳中心思想,最后概括主要写作方法。这种教法也有可取之处,但所有的课文都用这种模式套,就必然千课一面,学生上课发腻,趣味寡然。语文教学改革的春风对这种单一的模式进行了冲击,出现了多种多样的课堂教学结构,形成了多种多样的教学方法,这是语文教学的一大进步。不过,新的模式出现,也要百花齐放,不能囿于某一个程式,把这个程式定为一尊。语文课综合性强,内容丰富多彩,用一个模式难以框住。把某一种模式夸大到万能的地步,课堂教学就失去了活泼的生命力。

一、教出文章的个性,使学生学有所得

钻研教材,洞悉文章的个性,就为克服千课一面的教学弊病打下坚实的基础。课文各有特色,教学时把握特色,加以重点显示,就会一课一个样,学生有新鲜感,学起来兴趣倍增。中学生具有好奇好胜的特点,新异的刺激物能引起他们的定向探究活动。如果教学内容与方法不断更新与变化,就可以有效地激发学生进行新的探求活动,保持与发展旺盛的求知欲。如果总是采用同一或相仿的教学方法,学生学习的积极性就受到压抑。当然,一课一个样不是离谱,它受制于语文教学大纲总目标,受制于语文教学原则,受制于语文教学分年要求。

比如《春》《海滨仲夏夜》《香山红叶》《济南的冬天》这个单元都是写景的文章,如果用一个方法教,单一地强调写景要抓住景物特征,再好的课文也味同嚼蜡。因此,教师在钻研教材、熟悉文章思路的基础上精心设计,教学思路突破文章的写作思路,选用合适的方法实现教学目标。

教该单元时是这样开头的:"继米开朗琪罗之后的法国大雕塑家罗丹曾这样说:'美是到处都有的,对于我们的眼睛不是缺少美,而是缺少发现。'我们人总要和大自然接触,大自然的美可以说无处不在。它不

同于巧夺天工的工艺美,也不同于绕梁三日的音乐美,更不同于充满青春活力的人体的健壮美。然而,它又似乎是各种美的综合。尤其是我们伟大祖国,山川锦绣,真是美得令人陶醉,它在春、夏、秋、冬不同的季节不同的地方展现不同的美姿。现在我们要学习的是一组描写四季景物特征的散文,要运用反复吟诵、分析比较、阅读仿写等方法理解它们高超的艺术手法和表现的情境美,培养我们用双眼观察美的能力,陶冶我们的情操。"一个单元教学的起始,用这样几句话描述,学生被引用的有关"美"的名言所吸引,被描述的大自然的美、祖国壮丽山川的美所吸引,积极性高涨,兴味盎然地进入了该单元学习的轨道。

四篇课文四种教法。教《春》,紧扣文章细笔细绘的特点,这节朗读、吟诵,体会语言的优美。要求学生读准确,读流畅,读出意境,读出感情。采用的方法是:教师示范读讲一两段,指导学生理解描写的顺序、描写的角度、描写的方法、描写的语言,边剖析,边启发学生想象,然后由学生独立分析。这样做,充分运用文章横式结构组材的特点以及每一段描写方法大同小异的特点。教《海滨仲夏夜》紧紧扣住一个"变"字,着重引导学生理解如何描写活动中的景物。根据教学目标对教材作详略取舍的处理。不采取吟诵的方法,而着重在推敲关键词句,体会作者怎样描写活动中的景物。要求学生定点观察,开展想象,比较广泛性地写春景与集中笔墨写仲夏之夜的海滨的区别,比较春花、春草、春风、春雨……横式组材的方法与以时间的推移为线索组材方法的不同。至于《香山红叶》则采用请学生读讲的方法跟随向导游香山,紧紧抓住记游的线索,请学生讲听到老向导讲些什么,目睹香山哪些好景,与老向导接触后有哪些感受,在读读讲讲的训练中理解文章的主题,体会景美—人美—时代美的构思特色。半山亭上观好景的段落重点锤打一下,不仅要求学生讲述看到了什么,而且要分析作者是怎样描写的,引导学生运用在《春》学习过程中懂得的分析方法独立分析,培养阅读理解的能力。《济南的冬天》则是抓住"温晴"这个文章的眼睛,要学生诵读,细思,理解体会两个要点:一是作者如何精选景物,笔笔点"温",处处写"晴"的;二是感情的潜流如何在字里行间流动。然后仿写一处景物,进行比较,开展讨论,体会作者驾驭文字的功力。

要教出学生学习的兴趣,教学思路要开阔,不拘泥于文章的思路,不总用平推的方法教,不总用几步法、几段论,而是要深挖课文的特点,采用多种多样的方法。这些方法不是背离文章的思路,而是从不同角度不同侧面引导学生琢磨、体会,领会作者的写作意图和构思的匠心。

二、考虑学生的实际水平,因文定法

在教学中,常常有这样的情况:文字浅显易懂的课文,学生觉得"熟""没什么可学";教师觉得"浅""没什么可讲"。其实,这类文章比之名篇大作,更接近学生的实际,只要因文而教,引导得法,学生不难从中学到立意谋篇、选材组材,乃至遣词造句等多方面的知识,读写能力的培养也容易奏效。面对浅显易懂的课文,或描绘引人入胜的画面,或从某一点深入,讲出寓含的精深的道理,使学生学有收获。这种教法可称为:"浅文深教。"如《一件珍贵的衬衫》是自读课文,学生一看就懂,那就要引导他们深入探究一下,激发求知欲望。该文一事一叙,采用倒叙的方法写。请学生在初步阅读的基础上思考:什么叫倒叙?怎样的情况才可用倒叙?运用倒叙方法须注意些什么?这篇文章不用倒叙行不行?如果不用倒叙,应该怎样叙述?你认为采用怎样的叙述方法更感人,理由何在?学生思考、讨论、作讲述练习,浅文学起来也就不浅了。

深文也可浅教。有些经典性文章内容博大精深,可探讨、学习的东西十分丰富,学生不可能在短短几节语文课里学得周全。那就要从学生的实际出发,紧紧围绕教学目标加以取舍剪裁。比如《在马克思墓前的讲话》《论"费厄泼赖"应该缓行》等文,教时要切合高中学生学习语文的实际,理论上的深入探讨、历史背景的追溯、研究,就无须花精力花时间了。

在一篇课文中,哪怕是讲授某一个知识,某一种写作方法,也要力求做到有特点,不能用千篇一律的讲法。多角度多侧面地思考,文章中细微之处就能凸显出来。把握了细微之处,学生受益越大。比如同是讲景物描写,《春》中的文笔细腻,如写春草:"小草偷偷地从土里钻出来,嫩嫩的,绿绿的。园子里,田野里,瞧去,一大片一大片满是的。"淡雅,水灵,犹如水彩画。《故乡》开头的景物描写:"时候既然是深冬;渐近故乡时,天气又阴晦了,冷风吹进船舱中,呜呜的响,从篷隙向外一望,苍黄的天底下,远近横着几个萧索的荒村,没有一些活气。我的心禁不住悲凉起来了。"景色萧索,一片悲凉。无多种色彩点染,只是用枯笔作简单的勾勒。丁玲《果树园》中一段景物描写是:"当大地刚从薄明的晨曦中苏醒过来的时候,在肃穆的清凉的果树园子里,便飘荡着清朗的笑声。鸟雀的欢噪已经退让到另外一些角落去。一些爱在晨风中飞来飞去的小甲虫便更不安地四方乱闯。浓密的树叶在伸展开去的枝条上微微蠕动,却隐藏不住那累累的硕果。看得见在那树丛里还有偶尔闪光的露珠,就像在雾夜中耀眼的星星一样。而那些红色果皮上的一层茸毛,或者是一层薄霜,便更显得柔软而润湿。云霞升起来了,从那重重的绿叶的罅隙中透过点点的金色的彩霞,林子中回映出一缕一缕的透明的淡紫色的、浅黄色的薄光……"显然,这是一幅果园晨色图,洋溢着生机与欢乐。这幅图是油画,色彩、光感、质感均描绘得一清二楚。把同是景物描写放置在不同课文里认识、理解、辨别,寻觅各自的特点,教起来就不会千篇一律,不会雷同。

总之,教材不同,学生情况不一样,教法就应随之而变化。有的课文适合朗读,就让学生多读、边读、边想、边议;有的课文需要讲解,讨论,就层层剖析,步步深入;有的课文适合学生自学,就引导学生自己阅读,自己消化。即使是同一类型的课文,侧重点也可不同,如或侧重词句,或侧重篇章,或侧重某个写作方法,或侧重思想情操陶冶。教学灵活绝非随心所欲,灵活的目的只有一个:让学生学得愉快,学得扎实,更有效地实现教学目标。

5·3 教出趣味,使学生迷恋

有人说,天才就是强烈的兴趣和顽强的入迷。著名物理学家杨振宁也曾说:成功的真正秘诀是兴趣。要使学生对语文产生兴趣,迷恋上它,教师就要努力把课教得情趣横溢。中学生对学科的选择性很不稳定,兴趣、注意力容易改变,语文教师对他们施以相当的影响,会产生良好的效果。

人们看一部好电影,看一场十分精彩的戏,往往会不自觉地忘记了自己,入了迷。自己仿佛置身于电影和戏曲之中,被那曲折的故事情节、生动的人物形象、精湛的语言艺术所吸引,台上台下浑然一体,给人以一种艺术的享受。语文教学当然不同于电影和戏曲,但语文教师应力争创造这种艺术佳境,使学生置身于高尚激越的情感、汩汩清泉的知识和妙趣横生的语言氛围之中,感受到艺术享受。

教师并不都是要板着面孔上课,以表示尊严;要和颜悦色,赤诚地、平等地相待,使学生觉得可亲可近,有如沐春风之感。课堂上笼罩着死气沉沉的气氛,学生如芒刺在背,学习起来就七折八扣,影响效果。不论是明白如话的浅文章,还是道理比较深奥的议论文,只要教得得法,都能使学生学得愉快活泼。笑是感情激流的浪花,课堂里常有笑的细流在潜动,或因某一问答、某一细节突然引起一阵笑声,师生感情融洽,可增添课的趣味,增添课堂欢愉的气氛。教师要想方设法把课教得有情趣,使学生咀嚼到其中的甘甜。

一、以新奇的知识吸引学生,激发他们求知的欲望

教课最忌陈谷子、烂芝麻,一句话翻来覆去,一个知识重复许多遍,学生耳朵听出了老茧,学习积极性受到障碍。比如讲"观察",第一次

讲,学生感到新鲜,每次都讲"观察要细致""观察要仔细""观察要……"学生脑中难以形成兴奋点。如果在不同的课文教学中,不同的写作指导课上,变换说法,效果就好得多。如:对人、事、物,要"识得真,勘得破"。如:"身之所历,目之所见,是铁门限。"① 如:不仅要注意形貌,还要"识得神气"。如:不仅要善于抓住对象的特征,还要把自己的感情交融其间,有独特的感受和发现,等等。实际上都在讲观察,只是说法不同,角度有所变化。学生有新鲜感,所学知识容易入耳入心。

以新奇的知识吸引学生,是一种有效的途径。这儿说的"新奇",不是指前所未有的知识,而是对学生的水平而言,学生过去没接触过的,一旦听到,学到,有"新奇"的感觉。例如《岳阳楼记》是范仲淹的传世名篇,对文中的名句"先天下之忧而忧,后天下之乐而乐",中学生几乎无人不晓。怎样才能深刻理解它的意义与价值,首先要把他们引入文章的佳境。怎样引呢?教师是这样说的:

《岳阳楼记》不仅以"先天下之忧而忧,后天下之乐而乐"的高尚思想情操给后人以深深的启迪,就是对洞庭景色的描绘,也是景物描写中的一绝。"朝晖夕阴"的万千气势,"淫雨霏霏"的阴风浊浪,"春和景明"的上下天光,把巴陵胜状刻画得有声有色,如在眼前。然而,你们是否想到:据有一种说法,范仲淹没有到过洞庭湖,也没有登过岳阳楼,笔下所描绘的巴陵胜状,非亲眼所"观",而是虚拟的。既是虚拟,为何又写得如此逼真,叫人拍案叫绝呢?原来他有生活上的积累,再加以读画所得,笔下便出现绝妙好景。范仲淹是苏州人,从小熟悉太湖景色,后来又官贬饶州(现江西上饶),又对鄱阳湖的景色十分了解。生活上有太湖景、鄱阳湖景的积累,再从滕子京那儿得到《洞庭晚秋图》的画,仔细阅读,把直接经验和间接经验巧妙地糅合,笔下洞庭湖的景色就活灵活现。

---

① 铁门限:用铁皮包裹的门槛,这里指生活对人的影响和限制。

学生全神贯注,被从未接触过的材料所吸引,迅速进入学习轨道,深入课文之中去辨别、评析这个材料究竟可信度怎样。

当然,把课教出情趣,绝对不是要杂耍,卖噱头,搞庸俗低级的笑话。教学是极其严肃的事,来不得半点油滑和浅薄。因而,须清醒地认识到课的趣味性能否实现应把握两个要点:一是研究和洞察学生的心理活动,加强课的针对性,把激发兴趣建立在科学的基础之上。二是以知识激发学生的兴趣。知识本身就有巨大的吸引力,知识是一种快乐,而好奇则是知识的萌芽。教学时,抓住学生好奇的特点,以有关知识扩大他们的视野,促进他们主动积极地学习。

二、曲径通幽,带领学生入佳境

课要教得清楚明白,学生学什么,怎样的步骤,如何才能掌握,须一清二楚。但不是所有的课都一眼见底。有些课目标高悬,或步步推进,或层层剥笋,以逻辑的力量征服学生,推动学习。有些课文表达情意委婉曲折,不适合用上述方法教,可顺教材之势,用曲径通幽的方法将学生带入佳境,获得求知的欢乐。

例如,《荔枝蜜》是一篇优美的抒情散文,从表面上看,作品写的只是一个人人常见、极其平常的事物,即蜜蜂采花,酿蜜,但在它那诗情画意之中,却蕴含着隽永的弦外之音,热情洋溢地赞美新生活的建设者,赞美高尚的奉献精神。作者在揭示这一深刻主题时,不是开门见山,而是一层又一层,通过委婉曲折的感情表达出来的。针对课文这样的特点,教学上采取如下的做法:

先揭示文章的眼睛。在黑板上书写一个大大的"蜜",要求学生分析字形结构。学生一下子集中了注意力。分析上中下字形结构后,要求学生开展联想,"蜜"与什么有关系,于是由蜜而蜜蜂而采花酿蜜,再进而拓展,由蜂而人,拉出了解构文章的线索。

在抓点拎线,学生对文章总体上有初步了解的基础上,带领学生步入

"曲径"。怎样带领？以问题开路。作者对蜜蜂的感情怎样？为什么"不大喜欢"？又为什么会"原谅了它"？既然"原谅"，为什么感情总"疙疙瘩瘩"的？既然"感情上疙疙瘩瘩的，总不怎么舒服"，为什么又会对蜜蜂发生兴趣的呢？这种感情又是怎样发展的呢？作者这种细腻的感情，先抑后扬的曲曲折折的写法，峰回路转，味道无穷。当学生在曲径中步行，对文中细致的刻画、入微的描绘品析时，抓住第一个"幽处"重锤敲打。

一篇好的课文总有一些言简意赅、言简意深、言简意丰的关键词句，重点词句，教学时注意把握这些词句，引导学生用重锤敲打，使其中所饱含的思想情操溅出耀眼的火花，照亮学生的心灵，引起他们的共鸣。《荔枝蜜》中这样两段话：

老梁说："蜂王可以活三年，工蜂最多活六个月。"

我不禁一颤：多可爱的小生灵啊！对人无所求，给人的却是极好的东西。蜜蜂是在酿蜜，又是在酿造生活；不是为自己，而是为人类酿造最甜的生活。蜜蜂是渺小的，蜜蜂却又多么高尚啊！

显然，作者写这段话时是动了情的。教学时这个"颤"不能放过。我抓住"颤"这个字要学生推敲："颤"是什么意思？读音是什么？作者为什么会"颤"？又为什么"不禁一颤"？"颤"以后流入笔端的是怎样的思想、怎样的感情？学生阅读、思考，发表意见。"颤"音 chàn，此处不读 zhàn。振动，抖动，因外因而产生的抖动。工蜂"最多"活六个月，整日整月采花酿蜜，不辞辛劳，生命却如此短暂，作者意想不到，心颤动了。作者被老梁的话猛然一击，情不自禁地作出的反应，故而是"不禁一颤"。这个"颤"是对辛勤酿就百花蜜，留得香甜在人间的小蜜蜂的赞颂，是对小蜜蜂短暂的生命所显示的意义和价值的领悟。所以，紧接着是发自肺腑的赞美——"多可爱的小生灵啊"，紧接着又融情于理，评述蜜蜂对美化人类生活所做出的贡献。通过对"颤"这个词的锤打,拎起这一段的议论抒情,注情于蜜蜂小生灵,使"对人无所求,给人的却是极好的东西"的高尚情操闪发耀眼的火花。

探幽后继续前进,由蜂而人,赞颂劳动人民为创造新生活而忘我劳动,赞颂"为人类酿造最甜的生活"的人们的奉献精神。最后,作者情不能自已,以梦托志,自己也变成了一只小蜜蜂。如果说前一个"幽处"还比较显露的话,这儿的"幽处"就更为含蓄、深邃。为了让学生对此处所表达的情意较为深入地领悟,一插入作者的介绍,二扩展有关内容。课的起始阶段不介绍作者,安排在课结束阶段进行,使学生对作者、对课文主旨印象深刻。当学生被蜜蜂酿蜜精神、被劳动人民为别人、为后世子孙酿造生活的蜜的精神所感动时,顺势一转说:文章的作者又何尝不是如此呢?于是简介杨朔生平,指出他虽被林彪、"四人帮"迫害致死,离开人间,但他心血酿造的"蜜",永留芬芳在人间,这些作品给我们思想上的启迪,情操上的陶冶。在学生受感染之际,教师从自我感受出发扩展有关内容,激发学生进一步深思。高尔基[①]给儿子一封信中说的一番话与《荔枝蜜》中赞颂的思想精神极其相似,能激起大家无穷的深思。学生立刻笔录,全神贯注。信的内容是:

花

——致彼什柯夫

你走了,可是你栽的花却留了下来,在生长着。我望着它们,心里愉快地想:我的好儿子动身以后在卡普里岛留下了某种美好的东

[①] 高尔基:苏联作家,社会主义现实主义文学奠基人,原名阿列克赛·马克西莫维奇·彼什柯夫。

西——鲜花。

要是你在任何时候,任何地方,自己一生留给人们的都只是美好的东西——鲜花、思想,对你的非常好的回忆——那你的生活将会是轻松和愉快的。

那时你会感到所有的人都需要你,这种感受会使你成为一个心灵丰富的人。要知道"给"永远比"拿"愉快。

……啦,祝一切都好。

马克西姆!

阿列克赛

1907年1月26日于卡普里岛

学生带着感情朗读,与"多可爱的小生灵啊"这一段对照起来读,"给"永远比"拿"愉快的思想就在脑中萦绕,袅袅不绝。

学生迷恋上小生灵,学着课文的笔法描绘蚂蚁、蚕、蜜蜂、蝴蝶、乌龟、龙虾等。写《春蚕到死丝方尽》,文笔就曲折有致。怕蚕、想蚕、养蚕、找蚕、提蚕、扔蚕、捧蚕,多角度刻画,小生灵的形态,生活习性,对人们的贡献,都得到了生动的表现。

三、课要有一定的深度和难度

苏联教育家赞可夫说:"要以知识本身吸引学生学习,使学生感到认识新事物的乐趣,体验克服学习中困难的喜悦。"道理很明白,学习内容能激发学习兴趣,学生智力活动本身能激发学生更浓的兴趣。过分简易的知识、机械的训练会削弱学生学习兴趣,削弱学习动机。

在中学生学习兴趣上,实用性和肤浅性虽占有一定的位置,但由于他们大脑皮层的发展,大脑结构的进一步完善,接触事物日趋广泛,他们对事物的本质、规律性的知识产生探讨的愿望,故而教学时须把握这一特点,因势利导,增强他们的求知欲。

如《从百草园到三味书屋》，作者用了对比的方法前后对照，表达自己的爱憎，揭示发人深省的问题。教学时如果只拎出概念要学生说一说，记一记，难以满足学生的求知欲，因为"对比"这个术语小学生就接触过。然而，在这篇课文中怎样运用对比，产生什么效果，学生不一定理解得周全，教学时可从细致、具体方面来加大难度。也就是说，不仅要求学生从整体上来认识文章前后的两相对照，而且要求理解环境与环境、事情与事情是怎样具体对照的。既了解它们之间的不同，又寻觅其中的逻辑联系（童年游玩的乐趣，管得住身，管不住心）。训练上有一定的难度，学生寻求解答的欲望强烈，克服困难的兴趣就增大。

有些课文浮光掠影学一学，学生认识不到其中的奥妙，常常兴味索然。如果引导学生深究底里，见自己学习时之所未见，闻自己之所未闻，学习积极性就大不相同。如诗人臧克家写的《闻一多先生的说和做》一文中有："1930年到1932年，'望闻问切'也还只是在'望'的初级阶段。他从唐诗下手，目不窥园，足不下楼，兀兀穷年，沥尽心血。杜甫晚年，疏懒得'一月不梳头'。闻先生也总是头发凌乱，他是无暇及此。"这个句子如扫视一下，学生所得只是闻先生治学刻苦的粗略印象，体会不到其中意味的深刻、隽永。如带领他们步步深入地探求，味道就大为浓郁。如先识字，"兀"wù；再理解"兀兀穷年"的意思，一年到头穷苦不息；然后查查出处，原来出自韩愈的《进学解》，该文中有"焚膏油以继晷，恒兀兀以穷年"的句子。仔细咀嚼，句中难点不少，至少有三点可追根穷源。①"望闻问切"是怎么一回事？原来是中医诊治疾病的方法。一字一法，四字结合起来使用。为什么钻研文化典籍要以诊断疾病的方法来比喻呢？原来是承接上文钻研的目的——"开一剂救济的文化药方"而来，承接紧密，语势顺妥。②"目不窥园"呢？只是一般的形容吗？一查检，才知用了典。《汉书·董仲舒传》中写董仲舒因专心致志学习,"三年不窥园",文中以此形容闻一多,可见其钻探文化宝藏精神的惊人。③ 杜甫晚年"一月不梳头"又是怎么一回事呢？原来引的是杜甫自己的诗句——"百年浑得醉,一月不梳头。"杜甫奔波一生,难得在成都草堂有较安定的生活,故疏懒得一月不梳头。文中引这一句在于进行反衬,突出闻先生孜孜矻矻、日夜不懈的精神。难点攻破,再把几句联系起来思考,就会发现文简意丰,比喻、反衬、用典恰到好处,深刻而形象地刻画了闻先生为寻求拯救民族于危亡而勤奋刻苦令人赞叹不已的精神。句式长短交错,气势流畅。

教学时对课文中有些词句、有些问题深入探讨,不是要难倒学生,而是培养学生深入龙潭取宝的那么一股劲儿。《庄子·列御寇》中有这么一句话:"夫千金之珠,必在九重之渊而骊龙颔下。"教师有责任在学生青春年少之时培养他们入深渊探摘知识明珠的兴趣和勇气。众所周知,数学家陈景润之所以奋力攀摘数学皇冠上的明珠,不正是因为在中学时代教师向他们高高悬挂起哥德巴赫猜想有待证明的目标,不正是在他的心田撒下探求宝贝的种子吗？

四、课要有时代的活水,使学生有所感奋

兴趣是获得知识、开阔眼界的重要推动力,而感奋可促使兴趣深化,促使兴趣持久。最使学生感奋的是揭示追求探索的方向,是步入社会、步入人生的启示。而时代的信息与学生的思想感情最容易沟通,因而课堂内常有时代的活水流淌,气氛就会活跃,精神就易振奋。

教材中相当数量是过去的作品,教学时不能满足于模拟世界,再现过去生活的真实,还要注意引发,把学生的学习和沸腾的实际生活联系起来,和社会主义现代化的建设事业、家庭的生活、少先队和共青团组织的生活联系起来。

所谓联系,当然不是长篇大论,给课穿靴戴帽,或外插一个大肚子,而是在服从教学目标的前提下,根据课文的内容,有机地插入一些新信息，启发学生思考。只要联系紧密，天衣无缝，哪怕是一两句话，学生也会情绪昂扬，感奋起来。

以教《少年中国说》为例。要揭示该课文在当时历史条件下的积极意义，须向学生介绍时代背景。先引现实生活的活水，再要学生历数1840年至1900年清政府丧权辱国的史实。学生口述国庆盛况，突出了生活的欢乐，突出新生的人民共和国正阔步前进。学生振奋之际，就势一转，回顾历史，构成鲜明对比。学生历数1840年至1900年历史事实，一件件、一桩桩都是丧权辱国，人民处在水深火热之中。在欢乐与苦难的对比之中，学生有所感奋。然后点明当时凡有爱国心的人都寻求拯救民族于危亡的道路，作品就是在这样的历史背景下产生的。在评价该文的历史局限、阶级局限时，插入了一句"他有一颗中国心"，教室里立即出现了意想不到的活跃。

我们所处的时代是科技、文艺种种信息大量涌现的时代，教师努力吸取，慎加选择，引入教学，课堂内就不断有时代活水流淌。如学《活板》，在理解文字含义的同时，充分认识毕昇创造的活字印刷术对人类文化的伟大贡献。毕昇去世后400年，欧洲才有活字印书。然后说明科技飞速发展，要学生列举当代印刷进展的情况，学生兴趣盎然。有的说胶印，有的说彩色印刷，有的说喷墨印刷，有的说静电复印，有的说电脑排版，等等，下课以后学生还谈论不止，说得头头是道。

5·4 传之以情，以情激情

教语文，要紧的是把学生的心抓住，使学生产生一种孜孜矻矻、锲而不舍的学习愿望。语文学科的教学，是通过一篇篇课文语言文字工具千变万化的运用接触学生思想情感的，有它独特的引人入胜的特点。教学中，要充分发挥祖国语言文字的魅力，让学生体会到文章蕴含的情和意，激发内在的学习积极性，在思想、品格、情操等方面受到陶冶，语文水平获得提高。教师应把握教材的特点,在教学中传之以情,并善于以情激情,深入学生的情感世界,拨动他们的心弦,使他们学得感动,学有难忘的收益。

一、教师自己要"进入角色"

"夫缀文者情动而辞发,观文者披文以入情。"(刘勰《文心雕龙·知音》)自古至今,一篇篇名诗佳作,之所以传诵千古,流芳百世,是因为作家文人笔墨饱蘸着自己的思想感情,甚至凝聚着心血和生命。教师教学生这些佳作,自己首先应认真体验作品中的感情。语言文字是表情达意的工具,学生对课文中的情和意的理解、感染的程度,往往取决于教师的影响与传递。

文章不是无情物,教师钻研教材,同样要有情,千万不能采取冷漠的旁观的态度。要使学生真正在思想、品格、情操等方面受到陶冶,教师自己要"进入角色",披文以入情。也就是根据作品中的具体形象,展开丰富的想象,或唤起联想,或联系自己的生活经验、生活知识,来丰富和补充作品中的形象,真正把作者寄寓的情思化为自己的真情实感,才能打动人,感染人。"不精不诚,不能感人,故强哭者虽悲不哀,强怒者虽严不威。"(《庄子·渔父》)写文章要用真情浇灌,不是情动于中,写出来的文章就是虚情假意,苍白没有力量,硬哭、硬嚎,也不可能博得人的同情。备课和读文章也是如此。自己不被文中的高尚的思想、高尚的情操所感动,不被文中真理的力量所折服,教学时语言不可能出自肺腑,空灵、空泛,当然也不可能产生感人的力量。

例如教柯岩的《周总理,你在哪里》时,紧紧抓住一个"找"字,带着学生和作者一起,到处寻找,从高山、大海到森林、边疆;从五洲四海到祖国的心脏,急切地寻找,深情地呼唤:"周总理,我们的好总理,你在哪里呵!你在哪里?"山谷回音,大地轰鸣,松涛阵阵,海浪声声……炽热的感情,火样的诗句,像千尺洞箫,激起了学生强烈的共鸣。学生的心,为什么会随着诗句激荡？学生朗读起来，为什么会荡气回肠？除了诗句本身的魅力外，更重要的是师生缅怀周总理的深情。教师进入角色，与作者一样倾注真情于语言。想到了周总理伟大的人格，非凡的才能，想到了周总理几十个春秋南征北战，戎马倥偬，想到了周总理为国家为人民出尽了力操碎了心，特别是想到周总理的临终嘱咐，把自己的骨灰撒在祖国的山山水水，情不能自已。伟大的人格，献身的精神，盖世的伟绩，震撼自己心灵，因而，教学就不是一般的语言的表述，而是心声的吐露，而是由衷的歌颂，而是深切的悼念。情注课中，课堂生辉。

二、用有声的语言传情

情要真。虚情假意犹如剪刻的纸花，没有生命的活力。情真意切的文章，流传千古仍能熠熠发光彩。教这样的课文，要善于以声传情。一是对特别感人的语句、段落反复朗读，用有声的语言把文字中蕴含的深情表述出来。教师读，学生读，通过口耳，渗入心头。二是教师的语言要带情，要能引起学生的共鸣。

例如，诸葛亮的《出师表》就是语重心长、真挚感人的典范。后主刘禅昏暗不明，诸葛亮出师之前上奏表要后主实行明智治国，有所作为。从分析形势到进言劝谏，到出师明志，到临别寄情，全文624个字，句句恳切，字字真诚，感人至深。"亲贤臣，远小人，此先汉所以兴隆也；亲小人，远贤臣，此后汉所以倾颓也。先帝在时，每与臣论此事，未尝不叹息痛恨于桓、灵也。侍中、尚书、长史、参军，此悉贞良死节之臣，愿陛下亲之信之，则汉室之隆，可计日而待也。"让学生反复朗读，体会作为刘备临崩托孤之老臣，对受托辅助的幼主激励、启发、期望之殷殷，情意之恳切，字里行间皆是情。学生的感情被激起，教师可顺势点一两句：前人说，读《出师表》而不流泪的不是忠臣，可见"情"在文章中的重要作用。

有些文章采用直接倾吐的方式来抒发感情。直接倾吐是作者胸中激情难以抑制，直接从心底喷涌而出。教这类文章，须激情似火，不仅要以声传情,而且要能以情激情。闻一多的《最后一次讲演》感情极度强烈,如岩浆迸发,愤怒的火焰直射国民党反动派。用一般朗读的方法难以淋漓尽致地表现一泻千里的气势和慷慨激昂的精神。为此,先点明时代背景,激发学生感情。课是这样起始的:

板书:

请将你的脂膏,
不息地流向人间。
培出慰藉底话儿,
结成快乐的果子。

导引:这是闻一多先生《红烛》诗里"序诗"的几句。闻先生是这样说,也是这样做的。他青年时代是新月派诗人,后来成为研究旧经典的学者,最后成为青年所爱戴,昂头作狮子吼的民主战士,走了一条爱国知识分子所走的道路。为了争取和平民主,反对发动内战,他遭到国民党杀害,将"脂膏"流向人间。他学识渊博,才华出众,死时才48岁,真是"千古文章未尽才"。

出示《闻一多传》,激发感情:凡是对我们国家、民族做过贡献的人,我们永志不忘,为他们树碑立传。出示《闻一多传》,说明该书的封面图案——黑色大理石的花纹,正中上方一支醒目的红烛,正是先生的写照。毛泽东同志在《别了,司徒雷登》一文中说:"我们中国人是有骨气的。许多曾经是自由主义者或者民主个人主义者的人们,在美国帝国主义者及其走狗国民党反动派面前站起来了。闻一多拍案而起,横眉怒对国民党的手枪,宁可倒下去,不愿屈服。""我们应当写闻一多颂",因为他"表现了我们民族的英雄气概"。

简介讲演前后,进一步激发感情:为什么说"拍案而起""横眉怒对"？为什么说"表现了我们民族的英雄气概"？且看他最后一次讲演的前前后后的事实。1946年7月11日,国民党特务暗杀著名民主人士李公朴。7月15日上午10时,闻一多在云南大学亲自主持"李公朴先生追悼大会",由李的夫人张曼筠报告李的殉难经过。报告时张泣不成声,而场内特务抽烟说笑,无理取闹,极为嚣张。闻一多先生见此情景,怒不可遏,拍案而起,怒对凶顽,即席作了这篇讲演。当日傍晚,闻先生参加《民主周刊》记者招待会后,在回家的路上,遭到特务的暗杀。《最后一次讲演》是篇记录的讲演稿,题目是整理记录的人所加。这篇讲演距今虽已数十年,然而,那鲜明的立场,爱憎的感情,势如破竹的气势,慷慨献身的红烛精神,仍然会深深地叩击我们的心弦。

学生爱憎感情激动起来后,要求学生在阅读课文的基础上,试作"现场"讲演,把握短句,把握带有感叹词语的句式。"今天,这里有没有特务？你站出来！是好汉的站出来！你出来讲！凭什么要杀死李先生？(厉声,热烈地鼓掌)杀死了人,又不敢承认,还要诬蔑人,说什么'桃色事件',说什么共产党杀共产党,无耻啊！无耻啊！(热烈地鼓掌)这是某集团的无耻,恰是李先生的光荣！李先生在昆明被杀,是李先生留给昆明的光荣！也是昆明人的光荣！(鼓掌)"学生越讲越激动,作者在文中表露的凛然的正气,火一般的炽热的感情,引起了学生的共鸣,因此,语言一泻而下,讲得十分有气势,短句的力量,问号、感叹号的威力都在有声的语言中得到充分的表现。这样来学习句句铿锵、掷地有声的语言,比教师抽去"情"的精髓,作这样那样苍白无力的句式讲解,效果不知要好多少倍。

三、细细咀嚼,体味寓含的深情

许多文章不是直抒胸臆、直接抒情,而是情寓语言之中,写得十分含蓄。教师要善于带领学生细细咀嚼,深入体会,激发他们学习的兴趣。例如《在马克思墓前的讲话》是一篇名文。1883年这位国际无产阶级的伟大导师逝世了,一盏多么明亮的智慧之灯熄灭了。人们的悲痛难以用语言表达。在伦敦海格特公墓,亲人们为马克思举行了葬礼。在安葬这位伟人的时刻,与他一生并肩战斗的最亲密的战友恩格斯,用英语发表了这一篇极其重要的讲话。讲话的开头是:

3月14日下午两点三刻,当代最伟大的思想家停止思想了。让他一个人留在房里还不到两分钟,等我们再进去的时候,便发现他在安乐椅上安静地睡着了——但已经是永远地睡着了。

从表面看,这段话平平实实,用陈述句交代了马克思逝世的时间、地点。但是,只要透过字面深入挖掘,就可领悟到其中对马克思这个伟人的崇高评价,和对马克思的如海一般的深情。要学生思考:为什么文中没有直接明写马克思"逝世",而是用了三个"了"的句子?为什么用"停止思想",而不用一般人逝世时用的"停止呼吸"或"心脏停止了跳动"?经过咀嚼,学生领悟到用"停止思想"更能突出马克思是"当代最伟大的思想家"。他批判地继承了人类全部的精神财富,他的伟大思想是人类智慧的结晶。为什么写"安静地睡着""永远地睡着",而不写"与世长辞"或"离开了人间"?因为这样写更能含蓄而深沉地表达恩格斯对失去战友的无限悲痛。他认为他的战友永驻人间,只是"睡着"而已,然而,事实是无情的,毕竟是"永远地睡着了",离开了人间。破折号后面的"但已经是永远地睡着了",既是前面"睡着"的重复,又是补充。这样的遣词造句,寓含着感人肺腑的深情。教师带领学生咀嚼词句,再伴以深沉的朗读,学生不仅能体会到作者运用语言文字的功力,而且在推敲文字表现力的同时,人物的伟大形象,战友之间高尚而深厚的情谊就和语言因素糅合在一起,渗透到学生心中,激发他们进一步学习的兴趣。

6　诱导学生善于发现

教育家瓦·阿·苏霍姆林斯基在《给教师的建议》一书中这样说："学习的愿望是一种精细而淘气的东西。形象地说,它是一枝娇嫩的花朵,有千万条细小的根须在潮湿的土壤里不知疲倦地工作着,给它提供滋养。我们看不见这些根须,但是我们悉心地保护它们,因为我们知道,没有它们,生命和美就会凋谢。"这段话十分精彩,告诉我们学生的学习愿望须千方百计地保护。学习语文的求知愿望当然也应千百倍地爱护。

激发与保护学生追求知识的愿望有多种途径多种方法,但诱导学生在阅读课文的过程中有所发现尤为重要。由于那些众多的"细小的根须"积极劳动,学生在有意无意之中会发现令自己惊喜、惊异或惊讶的问题。此时此刻,脑力劳动所获得的快乐会使学生增添自信,增强自尊,增长自豪感,学习进入佳境。

学生要能经常品尝到这种诱人的快乐,关键在教师善于引导。

6·1　步入艺术之宫,风光无限

任何一篇佳作,只要认真阅读,仔细品味,小而言之,会觉得是件艺术品,大而言之,是艺术宝殿,艺术宝库。对生活缺乏热情的无心者一掠而过,视而不见;执着追求的有心者,会感到满目琳琅,美不胜收,从中可获得众多的启发。语文教师要向后面的目标努力,不仅自己做探宝的有心人,而且要积极诱导学生善于发现,寻宝探宝,吸取养料,提高语文素养。

一、树立"宝藏"意识,激发探宝的愿望

教语文,千万不能把语言文字看作僵死的符号,搞令人目眩的排列组合。文章本是有情物,它反映的人、事、景、物,大至大千世界,小至针尖般的细微感情,都是作者智慧和心血浇铸而成,其中蕴藏着深邃的思想、精辟的见解、丰富的感情与运用祖国语言文字的功力。教师引导学生树立"宝藏"意识,学生见到课文就会一扫单纯的白纸上写黑字的观念,而是能感受到课文是活的,动的,有血有肉的,丰富多彩的,就会热爱教材,对课文有感情,从而产生探宝的愿望。

让学生树立"宝藏"的意识,靠说空话是不行的,教师须加以指点,让学生见到"宝",识别"宝",进而主动积极地探求宝藏。例如《林黛玉进贾府》中对王熙凤的语言描写有这样一句:"天下真有这样标致的人物,我今儿才算见了!况且这通身的气派,竟不像老祖宗的外孙女儿,竟是个嫡亲的孙女……"初看,只是恭维新来贾府的客人林黛玉,当然,这种恭维是高规格的,惊叹林黛玉是自己"见所未见"的标致人物,捧得高雅,捧得不见庸俗的痕迹。如果认识仅止于此,还谈不上"宝",语言描写把王熙凤内心刻画得入木三分还远没有看到。

这句话把它放到特定的贾府人际关系里理解,这个绝妙佳笔的光彩就跃然纸上。王熙凤是贾府的铁腕人物,她貌美如花,但工于心计,心狠手辣。她在贾府大总管的宝座要坐稳,最为重要的是讨老祖宗的欢心。因而,初见林黛玉时必然恭维林黛玉,贾母说过:"我这些儿女,所疼者独有你母。"而今母又离世,其女当然更受厚爱。其实,称赞林黛玉只是由头,归根到底要让老祖宗舒服。让老祖宗心里舒服,又不能直说,更不能得罪在老祖宗身旁的邢夫人、王夫人与众多姐妹,于是便说了句"况且这通身的气派,竟不像老祖宗的外孙女儿,竟是个嫡亲的孙

女"。用两个"竟"字说明又像又不像,妙极。内亲外戚本来有别,而今把林黛玉称赞为"竟是嫡亲孙女",与上文老祖宗的"所疼者独有你母"暗合,讨得老祖宗的欢心。再者,这样说,又肯定了迎春姐妹等嫡亲孙女的地位,使她们感到荣耀,邢夫人、王夫人当然也就喜在心头。相对比直说"是"不知要高明多少倍。一话说出,举座皆乐,王熙凤工于心计、巧嘴利舌的特点真是刻画得入木三分。这种刻画形象、运用语言的能力怎能不是宝贝呢?一个句子尚且如此,通篇当然宝藏许多,用心采掘,就可丰收而归。

二、步入艺术之宫,引导学生开掘

即使是富矿,不开采,仍然长眠于地下,显示不出光彩,更谈不上为人们所用。进入艺术之宫,不用眼精细观察,不用心积极感受,同样不能识别宝,更谈不上有效地开掘。

要开掘,须注意冲破常见的定式,让学生能真正步入艺术的殿堂,而不是只见到某一件或某两件物品。例如学刘鹗的《明湖居听书》,往往定在白妞的唱上。白妞的唱当然是妙绝,也确实是全文的重点所在。但如仅仅抓住此,不仅不能感受到殿堂的整体美,即使这部分的绝唱,也难以光彩夺目。

步入艺术之宫,须注意整体感受。首先是感受明湖居这个大戏园子里的氛围。两个多小时以前,除了戏园子中间七八张桌子虚席以待外,其余一百多张桌子已座无虚席,有的连午饭未吃也来等候。随着时间推移,观众越来越多,几乎是人满为患,而且其中不少是有身份的。这种期盼,这种气氛,这种环境,学生能有所感受,必然预想到台上出现的人物一定非比寻常,于是有"开掘"的积极性。谁知台上出现的一个男人甚为丑陋,似乎出人意料,大煞风景。然而,人丑艺高,抑扬顿挫,入耳动心,"台下叫好的声音不绝于耳,却也压不下那弦子去"。以丑托美,别开生面,进一步引发学生探求的愿望。上场的黑妞歌喉出众,唱腔不凡,"字字清脆,声声宛转,如新莺出谷,乳燕归巢",已经达到"觉一切歌曲腔调俱出其下,以为观止矣"的地步,已经好到极点,似乎在艺术上不能再有奢望。就在此时,作者用观众的一席话把白妞推到台前。"他的调门儿都是白妞教的,若比白妞,还不晓得差多远呢!""好顽耍的谁不学他们的调儿呢?只是顶多有一两句到黑妞的地步,若白妞的好处,从没有一个人能及到十分里的一分的。"如此评价,如此推崇,简直到了此曲只应天上有的程度,怎不对人有极大的诱惑力呢?于是,重点描写白妞的场景出现了。

进入艺术之宫,从整体感知入门,就能够了解布局的匠心,写法的高妙。红花还要绿叶扶。环境烘托,弹弦艺人的烘托,黑妞绝唱的烘托,观众评论的烘托,层层铺垫,形成千呼万唤始出来的气势。引导学生理清文章的思路,可初步领略到旖旎风光。

珍宝部分须细观赏,才能领略到风光无限。仍以《明湖居听书》为例。白妞唱是绝唱,没有刘鹗的绝妙佳笔,绝唱就不可能留世。正面描写绝唱确非易事。先以比喻具体描绘声音入耳的妙境,再以通感手法具体描绘声音的千变万化,把抽象的声音通过视觉器官、心理感受使之具体、形象,展现说唱的美妙。"五脏六腑里,像熨斗熨过,无一处不伏贴,三万六千个毛孔,像吃了人参果,无一个毛孔不畅快",让学生朗读、品味、体会,可联想,可想象,可以自己的生活经验补充。唱腔的千回百折让学生用线条来表现。如何如攀登泰山节节高起,接连有三四叠;又如何陡然一落,如飞蛇在黄山三十六峰半中腰里盘旋穿插,周匝数遍;又如何声音愈低愈细,渐渐听不见;又如何有一点声音从地底下发出,忽又扬起,像放东洋烟火,千百道五色火光,纵横散乱……用视觉形象的展现描摹声音的形象,看得见,摸得着,学生就可领略到声音的无限风光。如果不识其中佳妙,文末"梦湘先生"论述的"余音绕梁,三日不绝"改为"三月不绝"才"透彻",就会有空谷来风之感,无真切体会。

三、重要的在于学生自己发现

观赏宝物要能识得佳妙，全靠自己用心，别人只是指点。文章中许多妙笔无须教师一一讲述，可放手让学生阅读，潜思，引导他们谈自己的心得。哪些语句好，就谈哪些语句，哪里写作方法用得巧妙，就谈哪里的写作方法。放手觅宝，学生就能真正开动脑筋。例如，有的学生发现作者描写白妞的眼睛特别传神。"那双眼睛，如秋水，如寒星，如宝珠，如白水银里头养着两丸黑水银，左右一顾一看，连那坐在远远墙角子里的人，都觉得王小玉看见我了。"用比喻的手法从不同角度刻画眼睛的美。用"秋水"状其清澈，用"寒星"状其闪光，用"宝珠"状其晶莹，用黑白水银状其明亮。作者未用美丽、漂亮等词语来修饰，但美寓其中，令人有不尽的遐想。

有时仅一小段话，只要精于思索，同样可从中获得宝藏。叶君健的《看戏》一文描写群众观看京剧表演大师梅兰芳先生演出《穆桂英挂帅》的场面，教学时要求学生懂得文中详写、略写与中心意思的关系。剧情是略写的，有学生突然发现文中的略写好像与众不同，不是简略叙述，一笔带过。教师抓住时机引导，发掘其中宝藏，让学生领略风光。"那里面有歌，也有舞；有悲欢，也有离合；有忠诚，也有奸谗；有决心，也有疑惧；有大公的牺牲精神，也有自私的个人打算。但主导这一切的却是一片忠心耿耿，为国为民的热情。这种热情集中地、具体地在穆桂英身上表现了出来。"这种略写功力很深。用排句表达，从京剧的歌舞形式、剧情内的矛盾冲突，到全剧的主题思想，女主角的英武形象，叙述得一清二楚。既简略，又内容丰满，富于文采。学生有所发现，深入探寻，就能获得新知。

6·2　训练对语言的敏感

叶圣陶先生说："文字语言的训练，我以为最要紧的是训练语感，就是对语言文字的敏锐感觉。"(引自滕守尧《审美心理描述》)吕叔湘先生也说:"语文教学的首要任务是培养学生各方面的语感能力。"(引自《语文学习》1985年第1期《学习语法和培养语感——访吕叔湘先生》)由此可见,语文教学中训练学生对语言的敏感十分重要。

语感就是人对语言文字的感受能力,包括语音感、语义感、语法感、语境感、语艺感等。有人认为语感是指对语言的形象感、意蕴感和情趣感的总称,这是很有道理的。语言形象感指接受语言材料对脑海里形成如见其人、如闻其声、如观其形的生动活泼的立体画面;意蕴感指能体会出语言材料所蕴藏的丰富的深刻含义;情趣感指能体会出语言材料所包含的情感和趣味。教学中引导学生把握说话、诵读的重音、停顿,理解词序、词法、句法,领悟修辞、文学形象的佳妙,均有助于训练对语言的敏感。

一、以丰富的语言材料从外部刺激学生的言语器官

语感通常被认为具有捉摸不定的特性。语感敏锐的人对语言直觉感知的能力特别强,对语言文字的正误、含义、形象、情味能够立即判断,用词中的细微差别顷刻之间也能辨别。反之,感悟力差,反应迟钝。这种对语言文字的感悟力是否是先天生成的呢?不是,靠后天的训练与培养。

听、读的过程是言语的感受、认识、领会的过程,引导学生经常地、大量地接触和使用语言材料,从外部刺激学生的言语器官,使他们大脑皮层细胞之间形成较为牢固的联系,反复进行,重复实践,久而久之,对语言文字能直觉感知,迅速领悟。

有些文章引导学生通过默读、速读,刺激视觉器官,进而作用于大脑皮层,从而对作品的基调、概貌、主旨有所领悟。而扫描式的速读训练尤其要占一定的比重。每日读报章杂志,接触众多的语言材料,从中挑拣出对自己有用的东西,获得想知道的信息。它与精读细嚼不同,更

多的是直觉体悟、模糊判断、整体把握。

有些文章可以让学生听读、朗读,通过听觉器官、言语器官,刺激大脑皮层,训练学生对语言的领悟力。例如《向中国人脱帽致敬》就是训练学生对语言敏感力的好教材。全文如下:

记得那是十二月,我进入巴黎十二大学。

我们每周都有一节对话课,为时两个半钟头。在课堂上,每个人都必须提出或回答问题。问题或大或小,或严肃或轻松,千般百样无奇不有。

入学前,前云南省《滇池》月刊的一位编辑向我介绍过一位上对话课的教授:"他留着大胡子,以教学严谨闻名于全校。有时,他也提问,且问题习钻古怪。总而言之你要小心,他几乎让所有的学生都从他的课堂上领教了什么叫作'难堪'……"

我是插班生,进校时,别人已上了两个多月课。我上第一堂对话课时,就被教授点着名来提问:"作为记者,请概括一下您在中国是如何工作的。"

我说:"概括一下来讲,我写我愿意写的东西。"

我听见班里有人窃笑。

教授弯起一根食指顶了顶他的无边眼镜:"我想您会给予我这种荣幸:让我明白您的首长是如何工作的。"

我说:"概括一下来讲,我的首长发他愿意发的东西。"

全班哄地一下笑起来,那个来自苏丹王国的阿卜杜勒鬼鬼祟祟地朝我竖大拇指。

教授两只手都插入裤袋,挺直了胸膛问:"我可以知道您是来自哪个中国的么?"

班上当即冷场,我慢慢地对我的教授说:"先生,我没有听清楚您的问题。"

他清清楚楚一字一句,又重复一遍。我看着他的脸。那脸,大部分掩在浓密的毛发下。我告诉那张脸,我对法兰西人的这种表达方式很陌生。不明白"哪个中国"一说可以有什么样的解释。

"那么",教授说:"我是想知道,您是来自台湾中国还是北京中国?"

雪花在窗外默默地飘。在这间三面墙壁都是落地玻璃的教室里,我真切地感受到了那种突然冻结的沉寂。几十双眼睛,蓝的绿的褐的灰的,骨碌碌瞪大了盯着三个人来看,看教授,看我,看我对面那位台湾同学。

"只有一个中国,教授先生。这是常识。"我说。马上,教授和全班同学一起,都转了脸去看那位台湾人。那位黑眼睛黑头发黄皮肤的同胞正视了我,连眼皮也不眨一眨,冷冷的慢慢道来:"只有一个中国,教授先生。这是常识。"

话音才落,教室里便响起了一片松动椅子的咔咔声。

教授先生盯牢了我,又递来一句话:"您走遍了中国么?"

"除台湾省外,先生。"

"为什么您不去台湾呢?"

"条件不允许,先生。"

"那么,"教授将屁股的一边放在讲台上,搓搓手看我,"您认为在台湾问题上,该是谁负主要责任呢?"

"该是我们的父辈,教授先生。那会儿他们还年纪轻轻哩!"

教室里又有了笑声。教授先生却始终不肯放过我:"依您之见,台湾问题应该如何解决呢,如今?"

"教授先生,中国有句老话,叫作'一人做事一人当'。我们的父辈还健在哩!"我说,也朝着他笑,"我没有那种权力去剥夺父辈们解决他们自己酿就的难题的资格。"

我惊奇地发现,我的对话课的教授思路十分敏捷,他不笑,而是顺理成章地接了我的话去:"我想,您不会否认邓小平先生该是你们的父辈。您是否知道他想如何解决台湾问题?"

"我想,如今摆在邓小平先生桌面的,台湾问题并非最重要的。"

教授浓浓的眉毛如旗般展了开来并且升起:"您以为在邓小平先生的桌面上,什么问题才是最重要的呢?"

"依我之见,如何使中国尽早富强起来是他最迫切需要考虑的。"

教授将他另一边屁股也挪进讲台,换了个更舒服的姿势坐好,依然对我穷究下去:"我实在愿意请教,中国富强的标准是什么?这儿坐了二十几个国家的学生,我想大家都有兴趣弄清楚这一点。"

我突然一下感慨万千,竟恨得牙根儿发痒,狠狠用眼戳着这个刁钻古怪的教授,站了起来对他说,一字一字地:"最起码的一条是:任何一个离开国门的我的同胞,再也不会受到像我今日承受的这类刁难。"

教授倏地离开了讲台向我走来,我才发现他的眼睛很明亮,笑容很灿烂。他将一只手掌放在我肩上,轻轻说:"我丝毫没有刁难您的意思,我只是想知道,一个普普通通的中国人是如何看待他们自己国家的问题。"然后,他两步走到教室中央,大声宣布:"我向中国人脱帽致敬。下课。"

出了教室,台湾同胞与我并排儿走。好一会儿后,两人不约而同看着对方说:"一起喝杯咖啡,好么?"

这堂对话课绝非一般的师生对话,而是斗语言艺术的课,斗智慧的课,斗民族志气、民族自尊的课,语言、构思均很有特色。教师采用听读的方法,训练学生对语言的敏感。

教师读,学生听,要求学生口述听后感受最深的,从语言形式到思想内容,从组材谋篇到人物形象,学生可畅所欲言,有的认为第一回合的"概括"回敬得极妙,一开始就兵来将挡,压住了对方的气势;有的认为"哪个中国",明知故问问得好,使得教授战术垮台,不得不赤裸裸上阵;有的认为关于台湾问题短兵相接,理应分胜负,偏偏不着痕迹地转入国家富强的标准,真是棋高一着;有的认为场景有吸引力,不仅主要人物形象鲜明,而且众配角起众星托月作用,旗鼓相当;有的认为全文用得最好的词就是"戳",把一名中国人的自尊刻画得入木三分;有的认为最为重要的是分寸感把握得恰到好处,对方是名教学严谨的教授,不过是刁钻古怪的人,因而,一个个问题问得很促狭,如果写成敌我对垒,就走样了……一个人感悟一两点,相互交流,学生的言语器官不断受到外来的刺激,对语言的敏感程度就能加深。

在听读的基础上再默读或朗读,或进行情境教学,对讲,插话,加深对语言材料的理解。

二、在语言实践中体会语言材料蕴含的情感、趣味与深刻含义

读、写、听、说,都是语言实践。在语言实践中必然接触或运用若干语言材料,接触与运用时注意揣摩、推敲、锤炼词句,对其中的情、趣、义体会,探究,剖析,有助于培养语感。例如莫怀戚的《散步》写的是家庭生活。一家四口春天在田野散步,写得平平实实,可是文中的那份情、那份趣须认真揣摩,才能有所发现,有所领悟。特别是结尾一段,可作为训练语感的好材料。"这样,我们在阳光下,向着那菜花、桑树和鱼塘走去。到了一处,我蹲下来,背起了母亲,妻子也蹲下来,背起了儿子。我的母亲虽然高大,然而很瘦,自然不算重;儿子虽然很胖,毕竟幼小,自然也轻;但我和妻子都是慢慢地、稳稳地,走得很仔细,好像我背上的同她背上的加起来,就是整个世界。"这是一幅多么美丽、多么动人的美满家庭的画面,充满了真,充满了善,充满了美,与明媚春光、与生机盎然的春景如此和谐一致。这种和美的孝敬娘亲的真情,浓郁的亲子之爱,是通过两个极其平常的字眼"背""蹲"来展现的;"胖"和"瘦","老"和"小",相映成趣,构成和谐的乐章。最后一句中的"加"和"整个世界"

是情感的高潮所在,对这对夫妇来说,背上的老的、小的就是他们的生命,他们的一切,他们内心世界的全部。平凡之中寓深情,朗读、咀嚼、揣摩、体味,这些语言材料就不是简单的形式上的组合,而是有血有肉,意味隽永。阅读文章如果只重形式,读不出蕴含的意味,对语言的敏感性难以得到训练。

三、指导学生密切联系生活,切身体察语言的意义和情味

对语言文字能否有灵敏的感觉,能否有理性的直觉,和对生活的直接体验与间接体验(通过图片、影视等媒介)有密切关系。刘国正在《我的语文工具观》一文中说:"语言的功能是反映和摹写。离开生活,反映和摹写都无所附丽,像一面照临空虚的镜子,所照空无一物,只剩下一个毫无影像的镜片。说像也不像,毫无影像的镜片是有的,毫无内容的语言是没有的,可以说,离开了生活,也就没有了语言。而语言一经与生活联系就无比活跃起来,简直像一个万能的精灵。它可以精确逼真地摹写千差万别的物象,可以准确生动地反映纷繁复杂的事件,可以清晰明白地表达人们的思想感情,如此等等。"可见训练学生语言的敏感性,联系生活是何等重要。叶圣陶对这个问题也有明确的论断,如果单靠翻字典,就得不到什么深切的语感。唯有从生活方面去体验,把生活所得到的一点一点积累起来,积累得越多,了解就越深切。语文教学中指导学生阅读时,须注意唤起他们生活中的种种体验。哪怕是极普通的一个词,极明白的描写,只要与生活联系,领悟就大不相同。

例如:《看云识天气》开头"天上的云,姿态万千,变化无常"一句,引导学生唤醒生活经验,脑海里就会形成生动活泼的立体画面,羊、狗、狮、虎、山峰、深谷、树林、花朵等一个个形象奔涌眼前。不仅形象众多,而且色彩纷呈。此时此刻,"姿态万千,变化无常"八个字就不是平面的,静态的,而是立体的,灵活的。以后读到、听到"万千姿态""千姿百态""多姿多态"等词就会不加思考,立即反应。

训练对语言的敏感,还须启发学生联想与想象,使学生在言美、形美、意美的情境中有所发现,获得熏陶。

6·3 于默读静观中驰骋想象

想象,从心理学角度讲,就是人们在已有表象的基础上通过头脑加工厂创造出新形象的一种思维活动。一个想象力丰富的人,他的创造力就强,能够把自己已经占有的知识重新组合创造种种新形象或幻想出前所未有的形象。从这个意义上来说,想象力确实像活化知识的酶。

宋代画院考试中曾有这样的逸闻:画题是"竹锁桥边卖酒家"。许多画画的都在"酒家"二字上下功夫,着力画出房舍。李唐[①]却不如此,他仅在桥边竹外挂一酒招子,上写一个"酒"字,便把藏在竹丛里的酒家表现出来了。这种艺术创作中超拔的新意,不仅在于画的技巧非凡,更在于想象力的超群。对学生进行语文能力训练时,应注意培养这种超群的想象力。

一、在有限的课堂里开拓学生无限的想象

知识是静止的、封闭的和有限的,而想象力是运动的、开放的和无限的,想象力是能动的知识。如果把知识比作"金子",那么,想象力就是"点金术",能使知识活化,能进行创造。教语文,当然不能把事先已经准备好的种种知识、结论一股脑儿塞进学生的脑子,捆住他们想象力、创造力的翅膀,而是应该千方百计使他们在读写过程中"思接千载""视通万里",激发他们神思飞扬,处于创造的气氛之中,享受丰富的精神生活。千万不能把语文学习歪曲为只识记枯燥的文字符号,把学生弄成压干了的花朵。

---

① 李唐(1066—1150):宋代画家,擅长山水、人物,与刘松年、马远、夏圭并称"南宋四大家",存世作品有《万壑松风图》《清溪渔隐图》等。

阅读需要借助于想象；想象力是读书的重要能力。带领学生阅读课文，不能只着力于作者介绍、词语解释、段落划分、中心思想归纳，不能把色彩明朗、情思横溢或含蓄隽永的课文教成干枯无生命活力的文字符号。好像一幅画，看来大地山河在一个框子里，但留给人极其丰富的想象余地。这一幅画的"一"可收到"二""三"的效果。教课也是如此，要善于在有限的课堂内开拓学生无限的想象。

学生要能在默读静观中驰骋想象，十分重要的是教师须认真钻研教材，选准能启发学生想象的"触发点"。把握文章的特色，抓住关键词句引发开来，可开启学生的想象。关键词句犹如一团线的头，头拉得好，就会思绪绵绵，思想插上翅膀飞翔。如《驿路梨花》，这篇课文的特点是不断设置悬念，引人入胜，表现了景美、人美、心灵美。怎样通过阅读让学生进入描述的境地，与文中人物呼吸相通，思想交融，确有身临其境之感呢？那就要学生脑中能再现文中描绘的图景。文中第一句可选作想象的触发点。"山，好大的山啊！起伏的青色群山一座挨一座，延伸到远方，消失在迷茫的暮色中。""山，好大的山啊！"一个感叹句，如异峰突起，立即把读者吸引，用反复朗读的方法作用于学生的听觉，使学生脑中出现立体图景。然后引导学生默读静观，抓住几个"点"驰骋想象。山—起伏—青色—挨—延伸—迷茫—暮色，犹如电影特写镜头，先出现哀牢山拔地而起的形象，然后镜头逐步拉开，展现群山紧挨、密林遍布的画面。起笔突兀，学生感官受到震动，想象的线头就极其自然地拉开，进入课文描绘的境地，发现语言的佳妙。

精彩的比喻极富形象性，如童话中的魔棒一样，碰到哪里，哪里就忽然明亮清晰。不少课文中运用了精彩的比喻，如能分清轻重主次，择其精要激发学生想象，学生对课文的理解就会具体深入。如《井冈翠竹》，先总写竹子的风貌，再分写竹子的精神，由形写到神。绘形时，作者以"当年山头的岗哨"和"埋伏在深坳里的奇兵"为比喻。以此为触发点开展想象,不仅对远眺所见竹子的神态、气势加深认识,而且能自然地联想革命年代战士的勃勃英姿,想象到今日井冈山人后代的意气风发的情景。从两个比喻出发想象开去,学生会发现比喻透露出的竹子的革命性,是为刻画竹子的思想精神埋伏笔。

图像、线条同样能触发想象。有些诗文用精确、多彩的语言描绘出令人赞叹的意境,给人以启示,以享受。教学时如精选有关图像引导学生辨认、欣赏,学生思维活跃,对语言的理解、辨析能力可加强。

二、调动学生的知识储存和生活经验,发展他们的想象力

想象力的发展须凭借感知过的种种材料,教学中注意唤起与调动学生的生活经验与知识储存,很为重要。感性知识越丰富,想象力越强,感性知识是想象的基础。反之,脑中空荡荡,即使外界有语言文字触发,脑中也难以形成生动、丰富的图像。教学时经常有意识地提供和交流感性知识,有助于学生的积累。

富有诗情画意的情景描写,往往要涉及景物的形、声、色。阅读教学中如果笼而统之叫学生想象一番,常不易取得理想效果。如果从视觉、听觉、嗅觉、触觉等多方面设计一环连一环的小问题促使学生想象,学生脑中图景就能清晰起来,立体起来。如《海滨仲夏夜》中月夜踏沙图是极好的描写,教学时要求学生边读边想教师提出的问题——看到什么?这是什么样的景色?听到什么?仔细辨辨声音,倾耳听一听,这是什么样的声音?触到什么?远看、近觑,作者写景,读者造境,把书中的无我之境想象成有我之境,使外物和内情融合,情景交融,增添真切感。用环链式的小问题轻轻叩击,就能有效地调动学生的生活积累,加深对课文语言运用的认识和理解。

想象能力的高低不仅决定于已有的感性材料的数量和质量,而且决定于一个人语言的水平。学生的想象活动是在语言调节下进行的,想象的内容一般是用语言的方式表达出来的,如脑中只有图像,而不能以清晰生动的语言表述,想象和思维的发展都会受到影响。

根据课文的特点,要求学生选择恰当的词语,组织语句,绘声绘色地描述人物形象、自然环境、社会环境等,可促使他们开展想象。如《听潮》中的博喻,要求学生具体描绘潮水来时的各种声响,要求描述得生动形象,使人有如闻其声、如历其境之感。进行这样的训练,不仅发展学生的想象力,而且对遣词造句的能力也是有效的培养。

文学作品为了使情节集中,人物形象鲜明,常以简驭繁,用笔比较跳荡,留给读者想象余地。教学时可抓住作品的某些特点培养和发展学生的推想能力。推想也是一种想象,是由眼前见到的事物推测没有直接见到的事物。阅读教学中可先抓住文中描写的有关情节、有关场景促使学生脑中再现生活的原貌,然后要求学生顺着作者思路推想情节的合乎逻辑的发展。这样训练的目的,不仅调动学生生活经验开展想象,而且可以从比较中体会剪裁的艺术技巧,学习构思的方法。如教《金色的八十年代》,要求学生推想第二个场景的具体情况,把暗写的补明,从而体会作者精心剪裁、明暗相辅的匠心。

即使是议论文,也可努力使抽象的道理形象化,特别是对低年级的学生而言。抽象的道理是从观察客观事物后形成的。为了帮助学生理解得具体、深入,同样需要启发他们想象,引导他们用生动的事实作补充。如《反对自由主义》阐述的自由主义种种表现和危害性就可启发学生联系生活实际开展想象,加深认识。

三、采用充满情趣的方法促使学生在脑中展现立体图景

有人说,如果把客观实际比作空气,那么,想象就是翅膀,只有两方面紧密结合,才能飞得高,飞得快,飞得远。这个道理用来认识和指导学生阅读中展开想象的翅膀也是很有益处的。阅读教学中教师常选择和创造充满情趣的方法指导学生阅读,不仅促进学生想象力的发展,而且可深入理解语言文字表达情意的奥妙。方法多种多样,须因文而异。

方法之一是作图。文学作品常具有诗情画意,把用文字写成的诗改换成用线条画成的画,情味增添。学生要画,就要反复读课文,理解得正确、深入;画了以后,图像展现,又可图文对照,欣赏分析,评长道短,开展想象,活跃思维。如辛弃疾的《清平乐·村居》,词中疏疏几笔,活画出小农家老小两代人的五个形象,展现了优美如画的江南山村景色。教学时要求学生把词中塑造的农家景象也来"白描"一番,把作者的文字"白描"变成用画笔和线条"白描"。学生兴味盎然,不仅考虑翁媪的形貌、神情,考虑大儿、中儿、小儿的神态、动作,而且考虑空间的位置如何安排,溪、田、门前、藕池、茅屋等如何配置才符合诗意。学生开展想象,脑中浮起立体图景,方能准确下笔。画后品词,更能深味诗句的表现力和意境的生活气息。有的同学理解得不大好,画面上就会有所反映。当然,这种作图有别于美术课,它只是培养想象能力,提高阅读理解水平的辅助手段,不能喧宾夺主。

方法之二是手势。有些课文绘景状物有声有色,有些人物描写一举手一投足都很有板眼。阅读时无生字难词,学生往往一晃而过,不注意咀嚼语言,难以留下深刻的印象。教学时抓住关键词句要学生佐以恰当的手势,学生不仅有浓厚的兴趣,而且可加深印象,如《驿路梨花》一文中过路人受"香气四溢"的感染,第二天他们未立即登程,而是以修葺小屋、挖深排水沟等行动向梨花小姑娘学习。正在学习之际,"突然梨树丛中闪出了一群哈尼小姑娘"。教学时要求学生以手势表场景,体会"闪"的传神作用。理解不深的同学只用一只手做一个快动作以表示"闪",而想象丰富的同学就用两只手做手势,一表示树,另一表示小姑娘。因为:"闪"写出了一群小姑娘走出来的速度、出现时的亮度,使人眼前豁然一亮,既写了树,又写了人,树密人稠,风光美丽。人从花中出,花白脸儿红,画面生机勃勃。有些人物动作,学生简单地描摹一番,课堂气氛可大为活跃。如《分马》中老孙头被马儿摔在地上后的种种表现用手势比画更显得栩栩如生。

方法之三是比较。阅读教学中选准想象的触发点促使学生开展想象是培养想象力的一种做法。但是,如果只局限在课文的词句,而不注意因势开拓,想象的内容有时就显得单调。如果抓住重点词句注意打开学生的思路,学生想象的内容就会比较丰富。再把想象的内容与课文中写的对照起来比较,对课文里有关的写作技巧理解就会深入。如《序曲》中老院长的出场,为何从"镜子"里出场,还有哪些出场方法,要学生充分想象。学生可说出多种,如推门,缓缓进来,咳嗽,轻轻抚肩,等等,然后比较,突出环境气氛的"静",人物内心活动的"慌"。

方法之四是续文。有些课文结尾含蓄,耐人寻味。教学时抓住这个特点要求学生把文章续写下去。学生思想会展翅翱翔,积极探讨。这样做,不仅能激发学生浓厚的学习兴趣,而且有助于对课文脉络的梳理和主旨的钻研。如老舍的《小麻雀》一文结尾未明写小麻雀的结局,而学生从上文了解了小麻雀的悲惨遭遇后,感情上有所触动,对小麻雀的关心和同情促使他们很想知道小麻雀的结局如何。在这样的情况下,要求学生续文,开展想象,顺着文路推,学生积极性高涨。有的认为小麻雀最后是死了,因为它伤上加伤,"头挂得更低",而作者也"不知道怎样才好",无法拯救它;有的认为小麻雀最终还是活下来了,因为"它确实是没有受了多大的伤",而且,原来卷成一团的身子也"长出来一些",同时,它明白世人有侮辱损害它的坏人,也有关心同情它的好人……学生看法不同,想象的情节也不尽相同,教师无须下统一的结论,而是尊重学生的意见,按他们自己所想的写续篇,学生的想象力得到锻炼。

方法多种多样,不一一列举。总之,想象是学生掌握知识的一个重要条件。课堂中善于把握各类课文的特点,有意识地唤起学生想象,不仅能促使学生加深对艺术形象的具体感受,而且促使他们对课文的认识有所发现,并向理性阶段深化。

7　组织语言训练和思维训练

我们常常非议"满堂灌"的教学方法，讨伐它的种种不是，然而在从事教学实践时又往往舍不得抛弃。这是什么缘故呢？原因之一是曲解了教师在教学过程中的指导作用。认为教学就是"外塑"，教师从外部来塑造学生，把知识"成品"灌输到学生的头脑中，起强制作用，这就否定了学生学习的主动性，影响和阻碍学生智力的发展。当然，教学中全然否定教师的指导作用，让学生凭主观意愿随心所欲地活动，同样不利于学生智力的发展。

教学就其本质而言，是教师把人类已知的科学真理创造条件转化为学生的真知，同时，引导学生把知识转化为能力的一种特殊形式的认识过程。关键在于引导这两个"转化"。施教之功是：贵在引导，要在转化，妙在开窍。教师的指导作用要发挥在"引导""转化""开窍"上。换句话说，教学就是教师有计划、有目的、有步骤地引导学生学习，千方百计地创造条件培养和调动学生学习的主动性。教师施教的指挥权必须与学生学习的主动权相结合；语文教师要利用学习的认知规律为学生语言和思维的训练领航开道。

7·1　开启思维的门扉

教学过程应该是师生共同参加的一个统一的脑力劳动过程。教师的脑力劳动应当跟学生的脑力劳动相结合，而最终目的还是学生开展积极的脑力劳动。从这个意义上说，教师应该是学生脑力劳动的指导员。语文教学的核心是从学生实际出发，按照教学大纲的要求，对学生进行语言训练。教师在对学生进行语言训练的同时，必须大力发展学生思维的能力。

在现代社会从事语文教学，当然不能采用嚼烂了知识喂给学生的陈腐办法，要学生死记硬背；不能用"零售"的办法把"散装"的字、词、句、篇送给学生，使学生难以捉摸规律，把思维方面应有的锻炼"转嫁"到记忆上。思维训练和语言训练应放在同等重要的位置。思维是对外界事物的概括的、间接的反映，思维是借助于语言来实现的。语言是思维的工具，没有语言的思维是不存在的；思维是语言的内容，没有思维就不可能有语言。学生要学好语文，提高语文能力，取得综合效应，思维方面应进行扎扎实实的训练。如果忽略这一点，学生不认真进行思维训练，读，就有口无心；看，浮光掠影；说，不得要领；写，内容干瘪，词不达意。学习困难的同学在思维方面往往有很大的弱点，比如提问题，他们不是不想提，而是提不出问题，发现不了问题。不会思考大大阻碍了他们学习的步伐。早在两千多年前孔子就说过："学而不思则罔，思而不学则殆。"（《论语·为政》）

光学习不思考会迷惘无知。教师要想方设法让爱思考的学生多思、深思，让不会思考的学生爱思、会思。在教学过程中，教师要根据教学目的要求善于选用恰当的钥匙，不断拧紧学生思维的"发条"，使它转动起来，不断开启学生思维的门扉，引导他们发挥聪明才智。

教学过程实质上就是教师在教学大纲指导下有目的有意识地使学生生疑、质疑、解疑、再生疑、再质疑、再解疑……的过程。在此循环往复、步步推进的过程中，学生掌握了知识，获得了能力。基于这样的认识，我在教学中经常问："为什么？""怎么样？""有何根据？""理由何在？"不但要让学生理解并掌握现成的结论，更要让他们积极思维，懂得形成结论的过程以及怎样去掌握结论。

激发学生产生疑问,是开启学生思维门扉的有效方法。众所周知,学源于思,思源于疑。疑是思之始,学之端。要学得知识,就得思考,而对所学的内容产生疑问则是思考的开端。"疑"是刺激学生积极思维的诱因,激发学习的动力。求知欲从某种意义上来说,就是解疑欲、解惑欲。为此,语文教学中要激发学生在求知过程中产生疑问,有所发现。教师不是把整理好的知识预先包装好,一包包地传授给学生,而是带领学生积极参加探求知识的过程,让学生用自己的头脑思考、辨别、分析、归纳,亲自获得知识。教师备课不仅要备知识,还要精心设计如何启发学生思考的问题,创设学生生疑的种种条件,启发他们积极思维。

一、鼓励学生发现问题

在授新课前要求学生先自学课文,独立阅读,发现问题。学生初步自学课文时,要求做到三看一查一提问。三看就是看课文、看注释、看课文前后编者的引导与设计的思考与练习;一查就是查字典、词典与有关的工具书;一提问就是提出自己阅读时不清楚的、有疑问的、不会解答的问题。学生自学前教师可提些思考的问题启发。学生并不是一开始就会提问题,尤其是有质量的问题;发现问题的能力是逐步培养起来的。开始学生生疑往往只在文章字词的表面,这个字怎么读,那个词什么意思,教师要指导他们深入到篇章之中,把文章的前前后后,段落与段落之间联系起来思考。当学生质疑有所进展时,教师再拓开他们的思路,要求他们把阅读的课文与课外阅读、与自己的生活经验联系起来思考。这样步步诱导,持之以恒地培养,有质量的问题加以鼓励、表扬,或组织学生讨论,学生发现问题的积极性增强,发现问题的能力也大大加强。几乎每篇课文学生都会提出几个有质量的问题,包括对思考与练习的异议;有些课文乍看似乎没有问题,但经过独立思考,学生会提出一连串的令人思索的问题。如学生初学契诃夫的《变色龙》时,提出:

赫留金说了这么一句话："不瞒您说，我的兄弟就在当宪兵……"为什么他要有说没说地插上这一句呢？奥楚蔑洛夫为什么一会儿脱下大衣，一会儿又穿上大衣呢？整篇文章没有一处提到变色龙，为什么要用变色龙做文章的题目呢？文章注释里只说是蜥蜴的一种，皮肤的颜色随着物体的颜色而改变，字典还解释为比喻在政治上善于变化伪装的人，课文中明明是第二种意思，为什么编书的人不注解呢？是不是编者故意留给我们学生思考的呢？事情明明是从人玩狗和狗咬人引起的，为什么只写狗咬人这部分，而人玩狗却一笔带过？等等。问题不停留在词句的表面，材料剪裁，谋篇布局，乃至细节描写都涉及了。学生独立阅读，把问号装进脑子里是思维积极的表现，大大有助于阅读的深入。

二、在学生不易产生疑问处设疑，启发学生动脑筋思考

有些课文，或课文的有些词句，学生阅读时往往一晃而过，不觉得有问题，而这些地方往往是理解课文的关键所在，或者是容易发生差错的。针对这种情况，教师可故意设疑，激发学生思考。比如教《孔乙己》时，我故意设疑，问："作品的主人公姓甚名谁？"有的学生一愣，接着笑了，说："不知道姓和名字，绰号叫孔乙己。"有的学生说："文中说，'因为他姓孔，别人便从描红纸上的上大人孔乙己这半懂不懂的话里，替他取下一个绰号，叫作孔乙己'。"学生这一"愣"很有好处，学生动脑筋想一想，再仔细读一读课文，理解就准确了。否则，有的学生会误以为是真实姓名，那就大错特错了。不塞不流，不止不行。没有阻塞的地方，就没有水的流淌；没有停止，就没有行动。要学生产生疑问，思维积极，教师用问题堵一堵，塞一塞，一堵一塞，学生思维就活跃起来。正如上面所举的例子，学生立即联想到阿Q、小D，并判断一个人活在世上，别人遗忘了他的真姓名，只知他的绰号，这就预示了他悲惨的命运。

三、抓住矛盾加以展示，激发学生思考

对立的事物互相排斥，人们碰到这种情况容易引起思考。学习语

文也如此。教师可抓住课文本身的矛盾，抓住学生理解课文过程中所产生的种种矛盾，引导学生开动脑筋。如魏巍的《我的老师》写蔡芸芝老师对学生的挚爱，其中写到蔡老师"从来不打骂我们"，怎么"仅仅有一次，她的教鞭好像要落下来"又打了呢？是不是矛盾？学生阅读，思考，讨论，抓住了"好像"这个关键词，懂得了蔡老师是假愠，是似"打"而未"打"，而且"仅仅有一次"，与"从来不打骂"完全一致，不矛盾。这是对细节描写的正确理解。对文章主题的理解更要注意激发学生思想碰撞，深入思考。聂华苓的《人，又少了一个》中骨瘦如柴的女人明明活着，还"回过头来，冷笑了一声"，还"漠然望了我一眼"，怎么说"又少了一个"呢？挑起矛盾，让学生思想上碰撞，学生就能全神贯注地阅读课文，咀嚼词句，探讨文章寓含的深意。

许多事实强有力地说明：我们大部分的伟大发现都应归功于"为什么"，生活的智慧常常在于逢事就问个"为什么"。教学也是如此，教师要善于使读书无疑的学生有疑，有疑才有问，有问才积极思考，追根穷源。学生心扉打开，思维得到锻炼，学习质量就会明显提高。

7·2 创设辨疑、析疑的条件与气氛

思维从发现问题开始，但要不断深入进行，却有赖于分析问题、解决问题的逐步展开。教师激疑、学生生疑后，要注意设置辨疑、析疑的条件与气氛，引导学生谈看法，摆见解，比较，分析，判断，推理。学生提出的问题，教师不必急于回答，应该在头脑里立刻进行梳理，分主、次、轻、重，按一定的顺序巧妙地安排在教学过程中逐一解决，引导学生相互启发，寻找答案。教师千万不能因赶进度而丧失启迪学生思维的良机。再说，教师不是所有的方面都超过学生，学生积极性调动起来以后，常常会产生很多意想不到的火花。这种火花是思维进入最佳状态的结晶，教师敏捷地抓住这些火花，把它在全班学生心中点燃，语言和

思维训练的效果会大大加强。可以说是拨亮一盏灯,照得通屋明。

怎样指导学生辨疑、析疑呢?

一、注意调动学生"仓库"里的知识

教学时要善于调动学生知识小仓库里的知识,使其运转,发挥作用。学生的基础不是零,他们有知识库存,即使是程度差的同学也是如此。温故而知新,启发他们运用旧知识,促进对新知识的理解和掌握,如《藤野先生》一文中描写清朝留学生的丑态时,有"实在标致极了"的句子。为了让学生理解"标致"的含义,要求学生列举与之相关的同义词、近义词、反义词,学生积极性高涨,举出美丽、漂亮、俊俏、婀娜、妩媚、潇洒、丑陋、难看等,讨论句中的"标致"应怎样理解时,有的学生说:这里是说反话,"丑陋""难看"不足以表达作者的感情,应该是"恶心",词的前面附加"实在",词的后面还要加个"极",实在恶心到极点,表现了作者对醉生梦死的清朝留学生极端厌恶的感情。在辨疑的过程中,学生感到自己有知识,有力量,有希望,求知欲更旺盛。学生在自己知识仓库中寻找适当的词句时,不仅思维得到锻炼,而且对语言的识别能力大大加强。

有一种误解,认为教学时间紧,学生到自己知识"仓库"里提取不一定能讲在点子上,弄得不好,反而浪费时间。这种顾虑其实大可不必。一是对疑难问题或有兴趣的问题辨别、剖析,当然会有正有误,有深有浅,有比较精彩的看法,有不完整的,甚而缺这少那的。这种状况十分正常,学生知识"仓库"的量不可能等同,质也会有区别。但只要是认真动脑筋去提取,语言和思维能力都能得到锻炼。学生积极地学习,花时间值得。二是教师不能漫无边际地"调动",哪些内容、哪些词句、哪些写作方法等,可引导学生温故而知新,课前须精心准备,充分估计学生的知识基础和寓含的潜力。"调动"以课文为依据,抓住要点,适合学生的实际情况,不仅不浪费时间,而且大大提高单位时间的学习效率。

二、灵活地运用各种比较方法，培养学生良好的思维习惯，发展他们的思维能力

从思维的类型看，可以分为形象思维和抽象思维，从思维的过程看，可以分为分析、综合、判断、推理、想象等。要发展学生这些能力，在教学语言文字时经常采用比较的方法可收到一定的效果。教学中比较的天地十分广阔，古今作品之间、中外作品之间、同一作者的不同作品之间、文章的遣词造句、材料的选择剪裁等，都可以通过比较对学生的语言和思维进行训练。

教学时可采用纵向比较的方法，促使学生进行垂直思考。古今作品比较，课文中前前后后的比较就属这一类。如教吴晗的《说谦虚》一文，学生对论述的深刻性不易理解，教学时就可采用古今比较的方法促使学生加深认识。一是从课文出发，与《尚书·大禹谟》中的"满招损，谦受益，时乃天道"进行比较；二是与民间长期流传的"半瓶水晃荡，满瓶水不响"等俗语比较，让学生领悟到"满招损，谦受益"的格言受时间与空间的检验，真理性很强，而作者再来论述这个问题，不是对过去认识的重复，而是旧题注新意，从马克思主义认识论原理出发，从揭示人们认知规律的高度来论述谦逊的必要性，大大超过古人。这样透过事物的表面现象，一下子深入到事物的本质。通过比较，解决了学生心中的疑问——这种老题目有什么值得再谈的，是不是多此一举。

抓住课文关键词句或某些段落引导学生进行前后对比，可帮助学生把握事物的本质。如学《孔乙己》时，学生对孔乙己排出九文大钱的"排"字的生动性容易理解，但在刻画人物中究竟起多大的作用，学生往往理解不了，为此，教师要在培养他们思维深刻性方面导航。阅读时，可采用比较的方法指导学生深入理解教材，挖掘教材思想和艺术的内涵，探求作者的艺术匠心，弄清作者思想深刻之处。学《孔乙己》，要求学生不仅注意"排"，而且要找出与它相应的词"摸"，并启发学生辨析：

为何作者此处要把"排"改易为"摸"?对刻画人物精神面貌起怎样的作用?"排"与"摸"同是在咸亨酒店付酒钱的动作,但入木三分地反映出孔乙己处境的变化。"排"活画出孔乙己冒充斯文的酸腐相,而腿被打折以后,他已够不着柜台台面,无法"排"了,到了欲充斯文而不能的地步。"摸"用意十分深刻,刻画了孔乙己精神彻底被摧毁的悲惨。通过前后比较,学生对作者遣词造句的功力赞叹不已。

教学时也可采用横向比较的方法。也就是说在一个时间平面上同时将几个方面的问题进行比较,开拓学生视野,培养他们思维的广度,培养他们学会比较全面地、具体地分析问题,把握这一事物与那一事物之间的本质联系。同一作家的作品可以进行比较。如学习《有的人》时,引导学生与《论鲁迅》比较,认识同是纪念和评价鲁迅,但体裁、写法、语言等均不同,通过比较,思考问题的广度有所锻炼,对作品的个性特征认识得更为清晰。

教学中可经常进行换词换句的练习,对学生语言和思维进行训练。用词的准确性、语句的言简意赅常可通过更换显示其耀眼的光芒。如《一件小事》中有这样一个十分精彩的段落:"我这时突然感到一种异样的感觉,觉得他满身灰尘的后影,刹时高大了,而且愈走愈大,须仰视才见。而且他对于我,渐渐地又几乎变成一种威压,甚而至于要榨出皮袍下面藏着的'小'来。"作品与学生相距大半个世纪,要学生深入理解作品中"我"内心的感动与觉醒,理解在车夫高尚灵魂感召下自惭形秽的思想感情,困难是大的。我采用了更换关键词句的方法进行比较,分解难点。按观察事物的常规,应该是近大远小,而此处作者用一反常规的视觉形象刻画自己心灵的震动。在学生初步理解的基础上,要求他们把"而且愈走愈大,须仰视才见"换成比喻句,描绘车夫高大的形象。学生积极动脑筋,以高山、青松、巨人等作喻,但立即又自我否定,领悟到没有一个比喻合适,领悟到此处用比喻就把车夫的形象束缚住、限制住了,显示不出他本质的光华。而"愈走愈大,须仰视才见",运用了连续摇动的特写镜头,留给读者丰富的想象余地,感染力极强。"榨"也是传神之笔,不仅极言外力之大,而且音调铿锵。

有时还可以进行有无之间的比较。如《论雷峰塔的倒掉》中"和尚本应该只管自己念经。白蛇自迷许仙,许仙自娶妖怪,和别人有什么相干呢? 他偏要放下经卷,横来招是搬非,大约是怀着嫉妒罢,——那简直是一定的"一段,要求学生阅读时去除"偏要""横来""那简直是一定的",比较用好还是不用好,用了起怎样的作用。通过有无的比较,学生体会到用了这些词和句,笔锋犀利,揭露深刻,剥开法海的伪善面孔,让其卑鄙下劣的灵魂公布于众,语言的表现力极强。

有比较,才有鉴别;有鉴别,才能深入认识事物的特点,掌握其规律。故而,在读、写、听、说能力的训练过程中,把比较的方法用在节骨眼上,学生思维能得到有效的锻炼。

7·3 鼓励创造精神

教师的作用是启发学习,而不是窒息学习。要鼓励学生进行探究,对课文的内容、文字,涉及的人、事、景、物,可大胆地发表自己的意见,评头品足,论是说非。

一、提倡采用研究性的学习方法

苏霍姆林斯基在谈到怎样组织少年的脑力劳动时说了一段很有趣的话,这就是:"学生不仅从我手里接过知识的砖头,不仅考虑把它们垒到哪里去,而且还仔细地端详这究竟是些什么样的砖头,它们是不是用那种构筑一座坚固的楼房所必需的材料制成的。"(苏霍姆林斯基《给教师的建议》)这段话清楚地告诉我们,学生在学习过程中绝不是承受教师讲解的容器,而是要能独立思考。教师并不能满足于把现成的结论告诉学生,而是要求学生对学习采取研究的态度。学生脑子里应该呈现构造知识的图景,对知识的理解可以有种种假说,种种解释。然后经过比较、分析,特别是借助班级同学集体的力量加以评论,就可获得正确的结论。在这种情况下,知识也好,能力也好,不是消极地掌握,而是靠动脑筋积极获取的,其中不乏创造的因素。

例如学习《藤野先生》时,学生提出一系列问题进行研究。有些问题似乎并不在本次教学考虑的范围之内,学生提出了,且很有道理,教师就会灵活地调整计划,尊重学生的创造精神。

有的学生说:文章劈头一句"东京也无非是这样","也"是关联词,前面没有句子,关联什么呢?有的学生认为,这正是绝妙的地方。作者身处清朝,政治腐败,官府乌烟瘴气,民不聊生,实在痛心疾首。东渡日本留学,为的是寻求救国救民的道理,没想到东京的清朝留学生也是如此腐败。有的学生认为,"也"好在前面有许多潜台词,如果把国内情景写出来,岂不累赘?学生拿到了"也"这块砖头,而且知道放在哪儿,起什么作用,教师原先未考虑。

有的学生认为,作者记住"日暮里",记住"水户"等地名,表现了作者的爱国主义精神。由此引发了一场争论。一方认为"水户"是明遗民朱舜水客死的地方,可以此表露爱国主义思想感情,而前者难以解释,拉扯不到爱国主义思想感情上。一方认为,"日暮"象征着国家的衰败,作者东渡日本留学,目的在寻求救国之路,可是到东京看到清朝留学生如此醉生梦死,感到前途茫茫然。旅途中一看到"日暮里"这个地名,触景生情,故而记得。因此,记得这个地名同样是表露鲁迅先生爱国主义的感情。双方争执不下时,一位学生陡地站起来说:"别争了,你们不能望文生义,鲁迅先生自己说:'不知怎地,我到现在还记得这名目。'你们比鲁迅先生还知道吗?"学生这一说很有见地,学习要研究,不能臆断。教师肯定了学生畅所欲言,同时指出:考证事物应注意本证,不能牵强附会。鲁迅先生说"不知怎地"是最可靠的证明。推论要有根据,不能建筑在主观臆断的基础上。然而,"不知怎地"必有其具体内容,有兴趣的课外可查阅资料,深究一番。

二、爱护闪发出的创造性的火花

学生辨疑、析疑时,教师无论如何不能以自己思考问题的范围给学生"画地为牢",叫学生"就范"。学生思考问题通常有自己的习惯性思路,怎样由感性认识上升到理性认识,怎样根据种种事实下判断,怎样进行分析,进行归纳,等等。有时由于某些因素的触发,会突破习惯性思维的羁绊,闪发出创造性的火花。教学中教师要善于把握种种因素,培养和鼓励学生的创造精神。

学习《记念刘和珍君》时,有学生提出:"'我向来是不惮以最坏的恶意来推测中国人的',前面又说'有限的几个生命,在中国是不算什么的,至多,不过供无恶意的闲人以饭后的谈资,或者给有恶意的闲人作流言的种子',作者用了三个'恶意',似乎太多了。显然,它们的含义不一样,容易混淆,反倒不好。再说,'以最坏的恶意'来推测中国人也不应该,中国人不都是坏的。"学生把文中前后的语句联系起来思考,学得积极主动。

经过这位同学提问的触发,学生十分活跃,辨别,讨论,认为"有恶意""无恶意"的"恶意"是指坏心思,坏心眼,而"以最坏的恶意"的"恶意"是指最坏的设想,最坏的估计,并不是对中国人有恶意。鲁迅先生是横眉冷对千夫指,俯首甘为孺子牛的人,怎可能对所有的中国人有看法呢?显然,作者"推测"的"中国人"是指那些"下劣""凶残"到使他难以预料的反动派及其走狗,以此来揭露它们远比自己推测还要坏得多的嘴脸。如果改成"来推测有些中国人"就合适了,不过,文章的味道就不一样了。这是气愤到极点悲哀到极点喷出来的话,读者能看懂,能领会。

这种阅读心得是有个性的,有自己独特看法,教师须立即鼓励。这种闪烁的火花又引发了其他同学的思考。有同学认为，向来不惮以最坏的恶意来推测中国人，是鲁迅先生思想的真实表露。他生活在旧营垒之中，看到的丑恶现象太多，愚昧状况太多，包括妇女在内的人民群众，推测他们落后、软弱、冷漠、无知，而今，"三一八"惨案使他觉醒，"中国的女性临难竟能如是之从容"，从这一点说，他有自责的意思，从另一角度看，他是在歌颂中国女子的勇毅和伟大。

学生十分可爱，教师要理解他们。他们感兴趣的不全在长知识，更在于独立开展抽象思维过程的本身，也就是喜欢长知识和长智慧相互结合的智力活动过程。学生勇于谈看法，摆见解，课堂里就常会闪发火花。

三、满足学生"吃不饱"要求

学生学习语文过程中常有"吃不饱"的感觉，教师对学生这一心理特征常常缺乏认识，总觉得这个水平不理想，那个差错也不少，对学生语文的总体水平和潜在能力估计不足，于是，就出现讲得偏多偏浅的情况，学生能理解的还不厌其烦地教。这样，学生思维活泼不起来，创造性思维更是受到抑制。

教课时，针对学生"吃不饱"的要求，多鼓励他们积极探求，不仅是课文本身，也可以拓展到课外。学生情绪高涨，内心喜悦，往往课堂上会出现"神来之笔"。

例如学习契诃夫《套中人》，学生被别里科夫这个可悲、可笑、可恶、可憎的形象所吸引，提出：小说刻画人物先从衣、住、行、待人接物、精神状态、语言习惯、社会影响等方面作一般性描述，然后把他放到"爱情"这件事中作具体描绘的。显然，二者不并列，前一部分是概况介绍，后一部分是具体刻画，以印证前面的介绍。但仔细推敲，又觉得不对劲。别里科夫逢事必讲："千万别闹出什么乱子。"事情大到差点儿要与柯瓦连科的姐姐华连卡结婚，倒反而没有一句这样的话，似乎不合情理。再说,柯瓦连科、华连卡那么活泼、好动,单是骑自行车就够吓死别里科夫了,他怎么不怕"闹出什么乱子"来呢?

学生居然能看出这一点,这是教师始料未及的。教师在肯定这个看法的同时,趁势拓开,说:"课文是节选的,只有原作的一半篇幅。小说《装在套子里的人》原是以中学教师布尔金跟兽医伊凡·伊凡内奇讲故事的形式来介绍别里科夫的。现在请大家就结婚这个问题想一想,别里科夫会有怎样的心理活动,怎样的语言。"学生根据课文中人物的语言描写、心理描写,展开想象,有声有色地加以补充。在学生热情叙说的基础上,教师把删节的有关部分告诉同学。"别里科夫曾说过这样一段话:'不成,婚姻是终身大事,应当先估量一下马上要承担的义务和责任……免得以后出什么乱子。这件事闹得我六神不安,我现在通宵睡不着觉。老实说,我害怕,她和她弟弟的思想方式有点古怪,她的性情又很活泼。一旦结了婚,以后说不定就会惹出什么麻烦来。'"学生煞有兴趣的记录了下来,感到了一种满足,而提问题的同学更露出几分得意。

鼓励学生的创造精神,学生的求知欲望倍增,语文能力、认知能力往往超水平发挥,推动教学往纵深发展。

7·4 注意加温,重点突破

课堂上常有这种情况:举手、质疑、辩论常集中在某些学生身上,他们学习得特别主动积极,而有的学生主动性就差些。对他们除须深入了解原因外,要采取重点帮助的办法,为他们创造条件,促使他们开动脑筋,提高使用语言的能力。思考能力是逐步培养的,发表见解的能力是逐步锻炼的。

一、在难易适度上做文章

教练员训练运动员要善于发挥每个运动员的才能,教师训练学生也是如此,要认清学生的差异,使程度好的、中的、差的,思维敏捷的、迟钝的都开动脑筋,有所进步。对学习困难的学生尤其要保护他们的点滴进步,不挫伤他们的积极性。在设计课堂提问时应有难有易,有简单有复杂,高低兼顾。如教《哥白尼》一文时,对哥白尼学说的重大作用设计了三个台阶式的问题启迪各类学生的思维,组织他们进行语文能力的训练。先要求学生找出表现哥白尼的学说对人类思想发生深刻影响的关键词语。学习困难的学生也能迅速找出,这就是"天翻地覆"。接着要求他们迅速改变词序而不变本意。"地覆天翻""翻天覆地",学习一般的学生都能回答。然后要求学生说明怎样"天翻地覆",中等程度的学生都能抓住由"天动"改为"地动"的要点,用完整的句子回答。最后要求学生组句,用这个关键词说明哥白尼学说对人类思想发生怎样的深刻影响,这就有了一定的难度。学习较好的学生稍加思索后能解答。有的说:"哥白尼的学说不只在科学史上引起空前的革命,而且对人类思想的影响也是极深刻的,深刻到把人类的认识天翻地覆地倒转过来。"设计阶梯式的问题,由简到繁,由易到难,不仅学习比较困难的学生当堂能积极思考,而且给他们指出攀登的途径,激励攀登的勇气。

不过,这种训练的情况不是静止的,不变的。如果一直以简单的、容易的问题作用于学习困难学生的耳目,那这些同学的思维与语言训练的积极性仍然不可能高涨。因而,问题的设计十分讲究。分析、归纳、判断、综合,有一定难度的问题"迫使"这些同学思考,他们也能有所发现,尝到豁然开朗的喜悦。重要的是:对思考缓慢、头脑比较迟钝的要特别耐心,给他们以时间,以适当提示,千万不能因急于赶教学进度而越俎代庖,而使他们"摆脱"了思考。

二、变换训练的方式

训练不能总是教师提问,学生举手回答。教师可指答,学生可齐答;学生可轮流答,重复答,跳答。

语言和思维训练一定要和扎扎实实的阅读能力培养糅为一体。朗读、默读、速读，乃至背诵，都须牢牢把握"思"字，架空"读"去说大道理，练嘴皮子，就使语言和思维训练走了样。

方法多种多样，可以创造；目的只有一个，就是让学生的脑子转起来，动起来，越学越聪明，对语言文字理解和驾驭的能力越来越强。

三、注意加温

对语言和思维训练中有种种障碍的学生，教师须热忱地重点帮助，为他们铺路搭桥。教学中训练学生概括能力十分必要，概括是对教材规律性的认识，是对文章字、词、句、段之间内在联系的认识，它是思维的飞跃，思想的升华，有些学生进行概括能力训练很感困难。如阅读《美猴王》，要求学生给每一段列小标题。有的学生煞费苦心列出"悟空出世""众猴入洞""悟空为王"三个标题。尽管形式上像小标题，但未能准确地反映课文内容，于是教师"铺路"，询问学生是不是猴子一出现就叫"悟空"，指引一下，学生意识到当时石猴还未赐名悟空。于是把"悟空"改为"石猴"。第二个标题"入洞"也不妥帖，于是再以问题"铺路"，启发学生阅读思考：这部分笔墨主要叙述什么事呢？"入洞"之前主要干什么呢？三个标题的主语可不可以一致起来呢？如果可以一致，理由何在呢？在指点的过程中充分肯定学生动脑筋的积极性，尽量用学生的语言表述。教说，帮说，学生懂得"探洞"比"入洞"确切，更懂得概括的语言应精炼，三个标题中的"石猴"应删去。真心实意地指点、鼓励，具体地帮助，学生思维获得锻炼，语言表达的准确度也逐步提高。

总之，教师要千方百计培养和调动学生学习语文的积极性，指导和鼓励学生通过自己的脑力劳动学习语言文字，利用学习的认知规律为学生语言和思维的训练领航开道。

8　精心安排教学节奏

文似看山不喜平,起伏曲折,就会使读者兴趣浓厚,步入胜境,领略无限风光。课也要如此,不能总是等速度,在一个平面上移动,平板无味,令人昏昏欲睡。要善于调动教材内容,安排讲练环节,有起有伏,有鲜明的教学节奏,这样,就能产生良好的教学效果。

节奏原是音乐用语,指音乐中有规律的强弱长短现象;比之工作,指均匀的、有规律的工作进程。所谓教学节奏,是指教师运用教材教和学生以教材为依据的学之间有规律的协调发展。也就是说,在一堂课或连续的几堂课的发展过程中,分清主次,决定粗细详略,把握快慢强弱,在教学目标的统率下,有节奏把教与学和谐地统一在一起,形成一个整体。上课应强调规律性,无规律性则乱,无强弱快慢则平板,都不能吸引学生。教师从教材特点和学生的心理特征、知识与能力的实际情况出发,在教学内容、环节安排、教法运用等方面运筹教学节奏,用鲜明的节奏促使学生的大脑皮层产生兴奋,并注意合理调节,使之保持持续的注意。

8·1　课堂教学流程的有效把握

众所周知,我们所说的教学过程是指学生在教师有目的、有计划地指导下,积极主动地掌握系统的文化科学基础知识和基本技能,发展能力,增强体质,并形成一定的思想品德的过程。语文课堂教学过程是其中有机组成部分。要在一堂课内完成特定的教学任务,须有效地把握其流程,如课的类型与结构,课堂各教学环节的构成,时间分配,教学过程中各教学环节的组织工作等,均须认真而细致地考虑。

一、要有"序",循序而渐进

生产任何产品,都有一个操作过程,操作程序愈合理,劳动效率愈高。教课不是从事物质生产,不是依附机器而操作,但是要有效地传授知识,有效地培养能力,学生学习有实效,同样要讲究操作的程序。操作程序合理而科学,符合学生认知的规律,教学时间就能充分运用,学生受益就比较多。

语文课堂教学中要防止两种无"序"的现象。一是一讲到底,课文里碰到什么自以为要讲的字、词、语句,就讲什么字、词、语句,碰到什么修辞手法、写作方法,就讲什么修辞手法、写作方法。这种课讲得再清楚也是"模糊"的。既没有按照教学要求、按照循序渐进的原则,对教学内容进行剪裁与取舍,又无视学生当堂训练语文能力的重要,何"序"之有?实质上教师"广种",须"收"什么,学生有意无意地选择,不可能丰厚。二是听任学生摆弄,某一个或某几个学生提出问题,就跟着他们转,让全班同学为之讨论。教学是有计划、有目的地进行的,学生能提出问题,这是学习积极性的表现,但问题要立即筛选,立即分类,根据教学目的择其精要进行讨论,进行研究。有的只需个别指导或课外指导,无须在全班铺开。班级教学面向全体学生,不能追求热闹,东一榔头西一棒子,影响学生有序地学习语文。

就一篇课文来说,循序而渐进,指遵循教材内容结构的顺序,组织教学内容,安排教学环节。教学流程中一环扣一环,有逻辑性。例如秦牧的《大自然警号长鸣》是一篇说明成分很重的议论文。指导学生阅读,使他们弄清楚"大自然已到处发出紧急警号"的主旨,可充分运用文章层层推进的特点,以问题组织学习的台阶,逐层深入地有序进行。

如：文章标题中的"警号"是什么意思？作者怎么会提出"大自然警号长鸣"这个问题的？从哪件事情入笔？又如何逐步扩展的？作者说明这些事实目的何在？文中是怎样阐述"大自然警号长鸣"原因的？作者具有怎样鲜明的态度？这些议论与前半部分的说明有何关系？组织学生阅读、讨论，"序"在其中：

1. 课文的先后顺序。

2. 先说明，后议论。说明由个别到一般；议论是正反两面进行论证。前者为后者铺垫，是后者的依据；后者是前者的深入，上升到理性的思考。

3. 先感性，后理性。

学生在总体理解的基础上，对某个局部、某个细部可敲打一下。比如：由说明转入议论之时，为什么作者提出"别太过分以为我们'地大物博'吧"？这样提的作用是什么？这个问题如果放在梳理全文时提出，反而容易扯开，造成模糊。全文脉络疏通，每个部分把握得清楚以后，回过来再敲打，对这种反题的作用——立论根据就更为清晰。有序不等于机械化、呆板，如何处理得当，要从效果出发。

至于传授知识、培养语文能力的由易到难，由简单到复杂，由个别到一般，由单项到综合等，均应注意与教学流程相协调。

二、可变"序"，创造最佳效果

"序"不是绝对不能改变，所有的课文都按照作者思路从开头推到结尾。就如写记叙文一样，如果只允许顺叙，不允许倒叙、插叙，岂非笑话？"序"是指不杂乱无章，有一定的规则，至于按怎样的规则进行，要根据教材的特点和学生的知识水平、语文能力。

课堂教学有时可用逆推的办法。先让学生找出文章的主旨或结论,然后围绕主旨或结论逆推到课文的开头,再顺势而下,把握全文。如茅盾的《雷雨前》,用变序的方法组织教学,比用顺推的方法有效,学生容易直奔文章的中心。课的起始就启发提问:文中哪句话点明了全文的主旨?学生浏览全文,找到了文章末尾的一句话:"让大雷雨冲洗出个干净清凉的世界!"抓住了文章的主旨,再进一步启发:作者希望"冲洗出个干净清凉的世界",那么,雷雨前究竟是怎样一个世界呢?请同学们就"干净清凉"这个词寻找两个反义词。学生思考后回答:"雷雨前是个肮脏闷热、龌龊窒息的罪恶世界。"学生领悟到这一点,教师就顺势而下,要求学生阅读,找准描绘雷雨前肮脏闷热世界的五幅画面,拎出它以时间推移为线索的纵式结构特点。最后再来品析文章主旨的深刻思想、扎实基础和丰富感情。"让大雷雨冲洗出个干净清凉的世界"表达了人们要求推翻旧世界、创建新世界的信念。对大雷雨的渴望,对大雷雨来临的喜悦,充满了对光明前途的向往,是乐观主义精神的体现。这句话的出现,不是空谷来风,而是一步一步逼出来的。正由于作者精心描绘了一幅幅闷热龌龊的图景,层层推进,步步进逼,笔笔加浓,人被压抑得透不过气,压到了绝处,就在这刹那,人们从心灵深处必然爆发出这种强烈的呐喊。前面的文章写透,主题的出现就给人豁然开朗的感觉。结尾—全文-结尾,主旨——"逼"出主旨的一幅幅画面——主旨,文章写作思路的"序"变动了一下,但教学流程更符合教材特点,更符合学生认知规律,因而,效果比较好。

  课堂教学有时可用纵横交错的方法。有的教材比较长,结构比较复杂,既有横式结构的组材,又有纵式结构的组材。为了在有限的课时里,让学生一眼看清文章的脉络,可采用纵横交错的方法。把纵向排列的材料排成纵队,把横向排列的材料排成横队,再找出二者的交接处,文章的骨架就一清二楚。如《为了六十一个阶级弟兄》,以时间为经以地点(空间)为纬,根据这一特点,要求学生边阅读边纵横交错地排列材料，学生很快理清线索，把握内容与写法。

变"序"的方法很多，可因文而异，因学生情况而异。但不管怎样处理，目的只有一个，就是取得良好的乃至最佳的教学效果。

三、环节清楚，阶段分明

前两点侧重从教材内容的组织谈教学流程的把握，这儿侧重从课的步骤述说。

一堂课要富有节奏，须对教学过程中的各个阶段妥作安排，要树立一个"分"的观念。课不能模糊一片，要根据学生的认知规律分阶段、有步骤、有阶梯地进行。一堂课是个整体，可视课的类型、教学目的、教学内容、学生情况的不同而分为若干阶段，在每个阶段之中根据教学内容，教学要求又可分为若干环节，环节与环节之间应紧密相扣。

就阅读课而言，粗略分一分，可分为课的起始阶段，阅读理解、分析鉴赏阶段，课的结尾阶段。有的课还可设计一个"尾声"，让学生带着问题下课堂。比如阅读理解阶段又可分为整体感知、重点剖析、字词推敲、朗读领悟、讨论评析等若干环节，每一环节都为下一环节做准备，做铺垫。要有效地把握教学流程，必须：

1. 每个阶段、每个环节的设计要服从教学目的，避免旁逸斜出。

2. 教师组织学生学习的工作要贯彻始终，使每个阶段学生都学习情绪高涨。

3. 学生语言和思维的训练犹如红线贯串各个阶段。

4. 课时分配合理，避免前松后紧或草草收场。

5. 有一定的速度，注意培养学生适应现代社会生活节奏的能力，避免课总是慢镜头、慢动作。

写作课、练习课、复习课等，同样需要注意分阶段、有步骤，有效地把握流程。

8.2 起始阶段的吸引力

俗话说：文章开头好就成功了一半。京剧主角出场时一个亮相，吸引观众，满堂生色，博得全场喝彩。课也是如此，起始阶段是给课定调，要着力激发学生学习某篇课文的兴趣，引起他们求知的欲望，牢牢吸引他们的注意力。

课的起始阶段要有吸引力，课前须精心设计，考虑教材的特点和学生的实际。古人谈写诗作文起句之妙处，均可移植过来，为教课而用。如"凡起句当如爆竹，骤响易彻。"（明代谢榛《四溟诗话》卷一）"歌行起步，宜高唱而入，有'黄河落天走东海'之势。"（清代沈德潜《说诗晬语》）"起句须庄重，峰势镇压含盖，得一篇体势。"（清代方东树《昭昧詹言》）吸引学生注意力的方法很多，常用的有：

一、以知识吸引学生

知识就是力量。知识是我们这个世界的绝对价值，学生必须学习，必须掌握知识。求知是青年人的天性，在课的起始阶段，用学生不熟悉不掌握或不了解的知识作为导入新课的引子，学生就兴味盎然。

如教学《孔乙己》的起始阶段，可这样设计：

"本文写于1918年冬，发表于1919年4月的《新青年》，后收入短篇小说集《呐喊》。凡读过鲁迅小说的人，几乎没有不知道《孔乙己》的。凡读过《孔乙己》的人，无不在心中留下孔乙己这个遭到社会凉薄的苦人儿的形象。鲁迅先生自己也说过，在他创作的短篇小说中，最喜欢《孔乙己》。他为什么最喜欢《孔乙己》呢？孔乙己究竟是一个怎样的艺术形象？鲁迅先生是运用怎样的鬼斧神工之笔来精心塑造这个形象的？学习本文之后就可得到明确的回答。"

"过去有人说，古希腊索福克勒斯的悲剧是命运的悲剧，莎士比亚悲剧是主人公性格的悲剧,而易卜生的悲剧是社会问题的悲剧,从某种意义上说,是有道理的。那么,孔乙己的悲剧是什么样的悲剧呢?悲剧,往往令人泪下,然而,读了孔乙己的悲剧,眼泪往往向肚里流,心里感到一阵阵痛楚。这又是为什么呢?学习之后可以得到回答。"

学生对鲁迅先生喜欢《孔乙己》,对索福克勒斯、莎士比亚、易卜生的悲剧特征不了解,课起始阶段一介绍,学生求知欲得到调动,积极地阅读课文,从中寻找满意的答案。

又比如从作者的创作特色引入课文,学生原本不了解,教师用生动、形象的语言描述,学生立刻步入学习境地。教《变色龙》这篇课文的起始阶段是这样处理的:

"安东·巴甫洛维奇·契诃夫(1860—1904),俄国作家,是具有世界声誉的短篇小说大师。他20岁开始创作,一生写了700多篇短篇小说。《万卡》《小公务员之死》《套中人》《变色龙》均脍炙人口。这些作品多取材于俄国中等阶层的'小人物'。"

"他创作的小说主题挖掘得很深,而这深刻的主题思想是通过人物形象的塑造来表现的;主人公的典型性格特征作为整篇作品的焦点,以此为核心安排场景、情节、细节,和配置不可少的其他人物,形成了生动的形象体系。用他自己的话来说:'人在写小说的时候总是不由自主地先忙着搭好它的架子:从一群人物和半人物里只取出一个人物——妻子或者丈夫,把这人物放在背景上,专门描写他,使他突出,把其余人物随便撒在那背景上,像小铜币一样,结果就成了一种像天空的东西:中间是一个大月亮,四周是一群很小的星星。'这就概括了他短篇小说创作的一大特色。"

"他的创作技巧十分高超,高尔基赞扬他:'只需一个词就创造一个形象,只需一句话就可以创作一个短篇故事,而且是绝妙的短篇故事,它像螺钻般钻入地下一样地深入到生活的深处和实质中去。'"

"本文是他的早期作品，发表于1884年。1881年，亚历山大二世被谋杀，亚历山大三世继位。为了保证统治者的安全，沙皇大大加强了警察的权力，建立了恐怖的警察统治。这就是故事创作的背景。现在看'大月亮'在这个故事中是何等样的人？"

创作的形象体系，"大月亮""小星星""一个词就创造一个形象""一句话就可以创作一个故事"等知识，学生从未接触过，因而，一下子就抓住了学生的心。

二、以激发感情吸引学生

思想感情是文学作品的主体，它是通过艺术形象达到以情感人的目的。白居易说："诗者，根情。"（白居易《白氏长庆集·与元九书》）诗歌教学、散文教学离开了情的感染，语言文字就会成为干枯的符号，引不起学习的兴趣。教文学作品，深入挖掘教材中的情感因素，就能以情动情，使学生学有兴趣，受到感染。如教"诗八首"这样起始：

"人们一谈到诗，往往会联想到驰骋的想象、充沛的感情、鲜明的形象、音乐般的语言，会联想到优美、动人、鼓舞、力量。确实如此。诗，像种子一样，有一股顽强的爆发力。好的诗歌破土而出以后，它的芳香会和民族精神融合，长久地滋润大地。今天我们读的古诗八首，有的距今已900年，有的距今认1500年之久，然而，诵读呾嚼，仍可闻到其中的芳香。"

激发学生对诗歌、对诗歌中寓含的民族精神的热爱，学生诵读时情感倍增。

激发感情时，不仅教师要善于运用语言叩击学生的心灵，而且要注意充分调动学生的学习积极性。如教《雨中登泰山》时，起始阶段这样安排：

"你们游览过祖国的名山大川吗？那奔腾咆哮、一泻千里的长江、黄河，那千姿百态、气势雄伟的三山五岳，孕育了我们中华民族的古老文明,一想到它们,民族自豪感就会充盈心头。请说说看,谁游览过名山?游览过哪些山?(学生答)在所有的名山中,五岳为最。哪五岳呢?(学生试答:东岳泰山,南岳衡山,西岳华山,北岳恒山,中岳嵩山。)五岳之长呢?巍巍泰山。泰山有拔地通天之势,擎天捧日之姿,历代多少文人墨客写诗撰文讴歌、赞美,杜甫的五言古诗《望岳》就是其中之一。"

请学生背诵:"'岱宗夫如何?齐鲁青未了。造化钟神秀,阴阳割昏晓。荡胸生层云,决眦入归鸟。会当凌绝顶,一览众山小。'"

"'一览众山小'的境界是令人神往的,只有登攀到'绝顶',才能领略那无限风光。今天我学李健吾的《雨中登泰山》,请作者为向导,跟随他攀登高耸雄奇的泰山。"

课起始,学生积极投入,兴趣大增。

三、以旧带新吸引学生

有意识地经常让学生有机会展示自己掌握的知识,学生就会有一种得意感、自豪感,在这个基础上引入新的学习课题,新的学习内容,学生非常容易接受。例如教《春》的起始阶段:

"今天,学习朱自清先生的《春》。一提到春,我们眼前就仿佛展现出阳光明媚、东风荡漾、绿满天下的美丽景色,就会觉得有无限的生机,无穷的力量。古往今来,许多文人用彩笔描绘春天,歌颂春天。"

"同学们想一想:诗人杜甫在《绝句》中怎样描绘春色的?(同学背诵:'两个黄鹂鸣翠柳,一行白鹭上青天。窗含西岭千秋雪,门泊东吴万里船。')王安石在《泊船瓜洲》中又是怎样描绘的?(同学背诵:'京口瓜洲一水间,钟山只隔数重山。春风又绿江南岸,明月何时照我还?')苏舜钦在《淮中晚泊犊头》的诗中又是怎样写春的呢?(同学背诵:'春阴垂野草青青,时有幽花一树明。晚泊孤舟古祠下,满川风雨看潮生。')"

"以上背诵的诗都是绝句,容量有限,是取一个景物或两三个景物来写春的。今天学的散文《春》写的景物可多了,有山、水、草、树、花、鸟、风、雨等。作者是怎样描绘的呢？再说，春就在我们身边，现在我们就欢乐地生活在阳春三月的日子里，文中写的这些景物的姿态、色彩等你注意到没有呢？让我们细读课文，领略大好春光，寻找与作者观察的差距。"

四、以直观演示吸引学生

数理化教学中有实物演示，以强化学生对事物的认识，语文教学中同样可采用这种方法。图画、实物、幻灯、模型、录音、录像等教学手段，主要是通过视觉、听觉、触觉等途径让学生感知。课的起始阶段采用，尤其能吸引学生注意力。据国外一些实验证明："用语言介绍一种物品，识别它的时间为 2.8 秒；用线条图介绍，识别时间为 1.5 秒；用黑白照片介绍，识别时间为 1.2 秒；用彩色照片介绍，识别时间为 0.9 秒；如果让学生看实物，则识别时间为 0.4 秒。"由 2.8 秒减少到 0.4 秒，可见直观演示对提高教学效率是何等重要。根据教材的需要，在课始、课中、课末适当地运用教具，运用现代教学手段，均可引起学生注意，吸引学生进入学习境地。

例如教《藤野先生》，课的起始教师出示了两张照片，一张是周树人东渡日本，在日本留学时的照片，一张是鲁迅先生 1926 年在厦门大学任教时的照片。学生感到新鲜，注意力立即集中。然后，教师说：今天学习鲁迅先生的散文《藤野先生》。这篇文章选自散文集《朝花夕拾》。"朝花夕拾"是什么意思？请学生试释。早上开的花，傍晚捡起来，因而是回忆性的散文，是鲁迅在厦门大学任教时，写青年时期东渡日本留学的生活片段。如作者自己所说，是从"记忆中抄出来"的。

《记一辆纺车》《核舟记》等均可采用此方法，学生一下子就集中了注意力。

课的起始阶段吸引学生注意力远不止上述几种方法，如还可以检查预习，导入新课；开宗明义，明确学习目标；开拓想象，创设意境；创设质疑的条件，让学生发现问题，引出求知的矛盾，触发解疑的积极性，等等。不管采用何种方法，目的只有一个，就是让学生在课间休息时涣散的情况迅速得到转变，精神振奋地进入学习轨道。

8·3　有起有伏，有疏有密

古人说：文武之道，一张一弛。拉得太紧，弓弦就会断；太松，箭射不出，更不可能中"的"。治国如此，工作、生活也都如此，要张弛结合，有紧有松，有节奏地合理安排。

从中悟出道理：教学过程自始至终绷得太紧，学生难以承受，尤其对初中学生来说，要45分钟全神贯注，实为难事；如果自始至终松散，学生学习积极性不可能得到调动，得到发挥，教学目的难以落实，教学质量不可能理想。为此，根据学生的生理心理特点，教学过程要精心设计，有起有伏，有疏有密。

教课如画画，不能同一种墨色，同一种线条，总要根据题意，深深浅浅，浓浓淡淡，粗粗细细，这样，才能主旨突出，陪衬得当，浑然呈现整体。

一、剪裁教学内容，突出重点，把握主次详略

使用某篇课文对学生进行知识传授和语文能力的训练，不能面面俱到，不能胡子眉毛一把抓。究竟教什么给学生，这是必须明确的首要问题。教学目的不明确，节奏就成了随心所欲的制品，缺少科学的依据。教学目的清楚实在，教学前就可根据教学目的对教学内容进行处理，量体裁衣，轻重有当。

要善于拎出课文的要点，尤其是长课文，更要透过繁多的文字拎出全文的要点。这些要点往往分布在文章的各个部分，把它们排列成序，根据学生理解的程度，确定教学重点，明确教学难点。这些要点基本上是有起有伏教学节奏的波峰部分，要学生全神贯注学习思考的。如《二

六七号牢房》是一篇较长的课文,学生似乎一看就懂,但知之甚浅,兴趣不浓。这是由于学生的生活实际与课文中所抒写的生活距离极大,有质的区别。如果磨碎了教,学生更会味同嚼蜡,而抓住要点,组织鲜明的教学节奏,可唤起学生注意力,在时间和空间的跨度上搭起认识的桥梁。这篇文章从全文看,要点有二:一是揭露德国法西斯狡诈凶残的反动本质,二是歌颂捷克革命者坚强不屈的崇高品质和乐观主义精神。这两个要点分布在课文的三个部分之中,形成每个部分各有自己的侧重点。第一部分:牢房环境,爱国者卡瑞尔形象。第二部分:牢房中难友更迭;"老爸爸"约瑟夫·贝舍克的战斗深情。第三部分:法西斯暴行;伏契克的信念、意志和乐观主义精神。三个部分的要点并不割裂,而是有交叉,互补互透。捷克英雄群像中伏契克是最主要的,三个部分均用了笔墨,不过主次的位置有变化,使各个部分要点更为显露罢了。因此,排列要点对人物形象以伏契克为主,卡瑞尔、"老爸爸"居次;而人物思想精神的光芒是在法西斯牢房中闪耀的,因此环境写实也是必不可少的教学要点;人物的思想精神和感情上的爱憎又是通过平实含蓄的语言来表达的,因而这个特点理所当然的应该是教学要点。不过,排列时应将它贯串于前二者之中,在特征明显之处深入推敲。

教学要点拎准了,就可大胆地有勇气地删剪繁枝繁叶,使教学上的重点显露、突出。对教学内容不作详略取舍的处理,教学上就难以摆脱平板呆滞的气氛,难以形成教学节奏。无"轻"显不出"重",无"伏"不易看出"起"。疏密也是相同情况。如《二六七号牢房》的第一部分两个要点的处理可形成鲜明的节奏。"从门到窗子是七步,从窗子到门是七步。这个,我很熟悉。""走过去是七步,走过来是七步。……是的,这一切,我很熟悉。"四个"七步",两个"很熟悉",言简意深,学生不易理解得周全深入,故而要揭示其内在含义:用反复回荡的句式描写牢房的狭小,令人窒息;揭露捷克反动派和德国法西斯是一丘之貉,都是迫害革命者的刽子手；表达作者身居囹圄而渴望自由的感情和勇于献身的精神。这是教学节奏中的"起""峰"，教学中从"重"从"详"。而第二个教学要点的处理就要大力删剪枝叶。写卡瑞尔的笔墨多达近千字，不分巨细都教，学生反会模糊一片。哪些句子最能深刻揭示他的精神世界的，就牢牢捕捉住。一个侧面描写"他留在我们记忆里的，只有他那善良的心"，一个正面描写"但这是我的义务，你知道，我只能这样做"，二者结合起来刻画，人物精神毕现，其余描写部分只需用概括的语言疏疏一带而过。该详则详，该略则略，节奏就分明。

教学难点不一定是教学重点，如根据教学目的要求衡量，不作为教学重点时，对有关的教学内容同样有个删繁就简的问题。否则，容易拖长时间，拖拉节拍，影响教学效率。如《事事关心》一文中"围绕对联评东林"是全文中的难点所在，因牵涉到东林党人等历史知识，学生不易弄清楚，如花费许多时间去疏导又非教学目的所需，就应避开，只要与学生研究这一部分在全文中的作用和一些语句在表情达意上的妙处就行。至于教学难点又是教学重点，处理时当另作别论。

二、要善于连线成体

教学中突出重点、排出难点的同时，要处理好非重点的内容，如不注意穿针引线，课就会脱钩脱节，不成整体。教师要善于概括，拉线走针，既不脱漏，又为突出教学重点提供支撑架。

如《二六七号牢房》中"挂在门口的号牌上的名字，从两个换成三个，又从三个换成两个，然后又是三个，两个，三个，两个，新的囚犯来了又去了。只有从来就一直住在二六七号牢房的我们两个——'老爸爸'和我，仍然没有分离。""可是怎样来描述呢？这是一件不容易的事。两个人，一间牢房，一年的生活。"为什么在这段话中相同的数量词反复出现？为什么用三个偏正短语排列成这样一个特殊的句子？只有带领学生咀嚼推敲，才能使语句背后包含的潜台词神意尽出。数量词的反复出现既揭示时间的流逝,更饱含复杂深沉的感情,有对离去的战友的怀念,有对牺牲者的哀悼,更充满了对德国法西斯残害革命者的愤怒与憎恨。三个偏正短语的组合更是表达了千言万语表达不尽的思想感情。在短暂的时间、有限的空间里,共同的命运,地狱的风风雨雨,生死的朝朝暮暮,"老爸爸"和"我"凝结了无限深厚的战斗友情。这是波峰。通过重锤敲打,学生对"老爸爸"和"我"之间的战友情深已能体会,因而文中的大段叙事就无须费力,只要让学生找准"老爸爸"生活上关心照料、精神上鼓励支持"我"的一系列动词,用线一拉,这部分文章的整体就一清二楚。重锤敲打时密度高,拉线时就疏疏几笔。

即使对难点的处理也可采用这样的方法。前面说到"围绕对联评东林"这一段文字时,文中讲到好几个历史人物,为了理清关系,也用走线的方法解决。这几个历史人物之间是有师承关系的,请大家用手比画,在他们之间画几条线,把他们连接起来。这样,既避开了纠缠不清的名词术语、历史事实,又帮助学生看到东林人物的局限性,懂得了看待古人古事要用历史唯物主义的眼光,一分为二。

整个教学过程应该是教师和学生群体共同演奏的和谐悦耳的教学交响曲。它是一个整体,切勿把教学内容肢解得面目全非;它又有十分精彩的段落,给人以启迪、激励与智慧,切不可模糊一片。

8·4 高潮的掀起

叙事性文艺作品在情节结构组成部分中有一环是"高潮",这一环是指作品中的主要矛盾冲突发展到最尖锐、最紧张的阶段,决定矛盾双方命运和发展前景的。在高潮中,主要人物的性格、作品的主题思想都获得最集中、最充分的表现。课堂教学当然与叙事性文艺作品迥然不同,但在课堂教学进程中,由于教材深入理解的需要,教与学双方全身心投入,完全可以掀起高潮,学生积极主动地进行脑力劳动,产生火花,产生智慧,学习能力能得到充分的表现。

一、选择刻画人物,体现课文主题思想最精彩的段落

教材对学生来说,从某种意义上就是一大堆问题。它潜藏着需要解释、需要认知、需要发现、需要解决的问题。学生在阅读过程中,往往能发现一二,能作肤浅的了解,而真正要洞悉底里,理解语言文字的深刻含义与表现力,教师要善于紧扣教材的特点,提出问题,挑起矛盾,让学生置身于教材的主要矛盾冲突之中思考、探索,寻求解决的途径。

前面说到教学过程须有起有伏,和谐而有规律地发展。整个过程可"起""伏"多次,"起"往往是课文重点、难点所在,但"起"不都是高潮。为了充分发挥课文的特点,为了充分调动学生学习的积极性,为了更有效地实现教学目的,可在"起"的环节中选择最精彩的段落组织教学高潮。这些段落往往是课文中矛盾冲突最尖锐、最紧张的阶段,在刻画人物思想性格和表现主题思想方面有独到之处。例如都德的《最后一课》,根据故事情节的发展,在课文的最后一部分掀起高潮。课堂里的场景是这样的:

教室里鸦雀无声。"……啊!这最后一课,我真永远忘不了!"小陆满怀感情的朗读深深感染了同学。

"当、当、当……"录音机里突然传出了敲钟声,沉重,遥远。趁同学惊诧之际,教师出示一张韩麦尔先生写完"法兰西万岁"两个大字后的彩色图片。要求同学图文对照,仔细观察,仔细阅读,要求同学在理解的基础上用饱含感情的语言描述课堂上庄严肃穆的场景,描述韩麦尔的神情、语言、动作,以及他内心的痛楚和期望,描述此时此刻小弗朗士的心情和感受,说明这个场景在"最后一课"中的地位和作用。

学生观察,阅读,情不自禁地朗读,极其认真地寻找"惊人"的语言来表述自己的看法——

"这是一个令人心碎的场景,真的,令人心碎!"

"教堂的钟声,祈祷的钟声,普鲁士兵的号声,是驱赶韩麦尔出课堂出学校的最后信号,所以他难过到极点,脸色惨白……"

"他心里乱极了,他要和同学们作最后的告别,但痛苦使他的喉咙哽住,不能用语言表达。'我的朋友们啊',说明他对同学、对镇上的人爱极了,留恋极了。"

"他只向学生做了一个手势,话也不说,其实,坐在课堂上的人心里都明白,韩麦尔被迫离开学生,离开家乡,痛苦极了。我觉得这里是'此时无声胜有声'。"

"写'法兰西万岁'两个大字的情景激动人心,这两个大字是韩麦尔使出全身的力量写的,他把丧失故土的痛楚,把对侵略者的仇恨,对自己祖国的热爱,对恢复失地的向往和信念,都凝聚里面了。"

"韩麦尔的神情,写的字,使小弗朗士更加震动了,他一下子长大了,他从没有这样敬仰他的老师,老师对祖国一往情深的热爱使他感动不已。"

"这个场景是'最后一课'的高潮,我要是小弗朗士,这一课我真的永远忘不了。"

"我不是小弗朗士,我也忘不了。"

……

课文的最后场景按故事情节的发展,不言而喻,应是高潮。但分析学生的心态,掀起高潮不易。按照文章写法的习惯轨道,"啊!这最后一课,我真永远忘不了!"是煞尾之句,学生读到这里,容易误解为主要内容已完,末尾不过是交代几句而已。这是继续学好课文的心理障碍。再说,课文中渲染的不平常的严肃的气氛,韩麦尔的不寻常的服饰与神态,法语课上言简意深的教导,习字课上从字帖引起的想象……犹如波峰叠起,学生一直处于兴奋状态,读到"我真永远忘不了"很容易自我调节,思维的弦松弛下来。为此,须巧妙地"引",大胆地"放",聚意"点睛",才能发挥这部分课文的教育功能与训练价值,落实教学目的,在学生心中留下不可磨灭的印象。

引。声像并举,引入高潮。在学生朗读刚停,寂静笼罩课堂的刹那间,骤然响起"当、当……"的钟声,使学生既怔又诧,全神贯注。学生注意力刚集中,出示有关彩图,诉之于他们的视觉,激发学习兴趣。

放。以形激思,深究主题,放手让学生眼看、耳听、口述、心思,发挥学习的主动性。场景寓含的深意是通过鲜明的形象来反映的,从形象推敲入手,可激发学生积极思考,加深对主题的探讨和领悟。初一学生因知识与能力水平所限,综合分析有一定困难,采用三个"描述"、一个"说明"展开讨论,可连点成线,连线成体。学生力所能及,思维活跃,气氛热烈,既锻炼了阅读分析能力和口头表达能力,观察力、思维力、想象力、创新力也相应获得发展。学生注意力高度集中,前半部分课文的学习又为领悟主题蓄了势,描述时常有"神来之笔",闪烁出智慧的火花。

点睛。以情激情,在学生心里弹奏爱国主义最强音。韩麦尔向故土、亲人告别的庄严而令人心碎的场景发生在19世纪的法国,然而那种强烈的爱国主义精神是人类最美好的感情,教学中要着力"移情",在学生心中激起强音。一以文中之情激学生之情,二以教师胸中之情点燃学生爱国火焰。聚意点睛,站在学生之中交流真切的感受,叩击心弦,传情激情,熏陶感染。

课堂教学的高潮必然呈现立体化结构,发挥多功能作用。师生互动,熔知识传授、能力培养、智力发展、思想情操陶冶于一炉。

二、紧扣课文特点,步步推进,以文中最强音激荡学生的胸怀

课堂教学高潮的掀起不是人为地制造,而是在洞悉课文特点的基础上,依课文发展之势,在学生语言和思维训练过程中步步推进。学生进入课文,为课文中的人、事、情、理所打动,爱其所爱,憎其所憎,思想

感情与课文内容血脉相通之时,以文中的最强音激荡学生的胸怀,学习就能掀起高潮。

例如《包身工》这篇课文,内容充实,表达方法多样。既以包身工起床、早饭、上工、放工一天的活动为组织材料的主线,又以包身工制度的起因、发展和趋向为副线,两线交织构成文章的整体。记叙时点面结合,既介绍恶劣的居住情况、饮食情况和劳动条件,又描绘"芦柴棒""小福子"的悲惨命运。在记叙过程中穿插说明包身工制度的起因,议论说明包身工发展的原因和实际情况,抒发强烈的爱憎。教学时根据课文特点,紧扣时间线索,层层推进,以典型的形象、确凿的数字、真挚的感情作用于学生的耳目与心灵,在学生思维与感情获得双调动之时,牢牢抓住文章的最强音,即结尾部分,作者集中抒情与议论部分,激荡学生的胸怀。采用阅读、讨论、深究语言内涵等方法,激发对包身工制度、压榨包身工老板们的愤恨,让学生深刻领悟把"船户养墨鸭捕鱼"的事和包身工的遭遇进行类比的表现力,揭示了人不如禽,连"一点施与的温情也已经不存在"的悲惨处境;深刻领悟以"没有光,没有热,没有温情,没有希望……"及"有的是20世纪的技术、机械、体制和对这种体制忠实服务的16世纪封建制度下的奴隶"的一正一反的鲜明对比,控诉包身工制度罪恶,表达强烈反抗意识的表现力;深刻领悟结尾一段呼告手法蕴含的强烈的愤怒和坚不可摧的信念。学生经过讨论,把全文的内容前前后后联系起来,掺入自己的生活储存和知识储存,有真切的感受。在这个基础上,反复朗读、齐读、个别读,特别是对比的语言,呼告的语言,读出气势,读出义愤,读出对帝国主义和封建势力的谴责与声讨,读出对噬人制度的愤怒,形成高潮,在学生心中留下长久的记忆。

8·5 课已尽而意无穷

课不能虎头蛇尾,草草收场。古人讲述诗词、套曲、文章时,十分强调结尾的重要性,如"尾声以结束一篇之曲,须是愈著精神,末句更得一极俊语收之,方妙。"(明代王骥德《曲律》卷三)确实如此,结尾如有传神之笔,可使全文增色。课堂教学不是写诗作文,不是谱写乐曲,但它应是完整的篇章。有起始,有发展,有高潮,当然也应有良好的结尾。结尾阶段如果处理得当,能更好地实现教学目的,强化学习效果。

课堂教学结尾阶段的处理,有两点须牢牢把握,一是采用不同的方法显示文章的特点,使学生印象深刻,二是努力培养学生求知欲,不断激发他们学习语文的兴趣。

一、紧扣教材特点,反馈学习成果,强化教学目的

一个单元、一篇课文教学目的的制订,既要从学生实际出发,又要从教材的实际出发。课结束阶段,从反馈学习成果的角度显现教材特点,可更清晰有效地达到教学目的。例如教《范进中举》一文为了让学生达到理解文中鲜明的对照手法和高超的讽刺艺术的目的,结束阶段要求学生就人物"言"与"行"的对比、"言"与"言"的对比、"言"与"意"的对比举一二例,交流学习成果。学生翻阅全文,点点画画,兴趣高涨,发言积极。

如:范进口述"噫!好了!我中了!"一语三叹,欢乐之情从口涌出。接着的"行"是"往后一跤跌倒,牙关咬紧,不省人事",这是乐而发狂的"行",两相对比,产生强烈的讽刺效果。

又如:胡屠户两次贺喜的表演,同一地点,对同一对象,评价截然不同。前面是说"我自倒运,把个女儿嫁与你这现世宝,历年以来,不知累了我多少";后来"现世宝"成了举人,成了老爷,语言立刻变化,说"……我自己觉得女儿像有些福气的,毕竟要嫁与个老爷,今日果然不错"。言与言强烈对比,鞭挞得入木三分。

再如:张乡绅开口亲热,"世兄弟""亲切的世兄弟""至亲骨肉一般的兄弟",这是"言"。而言中之意是"适才看见题名录,贵房师高要县汤

公,就是先祖的门生",意思是你的中举,还带有我家的一份功劳。抬一抬,拉一拉,"言"与"意"对照,揭示该人物丑恶的灵魂。

在学习过程中,学生对人物本身前后不同的表现进行对照已初步掌握,在此基础上,换个角度,从"言""行""意"对照来剖析,学习不仅深入,而且学生无机会发言的简直是兴致未尽,大有不吐不快的味道。

二、深化,拓展,加深对作者写作意图的理解

有些课文作者的写作意图往往超越文章本身,深入探究,能留给读者不尽的思考。由于教学目的的规定,教学过程中很难过多地涉及,结束课文教学时采用一定的训练方法,让学生思考、口述,乃至笔写,可从中获得启发。

例如《周总理,你在哪里》这首诗歌,是诗人用心灵歌唱总理,用回环往复的手法呼唤总理,五洲四海,天上人间,上下求索。学生被诗中火一般的燃烧的激情所感动,被周总理赤胆忠心对革命,鞠躬尽瘁为人民的高尚品质和革命精神所感动,课的结束阶段要求学生就"总理啊,我们的好总理!"谈自己的感受。"好"是个稀淡平常的词,可是在诗中它包含着无限丰富的内容,凝聚着无限赞颂的感情。要求根据诗歌内容及平日对周总理的了解,引用名人名言或自己的语言,谈这个词,这个句的千钧分量。有的学生说:"我们的好总理,好在横眉冷对千夫指,俯首甘为孺子牛,我们永远不忘他的恩情。"有的说:"自古丞相擎天柱,我们的总理是'万古云霄一羽毛',是丞相中最杰出的。"有的说:"周总理,我们的好总理是亘古未有的伟人,文能治国,武能安邦,功盖天地,万古流芳。"学生列举了总理在政治、军事、外交、关心人民疾苦、关心文化建设等各方面的丰功伟绩,而且寻找恰当的词语、组织优美生动的语言来表达。这样安排,深化了教学内容,学生语言与思维得到锻炼,思想升华,感情净化。

再如教《事事关心》,课将结束时,教师阐明:显然,作者引用古人对

联的目的绝对不是拜倒在古人的脚下,而是古为今用。要求学生就学过的一些古诗文举例说明这个重要观点。学生积极地到知识库存中检取,列举了《列子》中的愚公移山,范仲淹的"先天下之忧而忧,后天下之乐而乐",顾炎武的"天下兴亡,匹夫有责",刘基的"金玉其外,败絮其中",李清照的"生当作人杰,死亦为鬼雄",文天祥的"人生自古谁无死,留取丹心照汗青",《论语》中的"学而不思则罔,思而不学则殆""三人行必有我师",《习惯说》里的"为学贵慎始",《黄生借书说》里的"书非借不能读",陆游的《诉衷情》,于谦的《石灰吟》等,并根据自己的理解阐述其中的道理。这样拓展的好处是:(1)巩固旧知;(2)扩大视野(有些是课外阅读中的);(3)锻炼口头表达能力;(4)训练思维的敏捷性;(5)激发民族自豪感,懂得中华民族历史悠久,文化灿烂,掀开历史的每一页,都可以发现其中有无穷无尽的宝藏;(6)进一步理解古为今用的道理,领悟作者的写作意图。

三、进一步整体感知,或带着问题下课堂

有些课文可采用总—分—总的方法教。先通过阅读或朗读,学生对课文有初步的整体印象;然后就某些局部,如重点、难点,进行剖析、推敲;结束阶段可进一步引导学生整体感知,而此时的整体感知与起始时的朦朦胧胧已很不相同,是在理解文章语言形式与思想内容有机结合的新的层面新的水平上的整体感知。为了让学生第二次整体感知获得良好效果,可根据课文特点采用朗读全文、有表情地朗读全文、配乐朗诵全文的方法。如《在马克思墓前的讲话》课的结束阶段,请朗读水平较高的同学有表情地朗读全文,不仅让学生对文中论述的马克思的理论贡献、革命实践、崇高品质有进一步完整的认识,而且充分发挥文章内在的感染力。

借助板书有条理地综述全文内容与结构,也有助于整体感知。总述时要言简意明,言简意赅。

学习不是一次完成,有些课文的教学学生提出许多问题,无须全部解答,要根据教学目的决定取舍详略。有的问题当堂不一定解答,但有探讨的价值,那就可以带着问题下课堂,引导学生课后阅读、探讨。如《二六七号牢房》课将结束时,教师把学生提的问题"'……这时候,老爸爸就靠床站着,凝视着这一线转瞬就要消逝的阳光……只有在这个时候,我们才会看见他那忧郁的目光'的描写是不是损害了老爸爸的形象?他的目光为什么'忧郁'呢?"留给学生课后思考,寻求解答。这样处理,可收到余音缭绕的效果。

课的结尾可采用多种多样的方法,力求做到课已尽而意无穷,既使学生巩固所学课文,又有更饱满的热情探求新知。

9 荡漾起琅琅书声

语文课堂上不能放"无声电影"。语文阅读教学中如果只重视默读,让学生直接从文字符号转化为意义单位,理解得好的同学脑子里可能会出现无声电影,特别是有动人情节、鲜明形象的课文。然而,汉字是形、音、义的结合体,用汉字书写的佳作,只诉之于视觉,它的语言的力量、思想的内涵就大大受到限制。尤其对正在学习语言的中学生来说,出声的阅读训练十分重要,能发展口头语言,培养语感,加深对课文的理解、感受;朗读与默读的能力同时进行训练,相互配合,相互促进,学生就得益甚多。

至于把活泼泼的语文课变成专门做没完没了支离破碎的阅读训练题,那课就变了味,连无声电影都谈不上了。

自古以来,学语文从来强调诵读,诵读能咬嚼文字的意义,揣摩说话的神气,体会文章的神韵,把文章语言学到手。许多语文学得成功的经验告诉我们,语文教学要充分发挥"有声语言"的作用,课堂上要有琅琅书声荡漾。

9·1 把无声的文字变成有声的语言

教学中教师要善于把课文中无声的文字通过师生的共同努力,变成有声的语言。语言或铿铿锵锵,如金属撞击,或潺潺淙淙,如小河淌水,伴随着悦耳的音响,课文中的思想、情感就会叩击学生的心灵,学生眼到、口到、耳到、心到,学得愉快,学得有效。

一、朗读是心、眼、口、耳并用的学习语文的好方法

朗读课文,无论是白话文,还是文言文,无论是记叙散文,还是议论散文,无论是诗歌,还是剧本片段,在课堂教学中都应占有相当的比重。有两种看法对朗读训练有障碍。一是对朗读课文的重要性缺乏足够的认识。认为阅读理解只要在看、在想方面下功夫就行,对口、耳发挥的作用估计不足。事实上,有些文章、有些精彩段落光靠眼睛看,难以完整地深刻地读出文章的意味,体会语言文字运用的鬼斧神工的奥妙。默读,只调动视觉器官与思维器官,当然有它快速、静思等优点,但朗读是心、眼、口、耳并用,它的心理活动方式是:眼→心(脑)→口→耳→心(脑),是口、耳、眼等感觉器官与思维器官并用。这样语言文字通过多种感觉器官作用于脑海,文字的音、形、义,语言的形式与内容一起刺激读的人、听的人,作者的语言就渐渐化为读的人的语言,渐渐地心领神会,而听的人又会感到作者就好像站在自己的面前,学起来格外亲切。学语言,规范的活泼泼的环境很重要,朗读名篇佳作正是创造良好语言环境、语言气氛的一种方法,课堂上经常荡漾朗读课文的叮叮咚咚音响,学生不断受到良好语言的熏陶,对语言的理解能力、感悟能力就会大大提高。总之,默读不是不重要,读书看报、查阅资料等,均需要默读能力,要扎扎实实培养;但就学习语文而言,朗读,把文章读出来,先出于口,再入于耳,然后了然于心,所起的作用默读不能代替,也代替不了。二者都重要,不能偏向一面,丢开一面。

二是认为课堂教学时间有限,讲解分析还来不及,用在朗读上太浪费了。简明、精要的讲解分析能启发学生深究课文底里,研讨语言表情达意的奥秘,起点拨、开窍作用,指导与帮助学生学好课文,提高理解语言文字的能力。过多的讲解,喋喋不休的唠叨,效果适得其反。学生语文能力教师是讲不出来的,主要靠学生自己大量接触并有意识、有目的

地去学习规范、生动、优美的语言,朗读课文是接触、理解、消化、吸收语言的一种有效方法,学生自己朗读,教师指导得法,绝不会浪费时间。即使有的学生读得疙疙瘩瘩,也是要读,而且更要花时间读,更说明朗读训练的重要性。读多了,读顺了,读熟了,书面语言转换为口头语言,入耳又入心。

扫除以上所说的两种认识上的障碍,把朗读放在阅读教学的应有位置上,教学中就会根据教学目的要求的需要,自觉地加以运用,提高学生口头语言能力和阅读理解的能力。

二、把握朗读的要领

朗读要取得良好效果,教师须指导学生掌握要领;不掌握基本要求,不掌握要领,张开口就读,随意性很大,就难以达到朗读的目的。

从朗读过程来说,有准备阶段和出声朗读阶段。朗读准备工作的第一步是先整体阅读课文,了解课文说的是什么,也就是初步掌握朗读内容。比如要认认真真识字,不能像默读时那样,眼睛一扫而过,要把字读出声来,就来不得半点含糊。其实,默读时对不认识的、把握不准的字同样应查工具书,不能像障碍赛跑一样,跳越过去。要查阅工具书,弄懂一些新词的意思;联系上下文,理解一些难懂的或寓意深刻的句子。与此同时,还可查阅有关资料,了解课文写作的背景及有关知识。比如《雨果的信——谴责英法联军焚毁圆明园》一文,朗读前要弄清楚:

1. 维克多·雨果是19世纪法国著名的浪漫主义诗人和作家,这封信选自他的《言行录》。1860年10月英法联军疯狂地焚毁了圆明园,并以此为荣耀。雨果在事情发生以后的第二年,写信给布特勒上尉,严正地表明自己的观点。

2. 文章的基调。信从头至尾充满了凛然正气。侵略者想从他那儿获得"赞誉",而他义正词严,谴责英法两个强盗劫掠的野蛮行径,谴责他们焚毁了亚洲文明的奇迹,断言他们将受到历史的制裁。"我要抗议,感谢您给了我这样一个抗议的机会。""现在,我证实,发生了一次偷窃,有两名窃贼。"这一句句,一行行,浸透了对侵略者的憎恨,义愤填膺,洋溢满纸。

3. 信中对东方艺术瑰宝尽情歌颂。站在东方艺术和西方艺术总体特征的高度进行比较,由衷地赞美圆明园这座世界名园的艺术价值。"请您用大理石,用玉石,用青铜,用瓷器建造一个梦","饰以琉璃,饰以珐琅,饰以黄金,施以脂粉","请同是诗人的建筑师建造一千零一夜的一千零一个梦,再添上一座座花园,一方方水池,一眼眼喷泉",运用排比、叠词等手法形成气势,使胸中热爱人类艺术珍品的高尚感情在文中奔腾。

4. 信中对被损害被掠夺的中国人民寄予深切的同情。有的用反语揭露强盗的行径的同时,为中国人伸张正义,如"我们欧洲人是文明人,中国人在我们眼中是野蛮人。这就是文明对野蛮所干的事情。"有的是直接表露自己的心愿,如"我希望有朝一日,解放了的干干净净的法兰西会把这份战利品归还给被掠夺的中国。"

5. 珐琅 fà láng。珐,不可误读成 fǎ。

6. 希腊的巴特农神庙:古希腊祭祀希腊神话中智慧女神雅典娜的神庙。埃及的金字塔:古埃及法老(国王)陵墓。形式单纯、高大、简洁、稳重的几何形建筑,象征法老的统治威力。罗马的斗兽场:罗马市民观看角斗的娱乐场,上下分5区,各有直接通往场外的通道,共80个出入口,供观众出入,建筑甚为壮观。巴黎的圣母院:法国巴黎著名天主教堂,1163年兴建,1250年完成。

朗读之前对这封信的来龙去脉有所了解,理解作者在文中所表露的敢怒、敢言、敢歌、敢赞的崇尚正气和憎恶邪恶的感情,查阅了文中涉及的有关知识及容易误读的字,这就做好了读前准备工作。其中尤其要注意的是对文中的字、词、句,不但要解决其声、韵、调、语流音变等读音问题,还要分析词和短语、短语和句子之间的逻辑关系,加深具体感受。例如"治人者的罪行不是治于人者的过错;政府有时会是强盗,而人民永远也不会是强盗。"这一句中"治人者的罪行"与"治于人者的过错"两个偏正短语是并列的,中间用"不是"连接,这就把统治者的所作所为与被统治者截然分开,观点正确,明朗,丝毫不含糊。分号后面的句子与分号前的句子也是并列关系,不过后者更显露,"永远"一词,表达了斩钉截铁的态度。理解了它们之间的关系,朗读时如何把握,心中就有了底。

出声朗读课文要做到正确、流利、有感情。正确是基础,是基本要求,学生朗读时"正确"这一关不容易过。最常见的毛病是添字、换字、漏字,句子读破,疙疙瘩瘩。有些是由于粗心大意,有些是读前缺乏准备,对一些长句、难句不理解,有些是眼睛和口不协调,看的是这个字,读出来是另一个字。正确,还包括使用普通话,声、韵、调,轻音重音,儿化音节以及句子的语气都应合乎普通话的语音规范。语音是语言的物质外壳,是语义的载体,以声表义是语言的本质。指导学生朗读须加强规范,去除随意,要求他们发音正确,吐字清楚,音量恰当,句读分明,语气连贯。训练时要不厌其烦地强调朗读对学习口头语言、书面语言的重要性,不厌其烦地请读者自我纠正与请同学纠正,培养认真读书、一丝不苟的良好习惯。

朗读要在流利上下功夫,顺利流畅,节奏清晰和谐,无佶屈聱牙的情况。朗读课文在正确的基础上求流利,把作者的书面语言化为读者自己的口头语言,如出自己之口,自己之心,这样理解课文内容,学习课文语言就步上了一个新台阶。文章能不能读得流畅,具体地反映一名学生的口头表达能力,对文字的感悟能力,和思维的敏捷程度。要训练学生读得流利,须从三方面入手。一是加深对课文的理解,二是朗读时对停顿、重读和语调的把握特别注意,三是增加训练次数,多多揣摩,力求熟练。仍以《雨果的信——谴责英法联军焚毁圆明园》中几句话为例。"在世界的某个角落①,有一个世界奇迹②。这个奇迹③叫圆明园④。艺术有两个来源⑤,一是理想⑥,理想⑦产生欧洲艺术⑧;一是幻想⑨,幻想⑩产生东方艺术⑪。圆明园⑫在幻想艺术中的地位⑬就如同巴特农神庙⑭在理想艺术中的地位⑮。一个几乎是⑯超人的民族的想象力⑰所能产生的成就⑱尽在于此⑲。"这几句话要读得流畅,须深刻理解作者是站在东西方文化比较的高度来盛赞圆明园这个世界奇迹的,"超人的民族的想象力"是盛赞的关键语言。朗读时既要注意结构停顿,又要注意感情停顿。结构停顿是显示课文结构层次关系的停顿,如句子之间、层次之间、语法结构之间的停顿。上面所引的这段话有19处可作停顿,①②④⑤⑥⑧⑨⑪⑮⑲是结构停顿,③⑦⑩⑫⑬⑭⑯⑰⑱是感情停顿。感情停顿是根据心理需要、感情需要而作的停顿,如赞扬、贬斥、激动、沉吟等,为了表达情意的需要,可作停顿。感情停顿处也是结构停顿处,因为它显示了词或短语在句中的地位,词与词之间,词与短语之间的关系。一般说来,结构停顿处学生容易把握,而感情停顿处或不作停顿,或停顿不是地方。要读得确能表达作者的喜怒哀乐,褒贬爱憎,须指导学生细细体味文中意,文中情。上述这段话之所以可作几处感情停顿,是突出了欧洲艺术与东方艺术来源的区别,启发人们思考;是赞颂圆明园在幻想艺术中的杰出地位,赞颂创造这伟大建筑的中华民族无与伦比的超人想象力,表达了对民族的崇敬,对圆明园的热爱。一个外国人对中华民族的杰作袒露真诚,倾注挚爱,出于文学家的良心,出于弘扬正气,主持公道。朗读时作感情停顿,能渲染气氛,充分表达文中的感情。

  重读与语调的把握也很重要。所谓重读,是用力大,气流强。朗读有重有轻,有强有弱,这样就把一般的意思和强调的意思区别开来。重读的词与句，可加强音量，可拖长音节。哪些词句应该重读，重读到什么程度，要从课文的具体内容考虑，求得自然，不能硬做。比如《一月的哀思》中"车队像一条河，缓缓地流在深冬的风里……"这一句在诗中反复出现，这种诗歌的复唱既表达诗人无比悲痛的感情，又显示诗歌的结构线索，还能形成诗歌一唱三叹的韵律。朗读时可重读，但不是用加强音量的方法，而是用低沉的、缓慢的方法来处理更合适，特别是"缓缓地""流""深冬""风"，要读得悲痛、深沉，"风""里"要拖长音节，把后面省略号的味道也表现出来。又比如《故乡》中"我希望他们不再像我，又大家隔膜起来……然而我又不愿意他们因为要一气，都如我的辛苦展转而生活，也不愿意他们都如闰土的辛苦麻木而生活，也不愿意都如别人的辛苦恣睢而生活"。朗读时重音除放在"展转""麻木""恣睢"等实词上外，重音还须放在"然而"这个虚词上。因为这一段的意思是曲曲折折表达的，"然而"，用这个转折关联词语强调三个"不愿意"，因而须重读。语句重音的位置不能生硬、机械地确定，应从朗读目的、愿望的高度，在理解和感受文章的基础上，深入到文章的感情脉络中去分析、体会、把握。

语调一般分为四类，平直调，昂上调，弯曲调，降抑调。学生朗读时往往直接和具体的思想感情挂上钩，程式化，给人以做作、不舒服的感觉。比如疑问、惊异的句子一律用昂上调（上扬调），请求、感叹的句子一律用降抑调（下降调）。其实，任何作品中的语句，朗读变成口头语言时总是曲折的。曲折性是语调的根本特征，它是通过声音的高低、强弱、长短、音色综合表现的。比如"竹叶烧了，还有竹枝；竹枝断了，还有竹鞭；竹鞭砍了，还有深埋在地下的竹根。"开始可以用平缓的语调，然后递进性地加强，逐步上昂，突出坚韧不拔的气概。

文章不是无情物，"有感情地"朗读，才能充分表达文章的情意，也才能真切地受语言文字的熏陶感染。李渔就剧本、角色和演员曾说过这样一段话:"言者,心之声也,欲代此一人立言,先以代此人立心;若非梦往神游,何谓设身处地?……务使心曲隐微,随口唾出。"(《李笠翁曲话》)用于朗读也很合适。朗读的人须深入作品之中,"梦往神游"、"设身处地",使得写作人的"心曲隐微",由朗读的人"随口唾出"。基于这样理解、感受基础上的朗读,当然会"有感情"了。

一篇课文要读得正确、流利、有感情,须反复训练。动脑,动口,把无声的文字变成有感染力的有声语言,对听的人来说,是一种高尚的精神享受,对读的人来说,是攀登语言艺术高峰的必经途径。

三、开展朗诵活动

在学生朗读训练的基础上,可提高一步,根据课堂教学需要,适当地开展朗诵活动。尤其是诗歌体裁的课文。

朗诵着重以声传情,把静态的文字通过有声语言动态化,形象化。需要提醒学生的是:不能过分夸张,不能矫揉造作,不能手舞足蹈。朗诵要取得良好效果,须懂得:阅读理解是前提,对课文理解得越深刻,感受越强烈,朗诵时就能得心应"口",充分表达情意;可借助眼神、表情、动作,但不能喧宾夺主;最为重要的是以声取胜,咬字要清晰,高低、强弱、轻重、缓急不能有丝毫含糊,语言技巧的运用要紧贴课文的内容。

朗诵活动开展得好,能激发学生朗读的兴趣,提高朗读的水平。

9·2 因文而异,因人而异

朗读训练是训练阅读能力必须经过的首要阶段,它的主要目的是培养理解能力、鉴赏能力、增强语感、提高口头表达能力。朗读并不是把文字简单地变为声音,朗读的人无动于衷,而是应积极地,倾注身心地去分析、理解、体味所读的材料。一个字、一个词、一个句子,在朗读的人的心目中,不仅是白纸黑字,不仅仅是抽象的概念,而且又是有生命、有活力的形象。要做到这一点,须在加深感受上下功夫。一是认真钻研要朗读的文字材料,弄懂词句,弄清结构,弄明主题,弄清背景,这样对文章的个性,也就是它的独特性有所领悟,感受到字里行间所蕴含的情意。二是朗读人的经验、体验。朗读也是一种创造,并不是机械地照本宣科,而是糅合了读的人的生活感悟、语言技巧。体验越深,对文字的领悟越深,朗读时就能使文字活起来,以情带声,以声传情。

朗读训练要取得良好效果,在把握基本要求的基础上,还须做到:

一、指导学生在形象感受和逻辑感受上下功夫

语文教材由各种体裁的选文组成,要朗读得正确、流利、有感情,当然须注意各种体裁选文的特点,训练表达技巧。而表达技巧是受内部心理状态支配的。这里所说的心理状态,主要指感受。朗读者通过词句的刺激,引起对客观事物的感知、体会,包括眼、耳、鼻、舌、身方面的感觉和时间、空间、运动方面的知觉。也就是说"感之于外",而"受之于心"。比如我们看到《荔枝蜜》中"……热心肠同志送给我两瓶。一开瓶子塞儿,就是那么一股甜香;调上半杯一喝,甜香里带着股清气,很有点鲜荔枝的味儿。喝着这样的好蜜,你会觉得生活都是甜的呢……"这样的片段,会似乎看到两瓶荔枝蜜,会嗅到荔枝蜜的香甜。实际并未看到,并未嗅到什么,只是字词、句子给我们的刺激,刺激感官,刺激大脑皮层。这就是朗读者因文字语言引起的感受。

指导学生在形象感受上下功夫。形象感受主要来源于作品中的形象。诗文中的语言,特别是实词所具有的形象性,是表达作者思想感情,给人以熏陶感染的重要因素。朗读前要对叙述、描写的语言,特别是实词部分要认真咀嚼、体会。如白居易《琵琶行》中"大弦嘈嘈如急雨,小弦切切如私语。嘈嘈切切错杂弹,大珠小珠落玉盘",是对琵琶弹奏的具体描写。要把这一段朗读好,首先须感受到:"大弦""小弦"两句刻画在不同指法弹奏下产生的截然不同的音乐效果。"嘈嘈""切切"两个象声词把大弦、小弦各自的音色刻画了出来,音量也伴之以区别。前

者沉响浊重,后者幽微细轻。"如急雨""如私语"两个比喻,分别表现出紧张、快速与舒缓、亲切的气氛。"大珠""小珠"圆润、光亮,"玉盘"晶莹、光滑,珠子与玉盘碰撞,清脆悦耳。"错杂弹",指轻重和谐,错落有致。抓住这些实词开展想象,具体感受,所弹奏的琵琶声音的美,声音的错综变化,活泼跳跃的音符如在耳边萦绕,而"大珠小珠落玉盘"又诉之于视觉,给听觉又增添色彩。珠圆玉润,视觉听觉互通,琵琶声的婉转流利就在脑中"活"起来,"动"起来。此时此刻,朗读者融化在诗歌之中,脱离了认识客观事物的表面的、粗浅的、混沌的状态,朗读时可充分表达情意,做到声情并茂。由此可知,朗读时要把诗文中的形象闪现出来,须注意"实词"的处理,开展丰富的想象,使课文中的情、景、物、人、事、理在朗读者内心活起来,似乎看到、听到、嗅到、尝到一样。朗读的学生对诗文中的形象在视觉、听觉、嗅觉、味觉、触觉等方面有感受,朗读就能提高水平。当然也不能忽视时间觉①、空间觉②、运动觉③的感知。诗文有时间与空间的因素,朗读时同样要有具体的感受,既要想象,但又不能流于空泛无边,要找出它们的形象确指性,正确地表达作品的思想情意。比如《散步》第一句:"我们在田野散步。"接着写"这南方初春的田野,大块小块的新绿随意地铺着,有的浓,有的淡……"空间定格在田野,然而是南方的田野,想开去,视通万里,又要收回到"南方",与北方的田野大不相同;时间定格在"初春",万象更新的日子。时空结合起来想象,感受就具体实在。语言有动作性,看描写人物行为动作的文字,凭自身经验,就会产生相应的运动觉。朗读诗歌、小说、记叙

---

① 时间觉:是察知时间进程的一种高级的复合感觉,被称为眼(视觉)、耳(听觉)、鼻(嗅觉)、舌(味觉)、身(触觉)、意(心觉)之外的"第七感"。
② 空间觉:即空间感觉,指基于感觉的空间定位而构成空间表象的能力,是各种特殊感觉共同活动的结果,又被称为"第八感"。
③ 运动觉:简称"动觉",是辨别身体各部位运动状态的内部感觉。

性散文，要取得良好效果，形象感受起十分重要的作用。

与此同时，还要指导学生在逻辑感受上下功夫。任何一篇佳作，在逻辑上总是严密的，不可能散乱一片。文章中的逻辑关系，主要指全篇各层次、各段落、各语句之间的内在联系。这种内在联系，犹如文气，贯通全篇。朗读前指导学生理清文章脉络，理清结构层次，使他们在脑中形成感受，这就是逻辑感受。朗读前对文章的主次详略、轻重缓急、上下衔接、前后呼应、结构特色等有具体、清晰的感受，就能把文章的思路化为自己的思路，很顺畅很有层次地从口头表达出来。逻辑感受要真切，须注意文中虚词的运用。"不但……而且……""虽然……但是……"等对表达一层层意思起至关重要的作用，朗读时须明白、清楚，有时某些虚词可起指路标的作用。比如《在马克思墓前的讲话》是以议论为主，兼有记叙和抒情的演说词，要朗读好这篇文章须弄清文章的脉络。先叙述马克思逝世的情况，再介绍马克思卓越的理论贡献，然后又叙述他的革命实践活动，最后论述他崇高的革命品质，并以"他的英名和事业将永垂不朽"作结。还须弄明白，无论是叙述情况，还是议论马克思的伟大发现及其深远影响，都饱含着赞颂和敬仰的深情，也就是记叙、议论、抒情三者水乳交融。学生朗读前，应指导他们对整篇文章有逻辑感受，要把握全局，文章由四个部分组成，这四个部分是如何层层推进的，每个部分之间是如何衔接的。如第二、第三部分用"因为马克思首先是一个革命家"衔接理论发现与实践活动两个内容，"首先"要重读，提示下文要讲述新内容。又如第三、第四部分之间用"正因为这样，所以马克思是当代最遭嫉恨和最受诬蔑的人"过渡，前半句承接上文，"这样"指代马克思卓越的理论贡献和光辉的革命实践，下文开启对崇高品质的议论，"因为……所以……"表因果关系的关联词一定要读清楚，"所以"要停顿，要重读。

即使是一小段文章，朗读时对句与句之间的关系，一层层意思之间的关系同样要有清晰的感受。如"一生中能有这样两个发现,该是很够了。即使只能做出一个这样的发现,也已经是幸福的了。但是马克思在他所研究的每一个领域,甚至在数学领域都有独到的发现,这样的领域是很多的,而且其中任何一个领域他都不是肤浅地研究的。"第一句承接上文,赞颂马克思创建历史唯物主义和创造剩余价值学说。接着用"即使……也……"作退一步论述,作更深一层的赞颂,实词"够""幸福",后者更具色彩,分量更重。接着,用"但是"一转折,开拓新领域,对每一个领域的成就加以综述,在综述时,用"甚至"来强调数学领域的独到发现,用"而且"进一步述说研究的深入。这一段话共三个句子,进,退,退,进;曲曲折折,犹如峰回路转,朗读时须精细地把握,才能准确地表达。这里颂扬马克思的功绩不是一一列举事实,而是用一系列表范围、表程度、表数量的形容词、副词来说明马克思研究范围之广,领域之多,成绩之显著,思想之深刻,他确实是当代最伟大的思想家,科学巨匠。

　　朗读议论文,逻辑感受十分重要。感受深,目的明确,不会似是而非,脉络清晰,不会模棱两可。

　　朗读不同体裁的课文,或侧重形象感受,或侧重逻辑感受,二者不能截然分开。议论性文章虽是逻辑思维的产物,概念、判断、推理,但是,不管论述什么道理,都是以客观世界的生活事实为依据的。常见的议论文多是夹叙夹议从抽象概念到典型例证,最后作理论性结论,因此,同样需要形象感受,只不过侧重点不一样罢了。如孟子的《生于忧患,死于安乐》论述忧患使人勤奋,激励人们有所作为,得到生存发展,安乐使人怠惰,会萎靡死亡的道理。为了论证这个道理,先摆了六个论据——"舜发于畎亩之中,傅说举于版筑之间,胶鬲举于鱼盐之中,管夷吾举于士,孙叔敖举于海,百里奚举于市",每个论据有人物有情节,对照注释阅读或查阅有关资料,就会一个个活泼鲜动的形象在脑中闪现;

空间觉也不一样,"畎亩""版筑""鱼盐""士""海""市"各不相同。形象感受准确、深入,朗读时这些论据就清晰、有力。记叙的文章,哪怕是诗歌,同样有篇章,同样须文气贯通,因而也须注意逻辑感受。比如臧克家的《有的人》是诗歌,朗读时形象感受很重要,但这首诗是进行哲理性的议论,特别是用对比的手法进行议论,这就需要逻辑感受。诗的第一节:"有的人活着/他已经死了;有的人死了/他还活着。""死"与"活"对比,第一句与第二句对比,句中停顿、分行处也是对比,把语言链条中正反关系弄清楚,朗读时文路、文气就清晰无误。

二、充分调动学生朗读的积极性

一个班级里不可能几十名学生的朗读水平在一个起跑线上,要调动每名学生朗读的积极性,须采取多种不同的方法。

齐读是让每名学生朗读的一种好方法。有的学生无朗读习惯,有的学生羞于开口,在课的进程中,寻找适当时机,选择重要段落,让学生齐读。读前提出明确要求,读后评议、指点,每名学生都可获得训练。

有针对性地指导,使每名学生在原有基础上获得提高。比如,有的学生朗读时常漏字、添字、改字,这多半是由于以自己的想象代替作者的文字,默读时未养成认真、细致的良好习惯。用逐字纠正的办法不易收到好效果,从培养良好的朗读态度入手,要求特别细致、特别认真,不要一目十行,宁可慢些,但要正确。不厌其烦地指导,错的情况必然大有改变。又如,有的学生不仅长句子读破句,即使短句,也会停顿不当。这多半是逻辑感受较差的缘故。要纠正这种状况,首先要在理解句子与句子、词与句子之间的关系上入手,单凭表面感觉读不好,只有深入理解,才能更好地感觉。这样的同学一般说阅读能力不强,要朗读好,默读理解尤其要下功夫。有的同学读得过"板",缺少有声语言的魅力。这多半是由于把自己置于旁观者的地位,未深入课文之中,未进入角色,这就要在情感上导引,激发朗读愿望,加深形象感受与逻辑感受。

有的同学喜爱朗读,但常常读得飘忽,或者过分夸张,听起来有造作的感觉,不悦耳。这首先要肯定朗读的积极性,然后明确朗读的目的与要领,区别朗读与表演,在"风行水上,自然成文"上下功夫。因而,朗读既要有面上的要求,又要因人而异,加强个别指导。

朗读形成台阶式,让每名学生看到自己的进步,树立信心。学生朗读水平高低不一,教师要做有心人,哪些课文、哪些段落、哪些词句,请哪些学生读最合适,最能充分调动他们朗读的积极性。由易到难,由简到繁,由短到长,每名学生自己觉得有能力朗读好,心中就十分愉快。如果某位同学读得不理想,指导以后可请他复读,读得他自己满意,信心就会增添。表情朗读是学生中认为的高目标,有的教师在这方面才能欠缺,可请学生示范。有的学生音色美,吐字清晰,能读出文章的气势。课文学完,从头至尾朗读一遍,对读的人来说,是训练,是巩固所学内容,再次感受语言文字的魅力;对听的学生来说,不仅整体感知所学内容,而且是高尚的精神享受。学生既看到自己的进步,又感到有台阶可攀,积极性就高涨。

有些诗文还可采用吟诵的方法。吟诵的方法不强求一律,每名学生可自由发挥,用什么腔调,怎样抑扬顿挫,可根据对诗文的理解自己决定,只要语音正确,用普通话,与诗文基调不违背,听起来悦耳就可以。

总之,课堂上要常有书声琅琅,须从教材的实际出发,从学生的实际出发,因文而异,因人而异。

9·3 发挥现代化教学手段的作用

现代化语文教学手段是指利用现代科技成果储存、传递声像信息,采用先进方法进行语文教学活动,目的在求得教学的最佳效果。目前现代化教学手段已有很多种类,如幻灯、投影、唱片、广播、录音、电视录像、电影、语言实验室、电子计算机、多媒体教学设备,等等。朗读教学中运用现代化教学手段对提高学生朗读水平很有帮助。主要的作用在于:

一、创设情境,营造氛围

一篇课文要朗读得好,首先要有朗读的愿望,要有积极的态度。对文中的情境感受得越具体、越深入,语言的色彩、分量、气势才能恰如其分地表达。为此,在朗读前创设情境,营造氛围也是一种有效的方法。比如毛泽东的《沁园春·雪》,这首词要朗读好十分不易。写景,纵横千万里,大气磅礴,豪迈旷达;议论,上下几千年,气雄万古,豪壮风流。既抒发了对祖国壮丽河山的热爱,又表达了当今革命英雄空前伟大的抱负和无比坚定的信心。朗读前,对词中的意境和表达的思想感情如一无所知,或知之甚少甚浅,就不可能读好。为了增加学生的感性认识,加强他们的形象感受,可在朗读前放一段北国风光的电视录像,展现千里冰封、万里雪飘的长城内外的壮观,可再放一段独唱演员演唱的《沁园春·雪》的录音。既诉之于学生的视觉,营造白雪皑皑的辽阔气氛,又诉之于学生的听觉,感受声音的激越、雄浑和气概。在这样的氛围下,学生理解、朗读,逐渐步入佳境。与教师的讲解语言比较,要生动许多倍,形象许多倍,吸引力大许多倍。

有一种不必要的担心,认为运用声与像教学手段会不会占用教学时间,得不偿失。其实,用语言进行教学只是一种手段,录音、录像只要运用得恰当,同样是有效的教学手段,而且更具体、更形象。所谓恰当,就是要切合文章的实际,次数、时间均要有所控制。

二、树立榜样,提高质量

要提高学生的朗读水平,除了教师示范(教师要具备相当的条件),指导具体得法,同学切磋交流外,借助优秀的录音、录像也是很好的一种方法。在学生面前树立朗读的高标,学生耳濡目染,学有榜样,能潜心模仿,努力提高朗读质量。

朗读,应该比诗文本身给人的东西更多,因为朗读语言里饱含着朗读者的独特感受、熟练技巧和声音魅力。朗读是一种再创作。由朗读水平高的人制作成的《鲁提辖拳打镇关西》录音片段放给学生听,学生边听边笑,特别是那解恨的三拳,个别男同学兴致极高,摩拳擦掌,进入状态。听完录音,学生再朗读,顺溜得多。

运用现代化教学手段起帮助、指导学生朗读的作用,归根结底学生自己要多加训练,不能做观众、听众,而是要做实践者。明确朗读的意义,掌握朗读的要领,课内练,课外更要练,把握技巧,培养良好的朗读习惯,就能深入体味文字作品,提高语言的表现力、感染力,提高阅读的理解与鉴赏能力。

10　熟读名诗佳作

语文教学在强调培养和发展学生思维力、创造力的今天,还要不要发展他的记忆力,要不要强调熟读背诵,看法很不一致。有的认为记忆就是死记硬背,当今时代知识更新如此迅速,靠死记硬背有何用;有的认为有了电脑储存信息,记忆不重要了,要什么知识,什么资料,只要请电脑查检就行;也有的认为一个人的记忆力有限,每个学科学生都要记忆,脑子都要炸了。这种种看法如果不加分析,不仅对学好语文,提高语文水平和文化素养大有妨碍,而且将影响学生记忆力的健康发展。

10·1　积累是良好素质的基石

古今中外有学问的人,有成就的人,都十分重视知识的积累。《后汉书·列女传》中说:"一丝而累,以至于寸;累寸不已,遂成丈匹。"知识就是逐步积累起来的。读书求知,如果都是浮光掠影,过眼烟云,那就与不读没有多大区别,书是书,我是我,仍然是两码事。要把书中的智慧、财富变为自己的知识、自己的教养,须注意:

一、认识加强记忆、积累知识的重要性

记忆是整个学习过程中一个不可缺少的要素。读书不能像漏斗,随读随忘。一名学生理解能力的高低,能不能在分析问题、解决问题的过程中闪发出创造性思维的火花,往往与他知识储存量的多少有密切关系。而记忆是储存知识的重要手段。人的一切智慧财富都与记忆相联系,依靠记忆把阅读思考的成果储存在脑中。需要用时,检出脑中储存的材料,以它来帮助获得新知,帮助解决问题。

青少年时期是人的一生中记忆力的最佳时期,作为学生,在这个时期多熟读背诵一些名句名篇,牢记一些语文知识,对提高读写能力,丰富文化教养有很重要的作用。

记忆,包括"记"和"忆"。"记"就是记住、记牢,在心理学上叫识记、保持;"忆"就是重新认出来,或回想起来,这叫作再认和再现。总起来说,记忆就是把学习的成果保持在脑中。记忆与死记硬背不能画等号。记忆常被分为机械记忆与逻辑记忆,机械记忆就是通常说的背诵,而逻辑记忆是以理解为前提的。即使是机械记忆,背诵,也要讲究方法。机械记忆的使用在学习中也是必不可少的。在迫切需要精确,或者要求使用丝毫不差的准确字眼的时候,就需要这种记忆。

电脑能储存大量信息,这是众所周知的。但是,电脑不可能完全代替人脑;电脑是人创造的。生活在现代社会的人,要在社会主义建设中进行创造性的劳动,头脑里面空空荡荡,拿什么来创造呢?中学生在学习阶段必须掌握各学科的基本知识,语文学科当然也应如此,应在脑中留下深深的痕迹。记忆中的基本知识犹如智慧的种子,拥有了它,知识会发芽、开花,思维会发展、腾飞,向着有学识、有教养的境地发展,电脑怎么代替得了呢?

至于记忆力的容量完全不必担心。据美国麻省理工学院科学家的一份报告说:一个人如果始终好学不倦,脑子里一生储存的知识将相当于美国国会图书馆藏书的 50 倍。据说,该图书馆藏书 1 000 多万册,就是说,人脑的记忆容量相当于 5 亿本书籍的知识总量。人的记忆潜力如此大,何患脑子负担不了?再说,教学中要求学生记忆的材料总是有所选择的,并非是教什么记什么,盲目记忆。

古往今来,许多有学问有成就的学者、专家在加强记忆、积累知识方面的生动事例很值得学生学习借鉴。这里列举一二。

宋代词人李清照在《金石录后序》一文写道:"余性偶强记,每饭罢,坐归来堂烹茶,指堆积书史,言某事在某书某卷第几页第几行,以中否角胜负,为饮茶先后。"意思是:我天性博闻强记,每次吃完饭,和(赵)明诚坐在归来堂上烹茶,指着堆积的史书,说某一典故出在某书某卷第几页第几行,以猜中与否决定胜负,作为饮茶的先后顺序。记述的仅是家庭生活中夫妻之间的小乐趣,但从中可看到无论是大词人李清照,还是金石家赵明诚,知识的积累是何等丰富而惊人。

书画大师溥儒(溥心畬),在书画界与张大千齐名,人称"南张北溥";如以书法而论,张大千还远不如溥心畬。这位书画大师还是诗人学者,肚子里记得不少东西。清末民初有位著名学者傅增湘寄居颐和园校勘古籍,有一则关于《三国志》典故的出处,一时记不起,问溥心畬,溥立刻指出是在某人的传中,傅增湘大为惊叹。

大学问家钱锺书博闻强记,博览群书,读过的书,即使相隔四五十年,也忘不了。在哥伦比亚大学座谈会上,事前并无准备,钱锺书有问必答,凭他讲英语的口才,就使四座吃惊。事后一位专门研究中国史的洋教授说,生平从未听过这样漂亮的英文。在一次招待酒会上,有人抄了一首绝句问他,说通常这首绝句被认为是朱熹的作品,却不见《朱子全书》。钱锺书一看就知道此诗初刊于哪一部书,并非朱熹的作品。记忆力惊人,学问惊人,这都是自幼以来长期积累的超人功力。

大史学家陈寅恪晚年双目失明,靠口授用十年功夫完成《柳如是别传》,共上、中、下三册,1 200多页,85万字,书中涉及许许多多诗文、故实,全凭记忆用口述说,积累可观。

此类例子不胜枚举。中学不是直接培养学者、专家,在培养普通劳动者的同时,也是为未来拔尖人才打基础。即使不少学生将来是普通劳动者,也同样要有文化素养,同样要打扎实的基础。胸无点墨,脑子里空悠悠,这样的人多,就影响民族的素质。因而,不可忽视记忆与积累。

二、选择精品,熟读,积累

学语文并非凡课文都要熟读,都在积累之列。英国培根说得好:有些书可供一尝,有些书可以吞下,有不多的几部书则应当咀嚼消化。这就是说,有些书只要读读它们的一部分就够了,有些书可以全读,但是不必过于细心地读,还有不多的几部书则应当全读、勤读、用心地读。用这个看法来对待语文教材中的各类课文、各种知识,也是可取的。

构成文化素养的一定要熟读。熟读的目的不仅在"读书百遍,其义自见",更重要的是把我们中华民族文化精品储存在脑子里,深一层地了解我们的历史,了解我们民族的传统,了解我们民族的文化,学习民族语言的精华,激发与培养民族自尊心与民族自豪感。这种功底必须在青少年时期打,后来补是补不上的。当前在一些人身上有专业无文化的情况屡见不鲜。尽管学历层次比较高,但谈到某些名句、名文、名篇时,往往张口结舌,如"月落乌啼霜满天,江枫渔火对愁眠。姑苏城外寒山寺,夜半钟声到客船"为何人所写,全然不知。这种脍炙人口的短诗,小学、中学都会碰到,只是一掠而过,没记在脑子里,没积累罢了。教材中的古诗词,不管是古体诗、近体诗,不管是词的小令,还是长调,都应熟读,背诵。中学生如果有上百首诗词打底,别说发展形象思维,就是语言能力也会大大加强。

文言文短篇应熟读背诵,文字比较长的择精要的牢记。韩愈的《进学解》中活在人们语言中的成语就为数可观,韩柳的文章选入课文的均可熟读成诵。学文言文,单抠几个实词、虚词、句式,是学不出文化的。要认真诵读,正如朱熹所说:"凡读书……须要读得字字响亮,不可误一字,不可少一字,不可多一字,不可倒一字,不可牵强暗记,只是要多诵数遍,自然上口,久远不忘。古人云:'读书千遍,其义自见。'谓读得熟,则不待解说,自晓其义也。余尝谓,读书有三到,谓心到、眼到、口到。心不在此,则眼不看仔细,心眼既不专一,却只漫浪诵读,决不能记,记亦不能久也。三到之中,心到最急。心既到矣,眼口岂不到乎?"(朱熹《晦庵先生朱文公文集·训学斋规》)朱老夫子把为什么要认真诵读,怎样认真诵读,认真诵读有怎样的效果,说得一清二楚。读文言文读得自然上口,久远不忘,不仅了解内容,了解作者思想感情,怎样行文,使用怎样的语言,也就自然而得。

名句、名段要熟记。文质兼美的文章,总不乏至理名言,或启示人生,或描摹世界,或探究事理,或阐发理想,丰富的思想浓缩在精彩的文字之中。读这些文章要指导学生咀嚼、赏析、品味,熟读,背诵。这里特别要注意的是必须选真正精彩的,一般性的只需了解就行。乱七八糟地塞满脑子,也构不成良好的文化素养。该记住的记住,只需眼前过一过的,就让它过去,积累应遵循这个原则。

词语也有个积累的问题。有些学生说话、写作文语言干瘪无味,用来用去就那么几个词,这与平时不注意积累有关。读书要吸收,要善于吸收,主动吸收,读到文章中自己不熟悉的词,就要停下来思索一番,咀嚼,体会,记住,积累。把词语抄下来是积累的一种方法,但如果不注意使用,这些词仍然不属于自己的。这就好像做卡片一样。用卡片可以帮助积累材料,分门别类整理。一旦要用,立刻拿得出。然而,不能事事依赖它,最基本的东西还应熟记在脑子里,这样才能融会贯通,领会深刻,达到化境。脑子里记的知识丰富,运用起来才能左右逢源,切中事理。

要培养学生良好的科学文化素质,使他们身上有点文化气质,积累这个基石非扎扎实实铺设不可。

10·2 发展记忆,提高效率

记忆力有强弱之别,有的人能过目不忘,有的前学后忘,脑子里留下的仅是一鳞半爪的印象。原因固然是多方面的,但掌不掌握记忆的技巧是重要原因之一。记忆应建立在科学的基础上,要把所接触到的知识和事物硬往脑子里塞,不仅该记的记不住,而且把脑子搅得混乱一片。

按照俄国生理学家巴甫洛夫的高级神经活动学说的观点,记忆是人的大脑皮层上暂时神经联系的形成、巩固和恢复的过程。他认为人们感知事物或思考问题,都会在大脑皮层中形成某些兴奋点,各个兴奋点有神经通路彼此联系,事过以后,这些兴奋点和神经通路便以"痕迹"的方式留在大脑皮层中。在某种刺激物的影响下,它们又会重新呈现。很显然,要使学生记住某些知识,提高记忆的效率,须注意形成兴奋点,注意在兴奋点之间接通思路。

一、理清文章脉络,抓住记忆的支撑点,构成记忆的网络图

理解是记忆的基础,在理解词句篇章的基础上进行识记,比不理解内容只机械重复许多次的效率要高好几倍。学习困难的学生背诵课文往往是机械重复,在记忆过程中不注意渗透积极的思维活动,故常常是事倍而功半,花费许多时间读,但记忆的效果并不佳。对这样的学生尤其要发展他们的理解能力。带领他们咀嚼词句的含义,引导他们选准记忆的支撑点,弄清文章的来龙去脉,张开网络,可提高记忆的效率。

比如,背诵《观巴黎油画记》全文。第一步,先梳理大骨架,使学生轮廓在胸。由巴黎蜡人馆而巴黎油画院,而普法交战图,而对该图创作意图的议论。第二步,再理小线索。比如第 2 段,内容多,容易前后混淆,就指导学生把握叙说的"序"——画室布局,画幅内容,观者感觉。画幅内容中一条条细线也要理清楚——战场环境、两军人马杂沓,战斗激烈的惨状,画面背景。脑子里线索清晰,记起来就方便。第三步,抓关键词语。如"译者曰,所以昭炯戒,激众愤,图报复也"的语句,懂得了"昭炯戒,激众愤,图报复"的含义,抓住"昭、激、图"三个词语作记忆的

支撑点,就能迅速背出这个句子。

显然,要背诵一篇文章,须在脑子里构成一幅有许多记忆支撑点构成的网络图。图的全貌怎样,有哪几条粗线,哪几条细线,在每条线上有哪些支撑点,点与点之间是怎样联系、接通的。掌握了这些要领,兴奋点牢固,再长的课文背起来难度也会减低。

二、借助联想、想象,进行分类比较,增进知识的储存

知识的储存量依靠记忆的广度和深度,要记住某些新知识,可充分运用旧知识,在新旧之间搭起联系的桥梁,再通过比较和分析它们的异同,认识它们的特点和内在联系,提高记忆的准确性。比如学习杨万里的《晓出净慈寺送林子方》七绝时,启发学生联想读过的写西湖美景的诗。学生会很快地想到苏轼的《六月二十七日望湖楼醉书》和《饮湖上初晴后雨》,把这三首绝句进行比较,明确:同是写西湖,但观察点不同,观察时间不同,具体景物有别,画面色彩各异,有静景,有变化中的动景。通过比较,对诗句的理解加深,一幅幅画面清晰,既巩固旧知,又储存了新知。

联想在记忆中能起纽带作用。俗话说:博闻强记。博闻与强记互相制约,互相促进。见识广阔的,联想丰富,能强记不忘;反之,坐井观天,孤陋寡闻,很难触类旁通,记住一些东西。

指导学生通过联想寻找记忆的支撑点时,可从多方面启发。如从对比的角度联想、记忆。关于闰土的肖像描写,抓住他少年时代的圆脸、小毡帽和颈上套着的银项圈作为支撑点,引起对相反事物特点的联想,就能记住中年闰土衰老、麻木、迟钝的形象。又如可以从相似的角度启发学生联想、记忆。学《白雪歌送武判官归京》时,其中有"忽如一夜春风来,千树万树梨花开"诗句,引导学生联想雪和梨花的白色相似点,再联想《驿路梨花》一文中"白色梨花开满枝头",白色的花瓣轻轻飘落在赶路人身上的情景。记忆的支撑点多,学生一下子就能记住。

三、设计提纲挈领式的板书,帮助学生记忆

语文课文的特点是内容与文字形式的统一。从思想内容到篇章结构到语言表达和写作方法,可学习的很多,不掌握学习方法的学生学完课文以后往往觉得茫茫一片,抓不住要点,记不住所应吸收的知识。从课文特点和学生学习的实际情况出发,讲课时板书设计很重要。随手乱写,讲到哪儿,想到什么,就写什么,甚或涂满黑板,对学生的理解、记忆均无多少帮助。板书也不能烦琐、巨细不分,否则眉目反不易清晰。板书设计要注意精要,有取舍,提纲挈领,便于学生记忆。

板书从教学目的出发,可设计多种类型。有的是单一型,有的是综合型;有的是提纲式,有的是图表式。所谓单一型,就是就内容、结构、情节、语言等某一方面开列,而综合型可就某两方面、某三方面等综合起来设计。不管是怎样的类型,都要讲究知识的准确,都要言简意赅。如果拖拖沓沓,支撑的东西就会淹没在闲言废语之中。

以《竞选州长》板书设计为例:

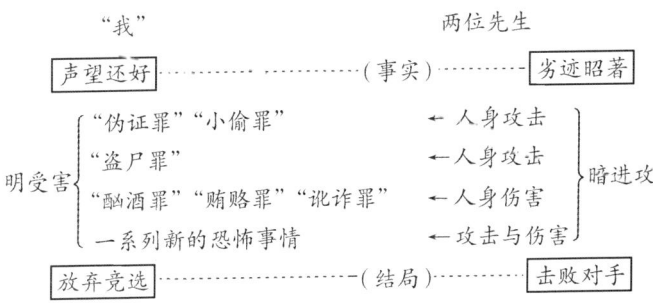

这个板书是综合型的,以情节的开展为主线,佐以对事情实质的揭露。在有些字样上加方框,目的在形成强烈的对比,引起高度注意。箭头既标明"我"的种种罪是无中生有,也使学生联想到箭头犹如箭,枝枝冷箭射向竞争对手,卑劣行径令人憎恶。

有些板书教师可不加任何评论,只让文中关键词语自己说话,也同

样可达到帮助学生记忆的目的。如《海燕》的板书设计，完全用文中的词语作支撑点，先展现背景，然后勾画三幅画面中海燕的形象，表现它的发展变化，使学生对这个形象的高大、丰满理解得深入。

	乌云	大海	狂风	雷声	闪电		
黑色的闪电	高傲	飞翔	碰	冲	叫喊		（渴望）
敏感的精灵	高傲	飞舞	穿	掠	大笑	号叫	（深信）
胜利的预言家	高傲	飞翔			叫喊		（呼唤）

板书不一定是整篇课文的，如某一部分特别重要，是教学的重点或难点所在，可舍弃非主要部分，突出重点。由于少而精，重点明确，学生更便于记忆。

四、运用口诀和有节奏有韵律的形象化语言形成某种人为的联想结构，巩固学生记忆

小学生背诵小九九的口诀，对日后计算能力的提高起难以估量的作用。这基本上是靠机械记忆。有些材料可能没有很多意义，很难找出内部的、本质的联系，这种情况，要注意抓记忆的窍门，人为地形成某种联想结构就是窍门之一。

如查检四角号码词典，检字法里有取号歌诀："横一垂二三点捺，叉四插五方框六，七角八八九是小，点下有横变零头。"学生对笔形、代号记住，检字时仍有困难。检字法中具体取角方法有12条，内容虽具体，但不容易记。学生开始学时，可先提炼出几句简单明了的话，帮助他们记忆。如"左上到右上，左下到右下（江3111）""两单取左右，两复取上下（到1210，引1220，仁2121；母7775，具7780）""可单也可复，要作复笔查（政1814，共4480）""五四要作五，六七作六查（丰5000，国6010）""取过没有补个0，七连一二（角与横竖连笔）再用它（亦0023，用7722）""口（wéi）门两类字，下面两笔钻底挖（园6021，闰3710）"，等等。

又如有些字学生常写错,用形象化的语言分析字形,学生容易识别。如"染",学生常写成"染",告诉他们染坊里颜色多,九九形成河,染坊不是丸药铺。又如"祭",常把字头写错,告诉他们桌面上有块肉"夕",右手拿肉放桌右。又如"衣""裹"等字学生常写错,告诉学生"衣"字分两段,中间夹胸肚。

五、鼓励学生自己找记忆的拐杖,使用自己特有的拐杖来加强记忆

记忆力不是一种单一的能力,它不仅涉及个人的兴趣,而且需要不同种类的心理能力。有的学生对语言材料有良好的记忆力,有的却不行,但对数字、空间图案记得特别清晰,如电话号码、历史年代等。每个学生的记忆力互有差别,因而,在教学中要注意引导他们寻找自己特有的拐杖作为记忆的支撑点,加强记忆。

比如有学生对数字总记不住,作者的生卒年月记不清,他就使用自己特有的拐杖。如《送杜少府之任蜀州》的作者王勃是初唐四杰之一,初唐时期,他记住了650年,又记住了一个历史事实,即王勃十分年轻时就才华出众,和杨炯、卢照邻、骆宾王"以文章齐名天下",后因渡海探望父亲,溺水而死,年仅25岁。于是用加法计算,就推知王勃的卒年。

又如鲁迅原名和生卒年月,有的学生记得"十年树木,百年树人"的成语,鲁迅是教育人们觉醒的,因此是"周树人"。卒年是全面抗战爆发前一年,生年加起来九,乘起来是九个九,1881。

学生利用联想、谐音等作为记忆的拐杖,这是应该提倡的。

10·3 多角度进行训练

通常认为人的记忆力好坏是先天的,与后天无多大关系,其实不是如此。人的记忆力虽有差异,但重要不在先天,而在后天。一个正常的人的记忆力是在学习和实践中不断发展起来的,特别是青年学生,大脑的可塑性很大,教学中认真培养训练,他们的记忆力能得到健康的发展。怎样训练呢?

一、定势

有意识记和无意识记效果不一样。科学实验表明:提出明确的记忆任务,80%的受试者能正确地记住要求记忆的材料,否则,只有43%的受试者能记住。这个数据告诉我们,记忆的目的愈明确,记忆的效果愈好。这是因为,明确了记忆的目的任务,在大脑皮层的有关区域便形成了一个优势兴奋中心,外界信息就落在兴奋中心的"焦点"上,记忆的痕迹就特别清晰而深刻。正因为如此,教学中可采取"定势"的方法让学生明确阅读的目的任务,产生记住这些材料的愿望,下决心熟读、背诵。

比如教韩愈的《师说》,范仲淹的《岳阳楼记》,一上课就开宗明义地告诉学生这些是流传千古、脍炙人口的名篇,要背诵。要背诵,就要认真理解。每一段写什么,怎么写的,各段之间有怎样的关系。学生任务明确,读完基本能背出。

全文背诵用定势的方法,部分段落的背诵,有些言简意深、言简意赅的句子同样可采用这种方法,以取得良好的效果。如《记念刘和珍君》,课本中要求背诵第一、第二部分,当然要提示学生特别注意;而文中有些语句也撼人心魄,同样可让学生引起重视,加强记忆。如"惨象,已使我目不忍视了;流言,尤使我耳不忍闻。我还有什么话可说呢?我懂得衰亡民族之所以默无声息的缘由了。沉默呵,沉默呵!不在沉默中爆发,就在沉默中灭亡"是悲到极点、愤到极点的感情的喷射,语句整齐,思想深沉,要求学生反复诵读,能体会其中丰富的内涵。由于要求学生有意识记,学生往往能经久不忘。

二、激趣

记忆与情感因素、与兴趣关系密切。有些学生对足球兴趣浓厚,对球员的名字可以倒背如流；有些学生对影星十分熟悉，名字一看就记住。这常常是由于情感的作用。情感、情绪和大脑皮层的活动有关。兴奋、喜爱，对作用于感觉器官的材料就特别容易记牢。

从学生的这种心理特征出发，就可着重从激发情趣的角度训练。比如，学生对诸葛亮的才、学、智很感兴趣，教《出师表》时，教师强调这位"两朝开济老臣心"的鞠躬尽瘁的精神，学生很受感染，于是教师趁势扩展阅读，教杜甫的《蜀相》："丞相祠堂何处寻，锦官城外柏森森。映阶碧草自春色，隔叶黄鹂空好音。三顾频烦天下计，两朝开济老臣心。出师未捷身先死，长使英雄泪满襟。"学生兴趣浓厚，情绪高涨，一下子就背出来了。又如，学生对周总理很是爱戴，抓住这种心情，教赵朴初的《金缕曲》，学生一下子就接受了。

有时，抓住学生好奇心理，训练学生记忆。如教《木兰诗》时告诉学生这首诗音韵特好，有人过目不忘，看学生读几遍能背诵。学生听后，情绪高涨，用心记忆。

三、重复

背诵后，注意使用的频率，不仅不易遗忘，而且还会温故而知新。

训练记忆力，既要克服阅读时"一心以为有鸿鹄将至"[①]，又要和遗忘作斗争。前者是心不在焉，记不住，后者是随着时间的流逝，记忆的持久性受到影响，痕迹淡薄，乃至消失。

当然，人们不能什么都不遗忘，那些对我们无关紧要的信息，遗忘是十分必要的，可以减轻我们脑神经的负担，有效地认识世界。因此，教学中要求学生牢记的是些最基本的知识，牢记美文佳什、名句名段。这些知识，这些诗文，对他们提高语文能力和做个有文化素养有道德修养的人能长期起作用。

[①] "一心以为有鸿鹄将至"：典出《孟子·告子上》，多用来指学习不能专心致志。

比如教复句知识，先让学生回忆单句的要领，弄清楚单句的主干与枝叶；教课文长句时，为了让学生理解句中寓意，先从结构入手，用复句知识理顺句子层次。在学习新知时回忆旧知，运用旧知解决问题，看来重复，实际很必要。

有些知识学生不易记周全，重复出现，能弥补漏洞，记得牢固。如教诗词时介绍唐宋八大家，教柳宗元的《小石潭记》时，要求学生复述唐宋八大家名字，学生复述时往往遗漏一两个，补一补加深印象。第三次碰到，再询问一下，遗忘率就逐步降低。

有些做人的至理名言教课时介绍，要求背诵，在适当的时候重复出现，学生可经久不忘。如《生命的意义》中保尔有这样一段名言："人最宝贵的东西是生命。生命对于我们只有一次。一个人的生命应当这样度过：当他回首往事的时候，他不因虚度年华而悔恨，也不因碌碌无为而羞愧——这样，在临死的时候，他就能够说：'我整个的生命和全部的精力，都已献给世界上最壮丽的事业——为人类的解放而斗争。'"学生熟读这段闪烁着崇高理想光芒的名言，并进行背诵。教《人民英雄永垂不朽》，颂扬烈士生命的意义与价值时，要求学生再背诵这一段名言。教《筑路》一文时，再次重复，学生牢记不忘。

四、系统化

知识零碎、散装时容易遗忘，使用效率也不大会高。知识系统化了，记忆的支撑点多，便于联想，便于推导。因此，引导学生把接受的信息放进有关的知识系统里，形成网络，是锻炼记忆、储存知识的一种好方法。

比如，学完一个单元之后，要学生自编提纲归纳，以简驭繁，就是属于此类。学生学完说明文单元，要求他们画图表，把各篇课文的说明对象、说明顺序、说明方法、说明语言、表明事物特征的关键词句归类集中，使学生对说明文的要领能留下清晰的痕迹，运用时可由此及彼，举一反三。

文言文的一词多义的排列、虚词用法的综合等也起这样的作用。把散见在各篇课文里的有关词句进行合理的集中,可强化记忆。

五、辅助手段

记忆靠脑子,为了强化记忆,可调动辅助手段。古人读书强调五到:眼到、口到、耳到、心到、手到。感觉器官、思维器官协同起来发挥作用,可加强记忆。乌申斯基①说:"蜘蛛之所以能够非常准确地沿着极纤弱的蛛网奔跑,是因为它不是用一个爪,而是用很多爪来抓住蛛网,一个爪坠失了,另一个还抓着。"阅读记忆也是同样道理。

引导学生在课文中做各种记号,如画词语,句子下面加线条,圈点,加批,列要点,都是帮助记忆的有效手段,必须注意的是:不能在书上乱画,画得很多,过量等于不画,各色线错综只会引起脑子里的混乱。重要的是抓住精要。唯其精要,才条理清晰,在脑中留下深刻的痕迹。

训练记忆的方法多种多样,如快速记忆、部分记忆、特征记忆等。

记忆的目的是储存知识,记忆的过程中需要渗透思维,而记忆的材料愈丰富愈有价值,愈能促进思维的灵活性和创造性,愈能促进智力的发展。熟读名诗佳作,既积累文化知识,语言材料,又促进记忆力、思维力的发展。

---

① 乌申斯基:19世纪俄国教育家,被称为"俄罗斯教育心理学奠基人"。

11　语言思想双锤炼

写作教学是中学语文教学的重要组成部分,学生语文学得怎样,写作可以作为衡量的重要尺度。

有一种误解,认为提高学生的写作能力只要在文字技巧上下功夫就行了。其实不然。写作能力的培养当然需要进行识字写字、遣词造句、谋篇布局的训练,但是表什么情、达什么意的思想情操同样要进行指导,进行训练。作文是用自己的语言表达自己的认识和感情的活动,它反映作者思想认识水平和运用语言文字的水平,是一种综合能力的反映。要有效地提高学生写作能力,须注意语言、思想双锤炼,既锤炼语言文字,又锤炼思想情操,二者紧密结合,可收到相得益彰的效果。

11·1　扫除习作心理障碍

命题作文时常会出现这样的情况:有的学生面带笑意,若有所得;有的学生注视黑板,入神思考;有的微微摇头,口出哑哑之声;有的涨红脸叫"太难了,不会写"。学生见到作文题后的种种情态正是他们习作心理的一种反映。其实,自由命题时又何尝不是如此呢?这种情况尽管高、初中学生有差异,不同文体反应不一样,男女学生表现有区别,但确实有一部分学生而且是相当数量的学生视写作为畏途,有害怕的心理,视作文为难事,为不易攻克的堡垒,有畏难情绪。洞悉他们的情况,采取种种措施,破"怕"攻"难",激发习作的兴趣,对有效地提高他们的写作能力是颇有益处的。

一、破"怕"

学生习作中有恐惧心理,就如头上套着紧箍,手脚捆着绳索,不加以清除,提起笔来就重如千钧,只字难书,墨滞不下。怎样才能减轻与消除这种心理呢?

首先要找准恐惧的原因。乍看起来,有些学生同样是害怕动笔,害怕写,但一经了解分析,就可发现在不同的学生身上形成害怕心理的原因是很不相同的。经常碰到的情况有:一是长期受批评,受指责,形成条件反射,只要一提到写作,这些学生立刻就与"挨批评"联系起来,因而产生"怕"。这些学生往往是语文水平低下,写的东西不知所云,教师不满意,家长不满意,习作者自己也不满意。既然是三不满意,当然是批评多,信心无。二是不摸门,摸不到书面表达的门径,由苦恼而怨恨,形成恐惧心理。这些学生开始也是按教师的要求练习写作的,但由于基础差,胡凑乱编,不成篇章,十分苦恼。有个学生曾这样说:"我从小就不喜欢语文,尤其是作文,我对它就像对仇人一样的恨。"问他原因,他说:"我看到作文就头大,就怕,拿起笔写不出来,等想出一点要写,字又忘了。"三是神秘感,觉得写作是"高级"的事,是作家、文学家的事;自己不是那块料子,自卑得很,害怕动笔。四是懒于思索,形成莫名其妙的"怕"。此外,还有其他种种原因。查明原因,心中才有底。

其次是从鼓励入手,加强"对症"教育。形成习作中恐惧心理的原因尽管各不相同,但这些学生至少有一点是共同的,那就是对写作缺乏信心。不树立信心,就难以根治"怕";而满腔热情地积极鼓励,正是增强信心的补益之剂。不论是面上的教育,还是个别学生的指导,均要把鼓励贯串其中。对语文水平低下的学生的习作千万不能求全责备,一纸"棍子"语言,要十分精心地注意他们习作中细微的变化,哪怕是某个词语用得准确,某个句子比较通顺了,也要充分肯定,真心实意地表扬。

脱离学生实际的挑剔,过多的指责,只能如凉水浇身,改不了习作的落后状况。要变指责为鼓励,化凉为热,点燃学生习作上进取的火花,须破学生习作上的神秘感,帮助他们分清习作与创作的异同,懂得心中思,口中言,写下来就可成文章;懂得语言是表情达意的工具,只要自己有"情"有"意",就可运用它来表达。工具谁都可掌握,并不神秘。至于懒于思索的情况,那就要启发觉悟,促使这些学生端正学习态度,在"勤奋"二字上下功夫了。

再次指点入门的途径,让学生从"怕"中自己走出来。害怕的心理关键所在是不会动笔,不会写,故而要消除这种心理,必须实实在在地"帮",指点习作入门的途径。常用的方法是:① 帮助找"米"下锅。怕写的学生头号难题是"做饭无米",总觉得无话可说,无物可记,无事可叙,心中茫茫然。其实,这样的学生并非真的无"米",只是不觉得那些就是"米",教师引导他们重新认识,他们就会尝到获得写作材料的喜悦。可从两个方面启发,一是启发他们从记忆中去寻觅,抓住某些记忆点上的人、事、景、物,开展联想与想象,使模糊的印象清晰起来,笼统的具体起来,单薄的丰富起来,成为笔下可写之"物"。二是启发他们就地"捕捉",学会用心看周围的事物。如写春天的校园,实地观察一番,把平时从眼皮底下溜走的东西捕捉住:冬青树落叶,黄金条先花后叶,五彩海棠的花蕾掩映在绿叶之中……启发学生打开认识的窗户,习作的"米荒"就可逐步解决。② 帮助"搭架子",主要解决两个问题:一是究竟盖什么建筑物,心中要有数,也就是帮助他们明确文章的中心思想;二是指导他们梳理思想与材料,先说什么,后说什么,怎样开头,如何收尾,要作通盘考虑。先列提纲,指导后再动笔,克服杂乱无章的毛病。③ 帮助选"砖瓦"。词句是文章建筑物的砖瓦材料,选得恰当,建筑物牢固、美观。可采取试写一段,就遣词造句进行分析比较;也可写好后教师面批面改,启发学生思考、比较。经过一个阶段的"帮",学生稍稍摸到一点"门",望而生畏的状况就有所改变。前面所说的那位见作文如仇人的学生高兴地说:"我有点会写了,对作文不怕,也不恨了。"

对习作畏惧心理厉害的学生在班级属于少数,上述"帮"的办法有的不宜在全班铺开,如"搭架子"的做法,若教师对有一定写作能力的学生越俎代庖,势必禁锢他们的思想,束缚他们的手脚,效果适得其反。

二、攻"难"

古人说"文成于难",这是颇有道理的。文章是客观事物的反映,客观事物纷繁复杂,要能反映得正确、深刻,实非易事。难怪清朝批评家金圣叹用"心疾气尽,面犹死人"来形容写文章的艰难。习作虽不同于创作,但训练运用语言文字来表达思想、反映客观事物,也是很不容易的。笔耕艰辛,教师无须讳言,该着力的是引导学生变畏难为攻"难",在攻"难"的过程中消除畏难情绪。怎样攻"难"呢?抓积累,抓思路锻炼,抓局部的深入,抓榜样的激励。

抓积累。陆游在《示子遹》一诗中说道:"汝果欲学诗,功夫在诗外。"写文章也是如此,临阵磨枪,为时已晚。要攻克写作中的"难"字,十分重要的是重视平日的知识积累、生活经验积累、语言积累,功夫用在文外。常用的方法可以是:① 用百首以上的诗词打底。细水长流地组织学生理解与背诵古代名诗名词,咀嚼语言的甘甜,领略意境的优美,涉足于中华民族诗歌宝库之中,激发热爱民族语言的感情,陶冶高尚的情操。② 广泛阅读书报杂志开阔视野。创设种种条件培养学生阅读的兴趣,如以课内带课外的扩展阅读,对比阅读,新杂志展览,新作品推荐,名著介绍,等等。学生博览犹如蚕食桑,不能要求吃桑吐桑,硬加模仿,而是引导他们"破其卷而取其神",领略其中的意、情、辞、章,消化融会,慢慢吐出丝来。③ 到生活宝库中觅宝。生活宝库是习作材料取之不尽、用之不竭的源泉,学生往往身置其中而不知"宝",不觅"宝",教师要经常提醒,指点,启发他们观察、体验、储存。至于摘抄佳词美句,组织参观游览，课内指导精读课文，当然也是积累、储备的途径。

抓思路锻炼。文章必须"言有序"。而言是否有"序"又决定于思路是否有"序"，是否细致严密。文章贵丰满，忌干瘪。而能否丰满又决定于思路是否开阔活跃。学生撰文时往往有这样那样的零碎材料，点点滴滴的感想，而不善于井然有序地加以组织，不会从广度上开拓，深度上挖掘。要攻这个"难"，须着力于思路的锻炼。从观察、理解、想象、联想等能力的培养入手，促使学生锻炼思路。除了课外实地指导观察、写作讲评时积极引导外，在讲读课上有计划有目的地培养与发展上述能力很为重要。有时一两段精彩的文字若能驾驭得当，就会成为训练这些能力的好材料。如《社戏》中的江南水乡飞舟观夜色画卷的描绘就是极好的训练材料。要求学生在仔细阅读的基础上，思考下列问题：如果你也在这只白篷的航船上，请你仔细观察，你看到些什么？听到些什么？闻到些什么？请你体味一下作品中"我"此时此地的心情与感受。在看清楚、想透彻之后，请他们先用无声的内在的语言试答，然后有条有理地口头表述。从观察方面说，由嗅觉、触觉而视觉、听觉；由岸上到水中，又从水中到岸上；由月色而渔火；由远处望到近处瞧；由模糊而清晰；由台上而台下。而这一切又都是活动着的，移舟变景。从理解方面说，以船速衬托心情的急切，以水乡诱人的夜色抒心情极度的舒畅，"自失""觉得要和他弥散在含着豆麦蕴藻之乡的夜气里"，真是外物与内情交融在一起，真中有幻，幻中有真，绝妙的佳境。而从以上两个角度锻炼学生思路时，也发展了学生的想象能力，因为学生只有以有关的直接生活经验和间接生活经验补充，才能在脑中展现出文中所描绘的立体图景。文中插入的"一丛松柏林"的文字正可借以指点学生开展联想，使学生懂得由此及彼的联想能活跃思维，和前几种能力一样，多加锻炼，习作材料就可云集笔端。在讲读课进行听、读、说训练时，须努力形成与加深学生脑中"序"的观念。如听别人发表意见，要学会先后有序地拎出要点;读课文要全局在胸,枝干分明,首尾清晰;口头表达要有条有理。教师经常注意,不断指点、纠正,学生就能比较自觉地锻炼自己的思路了。

抓局部的深入。俗话说一口吃不成个胖子,要攻写作之坚,整篇文章大而化之,笼而统之地指导一番,学生不易捉摸。若有计划地抓一个个局部,进行"分解动作",深入一点,带动全篇,学生易懂易做,效果较好。比如写人是有相当难度的,不可能一下子写好,可先抓肖像描写的训练,再抓语言描写的训练……而抓肖像描写训练时,可从静态写生,动态捕捉,粗线条勾勒,工笔细描,正面描写,侧面烘托,画眼睛,绘整体,单个儿写,前后对比写,左右对比写,放在矛盾之中写等角度开拓深入,使学生学有所获。这种训练不是拎空地讲述名词术语,而是以范文或习作为依据,启发学生在理解领会的基础上,自己去精细地观察、熟悉、体验。经过一个阶段的训练,学生笔下的人物肖像就开始有特点,开始活起来了。

抓榜样的激励。古今中外"苦学力文"①的事例不胜枚举,杜甫的"语不惊人死不休"、白居易的"口舌成疮,手肘成胝"、皮日休的"百炼成字,千炼成句"、王荆公的易十数字才定出"春风又绿江南岸"的"绿"字等名言名事皆可激励学生攻写作的难关。学生习作有明显进步者更要热情肯定,以激励同窗。

总之,既要培养学生习作中知难而进的精神,又要指点攻"难"的途径,辅之以攻"难"的方法,向易动笔、勤动笔、动好笔方面转化。

三、激"趣"

兴趣在学习中具有特别重要的作用,学生对写作发生了兴趣,就会主动探求,积极进取,摆脱奉命习作的被动地位,有效地提高运用语言

---

① "苦学力文":语出《旧唐书·白居易传》,意思是刻苦学习,努力写文章。

文字的能力。在写作教学中培养和激发学生习作兴趣至为重要。我常采取以下一些做法。

加强赏析。选择名篇、名句吟诵、分析，把学生引入语言文字的宝库，或领略立意的高远，或欣赏意境的开阔，或推敲构思的巧妙，或咀嚼语言的甘味。学生畅游于其中，体会语言文字运用的佳妙，在熏陶感染之际，有跃跃欲试的愿望。学生习作中的佳篇或精彩段落也可组织赏析，激发写作的兴趣。要手高，必须眼高；学生的鉴赏能力提高，对自己下笔的要求也就会逐渐提高。

利用兴趣迁移的特点，组织有趣味性的习作训练。青少年学生兴趣广泛，对各种事物往往充满了好奇心，只要是新鲜事，都能吸引他们。从这种心理状况出发，把他们对事物的强烈兴趣迁移到写作之中，提高习作的积极性。比如学生喜欢游览，结合他们的春游和课外活动进行写作训练，有的作景物写生，有的写游记，就出现了不少《五代双塔》《缺角亭》《猗园小景》《月洞映景》《泛舟游西湖》《游寒山古寺》《在鲁迅墓前》等较好的习作。学生喜爱看电影，对作曲家、演员等很觉好奇。那就组织学生听作曲家的报告，写听报告的感受；请演员表演朗读艺术，要学生进行场景描写；学生看电影，要求他们写电影故事，编电影剧本，写电影片段，评剧中人物；学校组织班班有歌声的比赛，请他们写大会侧记，报道大会实况，学生兴味盎然。学生喜爱打球、下棋、集邮、游泳、科技制作，凡此种种，均可引导他们把亲身体会、由衷的欢乐倾注到笔墨之中。

运用习作成果引起连锁反应，牵动学生习作的上进心。青少年学生好胜心强，喜欢挑别人的毛病，喜欢和同伴比高低。从这种心理状况出发，写作讲评时推荐一些习作供学生分析，评长道短，论是说非，创造热烈气氛，使评者、被评者都受到教益。评论时可就某一问题发表意见，像如何捕捉生活中带露水的新鲜材料，怎样有意识进行读写迁移，怎样让人物自己说话，妍媸好丑让观者自知，《谈……》的文章怎样谈，等等。也可就某一位学生连续几篇习作进行评论,分析习作态度、习作上的优点、习作提高的足迹,激励同学从中获得借鉴。又可对某一篇或某几篇习作作广泛性的议论、比较、对照、鉴别、修改,加深对习作中某些问题的认识。总之,大家谈,习作者自己也谈,切磋琢磨,使某篇、某几篇习作中的优点为大家所理解、承认,并进而吸收,在自己文章中有所反映,发挥连锁作用,实现水涨船高的目的。

以画助文,发展形象思维,激发习作兴趣。比如学生的练笔本,常常配文作画,好的推荐展览,学生煞有兴趣。又比如儿童节到来的前夕,要求学生宣传心灵美、行为美等内容,人人创作一个童话故事,献给幼儿园的小朋友,不仅故事要生动,而且插图、美化要吸引人。学生写了《兔子的眼睛为什么是红的》《小马虎游马虎王国》《小铅丝人贝贝》等许多有趣的故事,而且配上彩色的画,加上花边,装订成册后送给幼儿园。时间虽花得多了些,但觉得很有乐趣。

写作教学中的许多学问,就以习作心理而言,学生习作心理有共性有个性,因环境的差异、教育条件的影响、自身主观能动性的发挥,要能准确地掌握,并据此改革教学,须花大气力。

11·2 锻炼认识生活的能力

任何体裁的文章,都是一定的社会生活的反映。写文章,也就是写生活。学写文章的人,要在生活这一关上认真下功夫,关心、了解、发现、寻觅、感受、思考。大脑中采集的自然与社会的信息越多,写作的素材越丰富,思考得越深入,认识生活的能力就越强。怎样引导学生锻炼认识生活的能力呢?

一、打开认识的窗户

眼睛是思维、情感和体验的最复杂的世界,学生认识事物、获取知识的活动围绕着这个世界进行。现代科学证明:人的大脑所获得的信息80%～90%是通过视觉进来的。当然,从听觉进入的信息也占一定的比例。所以,必须学会认真仔细观察周围世界。观察是一种积极的智力活动,要锻炼认识生活的能力,首先须打开认识的窗户,敞开观察的大门,让外界信息源源进入自己的大脑。

1. 引导学生身入生活、心入生活

要身入生活,心入生活,才会了解周围的人和事,景与物,才会有所发现。每名学生都生活在"生活"之中,可从生活中获得的认识与感受却大相径庭。有的人目光敏锐,善于观察,不仅像摄像机一样能把客观的物像摄入自己的眼帘,印入自己的脑海,而且能在极其普通极其平凡的事物中发现一般人所看不到的新鲜东西,生动的,带着生活露水的;而有的人身在生活,心却游离,再有特点的事物,再有价值的细节,都视而不见,听而不闻,虽然也用眼睛,但浮光掠影,至多只有模模糊糊的印象。二者比较,关键是不是"身入""心入"。"身入"而"心"不"入",生活中大量有趣的、有意义的、有价值的材料,就会从眼皮底下溜走。

怎样才能身入、心入呢?激发学生对接触到的人和事产生浓厚的观察兴趣。观察,不只是用眼睛看,还要用耳朵,用鼻子,不仅用感觉器官,更重要的是用"心",用"心"去看,去听,去想,去感受。如:要学生细看柳树吐芽到柳丝低垂的过程,观察早晨在车站候车的各种人的神情和下班时候车的神情有何异同,观看新建的高架桥的形态、结构。用生活中的新鲜事物激发他们观察的兴趣,他们就会从无意知觉逐步转入有意知觉的轨道。

加强目的性指导。中学生观察力的目的性发展有一个过程,他们往往从被动地接受教师的任务而进行观察,逐步发展到主动地自觉地进行有意识的观察。教师经常进行目的性观察的指导,可有效地发展学生自觉性,加速由被动向主动转化。如解剖豚鼠、蟾蜍,要求把观察所得表述出来,学生就看得格外仔细,格外真切。

2. 指导学生掌握观察的方法

观察是思维入门的向导，观察的片面性必然导致思维的局限性。对问题思考得不准确，不妥当，表达时谬误百出，相当程度是由于认识世界时一叶障目，观察出了毛病。不少学生观察周围事物或熟视无睹，或只见一点，不见其余，由于脑子里对这些事物朦朦胧胧，所以说不具体，说不明白。因而，须让学生多观察，并指导学生掌握观察的方法。

方法是打开认识窗户的钥匙，方法正确，就能大大提高观察的准确度。每个学生根据自己的情况可以创造，但基本方法应熟练地掌握。

要善于在最短时间内抓住事物的主要特征。特征是这一事物区别于类似事物的关键所在，不具备这种眼力，就不可能有观察的质量。

要看到事物的总体和各部分之间的逻辑联系。学生无论是进行单体观察还是进行多体观察都会碰到总体和局部的问题。学生常常被鲜艳的色彩、事物的主要特征所吸引，而只见树木，不见森林，只见自己感兴趣的，丢了许多必须看到也应该看到的东西。因而，要指导他们把认识的窗户全部打开，不能有的开，有的闭，只把部分物像摄入脑内。

要井然有序，不能杂乱无章。学生随意性观察，事物看不准确，看不周全，这是可以理解的。为什么有目的地去观看某些事物，仍然会出现丢三落四的情况？除漫不经心等原因外，观察顺序的混乱也是重要原因。事物本身是复杂的，尤其对多体事物的观察，特别要讲究顺序，做到有条不紊。要注意拉几条观察线，如：总体（轮廓）、局部、细部；背景、主体、陪衬；上下、左右、前后、内外。拉观察线不仅促使观察井然有序，而且多条观察线能织成观察视线网，克服观察的片面性，把观察对象全面地捕捉到眼帘。

要转换角度，看到事物的诸多方面。要认识事物的真相，观察时注意力不能只集中于某一点，也不能只局限于某个角度，要多角度多侧面地观察。俯视、仰视、平视；远观、近觑；正面、侧面、背面观看；观静、观动;定点、移步,对观察对象看真切,看深入。

观察事物不仅要注意形态,而且要注意其发展变化,不仅要注意现状,而且要善于调查采集,追根究底,洞悉过去,预测未来,在深度上开掘,在广度上延伸。

生活,五光十色,令人目不暇接。尤其是当今年代,新事物层出不穷,新信息不断涌现,教师要精心培养学生的观察能力,使他们的眼睛既能"一览无余",又能"明察秋毫"。

二、探求和发现事物的奥秘

学生对所接触的人、事、景、物产生浓厚兴趣,掌握观察方法,就打开了从生活中撷取写作材料的渠道,在这个基础上,要培养学生探求和发现事物奥秘的能力。

教学中要启发学生见到别人之所未见,使他们学会从平凡的事物中看出不平凡的东西,自觉地去探求和发现事物的因果关系。唐书法家张旭自称观看了公孙大娘的剑器舞,草书书法受到启发,从此境界大开。这个事例说明,只要深入观察,积极思考,见人之所未见,就能深受益处。

引导学生锻炼自己的眼力,透过现象看到事物的本质,不为现象所迷惑。也就是要对所写的事物认真观察,仔细认识,反复研究,力求自己要有独特的感受。比如,读书原本好事,似乎读得越多越好,多多益善。读,多读,是现象,深入思考、认真探求,就会增强对它的认识能力。首先,开卷未必有益。书籍中有好书、有坏书,好书是精神食粮,读了可以开阔眼界,增长知识,启迪思维,陶冶思想情操;坏书诲淫诲盗,读了必会侵蚀思想,吞噬心灵,有害无益。经过思考、分析,认识深了一层。再进一步探求,好书浩瀚如烟海,人的精力、时间有限,凡好书都去读,是不可能的,因而,读书须慎加选择。选择可根据学习的需要,可根据拓开视野的需要。再深入一步思考,可以出现在同类书籍中有价值的不过就几本,这几本书读懂了,就会举一反三、触类旁通。这样由表及里、由此及彼地分析,认识的深度与停在表面大不一样,写起文章来,立论、摆论据论证,就不会一般化,而是言之有物、言之有理了。

分析,"剥笋",是探求奥秘的一种方法,从众多角度观察中选择最恰当、最精彩的定位,会出现别有洞天的效果,也是一种锻炼眼力的方法。

生活是海,文章是浪。生活中题材广阔无垠,而写入文章仅撷取其中有意义的点滴。正如一滴水也能反映太阳的光辉,如果随意选取一滴水,不能反映光辉,这点滴就没选择恰当。多角度观察,目光要敏锐,事物外在的和内在的、实的和虚的、整体的和局部的,看得明、识得真,与深入的思考结合起来,就能进入生活的深层。比如写一个小村庄的变化,如果大而化之描绘一番,其结果是十分平面的,反映不出智慧的火花。应该仔细地看,认真地听。从生产总量增长的角度看,从村民生活改善的角度看,从人的精神面貌变化的角度看,从文化教育兴起的角度看,当然都可以,有一篇写农村大变样的文章只选取这个村庄"桥"的变化,就与众不同。原本村子通往外面世界的"桥"只是一块门板,祖祖辈辈安分在祖遗的这方热土上休养生息,后来大雨冲走门板,与外界联系一度割断,而今搁门板的地方修起了大拱桥。抓住这个"点"深入思考,就可发现:从纵的方面看,时间跨度大,可涉及几代人;从横的方面看,以这个村为中心点,到远村,到县城,到整个外界大天地,纵横交错。经过挖掘,提炼,认识到"桥"打开了这个小村庄的大门,也打开了村民思想的大门,小天地的变化反映着大天地的变化,大天地的变化促使了小天地的变化,小村庄的红火显示了中华大地改革开放的红火。

从纷繁的生活现象中进行分析、比较、筛选、提炼,寻求新的发现,探求并揭示事物的本质,眼力就会得到锻炼。这方面能力强,写的文章就会言之有物,就会避免人云亦云、庸人思路,就会有新意,就会比较深刻。

11·3　取法乎上，以读促写

生活是取之不尽、用之不竭的写作源泉，生活中源头活水流淌，笔下的文章就生意长流。要提高学生运用祖国语言文字表达情意的能力，当然要培养他们观察生活、认识生活的能力。然而，仅止于此，是远远不够的。中学生的生活范围毕竟有限，他们大部分时间在学校度过，而在学校里，除组织的活动外，绝大部分时间进行各学科学习。虽然也参加一些社会实践、劳动实践，但毕竟有限。这就决定了对生活的体验有一定的局限性。再说，中学生年纪轻，缺乏生活阅历、社会阅历，单依靠从生活中汲取，提高写作能力的目标难以完美地实现。

对中学生来说，直接经验重要，间接经验更是必不可少。别人认识生活、理解生活的经验，运用语言的能力，写成书，写成文，学生要认真读，从中吸取养料，促进自己写作能力的提高。杜甫诗曰："读书破万卷，下笔如有神。"纵观历史与现状，读书破万卷的大有人在，相比之下，下笔如有神的就不多了。问题在读什么书，怎么读，怎么注意读写之间的迁移。中学生学语文，以读促写，以写带读，是提高学生写作能力的一条途径。

一、树立精品意识，在迁移上下功夫

读书与学写字一样，要取法乎上，要有精品意识，善于选择书籍中的精品，善于阅读书籍中的精品；取法乎上，可从中获得较多的乃至丰富的启迪，以指导自己的写作。阅读与写作各有自己的目标，自己的要求，各有自己的操作系统，但读写之间的联系、沟通、磨合、促进，不容置疑。无意识地听其自然，看不到，因而也不可能促使它们双促进；有意识地遵循阅读与写作各自的规律，并在结合、沟通、促进上使劲，写作能力的提高常可取得明显的效果。

精品的阅读迁移既可着眼于语言形式、写作技巧,又可着眼于义理精神。迁移的目的既要寻求在某些写作技巧上的理解、运用,又要考虑到深刻的哲理、高尚的情操对学生的哺育。就技巧论技巧,缺乏人的思考、人的主观能动性,文章的生命之火就不可能烧得旺盛。比如组织学生阅读闻一多的《一句话》,不仅在语言方面让学生得益,在写作冲动、写作热情方面更应该迁移。《一句话》是这样写的:

有一句话说出就是祸,
有一句话能点得着火。
别看五千年没有说破,
你猜得透火山的缄默?
说不定是突然着了魔,
突然青天里一个霹雳
　　爆一声
"咱们的中国!"

这话叫我今天怎么说?
你不信铁树开花也可,
那么有一句话你听着:
等火山忍不住了缄默,
不要发抖,伸舌头,顿脚,
等到青天里一个霹雳
　　爆一声
"咱们的中国!"

这是篇爱国主义情感洋溢纸上的精品。学生阅读时要加以指点。

诗里寓含的感情如火山般的喷发,震人心魄。为何能有如此巨大的感人力量?那是因为作者在感情极端冲动下写成。作者闻一多是现代著名诗人、学者,他在国外受到了民族歧视,而国内又是反动军阀的罪恶统治,他悲愤满腔,胸中燃烧着炽热的爱国热情,正如他写给诗人臧克家的信中所说,把自己比喻为"没有爆发的火山"。1925年夏,他回到祖国,正是反帝运动高潮的时候。这时候他不仅看到了帝国主义反动派对人民血腥的统治与镇压,也看到了中国人民不屈不挠的英勇斗争精神。席卷全国汹涌澎湃的反帝怒潮,正说明了"谁是中国人",反映了我们"民族的伟大"。他胸中的火山爆发了,大声喊出了一句话:"咱们的中国!""爆",揭示了在胸中积蓄已久的话迸发而出。诗人察觉到缄默的中国蕴藏着惊天动地的巨大力量,坚信一旦火山忍不住缄默,就会突然间青天里一个霹雳,到那时帝国主义反动派就要"发抖,伸舌头,顿脚",这是多么深厚的爱国主义感情!

让学生懂得:《一句话》是首响亮着中华民族庄严的最强音的诗,激情奔放,语言凝练,它是诗人对祖国命运满怀的深情浇灌而成。炽热的爱国情感燃起了势不可挡的写作热情,这种写作热情浇灌的诗句铿铿锵锵,唤起读者由衷的共鸣。更要让学生领悟到:要写出情真意切的文章,须有写作热情,写作的强烈愿望。而热爱是培育写作热情、激发写作冲动的基础。热爱生活,热爱祖国和人民,对生活中美好的事物爱慕、敬佩,主动地接受教育,以高尚的人文美、雄伟粗犷或雅致灵秀的自然美陶冶自己的心灵。知识增长,心灵丰富,心田里就会有绵绵思绪往外倾吐。热爱生活,对生活中假、恶、丑的东西充满憎恨、厌恶,同样有要说、要写的感情冲动。当然,写作冲动、写作热情并不都是像火山岩浆般的喷射,有时它表现为细微的、平和的、素静的,甚至是含蓄的,难以觉察的。学生读诗,适当点拨,这种极其可贵的写作热情、写作冲动就会往学生心里迁移。

具体的写作技巧当然可引导学生认真揣摩。例如写文章的角度选择，学生常常感到十分不易，思路打不开，选一两篇文章让学生阅读品味，就会产生"柳暗花明又一村"的感觉。如《我的"她"》这篇短文选的角度可谓妙极。

  我的父母和长官非常肯定地说，她比我出生早。我不知道他们说的是否正确，只知道我的一生中没有哪一天我不属于她，不受她的驾驭。她日夜都不离开我，我也没有打算立刻躲开她，因此，我们之间的关系是紧密的，牢固的……但是，年轻的女读者，请不要忌妒……这种令人感动的关系给我带来的只是不幸。首先，我的"她"日夜不离开我，不让我干活。她妨碍我读书、写字、散步、尽情地欣赏大自然的美……我写这几行时，她就不断推我的胳膊，像古代的克娄巴特拉对待安东尼一样，总在诱惑我上床。其次，她像法国的妓女一样，毁坏了我。我为她，为她对我的依恋而牺牲了一切，前程、荣誉、舒适……多亏她的关心，我穿的是破旧衣服，住的是旅馆的便宜房间，吃的是粗茶淡饭，用的是掺过水的墨水。她吞没了所有的一切，真是贪得无厌！我恨她，鄙视她……我早就该同她离婚了，但是直到现在还没有离掉，这并不是因为莫斯科的律师要收四千卢布的离婚手续费……我们暂时还没有孩子……您想知道她的名字吗？请您听着……这个名字富有诗意，与莉利亚、廖利亚和奈利亚相似……

  她叫"懒惰"。

在阅读过程中，你必然会猜"她是谁"呢？"她"为何对"我"有如此巨大的魔力呢？读了不得不令人拍案叫绝。这是俄国著名短篇小说大师安东·契诃夫的作品。这篇短文实际上是讨伐"懒惰"的檄文，列数懒惰的罪状，痛斥懒惰的危害，表明不与懒惰决裂必然断送前程的观点。如果学生讨伐"懒惰",往往是立论点,摆论据,议论一番,但一般化,不能使人耳目一新,有深刻的印象。而这篇短文没有板起面孔来进行议论,而是选取了"我"与懒惰之间的关系这个角度,用拟人化的手法来写。把"我"和"她"之间的关系描绘得如胶似漆,难舍难分,既心头恨,又无力抗拒她的诱惑,又不打算立刻躲开她。在断断续续的述说中,曲曲折折表达了憎恨懒惰的观点和欲弃不能的复杂的感情,使人如入新的天地,大开眼界。

从具体的阅读材料中,学生会自我迁移,懂得:写议论文,须注意思想性和形象性的结合,把思想寓于如此高明的形象之中,确实是别出心裁。写作时要努力跳出常人的思维框架,另辟蹊径,精选角度,给人以新鲜感。

学生习作自然没有作家那样的笔力,就拿这篇短文的语言来说,十分诙谐风趣。比如要读者猜"她"的名字时,举"莉利亚、廖利亚和奈利亚",是因为俄语"懒惰"一词的发音与这些名字的发音相似。这篇小小文章,打个比方,也增添文化色彩。刻画懒惰的诱惑力时,以克娄巴特拉的事为喻。克娄巴特拉是公元前51至公元前30年古埃及的最后一个女皇,她的丈夫是古罗马统帅安东尼。这些都反映文化的功底。

读写迁移,不能狭隘地认为读什么写什么,学一是一,学二是二,立竿见影。应该从总体上来认识、把握。读得精深,清晰,无论是精神义理,无论是语言技巧,均有所得,有所领悟。储存丰厚,迁移就能得手应心。死板地机械地套用,不能得其精神,效果适得其反。

二、开阔视野,活跃思路,构成一定的知识面

学生要能思风发于胸臆,言泉流于笔端,写出文从字顺、情真意切的文章,单靠课内读是远远不够的。如果说,课内的读是"点",那么课外的广泛阅读才能构成一定的知识面。课文中的精品要精读深思,课外读物中的精品同样要目注神入,多思考,细咀嚼,力求收"望表而知

里"的效果。然而,除了精品之外,还应广泛浏览,要激发学生博览的兴趣。

从美国中学生一份必读书目中,我们可获得某些启发,书目是:《麦克白》《哈姆雷特》《坎特伯雷故事集》《傲慢与偏见》《伊利亚特》《奥赛罗》《理想国》《政治学》《亚里士多德》《共产党宣言》《伊尼特》《美国民主》《托克维尔》《罪与罚》《战争与和平》《美国独立宣言》《哈克弗利·费恩历险记》《草叶集》《麦田里的守望者》《红字》《愤怒的葡萄》《圣经》。对这些书我们不作评价,他们确定这些必读书也不是为了提高写作能力,但从这张书目中可看到这些书可构成一定的知识面,不仅是本国的作品,外国的有相当数量,不仅有文学名著,而且有政治上的经典读物。

学生有一定的知识面,视野就开阔,思路就活跃。语文教师要经常向学生推荐文艺作品、科技读物,对报纸杂志上的时文进行评价,举办读书会、读书经验交流会,指导书刊的购买与阅读,做读书摘记和阅读卡。日常实用性的习作,从书面资料中撷取材料的情形是常有的,因此,这方面要加强指导,让学生懂得怎样查阅工具书,怎样搜集与主题、与论题有关的材料,把握材料的实质,要指导学生懂得博览不能平均使用力量,要有主有次,有轻有重,有的只需翻检,有的只是快速阅读,了解而已。

写作的思路指导甚为重要。指导得法,学生脑中积累的写作材料就会如海水激荡,涌起波澜,蓄倾斜之势;如指导不得法,则会框住学生的脑子,犹如步入窄胡同,步履维艰。学生在博览的过程中,教师作精要的指导,可活跃学生的写作思路。比如有篇小品,叫《儿子眼中的父亲》,全文如下:

七岁:"爸爸真了不起,什么都懂!"

十四岁:"好像有时候说得也不对……"

二十岁:"爸爸有点落伍了,他的理论和时代格格不入。"

二十五岁:"'老头子'一无所知。毫无疑问,陈腐不堪。"

三十五岁:"如果爸爸当年像我这样老练,他今天肯定是百万富翁了……"

四十五岁:"我不知道是否该和'老头'商量商量,或许他能帮我出出主意……"

五十五岁:"真可惜,爸爸去世了。说实在话,他的看法相当高明!"

六十岁:"可怜的爸爸!你简直是位无所不知的学者!遗憾的是我了解您太晚了!"

学生读了,一笑了之,效果往往不尽如人意。加以点拨,启发思考,情况就大不一样。这篇短文通篇用独白组成,无肖像描写,无动作描写,可是两个人物的形象都十分鲜明,寓含了丰富的内容和人生的哲理。如:时间跨度为半个世纪,好像是用"缩微"的技术来构建的;历经人间沧桑后对父亲评价在新的高度的"重复";语言的委婉与武断;心理上的幼稚与成熟;年少气盛,不可一世与尊重现实,实事求是;时代的气息,两代人的异同……可咀嚼体会的不少。这种别开生面的写作思路能使学生开窍,促使学生多多思考。

思路指导宜"放"不宜"收",学生读得多,见识多,脑子活起来,下笔就不会人云亦云。当然,在"放"中要注意理出头绪,要思而有序,不能乱麻一把。文章无定法,首先是打开思路,鼓励学生进行扩散性的思维。不管是命题作文、情境作文,还是材料作文、自由作文,都须打开思想的闸门。学生自己"打开",教师启发"打开",多方面指点思考问题的途径。在开阔思路的基础上,根据写作要求定向、定点、选材、剪裁。思路训练最怕"老三段",开头、结尾,加个中间段,若成为模式,学生的智慧火花就会受到压抑,难以写出气息清新的好文章。

11·4 锤炼语言,增强文章表现力

"一切诗文总须字立纸上,不可字卧纸上。人活则立,人死则卧,用笔亦然。"这句话是清朝著名诗人袁枚说的,十分精彩。它生动地告诉人们:文章的语言须"立"在纸上,那就是说须有活泼泼的生命力,读者从语言中能观看"景",识别"人",能感受"情",领悟"意"。如唐诗中有这么两句:"大漠孤烟直,长河落日圆。"只要稍加想象,就会清晰地感到"字"是"站立"在纸上的。沙漠里的空气干燥,气压高,所以烟一直往上升。住的人家少,所以是孤烟。大河上,落日显得特别大、特别圆。极简单的语言刻画出沙漠景色,给人以辽阔苍茫的印象。这样的语言绝非拼凑所能奏效,而是认真锤炼的结果。百炼为字,千炼为句,坚持不懈地锤炼字句,下笔就会如行云流水。

怎样"炼"呢?

一、思想、语言双锤炼

一篇合乎要求的文章应解决三个问题:言之有物、言之有序、言之有文。"文"的问题如不认真解决,即使选材好,内容具体,观点正确,结构清晰,也仍然不是好文章。因为语言欠准确,无文采,甚至有些文句不通顺,要畅达地表达意思是不可能的。早在两千多年前孔子就说过:"言之无文,行而不远。"(《左传·襄公二十五年》)文章的语言没有达到要求,没有文采,不可能广泛流传。学生学写作文虽然目的不在流传,但文从字顺,准确而生动地表达情意,是必须做到的。

语言是写文章的工具手段,任何精辟的思想、生动的形象、感人的材料离开语言都一筹莫展。因此,古今中外的学问家、文章家无不十分重视语言的学习与修养。大诗人杜甫的名言是:"为人性僻耽佳句,语不惊人死不休。"(杜甫《江上值水如海势聊短述》)老舍认为:"写作的人要眼观六路,耳听八方,熟悉社会各阶层的语言,才能按时间、地点、人物的思想感情,找出那么一个字,一句话。这也正是写作的难处。"(老

舍的《文学创作和语言》)作家孙犁说得更是明确,他说:"从事写作的人,应当像追求真理一样去追求语言,应当把语言大量贮积起来。应当经常把你的语言放在纸上,放在你的心里,用纸的砧、心的锤来锤炼它们。"(《文艺学习》作家出版社 1964 年版)这些名言警句是从事大量写作实践的经验总结,要让学生从中获取教益,深刻领悟到学习和训练语言,提高语言素养,不可有丝毫懈怠的道理。

毛泽东说:"语言这东西,不是随便可以学好的,非下苦功不可。"就拿积累词汇来说,如果是作家,那积累的功夫是惊人的。据说,英国著名诗人拜伦、雪莱的词汇有八九千,莎士比亚的多达一万六七千。怎么积累的呢? 以美国著名小说家杰克·伦敦为例,他经常把词典和书里的词句抄在小纸上,然后把这些纸片挂在窗帘上、柜橱上、衣架上、床帐上,洗脸、穿衣、睡觉前后都能看一看,记一记。外出时也带上几片,抽空读一读。正因为这些作家在语言上如此下功夫,所以笔下的人物、景物,多姿多彩,栩栩如生。学习语言,就要多读古今中外的佳作,从中吸收有生命的语言养料,就要向人民中活泼泼的口语学习,特别在表达情意的简练、干脆、恰当、亲切方面,更应多多体会,认真吸收,以丰富自己的语言仓库。

运用语言不单纯是语言问题,"言为心声",语言是思想的直接现实,思想为里,语言为表,也就是思想是语言的内核,语言是思想的外衣。好的思想没有相应的语言表达,谁能知道那思想是怎样的呢?"辞从意生",思想十分明确,十分清晰,语言也就清楚明白了。因此,进行语言训练时不能只停留在如何遣词造句方面,须同时进行思想的磨炼。也就是要思想、语言双锤炼。想得清楚,才说得清楚,写得清楚;想得正确、周到,才说得准确、周密。认识事物的能力越强,越能用恰当的语言表达。对事物的特征把握得一清二楚,语言表达就能要言不烦。语言的深刻来源于思想的深刻。对事物的本质能够知晓,对事物的精髓能一眼见底,语言表达就能入木三分。思想与语言的锻炼可以双促进。思想模糊,语言就含糊不清,要使思想清晰起来,除对事物再认识、再仔细想之外,可以用语言说,用文字写,说出来、写出来之后再琢磨、推敲,可以促使思想清晰。有人说"写文章,总是在自己头脑里已经有了一些值得写出来的东西;把头脑里的思想用文章表达出来,是一个使思想逐步成熟、逐步完善的过程",写文章是"整理思想和经验,使之明确化、条理化",说的也就是这个道理。

有一种说法常给人以迷糊的感觉,认为文章写不好就是文字功夫不好,不会形容,掌握了语言,掌握了文字,问题就解决了。这是一种误解。"辞"是达意的,语言总是表达一定的思想感情的,对事物认识不清,思路混乱,不可能写出文从字顺的文章。因此,必须懂得应"炼词炼意,词意综合",思想、语言双锤炼,就能双促进,双提高。

二、对词语慎加选择

词是构造语言的建筑材料,没有足够的词汇,不可能准确、鲜明地表达思想。汉语词汇十分丰富,词义有轻重,使用范围有大小,有普通意义、引申意义,有感情上的褒贬等,同义词、近义词有时只有极细微的差别,运用时如不慎加选择,就会犯用词不当的毛病。选用词语有几点须牢牢把握:

1. 贴切

词要与物与事相符。事物是怎样的面貌,词语就表达出怎样的面貌。例如:

中国有一句古话:"百炼成字,千炼成句。"
中国有一句谚语:"百炼成字,千炼成句。"

后一句话中的"谚语"这个词用得不恰当。"谚语"是指在群众中间流传的固定语句,用简单通俗的话反映出深刻的道理,如"三百六十行,行行出状元"。而"百炼成字,千炼成句"是唐朝诗人皮日休在《皮子文薮》一书中所说,称它古话可以,称它为谚语就不贴切。在写作实践中要反复指导学生,让他们懂得:词语要用得贴切,首先对事物的认识要准确无误,其次要区别词义的大小、轻重与感情色彩。

2. 鲜明

意思十分明白,别人一目了然。不用似是而非、意思含混不清的词,不用容易产生歧义的词。如鲁迅的《拿来主义》的结尾一段:"总之,我们要拿来。我们要或使用,或存放,或毁灭。那么,主人是新主人,宅子也就会成为新宅子。然而首先要这人沉着,勇猛,有辨别,不自私。没有拿来的,人不能自成为新人,没有拿来的,文艺不能自成为新文艺。"对待文化遗产的态度非常鲜明,毫不含糊。总的原则是"拿来"。拿来以后怎么办?选用"使用、存放、毁灭"三个词鲜明地表达区别对待的态度,表明怎样取其精华,去其糟粕。具体而明确。要实现"拿来"的目的,人必须具备怎样的条件,用词也毫不含糊。选用了"沉着,勇猛,有辨别,不自私"等分量较重的词语(有的是短语)加以表达,清楚明白。

在学生习作中,常常见到意思含混不清的词,如:"我曾经是个理想主义者——一个可笑的'理想'主义者,对什么都爱'理想'一番。"句中的"理想"究竟什么含义?三个"理想"含义相同,还是不同?不明确,有歧义。一个人有"理想"是好的,句中用的"理想"似乎是不切实际的幻想,甚而至于是乱想,这就犯了用词不当的毛病。

3. 生动

生活丰富多彩,事物千姿百态,情意多种多样,要如实地再现它们,就须选用新鲜的、具有形象性的、绘色绘声的词语,给人如闻其声、如见其形、如历其境的生动感觉。用词切忌陈词滥调,拾人牙慧,用别人用滥了的词。如学生习作《悠悠的故乡河》中对故乡河的描写,就力求选用生动的词语。

　　水是故乡的甜。说起水,常常想起故乡的河。啊,那条九曲十八弯,像抒情诗像歌女舞带一样优美的蓝色的河啊……

　　故乡的河,蜿蜒在鲁西南平原上,名字叫汶河。修长的河道,宽阔的河面,河水浅处过膝,深处没颈,像刚流出的山泉一样,清澈见底。水底多彩的贝壳、晶莹的石子历历在目。它悠悠地从远方游来,一年四季碧流不断。河里生长着上百种动植物:有嫩青的河藻、淡淡的水荇;有白鲢、红鲤、黄鳝;还有河蚌、河蟹、河龟……河畔碧青的草地上,常常可见羊群洁白的身影和牧羊鞭上火红的流苏。银白色的河滩上,有片片茂密的柳树林。每当春水悄悄流过,柳树林便成了鸟族的天堂。翠鸟、画眉、百灵、春燕、黄莺……各种鸟们翔集而至,引颈争鸣,从晨曦微露到明月初上,歌声不断,好一幅动人情思的柳浪闻莺图。有时还会传来牧童嘹亮的笛音,撩拨你蔚蓝的情怀。河两岸,便是一块块方整整平展展的肥田沃壤。秋天,金黄的稻谷、雪白的棉花、火红的高粱……像一轴几十里长的巨幅油画绵延铺展,十分壮美。

　　故乡的河像一卷"绵延铺展"的油画。绘形、绘声、绘色,十分生动。除描写具体,善用比喻外,注意精选词语也是重要原因。如写水的深浅用"没颈""过膝";写水流是"悠悠地"从远方游来;写河藻、水荇用"嫩青""淡淡";羊鞭上的流苏用"火红";写鸟儿翔集用"引颈争鸣";写肥田沃壤是"方整整平展展",等等。画面之所以生意盎然,色彩斑斓,词语是经过一番选择的。

　　选词是需要动脑筋,花功夫的。"僧推月下门""僧敲月下门"在用词上的"推敲"已成为如何用词的佳话。因为"一字之失,一句为之蹉跎"。用词贴切、鲜明,须掌握丰富的词汇,哪怕是极普通的词,用的时候也要辨微析毫。如巴金的《海上日出》中有这样一段："有时太阳走入云里,它的光线却仍从云里透射出来,直射到水面上。……太阳在黑云里放射出光芒,透过黑云的周围,替黑云镶了一道光亮的金边,到后来才慢慢儿透出重围,出现在天空把一片片黑云变成了紫云或红霞。"句中的"透射""直射""透过""透出"都是极普通的词,选用时准确地掌握了它们细微的差别。阳光穿过薄云是"透射",穿过薄云后的阳光是"直射";太阳在黑云内放射光芒用"透过",阳光在黑云外面放射时,用"透出"。如果不下细致的功夫,是达不到如此的准确度的。难怪有的作家这样要求自己:应该让每个字写到纸上以前,先在脑子里盘桓两天光景,给它涂上一层油。

三、写好每一个句子

要写好文章,不仅要讲求选词,而且要讲求炼句。要完整地表达情意,状物写景绘人,就得按一定的规律把词组成句子。句子是文章的基本部件,写好每一个句子,文章才可能通顺流畅,乃至光彩夺目。学生作文中的句子在以下几个方面多加指导:

1. 准确无误

把客观事物、主观情意用恰当的句式准确无误地表达出来并不容易,有两个基本条件须掌握:对客观事物要细致观察,了如指掌,情意要明确,有分寸;对各类句式,如长句、短句、散句、整句、完全句、省略句、主动句、被动句、肯定句、否定句、正常句、倒装句、陈述句、疑问句、祈使句、感叹句等要熟练地掌握。两者结合起来,就可把意思表达清楚。如《简笔与繁笔》中有这样几句:"字面上的简不等于精练,艺术表现上的繁笔,也有别于通常所说的啰唆。鲁迅是很讲究精练的,但他有时却有意采用繁笔,甚而至于借重'啰唆'。"这两个句子说明"简"不等同"精练","繁笔"与"啰唆"不同,主要是说明后一个问题。为了阐说后一个问题,以鲁迅语言运用为例。"很讲究精练"表明总体情况,然后用"但"

转折,阐述也"采用繁笔",不过是"有时",而不是"一直",是"有意",而不是"无意",这就准确地表达了鲁迅运用语言的状况。再接着用"甚而至于"进一步述说,采用繁笔时"借重'啰唆'"。不是真正的啰唆,是加引号的,在特定环境中特定的表达方法,借重它来表达思想感情。这个句子既表达了"繁笔"与"啰唆"有区别的意思,又表达了鲁迅艺术表现手法不凡的意思,十分清晰。

要让学生牢固树立这样的概念:如果句子不符合选句的法则,成分残缺,词语之间搭配不当,词序混乱,意思就表达不清,或发生错误。学生习作中常出现这一类的句子:"他学习缺少信心,通过教师的教育,使他鼓起了勇气,增强学习。"这个句子毛病有二:一是用了"使",残缺了主语;二是"增强"与"学习"不能搭配。要讲清道理,具体指导学生修改。或者修改为"增强了学习积极性",或者修改为"增强信心"。删去"使"字。

准确无误是写每一句话的基本要求,达到这个要求,语言就通顺。否则,文章就须进"病院"诊治。

2. 生动流畅

写作文,句子不能硬造,应如风行水上,自然成文,生动流畅。好的语言,并不是稀奇古怪的语言,不是鲁迅所说的"谁也不懂的形容词之类",而是平常普通的语言,不过是注意加工提炼,去除其中杂质,如重复的、累赘的、不规范的等,并注入新意,写出"人人心中所有,而笔下所无"的语句。比如作家汪曾祺很为自己写的一个句子而高兴,这个句子是:"车窗蜜黄色的灯光连续地映在果园东边的树墙上,一方块,一方块,川流不息地追赶着……"他说他曾经在一个果园劳动,每天下工,天已昏暗,总有一列火车从果园的"树墙子"外面驰过,他一直想写下这个印象。有一天,终于抓住了,那就是"川流不息地追赶着"。显然,这生动的语言是长期观察、思索而捕捉到印象的结果。

在写作实践中,要让学生真切体会到:生动流畅的语言是写作的人的思想的流淌,思想如行云流水,笔下就汩汩滔滔;思想阻塞不通,笔下就疙疙瘩瘩。

注意句式的变化,能增强语言的生动、优美。如短句、长句相间,整句、散句并用,选择不同的句式表达不同的语句。如散文《山》中的句子:

抬头,是山;回首,还是山。左边,是山;右面,也是山。
我在山的怀抱中,山环抱着我。
晨,持一杯清爽,倚着傲松,看山。

雾生腾于山中,鸟声回荡在山中。偶尔,一缕白烟从林中小屋冒出,与雾溶流,于是便分不清是烟耶?雾耶?蓦然红光一闪,太阳悄悄地从山后露出半个脸来,偷窥外面的动静,云经过,遮住了它的额头,它惬意地像一弯小船,泊于山尖。顷刻,又像被火烫了一下,蹦得天高,竟被云托着,下不来了。于是,只有扯一片云彩,掩住了羞红的脸。

开头几句全部是短句,短句结构简单,使语言明快、有力;"雾生腾于山中"这一段句子比较长,修饰语多,使意思更精确。文中短句排列整齐,有整齐美;散句参差,表意洒脱,结合起来用,给人以优美流畅之感。如果把"烟耶?雾耶?"半文不白的改掉,句子的气势就更畅达。学生经常咀嚼、品味、比较、分析,对语言的感悟力就会不断增强。

四、简洁精练

刘勰在《文心雕龙·议对》中说:"文经辨洁为能,不以繁缛为巧。"就是说:写文章的本领在于意思明确,造句简洁,文字上枝蔓华美不是真本领。造句简洁不是漫不经心就可做到,也不能误解为文字少就是简洁,如果一味求简,求少,"于神情特不生动"(清朝魏际瑞《伯子论文》），那就适得其反了。简洁还须精练，要以少胜多，言简而意丰。关于这一点，作家老舍有极深刻的体会：简练须要概括，须要多知多懂，知道100个人，而写一个人；知道100件事，而写一件事，才能写得简练，心有余力，有所选择，才能简练。又说：世界上最好的文字，也是最精练的文字，哪怕只有几个字，别人可是说不出来。简单、经济、亲切的文字，才是有生命的文字。

精练的语言往往是含而不露，不把自己的思想感情赤裸裸地宣示出来，而是留给人思索的余地，使读的人"望表而知里，扪毛而辨骨，睹一事于句中，反三隅于字外"（刘知幾《史通·叙事》）。鲁迅《故乡》结尾的句子是："我想：希望是本无所谓有，无所谓无的。这正如地上的路；其实地上本没有路，走的人多了，也便成了路。"语言是含蓄的，含不尽之意于言外。

语言幽默也能大大增强表现力，给人以深刻的印象。幽默是寓庄于谐，寓情于理，既有说服力，又有感染力，兼有理趣美和情趣美。报上登载马来西亚柔佛市交通部门张贴的一份告示，语言就十分幽默。告示是这样写的：

阁下驾驶汽车，时速不超过三十英里，您可以饱览本地的美丽景色；超过六十英里，请到法院作客；超过八十英里，欢迎光顾本市设备最新的急救医院；上了一百英里，请您安息吧！

这样表达别出心裁，驾驶汽车的人也容易接受。效果与命令式的、警告式的语言相比，不会差。当然，幽默不是耍嘴皮子，不是故意制造笑料，不是庸俗、油滑，而是为了表现生活的真实。它常常以内容与形式、现象与本质的矛盾可笑，给人以教育，启人以深思。得体的幽默是语言运用上有智慧的表现。

语言要用得好,其中奥妙无穷。上面说的都是一般的要求,须努力做到。有时有些特例,貌似不符合语言规则,但在特定的场合、特定的人的身上运用,表达效果非比寻常。例如:20世纪30年代有家报纸登出一篇题为《丰子恺画画不要脸》的文章。读者看了十分吃惊,因为丰子恺品行端正,怎会不要脸呢?待文章读完,才知道此处的"不要脸",不是通常的含义,而是在特定人身上特定的含义,是褒赞丰子恺的漫画技法高超,独具一格,画的人物虽没有五官,但传神尽态。这个标题好在利用"不要脸"这个短语的歧义,造成悬念,收到出奇制胜的效果,难怪丰子恺本人对此也默认,并加以赞赏了。

副词不能修饰名词,这是一条语法规则。可是,在特定的场合,可破例违反这个规则,而收到出人意外的效果。在一次中央电视台举办的春节联欢晚会上,台湾谐星凌峰登台表演。有个纸条戏谑地问他:"你为什么长得这样丑?"他面对观众回答:"我的长相很中国,中国5 000年的创伤和苦难都写在我的脸上……"副词"很"修饰"中国"这个名词,搭配是不当的。但出自这位滑稽人物的嘴里,获得的却是热烈的掌声,因为在这样的场合说这样的话,给人以幽默、风趣的快乐。

学生写作文要注意咬文嚼字,力求把意思表达清楚,教师要不厌其烦地具体指导。与此同时,要鼓励学生学习人民群众中活泼泼的口头语言,学习中外古今优秀作品中的语言,对佳词、美句坚持长期积累,丰富自己的语言仓库。去除语言中的杂质,力求使自己笔下纯净流利。

11·5 发挥习作讲评的作用

习作讲评是写作教学中至为重要的环节,它在活跃学生思维,训练和提高学生表达能力方面发挥着独特的作用。它是作文批改的继续,但又不同于教师的批改,而是师生结合的全班性的面批面改;它是作文指导的继续,但又不停留在作文前指导的水平,而是以习作为依据,进行从实践到理论的概括。

讲评的材料来自学生的笔底,习作者尝过笔耕的艰辛,讲评课上点拨剖析容易心领神会,吸收消化;同窗者感到文在眼前,人在身边,讲优点,评不足,看得见,摸得着,倍觉亲切。充分重视习作讲评这个环节,抓牢,抓实,抓活,能激励学生写作的上进心,调动他们练笔的积极性,有效地培养和提高他们的分析能力、鉴赏能力和运用语言文字表情达意的能力。

要努力提高习作讲评的质量,须注意:

一、加强计划性,目的性,不能随着学生习作"飘"

写作教学与阅读教学一样,应该讲究计划性目的性,应该根据语文教学大纲的要求,在一定的年级重点训练某些方面的表达能力。作文讲评是写作教学的有机组成部分,当然也必须有目的有计划。就某种意义上说,讲评比批改更为重要,它能抓习作的"点",带习作的"面";抓学生中的"点"的问题,促进学生"面"上的提高。因此,教师要努力掌握讲评的主动权,不能无目的无计划地随着学生习作"飘",要把每一年级每一学期写作教学的目的要求和学生习作中的情况进行有机的结合,制定切合学生实际的讲评计划。

下面是初一年级习作讲评计划表,为说明方便,分为四张小表。

学生初进中学,就材料言,写作常感无"米"之苦;就表达说,框框不少,结构程式化,"三段"式文章比比皆是,文章末尾还常常硬装一个"点题"的尾巴。为此,第一阶段四篇作文着重在开拓思路,启发引导学生到生活中发现材料,寻找材料。与此同时,以开拓思路、活跃思维来冲击一些框框的束缚。习作讲评的课题由写作训练的要求所决定,每次讲评就是具体地落实每篇作文的要求。下面试就表一中讲评课题与作文题之间的关系作些说明。

表一

次数	作　文　题	讲　评　课　题
一	夏日的夜空	让思想长上翅膀飞翔 ——谈开展联想与想象
二	夜（看图作文）	再谈开展联想与想象
三	记一个最熟悉的人	打开认识的窗户 ——谈用眼看
四	听践耳同志谈音乐	再谈打开认识的窗户 ——谈用耳听

学生初入中学，为了贴近他们的生活，要求他们写《夏日的夜空》，培养他们联想和想象的能力，因而确定了第一个讲评的课题。怎样捉住想象的触发点，由眼前的"实景"写起。拉出想象的"线头"，一次讲评学生不易领悟，故而安排了看图作文的内容，进一步引导学生在观察的基础上开展联想与想象。为此，从杂志上选了一幅构思巧妙的彩色的夜读图，要求学生认真读画，然后写一篇《夜》的习作，第二次讲评的课题就是据此而定。写生活中熟悉的人和事是写作的一项基本功，读了几篇叙事记人的范文以后，布置他们记一个最熟悉的人，检验他们观察的能力，讲评时指导他们如何到生活中用眼睛去寻找材料。听是接受外界信息的重要途径之一，学生常常忽视，组织学生听作曲家朱践耳同志的报告，既能激发学生的兴趣，增长音乐知识，提高识别能力，又能引起他们对听的能力的重视。学生习作后，讲评的重点放在"用耳朵听"这一点上。这一阶段教学目的在于通过讲评学生习作使学生初步理解生活是写作的源泉。生活中有无穷无尽的写作材料，须做有心人，注意观察，注意去认识。这一阶段的教学目的还在于激发学生的写作兴趣，培养联想与想象的能力。

表二

次数	作 文 题	讲 评 课 题
一	秋 色 图	"着意原资妙选材"
二	童年忆趣	没有中心不成"文"
三	榜 样	看仔细与写具体
四	杨浦中学导游	先说和后说

学生写作思路初步打开以后,第二阶段就着重在材料的选择、记叙的中心和条理方面进行训练,并穿插少量说明文字的练习,为培养说明事物的能力作铺垫。同时对观察、想象等能力的培养抓住不放。表示讲评的课题的拟定就是为了落实上述一些要求。

表三

次数	作 文 题	讲 评 课 题
一	一颗闪光的心灵	文无"意"不立
二	难忘的一课	再谈文以"意"为主
三	一 件 小 事	从材料中提炼主题
四	某某电影片段	笔先和笔后(指立意而言)

表三反映的是初一写作训练第三个阶段。这个阶段反复抓文章的中心与立意。通过连续四次的讲评,目的在改变学生习作内容平、浅、散的情况,使文章的骨架硬起来。

表四

次数	作 文 题	讲 评 课 题
一	运动会一角	怎样把材料组合成有机的整体
二	观画(题目自拟)	详写和略写

续　表

次数	作　文　题	讲　评　课　题
三	可爱的小生灵	描形，绘状，摹声
四	学语文一得（题目自拟）	学会说点道理

　　第四个阶段讲评是往记叙的"深""细"方面发展。学生经过十多篇记叙文习作的训练，对这类文章的写作方法心中多少有点谱。针对这种情况，讲评着眼于组材布局，呼应过渡，详略安排与细致的描写。这个阶段也穿插说明与议论的文字的训练。

　　上述四张表格合起来就是初一年级上下两个学期的写作计划。该计划体现初一年级的写作要求，即着重培养学生记叙能力，力求做到中心明确，内容具体，条理清楚，前后一贯，首尾一致。除平时小练笔外，两个学期16篇作文作通盘的考虑，训练什么，怎样训练，要求是什么，如何循序渐进，如何环环相扣，学期初就应成竹在胸。

　　尽管上述安排不够完善周到，在教学实践中因情况变化可作调整与修改，但讲评有无目的，有无计划，效果确实迥然不同。就文评文，零打碎敲，既失之于肤浅，又难免凌乱，学生脑中似乎受到马蹄践踏，不可能理出写作规律性的印痕。知识杂乱，不成系统，使用的效率就很低。更为重要的，讲评是开发学生智力的极好时机，凭借学生自己的材料培养他们观察、想象、思维、记忆等能力，学生有贴肉①之感，效果有时比学范文还强。讲评计划切合实际，从学生习作的感性材料出发，上升到理性的知识，知识穿成了线，再以它指导写作实践，学生就会从写作盲目的境地中逐步走出来，学会自觉地运用语言文字，准确地表达自己的思想感情。

---

① 贴肉：亲切实在，切合实际需求。

二、树立几个基本观点

过去有一种错觉,认为讲评就是跟着学生习作跑,习作中有什么问题就讲什么问题;讲评时又来个"一分为二",先笼统地总述该次作文的优点,然后说一通缺点,而说缺点时,又多着重于病句、错别字,琐琐碎碎,不成"篇章"。这样的习作讲评,效果往往不理想。要使讲评发挥作用,指导思想必须明确,头脑中必须树立几个基本观点。

1. 要站在育人的高度

讲评不能只就词句篇章作技术性的处理,要站在时代的高度、育人的高度来认识,评文育人。以育人的观点指导评文,想得远,想得深,能敏锐地洞悉习作中的思想潜流,及时引导,发挥讲评的教育作用。

育人是教师的光荣职责。教语文课,对学生习作讲评,不仅要看到课堂里的学生,更要为学生的未来着想。20世纪90年代到世纪末,这些学生都陆续走上工作岗位,成为"两个文明"建设的生力军。那时,我国现代化建设的情况如何?世界科技发展的形势又怎样?具备怎样素质的人才能够适应,才能跟时代同步前进,为祖国伟大事业做出贡献?这些问题教师都应考虑,尽最大努力帮助他们今日把基础打得扎实些,准备得充分些。干在今天,想着明天,提高今天的学习质量,是为了明天能成材做铺垫。

学生习作是学生思想、情操、品格、意志的反映,是学生自己生活和周围情况的部分写照。言为心声,透过习作能窥见学生的心灵,摸到他们思想深处的脉搏。教师要有发现的本领,察微见幽,并把习作中所反映出来的活思想、活情况,及时地加以分析,进行引导,在带领学生推敲如何运用语言文字表达情意的同时,启发他们明辨是非,区分美丑,褒善贬恶,奋发向上。不仅如此,就是讲评中的语言设计,也要对学生有教育感染作用。如习作"课余"讲评课的开头与结尾,就是这样设计的。课一开头,教师说:"在我们国家,欢乐是生活中的主旋律。同学们这次写课余生活,笔底下涌现的都是欢和乐。"这两句话,乍一看来,似乎是在语言的优美上着力,其实,教师是通过语言以热爱祖国、热爱社会主义生活的感情细流滋润学生的心田,用含而不露的方法进行熏陶。课的末尾,先指出"文体活动固然是课余生活的一个方面,但是面临科学技术迅猛发展的今天,我们的课余生活就不能仅止于此,一定要开拓新领域",然后抓住有学生课余学电脑的事点一点,再进而明确"生活是写作的源泉",希望学生在课余生活方面进一步开拓。话仅三言两语,时间花一两分钟,看起来是学生习作内容的小结,实质上起了开阔学生视野,鼓励他们课余发挥聪明才智,紧跟时代步伐前进的作用。

2. 要指导在学生未思误思之处

习作讲评不能形成凝固化的程式,教师对讲评材料的评论剖析不能与学生的理解在同一个平面上移动。如果二者之间基本可画等号,学生就不易激发起浓厚的兴趣和旺盛的求知欲。即使在讲评的过程中课堂上有时也会出现笑的浪花,但由于缺乏深究底蕴的探讨,时过境迁,脑中往往就留不下痕迹。

一般地说,学生对习作的优劣是有分辨能力的,问题在于对怎样优怎样劣、为何优为何劣说不出所以然,尤其是思想的深度、篇章的运筹、细微之处的处理等更不会评出个道道儿,学生未思未发的地方正是教师要挑明、点拨、阐发的所在。地下丰富的宝藏要开采才能显现光辉,语言文字的内涵要深掘才能显露出运用的奥妙。有一定深度的讲评能促进学生思维的活跃,促使他们在较大幅度的智力区域内施展才智。

要"发"在学生误断之处,提高他们的识别能力。有些习作写得比较含蓄委婉,有些地方用曲笔来表达自己的情意,有的词语比较生僻,再夹以用笔不周到的缺点,学生评论时虽思索了,发表了意见,但往往误思误发。对此,教师须往深处剖析,步步诱导,培养他们透视语言掌握思想精髓的能力。习作《花的心愿》里有这样的语句:"青年,是正在凋谢的春花!"有些学生惊愕了,认为这样打比方是错误的,甚至认为简直是大逆不道,往青年脸上抹黑。抓住这种误断和心理状态,须深入地剖析文章的思路。"儿时的我,只知道贪受母亲的深恩,却不知道报答母亲的深恩。""现在,闪光的团徽代替了鲜红的领巾,步入了青春的大门。""没有花谢,哪会结籽?花儿的消失,无不在孕育果实。我渴望我的凋谢,不怕夏天的烈日暴雨,把自己的一切一点一滴地累积起来,注入我的花魂,强健我的花魂。""我盼着秋天的来临……我依偎着慈爱的母亲,恭敬地献上充实的硕果。""我不愿做飞鸟,离开自己的母亲,到他乡栖落,我只有一个信念——结我的果,扎根在祖国母亲的大地上。"理清文章的线索,主题就毕现。以春花喻儿童,以正在孕育果实的凋谢的花喻青年,正是为了倾诉"我的母亲!我知道你爱我,从今后我要报答你的深恩,我要学着劳动,永久不停"的衷情。主题是积极的,感情是健康的。不仅剖析,还要帮助学生寻找误断的原因,人们思考问题往往沿着习惯的轨道,连打比喻也不例外,故而对不落窠臼带有新意的比喻一下子接受不了。其实,习作者用凋谢的花为喻目的在突出孕育果实的主题,而这也正是这篇习作构思另辟蹊径、耐人寻味之处。

"发"学生未思之处要有坡度,有层次,给学生以多方面的训练和启发。德国大文豪歌德有句名言:经验丰富的人读书用两只眼睛,一只眼睛看到纸面上的话,另一只眼睛看到纸的背后。教师讲评学生习作,首先要阅读学生的习作,对习作的中心、结构、语言、方法了如指掌。看纸面,思纸外,思纸后,指导时就可根据学生情况生发,不只是就词评词,就句论句,而是从语言到思想,有层次、有坡度地评析。如有学生在《竹影赏菊》习作中写了这样的句子:"进了菊展的大门,但见竹径通幽,翠绿的竹篱、竹架使得整个展览馆显得更加幽静雅致,片片的竹叶丛中,陈列着许多名菊,群相争艳。"讲评时学生扫视而过,没有提出问题。教师请他们视线暂时止步:(1)思考如此叙述描写对不对,(2)什么地方不对,(3)不对的原因,(4)在描写不恰当的背后有无积极因素,(5)思考怎样修改。对于前两个问题,学生容易解答:展览馆显然由三间厅堂组成,屋前一块大草坪,怎么"竹径通幽"呢?第三个问题让学生思索原因,难度就稍大一些,学生往往只考虑一个方面,而忽略其他方面。如只认为是观察不仔细,或认为是用词不当,不该用"竹径通幽",往往不深思展览厅里确实是竹影扶疏,以青竹为背景,衬托美丽的菊花,习作者隐约感觉到这个特点,但未能选择恰当的词句表述出来。引导学生多方面思考,可训练他们思维的严密性。第四个问题启发学生延伸到课外,新旧联系,从失误中寻找积极因素,这就促使思考更深入一层。学生学过常建的《题破山寺后禅院》诗,中有"曲径通幽处,禅房花木深"的诗句。习作者写《竹影赏菊》,能联想到学过的诗句,并尽量把阅读所得迁移到写作中,意图是积极的,学写文章的学生应该有意识地从阅读中吸取语言养料。最后一个台阶正是修改能力的锻炼。一堂讲评课选择几个学生未思之处逐层深入地进行点拨,不仅使课的容量充实,而且对学生思维的广度、深度、准确度、灵敏度都进行了有益的训练。

3. 重要的在于正面激励

习作讲评切不可用"不能这样""不能那样"的绳索束缚学生。讲评中说一百个不能这样写,学生也不一定就会写。重要的在于正面具体指导,输送养料,教学生应该怎样写。只要正确的写法讲得深,评得透,不该怎样写一点拨就明白了。

一篇文章该怎么写,不是抽象地讲几条写作方法,而是要充分发挥写得较好的习作的作用。学生习作往往是照实写来,有一定表达能力的学生,情思虽会朝笔端流淌,但对文章佳处并不自知或知之不深不确,这是由于并不熟谙写作中的规律。教师须据此把他们从无意识的境地中逐步引出来,提高他们运用语言表达思想情意的自觉性,提高书面表达的能力。下面摘录的是学生谈习作体会的一段话,从中也可窥见上述的道理。

"有了好文章,老师就讲评。在讲评时,我常发现有些美词佳句自己用时往往糊里糊涂,根本没想到评讲时所分析的效果。开始有点儿吃惊,然后又觉得好笑,稀里糊涂写,哪会有那么些优点?课后,特别是成语、引文我就尽量去找它的出处,看看它在原文中是怎样写的,再看看自己作文中又是如何用的,为什么要用,用了有哪些好处,以后可以怎样再用。解决了这些问题,自己就有了收获,以后也就比较自觉地按文章的需要去寻觅去组织恰当的语句了……"

讲评要立足于爱护、鼓励学生写作的积极性,着重在发扬优点,肯定进步。但这并不是任意拔高,"吹捧"一番。离开实事求是,任何表扬都是空虚的,没有力量的。讲评习作不能集中在几个写得较好的学生身上,要力求把面拓宽,尤其是平时写作水平较低的学生,如果在习作的局部出现明显的优点,也要极其真诚地予以表扬鼓励,增强他们写好作文的信心。评讲课要评得热气腾腾,评得作者心里热乎乎,评得听者心里很羡慕,评出学生的写作劲头,评得欲罢不能。讲评课上应该自始至终有笑的潜流在起伏行进,就在这起伏行进之中师生感情不断交流,和谐融洽。

讲评课切忌抓消极的东西大加渲染。把学生习作中的缺点罗列一大堆,万弩齐发,其结果只能是使学生难堪,心里凉了大半截。

习作讲评坚持正面指导,坚持输送养料,就能充分发挥讲评材料的作用。一篇好作文在其他学生身上可产生连锁反应,无论是思想、态度、观察、想象、立意、谋篇、炼词、造句,都会有或大或小的冲击波,时隔一年半载,有时还可透过某学生的习作看到那篇好作文的雪泥鸿爪。渗透的力量不可小视。

4. 突出重点,兼及其余

任何一篇习作都是思想内容和语言文字的结合体,涉及的方面很多,如果讲评时面面俱到,那就讲不胜讲,评不胜评。再说,学生处于练笔阶段,写出来的文章必然有这样那样的毛病,如果胡子眉毛一把抓,岂不像一把芝麻撒在地上,黑乎乎的,叫学生捡哪颗? 叫他们克服用笔的哪些缺点呢? 为效果着想,每次讲评必须有明确的重点。重点突出,学生可获得实实在在的启迪。

讲评的重点不能随心所欲地确定,须有根据。一是该次习作的具体要求,二是该次习作的具体情况,二者碰拢,吃准倾向性问题,就能明确把讲评重点放在哪儿。以一次习作为例。初一学生学了《人民的勤务员》等一组课文后,要求他们到生活中,到自己身边寻找学习的榜样,认识、描写、颂扬这些榜样,于是出了"榜样"这个作文题。写作要求是:① 写一个看到的或听到的为祖国"四化"建设做贡献的人。② 注意描写人物的外貌和言行,表现他们的思想精神。③ 安排好记叙的顺序,突出文章的中心思想。

生活中确实有许多学习的榜样,但到了学生的笔底,大多已不成榜样。一般化的多,笼统叙述一番,再加上几句赞语。写不像或不大像的原因很多,而观察粗疏肤浅是最基本的原因。从习作的具体情况看,就写人评写人,抓不到要害;就写人谈观察,可在关键处给学生以开导。因此,讲评的重点放在第一个要求的"看"和"听",把第二个要求糅合其中。至于记叙的顺序,材料的安排和描写人物的方法等暂时舍弃,不搞"大杂烩"。讲评课上选择学生几篇习作评析,要在三个要点上敲打。力求一准二细三深。准,就是用心发现所观察的对象独有的特征;细,就是体察入微,不遗漏有意义的细节;深,就是深入底里,务得神气,要寻找观察对象内心闪光的东西。从习作的材料出发评析,进行具体指导,学生对观察该怎样和不该怎样可加深体会。

强调讲评有重点并不是单打一。课堂教学须十分注重容量和效率。一节讲评课有知识的传授、智能的培养,处理恰当,学生可多方受益。《榜样》学习习作讲评的重点虽在"看"和"听",但思想情操的感染教育,概括分析能力的培养,遣词造句基本功的训练等均可结合起来进行。讲评一开始,先用三五分钟时间请学生简要地用一两句话说明自己写的是怎样的人。这一教学活动的作用是:进行面上的交流,开拓学生思路,活跃课堂气氛;教育学生懂得在我们国家男女老少、各行各业中都有学习的榜样,都有思想情操高尚的人;训练学生概括的能力和口头表达的能力。重点讨论研究观察的某些要领时,也不是就观察讲观察,而是把词句的理解和推敲贯串其中,就文论观察;就观察深度看遣词造句是否准确,优劣如何,这样处理可收相得益彰之效。

　　重点讲评某一个问题,不能企求毕其功于一役。知识的掌握尚且不能一下子印入脑中,更何况是能力的培养。同一个问题可作为多次讲评的重点,尤其是写作训练中的一些基本法则,须反反复复使学生加深理解,加强印象。为了不炒冷饭,不让学生有嚼蜡之厌,同一个内容可结合不同类型的习作,选取不同的角度,采用不同的方法进行,让学生始终有新鲜感。就上述的观察而言,可结合习作中游记的写法讨论观察的角度、观察点的移动;可结合说明文的习作训练观察的顺序;可结合散文的习作理解观察与想象的结合等。

　　教师脑中具备上述基本观点,讲评时不大会走谱离线,可望取得较好的教学效果。

三、采用灵活多样的方法

　　讲评无定法。方法是为目的服务的,只要能收到开发学生智力、提高表达能力的效果,方法尽可以灵活多样。

　　不管采用怎样的方法,都要立足于发展学生的聪明才智。要使每一个学生学会在课堂内同时接受多方面的信息,来自教师的,来自同窗的,而大量的是同窗的。如果只是教师讲述,教师发出信息,学生即使恭听,也难以活泼生动,更不用说能爆发出智慧的火花。

不管采用怎样的方法,都要为学生发表意见创造条件。比如走路,学生是行路人,教师或在前"引",或在旁"扶";引也罢,扶也罢,都是为了让学生自己走路。学生发表意见不可能一下子就准确、周到、精当,训练多了,学生之间相互启发,情况就会逐步改变。教师要有耐心,要耐着性子给学生多方启发,铺路搭桥,切不能越俎代庖。

方法多种多样,下面简述常用的几种:

1. 对照与比较

运用对照和比较的方法,正误、好差显露,学生鉴别起来清楚明白。讲评中可比较对照的方面很多,运用时须根据习作的具体情况,讲评要达到的具体目的慎加选择。如习作《树根》托物寓意,赞颂美的创造者,主题积极,但事例不贴切,语言毛病较多。把习作者自行修改前后的两篇作文同时印发,组织学生讨论它们的异同,辨别正误,剖析原因,再请习作者自己谈修改前后的思想认识。通过对照比较,弄清这样一个道理:文章不厌百回改,修改语言实质上是修改思想;认识模糊,语言必然含混不清,事例必然不贴切,不典型。这是就一个学生的习作前后对照比较。又如以习作与范文进行对照比较。学生读了《事事关心》以后,仿范文中论述的思路写《金玉其外,败絮其中》。由于是仿作,相似之处颇多,但似中又有差别,仿中能见高低。运用对照比较,目的就是显示高低差别,引导学生悟出食必须化,"仿"不是机械模拟,模仿中应有创造的道理。对照比较分两步,先择几篇习作进行比较,判别同异与高下,再择模仿中有创造的与课文相应部分对照,辨别细微之处。让学生懂得新学写一种体裁的文章,从模仿入手是为了学会某种技能技巧的规矩法度,为了有样子可依,但更重要的是注入自己的思想认识,离开自己的创造,文章是站立不起来的。

2. 归纳与演绎

运用这两种方法目的在把习作中的零散的优点上升到规律性的知识,和运用写作中规律性的知识评析写作,加深对规律性知识的理解。把习作材料同写作的基本原则、基本方法挂上钩,从活泼泼的习作材料中抽出某些写作要旨,又以某些写作要旨为指导,评说具体的习作材料。一篇习作涉及的写作要旨不少,一节讲评课只能根据习作具体实际拎几点。如《童年忆趣》是学生写得比较好的习作,教师选择了九篇让学生阅读,请他们大谈文中的优点,学生积极性甚高,从内容到表达,从细节到构思,摆了许多条。在学生畅所欲言的基础上归纳出符合写作规律的要领:要写好这类文章,须在"趣"上下功夫;材料要有趣,要精选带着"花朵"芳香的趣事;笔墨要绘趣,既要注意下笔点"趣",引人入胜,更要注意充满童真的生动场景的描绘,使妙趣横生;收笔可添"趣",使清音有余,增添色彩。从九篇习作中归纳出上述这些写作道理以后,再要求学生以此为尺子,衡量自己的习作,寻"得"找"失",推断出写得较好、中等和较差的缘由。

3. 赏析与评改

讲评课上组织学生赏析习作是学生喜爱的一种做法。习作当然不会很成熟,不可能完美无瑕,但只要确有见地,确有新意,确有高于同学之笔,即使带有稚嫩之气,也是值得欣赏评析的。这对锻炼学生眼力,对提高学生习作水平很有益处。眼高才能手高,眼不高,手也高不了,认识低下,不可能写出质地好的文章。赏析习作就是锻炼学生眼力的方法之一。如学生春游之后,要求学生就自己最感兴趣的二三小景用语言进行素描,勾勒形象。习作讲评时请学生析文赏景,忆景品文,领略佳妙。赏析时不停留在一般性的说是道非的水平,要析得入情入理,并佐以表情朗读。以《月洞映景》为例,习作者是这样勾勒的:

突然,眼前一亮,我们看到了水,看到了红檐,高兴地一步跃出小径。

这儿是长廊的进口处。我举起照相机,对准了那个月洞门,只见门边又套着一个门洞,那里面树枝摇曳;左边映出长廊的一角,闪出一株血红的花朵。我和张静笑眯眯地走近月洞门,"咔嚓"一下,我们便成了画中人!

学生赏析时读读讲讲,读出画意,讲出笔锋运行的妙处。写景须在人耳目,"跃出小径"后所见之景,三言两语就勾勒得如在眼前。洞门中有门洞,景中又套景,照相机中映画面,增添诗意,人步入画中留影,增添无限生机。长廊一角有趣处,花朵血红仅一株,给画面点染亮色,更显精神。

讲评课也可运用集体评改的方法进行。特别是看图作文,使用同一个图,讲评时可选择一两篇作文集体评改。由于每人在这方面都有过实践,都尝过一点读画写文的甘苦,都有话可说,因而评得特别细致,改得也比较贴切。这类评改实质上是以一两篇中等或中下的习作为依据,修补改造,进行集体创作。

4. 引进与延伸

讲评课应有容量。就习作评习作容易呆板,如果根据讲评要求引进课外的有关内容,或扩展,或加深,或增加直观,或引申发挥,课堂里气氛就会更加活跃。源头有活水,学生不断品尝到甘甜,领悟到知识如浩瀚的海洋,就会孜孜不倦地求索、进取。

引进的方法很多,有的是为了加强教学的直观性。如讲评《听践耳同志谈音乐》时,用三五分钟时间听践耳同志报告中一段话的录音。引进部分录音可使讲话的语调、语气、内容在学生面前再现,以此来衡量习作中写这部分内容的准确程度,学生可发现第一次听报告时听的能力方面的问题。而大量引进的则是学过的课文和课外阅读的报纸杂志上的词句、写作方法,采用这样的方法目的是加强新旧联系,加强读写联系。重复是学习的母亲,在不同的场合,从不同的角度,用不同的方法联系学生学过的接触到的有关知识,不仅能温故,而且可知新,学生思维的广度、思维的敏捷性也得到开拓和锻炼。结合讲评的要求和内容引进一些中外有关写作方面的名言警句,不仅可开拓学生视野,而且可增加课的深度。如讲评上述的《树根》习作时,为了突出修改的重要性,就先后引进了清郑燮和宋黄鲁直的材料。郑燮说:"为文须千斟万酌,以求一是,再三更改,无伤也。"《东京梦华录注》中记载:"黄鲁直于相国寺得宋子京唐史稿一册,归而熟视之,自是文章日进。此无他也,见其窜易句字与初造意不同,而识其用意所起故也。"将此引入课内,用于讲评。有一学生略知该事,很为得意,其他学生立刻笔记下来。

讲评课可把课外的引进课内,也可把课内的延伸到课外。课结束,而寻求有关知识的愿望和活动继续着。如一学生的习作《歌声》中评述了施特劳斯的乐曲《蓝色多瑙河》和女高音歌唱家丽莲·彭斯演唱的《春天来了》。讲评时肯定了习作的语言优美,行文流畅,感情真挚,同时指出对《蓝色多瑙河》基调的理解欠妥当,与其他乐曲混淆,请同学课余寻找解答。问题是这样的:《蓝色多瑙河》给予听者的感觉是多瑙河的旖旎风光,不宜使用浑厚、雄壮等词语加以描写。文中对此乐曲的论述如用之于对贝多芬《第九交响曲》,就更合适些。《第九交响曲》境界开阔,气势雄伟。是不是如此,课后可请教音乐教师,或设法亲自听一听,比较鉴别。

以上所述种种方法可单独使用,可多种结合,怎样使用得当,须从效果考虑。讲评时可重点评一篇,一篇带几篇,多篇综合评论,也可自评,互评,集体评。

习作讲评常被人视为软档课,其实,软档不软,它的质量如何直接影响写作教学的质量,影响学生智能的开发、素质的培养和书面表达能力的提高。正因为如此,作文讲评必须十分注意提高质量。

12　教海无涯学为舟

语文教学是高难度的教学,它的质量的高低不仅直接关系到学生语文能力的强弱,文化素质的优劣,而且影响到其他学科学习水平的进展,影响学生日后自学能力的高低。正由于它在学生成长中起重要作用,因此,对教育事业怀有高度责任感的语文教师总是致力于探索改革的途径,千方百计提高水平,使它充满生命力。要使自己从事的语文教学勃勃有生气,使学生深受其益,就必须认真地抓自身思想、道德、文化、业务的建设,学而不厌,锲而不舍。第斯多惠在《德国教师教育指南》中深刻地指出:"教育者和教师必须在他自身和在自己的使命中找到真正的教育的最强烈的刺激……把自我教育作为他终身的任务……"语文教师要在教学上做到日有长进,月有长进,年有长进,当然要着力找到那"最强烈的刺激",即坚持自我教育。

12·1　清醒地认识自己

人贵有自知之明,真正做到自知,做到自己认识自己,其中大有学问。一名语文教师要能担负教学重任,积极进取,须清醒地认识自己,清醒地认识自己的教学业务。而要能清醒地认识,首先要加强思想修养,在"虚心"两字上下功夫。"虚"就是不满,志足意满,踌躇满志,还能容纳下什么东西呢?"虚"才能容物,才能主宰自己的眼睛去看,主宰自己的耳朵去听,否则,眼睛上、耳朵上总像蒙上了障碍物,不是视而不见,听而不闻,就是看走样,听走音。"虚心"是鞭策自己进步的动力。

一、功底

语文教学涉及面广,稍加深入,就会感到知识不成串,教起来捉襟见肘,力不从心。越教越深切感到功底厚不厚直接影响到教学的质量。功底浅,知其然,不知其所以然,经不起问,深不下去。

比如识字,原先认为不难,只要会使用工具书,勤于查检就行。随着教学实践的深入,就会发现识字很不容易。韩昌黎说:凡欲作文,须略识字;识字者,通小学也。章太炎说:韩柳之文,都通小学……清桐城派略通小学。从这些话中可知识字的不易。例如《雨中登泰山》中的"喑噁叱咤"这个词,"叱咤"用得多,"喑噁"就很少见。猛一看,似乎读 yīn wù,仔细查阅,才知道读音很有讲究。"喑噁叱咤"出自《史记·淮阴侯列传》:"项王喑噁叱咤,千人皆废。"司马贞索隐说"喑噁"的"喑","于金反",读平声;《汉书》中读音乃"于禁切",音"荫",现在的第四声。一般说来,以《汉书》读《史记》最为可靠。

不常用的字如此,常用的稍一疏忽也会出差错。如《挖荠菜》中有个"呛",不注意就会误读成 qiàng。汉字中多音多义字特别多,要慎加识别。食物或水进入气管引起的不适叫 qiāng,气体(刺激性的气体)引起的不适读 qiàng。

至于字义的变化更是不容易把握。"文化"这个词,在英文中是个字 cultural。英国的雷蒙德·威廉斯就是这样论述的:它本是"天生成"的意思,在 18 世纪末和 19 世纪早期一变而有"习惯和心情一般状态"的意义;第二次又变成"社会、知识发展一般状况"的意思;再则进而变成"艺术一般总称"的意思;最后到 19 世纪后期就发展成为包含"物质、知识、精神全部生活方式"了。(《1780 年至 1950 年的文化与社会》)了解这些,比起单从词典上查到的解释要丰富。

字词如此,其他方面如语法、修辞、文学等功底同样有厚与薄的问题。厚积而薄发,才能做到精要,说到点子上,使学生受益。

二、视野

语文学科涉及的知识多达数十种,除了汉语、文学等知识外,涉及天文、地理、科学、技术、美术、戏剧等,真是丰富多彩,包罗万象。教学任务决定了语文教师既要精通本身的业务,又要广为涉猎,广泛地学习,越博越好。又博又专,教学时就会逐步做到得心应手。

教课要能撒得开,纵横延伸,更能收得拢,聚意点睛。如果视野狭窄,就不可能上下古今,更不可能登高望远。比如,在教介绍现代科学技术的说明文时,为什么常常就文论文,干得很呢?原因在于缺乏相应的知识,教的时候兜不转,谈不上一滴水与一桶水的关系。有时候学生科普读物读得多,能说出比教师多的道道儿。不是说语文教师都应精通科学技术,这是不可能的,但是一个科盲的语文教师必然在教学中缺掉相当重要的一个"角",块面上缺个角总是很遗憾的。

又比如借鉴外国的问题。要在语文教学中走出新路子,除了继承和发展传统教法中的合理精华之外,必须面向世界,了解外国,积极地进行借鉴。这里就存在两个问题:一是能不能阅读第一手材料的问题,二是不是捡到篮子里就是菜,抄一点、套一点,还是认真研究一番,区别正误与优劣。作为语文教师,既要大量占有,更要学会咀嚼消化,把有价值的养料溶化在自己的教学中,使语文教学仍然保持鲜明的中华民族的特色。吸取国外教育教学的进步的有益的观点与方法,目的是滋养自己,丰富自己,而不是失去自己。因而,从持怎样的观念去学习、借鉴,到学什么,怎么学,可研究的问题很多。这方面不认真考虑,并付之于行动,视野就受影响。

三、驾驭

语文教学是科学,也是艺术,教师驾驭能力如何直接影响教学的质量。所谓驾驭,一是驾驭教材,对教材有洞悉能力;二是驾驭课堂,对课堂中千变万化的情况能及时运筹自如。钻研教材是无底止的,写了教案去实践,进行教学实践后再来看教案,就会觉得没有一篇自己是十分满意的。且不说理解得深与浅,就是"准"也十分困难。然而,"准""正确",是教课的最为重要的问题。如果把知识教谬误了,就好比把稗子撒到学生心中,后果的严重性可想而知。比如教《果树园》的第一部分,景物描写有特色,人物描写有章法,是把景物描写、翻身农民群众的欢乐、李宝堂"苏醒"后的欢乐放在一个平面上理解,还是主衬分明;同样写欢乐,写法上相仿,还是有显露与含蓄之别;一些词语的选用是信手拈来,还是匠心独具,环环相扣,互相映衬,凡此种种,教过以后比教以前明白得多。这就说明驾驭教材的能力有待加强。

课堂驾驭也是如此。学生积极性未充分调动时,教师容易教,反正是你讲他听;学生积极性调动起来,学习主动,思维活跃,天南地北,什么奇怪的问题都问得出,有时难以招架,课堂上受窘的情况偶有发生。这就说明教师的教育机智要大大加强,努力提高教学中的应变力与组织力。

语文教学的路是一条艰辛的路,清醒地认识自己,就可看到上面布满了自己的不足与遗憾,关键在于怎样认真对待。不足、缺陷是令人懊丧的,但是认识它,填补它,跨越过去,就能愉快地迈步向前,就会鞭策自己努力学习,不断进步。最可悲的是故步自封,裹足不前,教学方法多少年"一贯制",自己无长进,学生当然也就长进不大,给耽误了。

12·2 锤炼教学语言

打铁要靠自身硬,语文教师要提高教学质量,有效地培养学生理解和运用祖国语言文字的能力,除了上述的深入钻研教材,洞悉教材底里,研究学生实际,改进教学方法外,还须锤炼教学语言。

语文教师既要教书,又要育人,一时一刻也离不开言传身教。教师的言教，相对来说，用文字的比较少，大量是用口头语言，因此，教师有计划有实效地进行口语训练，锤炼教学语言就非常必要。我们常常见到这样的情况：教师知识水平相仿，教育对象相近，教学内容相同，但教学效果却迥然有异。一者情趣横生，课堂气氛活跃，学生兴趣盎然；一者平板乏味，课堂沉闷窒息，学生昏昏欲睡。课堂效果的好坏虽然受多种因素的影响，但教师的语言修养、运用语言的艺术往往起特别重要的作用。教师必须具备良好的口头表达能力，这种能力不仅是增强教学效果的有力手段，而且能给学生以熏陶，使学生在潜移默化之中理解语言，提高使用语言的能力。从哪些方面来锤炼语言呢？

一、清楚明白，不含糊其词

用清楚明白的语言传授知识、启发思维是教课的基本条件；含含糊糊，闪烁其辞，杂乱无章，学生就会如坠五里雾中，得益甚微。要做到清楚明白，一要积极训练自己的思路，力求清晰通畅；二须有意识地清除自己语言中的杂质。

语言是否清楚明白，很大程度决定于思路是否清晰，是否符合逻辑。心里清楚，说出来才明白。对所要传授的知识不"烂熟于心"，未认真思考，如何有条理地表达？讲述时就会东一榔头西一棒子，枝叶蔓生。教师课前对要讲述的问题，要进行的种种能力的训练，均应作认真的构思，在"序"上下功夫。比如先说什么，后说什么；怎样开头，怎样过渡，怎样结尾；如何先总说后分说再总说，分说时从哪些方面、哪些角度，又按怎样的顺序排列；如何运用归纳的方法由具体事实概括出一般原理，又如何采用演绎法由一般原理推出特殊情况下的结论，凡此种种，都须再三琢磨，训练思维的条理化。思路井然有序，讲解就会条分缕析。心明，言才明；锻炼"心明"，可以促使"言明"。

啰唆重复，颠三倒四，逻辑性差，学生最害怕。十句百句里可能有一句是金子，但沙砾堆砌，把它埋了起来。学生听的时候，要挑拣，要分辨,费时费力。语言的轨迹也就是思路的轨迹,思路轨迹清晰不乱,语言也就有条不紊。教师要注意理清自己的思路,最为重要的是一根线索手中捏。目的地在哪儿,起点在何处,心中要一清二楚。中途有岔道,千万不能七拐八拐,云深不知处。忘记了目的地,学生就会丈二和尚摸不着头脑。

有时语言不清晰,啰唆重复,是因为思维赶不上趟,来不及反应,或者是思维出现这样那样的缝隙,一时找不到合适的东西补。为此,平时要积极锻炼思维的敏捷性和严密性。要培养学生敏捷的思维以适应现代社会快节奏生活的需要,教师自己就要训练思维的速度,不能总是慢条斯理,经常开展多向思维,多角度多方位思维,语言就有了内在的功底。

有意识地清除自己语言中的杂质。教师应讲普通话,力戒掺杂方言土语。语言上的混杂、不纯净,不仅影响听的清晰度,而且影响学生运用规范化语言思考的能力,影响他们言语的发展。"这个""那个""呶"等口头禅,也是清楚明白的大敌,它使语言芜杂,拖泥带水,犹如莨莠齐生,把该表达的思想感情淹没在莠草之中,大大降低表达效果。着力清除口语中的这些杂质,净化语言,努力做到吐字准确,声音响亮,语句完整,语言精练,"丰而不余一言,约而不失一词"(赵秉文[①]《闲闲老人滏水集·竹溪先生文集引》),学生听起来就愉快,接受起来就方便。

二、通俗易懂,不佶屈聱牙

要使学生学懂、学会,再深奥的知识教师也要善于用通俗的话讲出来。口头语言和书面语言有区别,前者作用于人的听觉,瞬息即逝;后者作用于人的视觉,读的人遇有艰深之处,可反复阅读,仔细咀嚼,思索

---

① 赵秉文:金代著名学者、书法家,字周臣,号闲闲居士,晚号闲闲老人,磁州滏阳(今河北磁县)人。

理解。因而,口头语言较之书面语言来说,通俗易懂更为重要。教师讲述概念、定律,讲述文章尤其是议论文中所阐述的科学道理,常运用诠释性的语言加以说明。如何运用诠释性的语言很有讲究。如果照本宣科,照搬课本上的书面语言,照搬现成的条文,从概念到概念,从抽象到抽象,就失去口头讲析的意义,徒然浪费极其宝贵的课堂时间;如果教师充分占有与教学内容密切相关的材料,对教学内容的重点、难点、关键了如指掌,懂得抓住哪个节骨眼儿一点就通,注意选用浅显的语言,讲述就会具体易懂。唯其深入,才能浅出。要能把所教的知识、道理通俗易懂地表达出来,关键在于一个"透"字。透彻理解,融会贯通,就能深入浅出,讲到精要处,说到点子上。

语言是否通俗易懂,还有赖于遣词造句的功力。要善于从同义词、近义词、反义词中选用最恰当、最鲜明、最常见、最易听懂的有关词语表达情意,深者浅之,难者易之,生僻的,容易引起误解的少用或不用。组织教学用语时,要注意长句化短,繁句化简,多用短句,少用复句。意思比较复杂的可用几个短句剖开来说,不搞修饰语、限制语的堆砌,拗口的、不符合中国语言习惯的外来语句式尽量少用或不用。

三、优美生动,不枯燥干瘪

教师讲课所用的语言虽属日常口语,但又不同于"大白话",应该是加了工的口头语言,与随想随说的日常交谈有区别。要注意语言的提炼,炼字炼句。教学用语里既要有人民群众经过锤炼的活泼的口语,又要有优美严密的书面语言,教课时让学生置身于语言美的环境之中,受到教育与感染。

教师要掌握大量的词汇,善于用同义词、近义词转换,善于运用专业词、成语、俗语。汉语的词汇丰富如海洋,它反映中华民族数千年的悠久的文化,又吸收了各民族与外来语中语言的精华。它反映客观事物、表现思想感情的精密程度,同义词、近义词之间的细微差别,在世界上是罕见的。平时广为采撷,认真储存,教课时就会源源涌入脑际,根据教学需要,信手拈来,脱口而出,大增语言的风采。如果自己词语仓库里的物品极少,阐述问题、剖析事理时总是翻来覆去用那几个词语,颠来倒去那几句话,教学效果就可想而知。语言贫乏干枯,学生是不会欢迎的。

须熟练地掌握和运用各种修辞手法,句式要富于变化,增强语言的形象性。善于运用语言的作家十分注意语言的形象性,他们借助形象化的语言,在文中绘声绘色绘景绘情,使人有身临其境之感,触动读者的心灵。教师的语言虽不等于作家的文学语言,但要悦学生耳,吸引学生的注意力,要使学生听得津津有味、孜孜以求地在学海中泛舟远航,非得讲究形象生动不可。贴切的比喻能启发学生联想、想象,精当的设问、反问能造成悬念,启发学生深究底里,气势流畅的排比能激发学生感情的波澜,适时的反复、强调能加深学生的印象。所有这些,教师课前应运筹帷幄,成竹在胸。课上,语言的闸门一打开,伴随着语言的知识就会如清泉之水汩汩地流入学生的心田。

为了加强表达效果,还须注意句式的变化。重复用一种句式,不加变更,必然单调无味。根据教学要求、教学内容的需要,可用单句,可用复句,可长短句交错,可用陈述句,可用判断句,可用疑问句等其他句式。即使用得较多的陈述句,其中词序的排列也很有值得推敲之处。哪些前置,哪些倒装,都要从效果出发,妥加安排。句法参差有致,听起来就自然和谐。

优美生动的语言必然有和谐的节奏。抑扬顿挫、高低起伏处理得恰当,能给学生以美的享受。音量要控制,过响会震耳,过轻听不清,以传送到课堂每个角落、每个学生能清晰地听到为宜。要注意音质音色:频率过高,尖声刺耳;频率太低,沉闷欲睡。妥善控制,改善音质,学生听起来就愉快舒适。讲课的语言必须有抑扬起伏,视不同的教学目的,有时舒缓徐慢，有时高亢激奋，有时停顿间歇，有时一泻千里，创造课堂气氛，牵动学生思绪，叩击学生心弦。如果只在一个平面上移动，如果只是等速度地流淌，容易对学生起催眠作用。

教学语言要做到优美生动，除了语言技巧之外，学识修养很为重要。语言贫乏，干瘪无味，是教师口语的大忌。这种情况貌似语言问题，实质是受到学识与文化的制约。可能对要讲述的事物有某些认识某些了解，但往往囿于表层，既无深度，更谈不上旁征博引，因此，表现在语言上就干枯，可听性差。教师作为文化人，是人类创造的精神财富的传播者，理应广泛地学习，以知识的清泉滋养自己，不断地积累词汇，丰富语言，阐述道理透辟深刻，令人折服。在这方面可资我们学习的榜样很多。

鲁迅先生在北平师范大学讲课，来听讲的人越来越多，礼堂容纳不下，只好临时挪到大操场去。他站在一张方桌上，处于人群当中。他既安详，又激动，滔滔不绝地说，鼓励青年学生认识国民党统治的黑暗，走自己的路。在秋风萧瑟中，没有扩音器，也没有扬声喇叭，但听者专心致志，激动感奋，听得一清二楚。何以有如此震撼人心的力量？是鲁迅先生语言的威力，而这种威力来自他丰厚的学识，崇高的人格。

这是一座破饭厅翻改成的大教室。在昏暗的灯光下，屋里的人挤得满满的。这是闻一多先生在讲"什么是九歌？"学生随着他的声音被引到一个富于遐想的情境：

黄昏时分。从四面八方辐辏而来的鼓声，近了，更近了，十分近了。"神光"照得天边通亮。满坛香烟缭绕。

男女群巫，和他们所役使的飞禽走兽以及各种水族，侍立在两旁。

……

教室里弥漫着像歌唱一样的声音,人们几乎分辨不出讲坛上是闻一多还是屈原大夫。讲者和听者的心融成一片,两千年前的《九歌》活跃在现代人们的心里。闻先生的教学语言为何有如此的魅力?得益于学识渊博。他研究《楚辞》,对神话有癖好,对广义的语言学与历史兴味浓厚,从人类学、社会学中吸取了关于原始社会以及宗教、神话的知识。为了研究中国文化典籍,他孜孜不倦,"三年不窥园",数载不下楼。

鲁迅、闻一多这样的老师给我们以高山仰止的感觉,是我们学习的典范。尽管与他们的学识、文化有天壤之别,但执着追求,勤于打功底的精神,对我们来说,特别重要。

中华民族的优秀传统文化,是中华民族几千年文明中所创造的宝贵财富,是一座丰富的宝藏。历史的进程已经走到了 20 世纪 90 年代,在全世界科学技术日新月异的今天,作为教师,既要有本民族几千年优秀传统文化的修养,又要学习现代科学文化知识。而且,人类创造的精神文明应该择其精华而吸收。因此,还须花一定的时间学习外国文化。学习不学习大不一样,经历一定时间的检验,语言上文野之分、雅俗之分、丰腴与贫乏之分就十分明显。

教学语言优美生动,还须倾注充沛、真挚的感情。语言上没有什么差错,可听起来总觉得缺了点什么,平淡如水,缺少光彩,听的人感动不起来。语言平淡无光,学生注意力难以集中,学习效果受到影响。教师的语言修养在极大的程度上决定着学生在课堂上脑力劳动的效率。三尺讲台方寸地,教师语言发挥的作用往往能超越时空,在学生心中弹奏经久不衰。能否达到这个境地,关键在语言里是否有"魂",是否有光彩。

伟大的民族精神是中国魂,正是这种民族精神,使得中华民族在几千年的风风雨雨中,历经挫折而不屈,屡遭坎坷而不回,披荆斩棘地开辟道路,奋然而前行。这种民族精神是炽热的爱国精神和自强不息的奋进精神的综合。教师是要有点精神的,教师语言的"魂"就是来自这点精神。

情动于中而言溢于表。语言的闪光来自思想的深邃,语言的激昂慷慨来自胸中感情的激荡。不断地锻炼自己敏锐的目光和洞察事物的能力,不断地陶冶自己的道德情操,是提高语言修养,克服平淡无光的有效途径。

作家阿·托尔斯泰在一次讲话中曾这样说:"我们不仅能够把思想、概念,而且还能够把最复杂的、色彩最细腻的图画用语言表达出来。可以这样说,在人的大脑里好像有着成千上万个,也许还是成百万个键子,一个正在讲话的人,就好像是用无形的手指在大脑这个键盘上弹奏一样,而讲话人所奏出来的那支交响乐也就在知音者的头脑里回响起来。"这段话十分精要地道出了语言艺术对作家的重要。从中,我们可获得深刻的启示:一名教师必须锤炼教学用语,研究语言艺术,使自己用语言所弹奏出来的交响乐,能在知音者——学生的头脑里回响激荡,收到良好的教学效果。

语言的锤炼不是一朝一夕的事,须靠长期的积累与实践。多阅读中外优秀文学作品,多学习人民群众的生动活泼的语言,吮吸其中有益的养料,提高语言修养。广泛地涉猎社会科学与自然科学有关读物,丰富自己的知识,增进见识,提高洞悉事物的能力。加强语言实践,平时多锻炼,教学时注意反馈调整,根据学生的反应调整音量、语调、节奏、速度、句式、表达的方法,经常总结经验教训,扬自己教学语言之长,克服不足之处,一步一个脚印,使教学语言日趋完美。

语言不是蜜,但可以粘东西。教师要努力用语言"粘"住学生,上出一堂堂学生欢迎、思想正确、知识丰富、情趣横生的使学生入迷的课。

12·3 源头有活水流淌

语文教师要有拼命吸取的本领与素质,犹如树木,把根须伸展到泥土中,吸取氮、磷、钾,直到微量元素。只有自己知识富有,言传身教,才能不断激发学生浓厚的求知欲。

要做到知识富有极其不容易。有人说这是一条"光荣的荆棘路",这条路尽管像"环绕着地球的一条灿烂的光带",然而在此中要有备尝艰苦的决心。对语文教师来说,似乎更应如此。语文教师工作量大,负担很重,要想有整块时间学习是不可能的。为此,锲而不舍的精神尤为重要。把零星的宝贵的时间有计划地用上,天长日久也是可观的。

读书要会读,如果终日读书,学而不思,其实这算不得读书,而是"对书"而已,整天只是面孔对着书,学到的东西是有限的。冯至给茅盾的杂诗第十二首中有这么两句:"愧我半生劳倦眼,为人为己两蹉跎。"这是冯先生的谦辞,他是有成就的。然而从这两句诗中可得到启发,如果我们只是"对书"而不思,那就只是劳倦眼睛,收获不多。如果学而思,学一点,消化一点,即使时间零碎,日积月累,真才实学必大有增进。怎样做到源头有活水流淌呢?

一、重要的理论反复学,力求正确理解,学能深入,用能浅出

理论上的模糊必然导致实践中的盲目。教育教学上出现的无效劳动,往往是由于理论上认识不清,理解上有偏颇所致。

重要的理论要反复学,武装头脑,指导行动。比如教育的战略地位,当教师的只口头说,对其精神实质如不深刻领会,工作的责任心、历史的使命感就受到影响。

"我们国家,国力的强弱,经济发展后劲的大小,越来越取决于劳动者的素质,取决于知识分子的数量和质量。一个 10 亿人口的大国,教育搞上去了,人才资源的巨大优势是任何国家比不了的。有了人才优势,再加上先进的社会主义制度,我们的目标就有把握达到。现在小学一年级的娃娃,经过十几年的学校教育,将成为开创 21 世纪大业的生力军。中央提出要以极大的努力抓教育,并且从中小学抓起,这是有战略眼光的一着。如果现在不向全党提出这样的任务,就会误大事,就要负历史的责任。"这是邓小平同志在《把教育工作认真抓起来》中的一段话,既深入浅出,又尖锐深刻。反复学习,就可领悟到"有战略眼光的一着",是从开创21世纪大业的角度来论述教育问题的。

放眼看世界,作为新科技革命的基础和动力的教育,已被推到各国的前沿阵地,具有越来越重要的战略意义。教育的全球性与全球性教育逐渐趋于认同,无论是发达国家还是发展中国家,都把教育改革作为立国之本的头等大事来抓。在未来的信息社会里,人们注意的是未来,把知识和信息看作最重要的战略资源。一个民族要想在未来的世界里取得政治和经济的优势,就必须大力发展教育,这是世界发展的共同趋势。建设国家,教育为本。从世界范围的背景上看,作为改革开放的总设计师,小平同志在亲手规划蓝图时,始终把教育摆在突出的战略地位。教育是世纪之争,未来的发展之争,赢得教育的发展与提高,也就掌握了未来的主动权。这段话的论述是:

1. 从国力强弱和经济发展的后劲来说教育的战略地位。两个"取决于"说明:劳动者素质的提高,知识分子的数量和质量,都依赖于教育事业的发展。

2. 从实现我国发展目标来说教育的重要性。小平同志认为,到新中国成立100周年时,我国经济可能接近发达国家水平,其依据之一是我们完全有能力把教育搞上去。一个十几亿人口的大国,教育搞上去了,人才资源的巨大优势是任何国家比不了的。人口是资源还是负担,关键在教育。教育抓好了,人力资源丰富,再加上先进的社会主义制度,我们的目标就有把握达到。

3. 从领导者抓大事来说。"要以极大的努力抓教育",而且要从娃娃开始。否则,就要"误大事",就要"负历史的责任"。

把教育影响国力强弱、经济发展、人才培养的全局性意义阐述得精辟、深刻，对教育工作者更是极大的教育与鼓舞。

教学中对于理论的深入浅出理解与阐述很不容易，也需要反复学习。就拿历史唯物主义基本原理来说吧，《在马克思墓前的讲话》中已经讲得很通俗，然而教师在教这一课时，要浅显地正确表达出来，使学生真正懂，就着实不容易。文中有这样的语句："……人们首先必须吃、喝、住、穿，然后才能从事政治、科学、艺术、宗教等；所以，直接的物质的生活资料的生产，从而一个民族或一个时代的一定的经济发展阶段，便构成基础，人们的国家制度，法的观点、艺术以至宗教观念，就是从这基础上发展起来的，因而，也必须由这个基础来解释，而不是像过去那样做得相反。"对如此长句单作语法分析是不够的，讲深了费时，学生也不一定理解。要浅出，要把经济基础与上层建筑的关系，扣紧语句来讲，十分不易。要讲得浅显，前提是教师学得深入。唯其深入，才能浅出。花功夫学，不仅读理论书，有时读文艺小说，也可从中获得启发。比如刘心武的长篇小说《钟鼓楼》，其中有一处以艺术笔调阐发历史唯物主义基本原理，很有意思。作者写道："人们落生在这个世界上，最早意识到的是包围着自己的空间。这空间有着长度、宽度和高度，其中充满了各异的形态、色彩与音响……而后人们便意识到还有着一种与空间并存的东西，那便是摸不着、握不牢、拦不住的时间。在所存在的空间里度过不断流逝的时间，这便构成了我们的生活，于是乎喜、怒、哀、乐，于是乎生、死、歌、哭……

"但每一个人都不可能是单独地存在着。他必须与许许多多的人共存于一个空间之中，这便构成了社会。而在同一个社会中，人们的阶级意识不同，政治方向不同，经济利益不同，人生态度不同，道德品质不同，文化教养不同，性格旨趣不同，生理机制不同，竞争能力不同，机遇遭际不同……于是乎便相争相斗，相激相荡，相斥相离，相轻相嫉……同时也必定伴随着相依相靠，相汇相融，相亲相慕，相尊相许……而这种人类社会的流动变化,从整体角度来说,便构成了历史;从个体角度来说,便构成了命运。"道理说得多么形象,多么生动!不是作者入得深,又如何能如此出得浅呢?

又如对教育教学理论的学习也是如此。叶圣陶老先生提出"教是为了不教",开始不少误解为"少教"甚至是"不教"。但只消结合实际仔细想一想,就能体会到千万不能用"等于"代替"为了"。教师"教"是今天的任务,"不教"是明日之目标;今天的"教"要达到明日"不教"的目的——学生能自学、独立工作。自学能力的培养非一朝一夕,其中有个过程,"教"运用得得法,就能更有效地达到"不教"的目标。

二、紧扣一点深入学

要弄懂一点知识,必须深入学习,认真钻研。"一锹铲不出金銮殿",一定要锲而不舍地步步前进,层层深入。深入学习,其乐无穷。比如诗歌,每学期都教,围绕它读点书,可以得到许多有趣的学问。诗中有方位、色彩、数字,在诗人笔下多有妙用。

《木兰诗》中有"东市买骏马,西市买鞍鞯,南市买辔头,北市买长鞭",诗中以"东西南北"来写的屡见不鲜。《楚辞·招魂》中有"魂兮归来!东方不可以讬些……魂兮归来!南方不可以止些……魂兮归来!西方之害……魂兮归来!北方不可以止些……"曹植的《游仙诗》中有"东观扶桑曜,西临弱水流,北极玄天堵,南翔陟丹邱"的诗句。同是东西南北,有的是写到处奔波购买物品准备出征的繁忙;有的写四方不可留,希望死者灵魂归故土;有的写受到猜忌,郁郁寡欢。同是用方位词,表达则各有其趣。这种用法在楹联、文章中也不少。《儒林外史》中所写杨执中屋里壁上的对联是:"三间东倒西歪屋,一个南腔北调人。"十分有趣。至于《捕蛇者说》中刻画气氛紧张"叫嚣乎东西,隳突乎南北",教师是周知的了。

诗中用词表色彩,方法多种多样。如有的诗句第一字就是表颜色的。杜甫的"红入桃花嫩,青归柳叶新"(《奉酬李郡督表丈早春作》),"青惜峰峦过,黄知橘柚来"(《放船》),"碧知湖外草,红见海东云"(《晴》)。这类诗句一下打入眼帘的是颜色,可以收到使读者眼前突然闪亮的妙用。有些诗句把多种颜色写在一起,鲜艳,缤纷。

这类诗句以七言居多,如人们熟知的"两个黄鹂鸣翠柳,一行白鹭上青天";又如苏轼的"红叶黄花秋正乱,白鱼紫蟹君须忆"(《台头寺雨中送李邦直》);再如陆游《夏日》中的"白葛乌纱称时节,黄鸡绿酒聚比邻"。真是色彩缤纷,怡悦双目。诗中的颜色当然是真色多,但也有假色。钱锺书在《读"拉奥孔"》一文中说:"诗文里的颜色字也有'虚''实'之分,用字就像用兵那样,'虚虚实实'。"苏轼咏牡丹名句"'一朵妖红翠欲流',明明说是'红',哪能又说'翠'呢?"写色彩"而虚实交映,制造两个颜色错综的幻象,于文字艺术的独家本领,造型艺术办不到"说得就更精彩了。

诗里数字运用得妙,也能加深诗的意味精致。诗中数字用得较多的是"一""三""千",而"三千"连用最常见。众所周知的李白的诗句,如"飞流直下三千尺,疑是银河落九天""白发三千丈,缘愁似个长"。又如白居易《白氏长庆集》中的《和微之春日》一诗中"江上三千里,城中十二衢"的句子。数字运用得很妙的如张祜的《宫词》:"故园三千里,深宫二十年。一声河满子,双泪落君前。"在 20 个字中,用到"三千""二十""一""双"等数字,不仅不觉得堆砌,而是感到宫女的哀怨是那么凄凉缠绵。

学知识如汲深泉之水,越学越能品尝到其中的甘甜。

三、拓开视野广泛学

从某种意义上说,语文教师的知识仓库里的货物不能不"杂",但要杂而有章。这就需要广泛地阅读,有选择地阅读,并且要善于在生活中学习,有条理地储存。

广泛涉猎,稍稍深入,每有会意,兴味无穷。比如我们常碰到"阳春白雪""铁中铮铮"等成语①,前者今天常用来喻音乐则为高级音乐,喻文学则为高深文学,喻艺术则为高超艺术,后者用来比喻出色人物。其实今天应用在程度上与原来有点出入。只要读一读《对楚王问》《后汉书·刘盆子传》即可明白。但今天约定俗成大家都这样用了,不必弄聪明纠正,但语文教师最好心中有个数。

读画、评画也能积累知识。英国19世纪著名政论家、艺术评论家罗斯金说道:"伟大民族的自传都有三种稿本,一本是以其业绩写成,一本是以其言辞写成,一本是以其艺术写成。人们欲懂得其一,非同时懂得其他两本不可;但三本中唯独后一本才是真实可信的。"的确,一国的艺术,很能反映这个国家民族的生活、思想和情操。把西洋画中可爱的小爱神丘比特与中国敦煌壁画中的飞天来比较,胖胖的丘比特,背上有双翼,在天空中飞虽可爱,但总觉得一对那么小的翅膀不足以驾起胖身子翱翔。飞天就不同,画家用一条迎风飘扬的带子,就让你看到仙女们在天空中飞得多么自由自在。这里孕育有我们民族的智慧。评画也能扩大自己的眼界。1984年《美术》第11期吴冠中在一篇文章中说道:"出色的作品总印得不如原作,较次的作品印出来后往往倒比原作效果好。"为什么原作与印出来的画有如此差异呢?因为珍贵的色的变异及

---

① "阳春白雪""铁中铮铮"等成语:作者曾专撰一组文章论及一些成语或典故的来源、读音、用法及其演变等,总名《夜读散记》,收入《学海探珠》(人民教育出版社1990年版)。"阳春白雪"语出宋玉《对楚王问》:"客有歌于郢中者,其始曰《下里》《巴人》,国中属而和者数千人。其为《阳阿》《薤露》,国中属而和者数百人。其为《阳春》《白雪》,国中有属而和者,不过数十人。引商刻羽,杂以流徵,国中属而和者,不过数人而已。"作者的结论是:"由此可见,《阳春》《白雪》在楚国郢都不过是比较高级的歌曲,最高级的要达到'引商刻羽,杂以流徵'的水平。""铁中铮铮"语出《后汉书·刘盆子传》:"卿所谓铁中铮铮,庸中佼佼者也。"本为汉光武帝刘秀接受赤眉军投降时,因为赤眉军将领徐宣回答得体而作出的评语。作者在文中写道:"古人把黄金看成'美'金,把铁看成'恶'金。如是,称人'铁中铮铮',本意也不过是庸人中之佼佼者耳,其实是很不恭维的。"

敏锐的手的波动感是不容易在印刷品中反映出来的,而作品中那些疙疙瘩瘩、黏黏糊糊的油彩之病,经印刷工序给抹得含混不清后,倒起了遮丑的作用。知道了这一些后,觉得教师在教学中必须避免疙疙瘩瘩、黏黏糊糊;要是看不到这些,反把课上得花里胡哨以为美,那就是丑而不自知的了。

语文教师要读小说,了解社会,认识人生。中外古今的都可翻一翻。如狄更斯的小说虽没有列夫·托尔斯泰的不朽著作那么有名,但情节生动,引人入胜。据说《古玩店》当年连载时牵动人心,引起轰动。连载的杂志一期一期在英国出刊,以帆船运往美国。人们对故事情节越看越入迷,纽约码头上等着买杂志的人越来越多。当小说最后一章的杂志运到纽约时,码头上人头簇拥,竟有五六千人之多。船未靠岸,人们一眼看到甲板上的船长,就迫不及待地问那燃烧在心里的问题:"小奈儿究竟死了没有?"狄更斯的小说以情节取胜。其实引人入胜的何止是小说,其他文学样式中佳品也如此。如英国文艺复兴时期的诗人斯宾塞有过一部未完成的长诗叫《仙女王》。据说当时手稿送到文艺庇护人索斯安普顿伯爵手里。伯爵读了几页,立刻命人赏赐作者20英镑,再往下读,又兴冲冲地说"再赐20镑"。读着读着不能自已,最后竟不得不说:"快把那家伙赶出去,再念下去我非破产不可。"文学掌故虚虚实实,说多了就当真了。这一掌故妙在没说一个"好"字,但实际上把《仙女王》说得好到无以复加。

学习之乐,其乐无穷。《后汉书·列女传》中说:"一丝而累,以至于寸;累寸不已,遂成丈匹。"语文教师就是要以这种累寸累匹的精神要求自己,锲而不舍地往前行。源头有活水流淌,教学就有活泼泼的生命力。

12·4 激情似火,开拓创新

奉献,教师的天职。

教师在有扎实功底的同时,还须对语文教育事业、对学生有火一般的热情。有人说激情是文学家艺术家头上的光环。英国著名诗人拜伦称激情是"诗的粮食,诗的薪火"。难道激情只是和文学家艺术家有缘?不,激情也是语文教师必不可少的素质。不热爱这多情的土地,没有工作的激情,就不能完成教育的伟业。教育青少年成为有理想有道德有文化有纪律的新人,有真才实学,是极其伟大的事业,教师只有倾注满腔热忱,为之而倾心,才能完成肩负的神圣使命。

生活在改革开放的伟大时代,社会主义建设的每一个成就都会使教师激动不已。目睹高耸入云的南浦大桥、杨浦大桥,我们的民族自豪感就会充盈胸际。桥上一根拉索20吨重,那根根拉索浸透了中国人民的志气,显示了中国人民的力量。教师胸中要有一团火,在任何情况下都要朝气蓬勃,对学生有感染力,辐射力,只有燃烧自己,才能在学生心中点燃理想之火,塑造优美的心灵。这种激情来自对社会主义事业忠贞不二的信念,来自对为国为民献身的无数先烈和无数英雄人物的由衷爱戴与崇敬,来自对学生的满腔热情满腔爱。有了这种激情,就会鼓足生命的风帆,孜孜不倦地追求,顺境不自傲,受挫折更刚强,有使不完的劲。一名语文教师当自己对课文中思想内容的深刻理解和育人的崇高职责紧密相碰的时候,感情就会发生"井喷",势不可遏,课堂上就会闪烁火花,产生能量,使学生思想感情产生共鸣。

教育的事业是着眼于未来的事业,教育工作的性质与特点要求教师应具有相当程度的职业敏感,应跟随着时代奋力前进。

更新教育观念,对培养目标有正确而深刻的认识最为重要。教师做久了,常易犯"三多三少"的毛病:眼前学生看得多,将来建设者的形象考虑得少;知识要求看得多,能力训练考虑得少;分数看得多,实际才干考虑得少。这种育人的观念与当今培养目标的要求相距甚远。更有甚者,是为考而教,把学生引入狭小的应考胡同中,用支离破碎、似是而非的测试题消磨学生的青春,名为训练能力,实则丢弃了教文育人的大目标,学生读写水平下降,危害性很大。育人,不能一般地理解为培养学生,而是应该把它放置在特定的历史条件和社会环境中认识。要教在今天,想到明天,以明日建设者的素质要求、德才要求指导今日的教育教学工作。

要加强改革的意识。就拿教学方法来说,传统的做法对工作多年的教师来说,无疑是驾轻就熟,即使对年轻教师来说,也有相当的影响。传统教法中合理的精华不可丢,但重知识轻能力、烦琐地讲解、灌输各种各样现成的结论等做法显然不适应时代潮流,不能有效地对学生进行培养,因此,须花大气力进行改革。改革的核心是让学生真正做学习的主人,使课堂真正成为学生在教师指导下获取知识、训练能力、发展智力以及思想情操受到良好熏陶的场所,优化课堂结构,提高课堂教学效率。

语文教学改革创新要具有中国特色,走我们自己的路。既要博采众长,吸取精神养料,又要有主心骨,独立思考,不人云亦云。在语文教育这块沃土上,千万教师在耕耘,亿万学生在成长,好思想好经验十分丰富,要虚心学习,学习再学习。但不能照搬照套。他山之石,可以攻玉。借鉴一定要"以我为主"。学习外国,开阔视野,十分有益。但英语与汉语语种极不相同,不可照搬照抄,要着力在"洋为中用"。好学说,好经验,要拿来为我所用,要和我们自己的语言实际结合起来,创中国特色的东西,这样,才有生命力,才能有效地提高质量。如果抄袭,照搬,结果是失掉了自己,当然也就无质量可言。一名语文教师要善于融百家之长,借鉴国外先进的教育教学理论,试着创自己教学的特色,不断提高教学水平。

学然后知不足,教然后知困。作为一名真正的语文教师,是用生命在歌唱,用生命在实践,学而不厌,诲人不倦,为了崇高的社会主义教育事业,为了可爱的学生,甘为红烛燃自身,甘为泥土育春花。